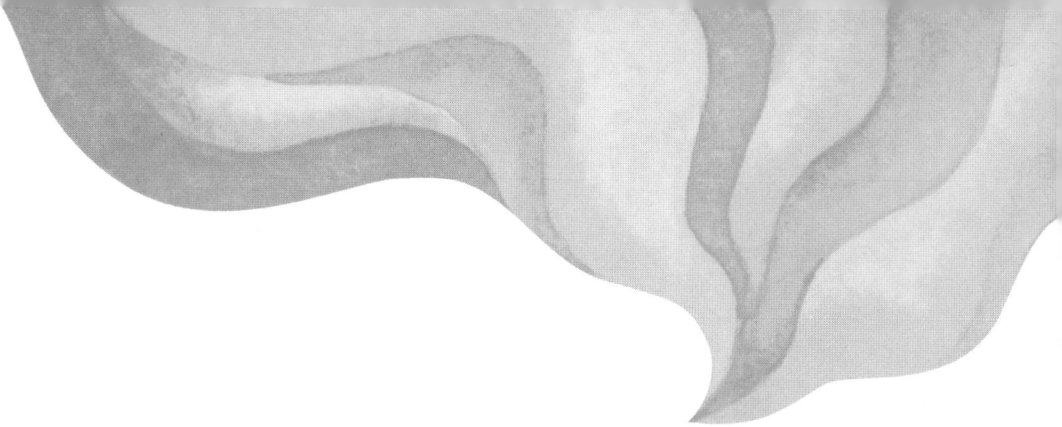

Art Therapy, Trauma, and Neuroscience Theoretical and Practical Perspectives

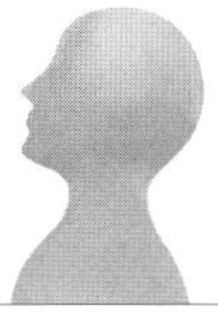

미술치료, 트라우마 그리고 신경과학

이론적 · 실용적 관점

Juliet L. King 편저 | **이혜선 · 이수경** 공역

학지사

Art Therapy, Trauma, and Neuroscience: Theoretical and Practical Perspectives
edited by Juliet L. King

역자 서문

범죄피해자를 위한 심리상담을 하면서 미술치료가 과학과 의료분야가 상호 보완한다면 외상학 분야에 많은 부분 기여할 수 있을 거라는 생각을 했다. 그리고 건강관리 전문가와 미술치료사를 통한 신경과학과 미술치료의 결합이 어떠한 시너지를 가져올지에 대한 기대감도 있었다. 역자들은 미술치료의 발달과 혁명적인 기법 개발에 관한 새로운 영역을 개척해 보고 싶다는 생각을 하던 중 이 책을 접하게 되었고, 많은 심리치료 전문가에게 이 책을 공유하고 소개하고 싶었다.

이 책은 총 10장으로 구성되어 있고, 한 명의 저자가 적은 것이 아니라 13명의 미술치료 전문가 및 의과대학 신경학과 상담 전문가들의 기고를 통해 만든 것이다. 이 책을 요약해 보면 다음과 같다.

제1장(도입)에서는 이 책을 출판하게 된 세 가지 목표와 미술치료의 중요한 원리에 대해 다루고 있다. 미술치료의 중요한 원리는 다음과 같다. ① 창의성의 양방향적 프로세스는 삶을 치유하고 향상시킨다. ② 자기표현에 영향을 미치고, 자기통제를 돕는 재료와 방법은 특별한 방식으로 적용된다. ③ 작품 제작 과정 및 작품 그 자체는 치료 관계에서 언어 및 비언어적 소통을 이해하고 이끌어 내는 치료의 핵심 구성요소이다.

제2장에서는 임상의가 환자의 생애 신경가소성에 대해 생각하는 방식을 향상시키기 위한 기능적 · 해부학적 · 신경생리학적 스키마를 제안한다. 각각의 환자에게 맞는 최상의 치료법을 찾으려면 치료적 접근법의 우선순위를 정하고 지속적인 영상과 함께 상세한 임상병력, 자각 증상, 임상 관찰 및 객관적인 신경 행동 평가가 요구된다. 이것이 바로 사람 중심의 진단 접근법이다.

제3장에서는 표현 치료 연속체(ETC)의 개념 모델을 통한 표현미술치료법과 신경과학 이론의 통합을 제안한다. ETC의 단계별 수준, 즉 운동감각/감각(K/S), 지각/정서(P/A), 인지/상징(C/Sy) 부분을 이해하면 다양한 미술 매체를 활용한 외상 관련 미술 치료요법

을 개선하고 개별화할 수 있다. 또한 미술치료를 통해 몰입 경험을 한 내담자에게 개입함으로써 외상 후 성장 기회를 전례 없이 향상시킬 수 있다고 제안한다.

제4장에서는 미술치료가 전(前)언어기 외상치료에 얼마나 필수적인지 사례를 들어 설명하고 있다. 이를 위해 사례 연구를 통해 본능적 외상 반응(Instinctual Trauma Response)이론을 기반으로 외상 치료 접근법인 집중 외상치료(ITT) 모델의 치료를 활용하여 얼마나 짧은 시간 안에 신속하고 효과적으로 외상이 처리될 수 있는지를 보여 준다. 내담자와 협업함으로써 내담자들이 외상의 처음, 중간, 마지막 이야기를 만들어 내는 데 도움을 주고, 과거의 일은 과거일 뿐이라는 것을 확실히 알게 하도록 돕는 것이다.

제5장에서는 외상학 연구를 살펴본다. 핵심은 사람들이 외상 기억과 관련된 복합 외상 증상(CTS)으로부터 회복하는 방법을 이해하는 것이다. 이 장에서 제안된 통합된 ART−N CREATE 치료 지침 및 기억 재통합 프로토콜은 ① 안전성, 편안함 및 즐거움, ② 긍정적인 감정과 인지, ③ 숙달 제어 및 보호를 위한 반복적인 기회, ④ 관계 안정 및 사회적 의사소통, ⑤ 자기 수용과 연민, ⑥ 기억 재통합, ⑦ 심신의 변형적 통합과 같은 것을 촉진하며, 이러한 특성들은 긍정적이고 다른 결과를 상상할 수 있게 하는 수용력에 기여한다.

제6장에서는 주요 애착 대상으로부터 심각한 정신적 외상을 입은 아이들을 치료하기 위한 신경과학적 접근법은 학대의 정신적 · 생리학적 영향을 고려한다. 특히 표현 기법을 관계 맺기에서 사용하는 것은 아동이나 청소년이 정서적인 연계를 할 수 있게 하는데, 이는 미술뿐 아니라 운동, 연극, 모래상자, 드라마를 포함한 여러 가지 표현 치료 양식에서 나타날 수 있다. 이 장의 사례 연구 대상인 잭(Jack)이 그의 문제와 관련된 주제를 탐구할 수 있는 방향을 제시했다.

제7장에서는 심리적 외상의 부정적인 신체적 영향이 어떻게 감정의 연결 능력을 방해할 수 있는지 검토한다. 신체적 자각의 상실은 자아에 대한 감각의 상실과 관련되어 이로 인해 외상에 시달리는 내담자들은 종종 자신의 내적 현실에서 벗어나게 된다. 언어 및 통찰력을 기반으로 한 접근 방식을 효과적이지 못하게 할 수 있다. 치료사들이 미술치료를 치료 과정에 대한 감각적 · 지각적 접근법으로 개념화한다면, 종래의 치료적 양자관계 내에서 자연스럽게 개념화할 수 있을 것이다. 매체와 이미지의 특성, 내담자에 대한 복합적인 이해, 내담자와의 관계는 모두 치료 과정에 영향을 미친다.

제8장에서는 신체 정보를 기반으로 하는 양방향 미술치료 프로토콜은 불특정 대상과

신체를 통해 현재의 상태에 집중하는 것으로 시작된다. 이 장에서 다룬 사례의 내담자는 다년간의 복합 외상에 대한 작업의 통합, 미술치료, EMDR 및 감각 운동 심리치료를 포함한 외상치료의 모범 사례를 통합한 것으로써 신체 지표를 적극적으로 추적하는 기존의 양방향 미술치료 절차를 확장하는 것이며, 미술치료사는 자연스럽게 내담자를 양방향 치료과정에 참여시킬 수 있으며 외상 회복에 도움을 준다.

제9장에서는 점토를 매체로 활용한 미술치료가 파킨슨병과 같은 신경퇴행성 질환으로 인해 나타난 심리적이고 신체생리학적인 외상에 도움이 된다는 것을 보여 준다. 파킨슨병과 미술치료에 대한 경험적 연구는 자세, 정서, 향상된 언어능력, 손 떨림의 감소와 같은 행동에서 관찰할 수 있는 변화뿐 아니라 우울, 강박적 사고, 공포를 감소시킨다는 것을 보여 주었다. 미술치료에 대한 보다 명확하고 구조화된 접근으로 촉각적 자극과 운동 감각적 경험을 통해 질병과 관련된 외상을 갖고 있는 환자들을 다루는 데 용이할 것이다.

제10장(결론)에서는 이 책의 저자들이 환자 혹은 내담자와의 작업 과정에서 이론을 기술로 바꾸는 방법을 보여 주며, 이 과정은 종종 병렬적으로 나타난다. 이는 미술치료가 실제 무엇인지 그 '기본'을 정의하는 것만큼 직업 발전에 있어 중요하다. 이 책의 저자들은 외상을 가진 내담자들과 작업하면서 미술치료와 신경과학을 어떻게 통합시켰는지에 대한 이론적이며 실제적인 적용점을 제공하였고, 이는 그 효과성을 검증할 수 있는 공식적인 연구 프로토콜로 개발될 수 있는 것들이다.

이 책을 번역하게 된 목적은 저자들이 목표로 한 것과 같이 독자들이 특정한 사고방식에 너무 얽매이지 않는 유연한 사고를 갖고 이 책을 읽음으로써, 미술치료와 신경과학이 어우러질 때 최선의 임상에 기여할 수 있다는 생각을 갖도록 하는 것이다.

2023년 8월

역자 일동

저자 서문

2015년 인디애나폴리스, 인정사정없는 3월 30일의 날씨, 반 고흐의 생일, 환자와 그 가족들로 가득 찬 신경과학센터 그리고 끝없이 펼쳐진 복도와 각 층마다 우리 환자들을 위한 테스트와 서비스가 이루어지고 있다. 이 나라에서 가장 큰 의과대학 중 하나이자 최고인 곳에서 우리를 영원히 변화시킬 작은 부언가가 일어난다.

나는 미술치료사가 아닌 신경과 전문의로서 그 직업에 대해 거의 알지 못하지만, 만성적인 진행성 신경퇴행성 장애를 가진 환자들을 보고 우리 의사들이 그들을 위해 얼마나 많은 것을 할 수 있는지 알고 있다. 또한 매일 나는 우리의 전문성과 영향력의 한계에 직면한다. 환자에 대한 진단 및 관리에 대한 우리의 직접적인 개입은 상당하며, 신경학과 정신의학의 발전은 정말 인상적이다. 하지만 결국 우리는 한계가 있다. 우리는 어떻게 하면 환자에게 최상의 신체적 · 심리적 환경을 제공할 수 있는지에 대해 좀 더 폭넓게 생각할 필요가 있다.

어느 날, 작은 무언가가 바로 파킨슨병을 앓고 있는 여러 환자를 위한 미술치료의 한 형태로 자라났다. 나는 우리가 통찰력을 얻고 그들의 상황의 좋은 점과 나쁜 점을 이해하며, 유대감을 갖고, 성찰과 인식을 촉진하며, 마침내 그들의 환경이 얼마나 더 나아졌는지를 느끼기 위해 얼마나 더 많은 것을 할 수 있는지 지켜보고 배운다. 나는 그러한 전문적인 개입이 많은 장기 신경 질환의 진행에 긍정적인 영향을 미칠 것이라고 생각한다. 이는 약물치료에 관한 것만은 아니다.

신경과 전문의로서 나는 나음과 같이 질문한나. 이게 왜 가능한 것이시? 미술 그 자체만으로는 그럴 수 없다. 이것은 반영, 환자와 함께 보낸 시간, 또는 상담으로 인한 것인가? 아니면 색이나 형태인가, 혹은 창의적 과정인가? 이러한 창의적인 표현과 반영을 위한 두뇌의 중추가 있는가? 이것은 비특이적 치료 효과인가 아니면 환자들에게 영향을 미치는 정밀하고 집중적인 무언가가 있는가? 이 치료법이 신경생리학과 어떤 관련이 있는가? 시냅스 연결? 신경전달물질? 무슨 일이 일어나고 있는지를 알기 위해서는 이 훌륭한 치료법의 배후에 있는 신경과학을 이해해야 한다. 나는 내가 목격한 것을 감싸 안아 그렇게 불타는 욕구를 가진 다른 모든 이에게 전해 주고 싶다. 아마도 치료 효과를 보다 극대화하기 위해 이 과정을 강화하고 풍부하게 할 수 있는 방법이 있을 것이다.

답이 필요한 이 모든 질문의 출발점은 미술치료, 외상, 신경과학의 이론적 · 임상적 적용이다. 이러한 신경과학 및 미술치료에 대한 탐구는 창의성과 뇌 해부학, 생리학, 뇌 행동 관계 그리고 건강하고 상처 입은 환자에 대한 미술과 미술치료의 역할에 관한 지식의 발전과 우리 환자들의 이익을 위한 과학적 토대로서 역할을 한다. 미술과 과학은 미술치료의 신경과학적 기초를 설명하고, 창의성, 미술, 치료의 기초가 되는 신경과학을 이해하기 위한 새로운 여정을 시작하는 데 기여한다.

나는 파킨슨병을 앓고 있는 여러 환자를 관찰하고 수다를 떨면서 그들의 말에 엄청난 영향을 받았다고 고백한다. 이들은 세션에 대한 따뜻하고 깊은 감정을 드러냈고, 프로그램 종료 시 행복감과 더 나은 곳에 안착하게 된 것 같았다고 강조했다. 나는 우리가 함께 작업을 한다면 오늘날 그런 환자들을 위해 얼마나 많은 일을 할 수 있는지 엿보았다. 이러한 환경에서 환자들은 우리가 알고 있는 모든 것과 현재 치료에서 사용하는 놀라운 진전을 보였다. 동시에 우리는 이들을 더 효과적으로 치료하기 위해 발견하고 완벽해질 필요가 있는 모든 것을 매우 명확하게 보았다. 올해 3월의 어느 날, 작지만 잊을 수 없는 일이 있었다.

인류에 영향을 미치는 신경 · 정신질환의 폭과 영향은 충격적이고 끊임없이 변화하고 있다. 뇌전증은 전체 인구의 2%에 나타난다. 뇌졸중은 미국 성인의 세 번째 주요 사망 원인이자 장기 장애의 주요 원인이다. 우울증은 적어도 전체 인구의 10%에 나타나며, 비슷한 수의 사람들이 불안장애에 겪고 있다. 외상성 뇌 손상은 군 복무, 스포츠 부상 또는 자동차 사고로 인한 심각한 장애의 원인이 되고 있다. 나아가, 현대 의학이 고혈압, 당뇨병, 심장병, 암을 인식하고 관리(검진, 교육, 의료 및 외과적 발전, 생활 습관 개선을 포함)하는 데 있어 인상적인 성공을 거둠으로써 우리는 더 오래 살고 있다.

장수는 보건학의 궁극적인 목표이지만, 이로 인해 노령화 인구는 퇴행성 뇌 질환에 직면한다. 기대 수명이 향상되면서 치매는 의료 위기가 되고 있다. 치매는 65세 인구의 5%에 영향을 미친다. 치매의 유병률은 5년 마다 때마다 두 배로 증가하며, 85세가 되면 인구의 절반이 치매에 걸리고 그들의 2/3가 알츠하이머병을 앓고 있다. 파킨슨병은 전체 노인 인구의 10%에 영향을 미친다. 이러한 장애는 환자, 가족 및 지역사회에 나타나는 주요 문제이며, 그들의 치료법에 대한 선택권은 제한적이다. 우리는 환자에게 제공할 수 있는 훨씬 더 나은 치료법이 절실히 필요하다. 그리고 이제서야 그러한 만성 신경·정신 질환이 환자의 간병인, 가족과 친구들에게 미치는 가슴 아픈 영향을 인정하고 있다. 따라서 이러한 일반적인 장애를 예방하고 관리하는 우리의 능력을 향상시키기 위한 모든 전략을 확인하고 완벽하게 하는 것이 필수적이다.

이 개론서의 존경받는 편집자인 줄리엣 킹(Juliet King)은 이와 같은 중추적 임무를 이끌어 갈 수 있는 독보적인 위치에 있다. 킹 교수는 펜실베이니아 블룸스버그 대학교에서 스튜디오 미술과 대중 매체 전공으로 학사학위를, 필라델피아 하네만 대학교(현 드렉셀 대학교)에서 미술치료 석사학위를 받았다. 1999년부터 2011년까지 드렉셀 대학교에서 미술치료학 지도 교수로 재직했으며, 현 책임자가 되기 전에는 인디애나-퍼듀 대학교 인디애나폴리스의 헤론 미술 디자인 학교에서 조교수로 재직했다. 인디애나 대학교 의과대학 신경학 부교수로서 인디애나 대학교의 광범위한 신경과학 커뮤니티를 통합하였다. 그녀는 2003년부터 2009년까지 워즈워스 복지 서비스, 행동 건강 재활 서비스의 책임자로 재직했으며, 행동 의학, 심리치료 및 미술치료의 임상 현장에서 10년 넘게 활발한 활동을 해왔다.

킹 교수는 상담 전문가로서 현재 미국 미술치료협회 이사회에서 활동하고 있다. 그녀의 업적에 대한 인정으로 그녀는 프랭크 스프링어 가족 혁신 연구상(Frank C. Springer Family Innovative Research Award)을 받았다. 현재 그녀의 연구에는 미술치료와 PTSD(외상 후 스트레스 장애)를 앓고 있는 퇴역군에 대한 연구와 최근 다큐멘터리의 제작이 포함되어 있다. 그녀가 발표한 학문적 업적을 살펴보면 특히 외상에 중점을 둔 미술치료와 신경과학에 초점을 맞추고 있다. 그녀는 인디애나 대학교 의과대학에서 의대생들을 위한 교육 프로그램에 참여했고, 인디애나 대학교 보건부와 연계된 학내의 다양한 임상 부서와 함께 일했다. 그녀의 리더십은 인디애나폴리스와 주변 지역사회에서 30개의 미술치료 임상 인턴십 프로그램을 개발하는 데 도움을 주었다. 그녀는 미술치료 및 관련 요법의 신경과학적 기초의 발견을 중점적으로 연구하고 있다.

킹 교수와 그녀의 저명한 동료들에 의해 여기서 탄생된 프로젝트는 두뇌와 행동에 대한 새로운 차원의 과학적 연구로의 전환 및 미술과 미술치료 관련 신경과학의 기반 구조의 확립이라는 신경과학의 새롭고도 중대한 장을 열었다. 이 책은 미술, 치료, 신경과학에 관한 것이다. 그리고 이론의 위대한 유산과 미술치료의 적용을 보다 공식적으로 연구하기 위해 뇌 기능과 인간의 행동과 관련된 상당한 과학기술을 이용하는 계몽의 경로를 나타낸다. 신경과학의 고전적 도구(신경해부학, 국소화, 신경생리학, 신경전달물질, 신경약리학)에서부터 뇌 기능(기능적 신경영상법, 신경심리학, 유전체학, 단백질 유전 정보학, 신경망 도식화)을 연구하고 이해하는 신새벽까지, 우리는 본질적인 신경과학의 진리 확립을 목격함으로써 미술치료의 치료적 적용에 있어 새 장을 열 것이다.

미술치료, 외상, 신경과학의 이론적 · 임상적 적용을 위해 킹 교수와 그녀의 존경받는 동료들은 미술치료와 관련된 신경학적 메커니즘에 중점을 두고 미술과 두뇌의 인터페이스에 대한 협업 연구를 촉진하는 틀을 신경과학과 미술치료의 세계에 제공했다. 이러한 작업을 통해 우리는 현저한 어려움에 처한 환자와 가족들을 보다 효과적으로 도울 수 있는 새로운 기회를 보게 될 것이다. 작은 무언가가 일어났다. 더 큰 무언가가 눈앞에 있다.

인디애나 대학교 의과대학
신경학부 교수 · 학과장
로버트 M. 파스쿠찌(Robert M. Pascuzzi, 의학 박사)

서문

꿈은 경계에 대해 무엇을 아는가

아멜리아 에어하트(Amelia Earhart)

아멜리아 에어하트와 나는 생일이 같다. 때때로 나는 그 유사성이 내 삶에 어떤 의미를 갖는지, 더 정확히 말하면, 시간의 우연이 어떤 중요한 목적을 가지고 있는지 궁금하다. 에어하트의 발자취를 이해하는 것은 부상당한 군인들을 위한 간호사이자 사회복지사로서의 그녀의 경력으로 인해 더 도드라진, 대서양 상공을 단독 비행한 최초의 여성 조종사라는 그녀의 유산에서부터 시작된다. 이는 기껏해야 미술치료사로서의 제 정체성과 무한한 신경과학의 영역 안에서 할 수 있는 일을 탐구하려는 나의 열망과 모호하게 연결될 수 있는 역사적 사실이다. 이러한 데이터는 제한적이며 과학적 방법으로 접근했을 경우 희박한 인과 관계조차 유지하지 못한다. 그러므로 나의 진로 선택과 인생의 전반적인 목표 설정에서 드러난 것처럼 아멜리아 에어하트 정신의 구현은 주관적이고 경박한 의견에 지나지 않는다.

그러나 그러한 콘셉트를 즐기는 것은 중요하면서도 타당한 여행을 시작하는 것인데, 이는 두뇌, 행동, 정신의 연구를 통해 인간 경험의 복합성을 정의하려는 시도를 통해 태초부터 탐구되어 온 것이다. 우리는 정신, 즉 영혼의 의미를 이해하려고 노력하는 과정에서 유의미하게 진보해 왔다. 우리는 마음에 관한 아리스토텔레스 논리학을 통과하고, 갈레노스의 영혼(숨결)의 생리학 안에서 노를 저으며, 넘실대고 광활한 기억 회로를 떠도는 동안 인체 기능의 역학을 명확히 했다. 현대 신경과학이 우리가 뇌의 구조와 기능을 더욱 객관적으로 설명할 수 있게 하더라도, 전통적인 의학적 접근법을 통해 분자 수준에서의 잠재력을 탐구할 수 있게 할 수는 있으나, 영적 측면을 감안하더라도 이를 넘어서는 것은 쉽지 않다는 것을 정통한 신경학자들이 인정할 것이다. 영혼의 개념은 우리가 사람으로서 기능하는 방식과 많은 관련이 있으므로, 살아있다는 것이 무엇을 의미하는지에 대해 다방면으로 조사할 때 유연함과 상상력을 포용하는 것이 중요하다. 아멜리아 에어하트가 자신의 역사를 뛰어넘은 용기, 가능성, 잠재력을 상징하는 것이 바로 이 패러다임에서다.

이 책은 이론적 · 임상적 측면에서의 미술치료, 외상, 신경과학은 신경과학자 및 미술치료사들의 글을 모은 것이다. 또한 신경과학의 맥락에서 정신적 충격을 받은 환자들의 임상 치료에 미술치료의 적용을 개념화할 수 있는 다양한 방법을 독자에게 제공한다. 우리가 흥미로운 영역을 함께 연구하는 과정을 기록하는 것과 마찬가지로 외견상 구별이 뚜렷한 두 학문과 치료 분야를 탐구하도록 초대하는 것 역시 중요하다. 저자는 우리의 환자들과 함께, 신경과학자이자 미술치료사로서 치유와 변화의 목적지를 향해 나아갈 것이다.

차례

제1장 도입

줄리엣 킹(Juliet L. King)

항상 당신에게 가장 중요한 문제에 대해 노력하라.

– 앤드류 와일즈(Andrew Wiles), 수학자

마음은 이진법적으로 움직이는데, 감정이 이성을 압도하거나 또는 그 반대의 상황일 경우 초기에는 언어 능력과 스스로를 완벽하게 표현하는 능력을 제한한다. 이는 우리 뇌의 기본 구성요소인 뉴런이 양극성(極性)으로 작용하는 아주 자연스러운 방식이다. 뉴런은 다른 뉴런들과 결합하여 활성화 패턴을 만들어 내는지 여부와 무관하게 작용하거나 작용하지 않는다. 이것은 과학적 사실(예–아니요, 켜짐–꺼짐, 그렇다–그렇지 않다)에 의해 드러난 진실이다. 그러나 일관된 정보의 흐름으로 인해 뉴런의 흥분성은 가변적이고, 그것이 움직일 수 있는 가능성은 지속적이며 무한하다.

이 책을 출판하는 데에는 기본적인 세 가지 목표가 있다. 첫 번째는 미술치료, 과학 및 의료 분야가 서로 보완하고 외상학 분야에 기여하기 위해 접근 가능한 틀을 제공하는 것이다. 진화의 과정에 의해 알려진 바와 같이 어떤 종류의 외상적 경험에 대한 복잡하고 다양한 인간의 반응은 생래적이고 주관적임에도 불구하고 생물학적 근거에 기반하며, 이 모든 것이 동시대의 외상치료에 있어 자명하다. 서두에는 독자에게 뉴런의 메커니즘이 임상치료와 어떻게 연결되어 있는지 이해할 수 있는 공통의 언어를 제공함과 함께 뇌 프로세스의 개요를 서술하고, 이어지는 장에서는 주요 임상의들이 신경과학 원리와 미술치료 기법을 어떻게 결합하여 적용하는지를 설명한다.

두 번째 목표는 의학 및 건강관리 전문가를 초빙하여 이론 구축 및 생물학적 · 심리학적 · 사회적 측면의 정신 건강 강화를 위한 연구 모형의 개발을 통해 신경과학과 미술치료의 결합에 관한 심도 있는 논의를 하는 것이다. 이는 결론 부분의 중심 내용으로 미술치료 임상과 관련된 신경과학을 이해하는 추가적인 방법과 우리가 반드시 답해야 할 중요한 질문들을 모으고 시험하는 도구로서 신경영상의 활용에 대해 조명한다. 미술치료는 어떻게 작용하는가? 어떠한 메커니즘이 담겨 있는가? 우리가 이를 정량화할 수 있다면 최선의 방법은 무엇인가?

세 번째 목표는 이 책이 미술치료 자체의 진화와 생존에 필요한 혁명적인 정의를 개발하는 데 기여하는 것이다.

전 세계의 모든 군대보다 더 강력한 단 한 가지는 바로 적기의 아이디어이다.

– 빅토르 위고(Victor Hugo), 시인 겸 작가

임상 및 학계의 관행은 이 전문 영역을 예술로서의 미술 대 미술 심리치료로 양분하여 인식하고 있다. 이 주제에 대해 확고한 개념을 가지고 있는 저자들은 해당 분야의 역사와 그 연속선상에 포함된 정의에 대한 현재의 움직임에 대해 설명해 왔다(Hinz, 2009; Junge, 2014; Ulman, 2001; Wadeson, 2010). 과거에는 이러한 이분법이 필요했을 수도 있었고 그에 대한 이해는 되지만, 이는 더 이상 유용하지 않을 뿐 아니라 사실적 · 과학적 근거도 없다. 나는 현대의 관점에서 미술치료의 역사적 정의에 대해 조사를 하고 있는 『미술치료: 미국 미술심리치료협회 저널(Art Therapy: Journal of the American Art Theroy Association)』로부터 '미술치료를 재정의할 필요가 있는가?'를 주제로 한 특별호 발간을 위해 논문 제출을 요청받게 되어 기쁘다.

이것은 중요하고 시기적절한 요청이며, 나는 이 논문에 자연과학 및 사회과학과 유사한 매우 고귀한 전문 분야로서 정의된 바 있었던 양극성에 대한 고려가 포함될 것인지 의문이다. 보통 가장 흥미로운 질문은 단순히 '예' '아니요'로 답할 수 없다. 오래전부터 자연과학에서 신경과학은 우리가 현미경으로 관찰 가능한 것을 기반으로 한다고 정의해 왔다. 이른바 사회과학 분야 심리학의 보다 간접적인 방법은 정교하지만 포괄적인 접근이 필요한 크고 복잡한 이슈와 관련되어 있다(Pigliucci, 2010). 우리가 쉽게 관찰 · 측정 · 시험할 수 있는 것은 과학으로 간주되어 왔다. 따라서 이해하기 힘든 심리학의 모호한 과정에 대한 현상들은 사회과학으로 볼 수 있다. 그러나 두뇌는 사실상 유사하게 볼 수 있는 과학적 발명과 예술작품이 만들어지는 과정을 구분하지 못한다(Konopka, 2014, p. 73). 이러한 기능적 유사성은 자연과학과 사회과학의 이분법적 인식의 대체를

개념화시키는 데 도움을 준다. 그리고 하나의 연속체로서 한쪽(왼쪽)에서 설명할 수 있는 것과 달리 다른 쪽(오른쪽)에서는 설명하기 더 어려운 예술 자체와 미술 심리치료에 대해서도 마찬가지이다. 이 연속체를 조사하는 데에 세포의 구조를 명명할 때 사용하는 현미경이 필요하지는 않지만, 그 구성요소 간에 어떠한 작용이 이루어지는지 알기 위해서는 상상력이 필요하다.

객관적인 눈을 통해 어떤 치료 분야의 치료 과정에서 발생하는 복잡한 사항을 살펴본다 함은 주류의 모범 사례뿐만 아니라 윤리적이고 전문적인 책임의 검토까지 포함한다. 이를 통해 해당 유형의 질문과 관련하여 일반적인 치료 사례와 작품 활동에 포함된 복합성에서 기인하는 마법(magic)을 줄이는 데 의미가 있을 것이다. 그러나 마법의 개념이 무한한 정의를 포함하며 이를 고려하는 방법에 달려 있다는 점에서 불필요한 편견이다. 가령, 안나 프로이트(Anna Freud)는 방어 메커니즘이 '마법 작용(magical operations)'에 의존하고(Combs, 2013), 회복력은 '보통의 마법'의 한 유형이며(Masten, 2001), 언어학자들은 마법이라는 어원으로부터 상상력이 비롯되었음을 밝혀냈다고 생각했다(Cheak, 2004). 태초부터 인간이 자신을 이해하고 삶에 의미를 부여하기 위해 노력했다는 점은 인간이 열린 사고로 어떻게 살아가야 하는지에 대한 고민을 한다는 것을 알려 준다(Lear, 1998). 나는 미술치료사 양성에 뿌리내리고 보다 넓은 범위에 적용될 수 있는 철학적이고 심리적인 능력에 대한 리어(Lear)의 업적을 풀이하고자 한다. 우리가 인간관계와 치유의 과정에 내재된 모호함을 용인하기 때문에 인간은 호기심이 많고 유연하며 창조적일 수 있다.

과학이 어떤 유형의 관계 경험과 동떨어졌다고 풀이하는 것은 시대에 뒤떨어진 것이고 예술과 의학의 근본에도 어긋난다. 저명한 신경학자인 올리버 삭스(Oliver Sacks, 1973, p. 255)는 다음과 같이 말했다.

> 우리는 합리화하고, 이화(異化)시키고, 가장(假裝)한다. 우리는 현대 과학이 합리적이고 눈에 보이는 사실만을 다루는 것처럼 여긴다. 그러나 우리가 그 화려한 겉치장을 두드리기만 하면 현대 과학의 뿌리와 기초가 드러나는데, 그 안에는 형이상학, 신비주의, 마법과 신화가 있다. 의학은 가장 오래된 예술이자 과학이다. 우리는 정녕 우리의 가장 깊은 지식과 감정에서부터 의학이 비롯된 것임을 바라지 않는 것인가?

치료 관계의 맥락에서 무의식을 탐구하는 것은 가장 깊이 있는 지식에 접근하게 할 뿐만 아니라 미술치료 훈련의 기반이 된다. 인간성에 대해 여전히 많은 부분이 미지의 영역이며 이에 대한 많은 미사여구는 사실이 아니다. 의술과 같이 덜 알려진 과정에 과학적 이해를 접목시키면 해답보다 더 많은 질문을 얻을 수 있고, 이것은 "정해진 영역에 국한되지 않는다"(McNiff, 2004, p. 5). 무의식은 우리의 많은 능력이 발생한 곳이며, 칼 융(Carl Jung, 1957)은 다음과 같이 말했다. "그것이 바로 묘미다!" 그 묘미는 바로 우리가 단지 이 영역을 들여다볼 뿐이라는 것이고, 어떤 이론적 방향성과 관계없이 기억, 인식, 판단, 영향과 동기와 같은 위대한 우주의 측면이 언제나 의식적으로 접근할 수 있는 것이 아니라는 점은 잘 알려져 있다(Schedler, 2010).

신경학자이자 정신과 전문의인 프로이트(Freud, 1992)는 치료 과정을 통해 무의식의 가장 직접적인 묘사인 꿈을 탐구하는 '왕도(Royal Road)'를 제시했다. 21세기 의학 교육은 고도로 전문화되어 있으며, 의사는 전형적인 무의식을 신체적인 증상과 관련된 것으로 배우지 않는다. 예를 들어, 환자가 수면 전문가와 몽유병 치료를 위해 상담할 때, 신경학자는 세포 및 분자 수준에서 환자의 수면주기 방해의 원인을 찾고 증상을 치료하도록 훈련받는다. 그러나 다수의 수면 전문가는 환자들이 종종 자신의 꿈을 공유하는 데 관심이 있다고 보고한다. 꿈 자체는 흥미로울 수 있으나 의사들은 꿈이 무엇을 의미하는지 전혀 모른다. 그러므로 꿈의 표현 혹은 꿈 자체는 치료의 일부로 간주되지 않는다. 정신의학은 전형적으로 환자의 무의식에 보다 초점을 둔 의학의 한 분야이지만, 현대 의학 실무에 명확하게 포함되어 있지 않으며 종종 몽유병과 같은 이슈와 동떨어져 있다. 이것은 환자를 이해하기 위한 준비가 되어 있지 않은 의사와 자신의 상태를 명확하게 설명하고자 하는 환자 사이의 어렴풋한 간극이다. 대인관계 인식의 부족은 건강관리의 질에 영향을 미치고 서비스 제공의 체계적인 단절을 영속화시킨다. 나는 수면 전문가에게 정신분석가가 되기를 제안하지도 않고 의사가 환자와의 관계에 신경을 쓰지 않는다고 추측하지도 않지만, 이것은 미술치료사와 신경학자가 협업하여 무의식의 메커니즘을 정당화시킬 수 있는 기회이다. 그렇게 된다면 모든 의료 및 건강관리 분야에서 의사, 치료사 및 환자와의 관계를 지원하고 향상시킬 수 있다.

인간 행동의 많은 측면을 연구하는 것은 어렵고, 예술 자체는 이해의 다리를 건너는 수많은 고려사항을 포함하고 있는 복잡한 주제이다. 서로 다른 형태의 표현은 신경해부학, 신경생리학 및 신경전달물질의 완결성의 상호 연결을 포함하는 뇌의 처리 과정과 관련되어 있지만, 특정 신경 조직과 뇌 기능 간의 일치 관계를 찾는 것은 여전히 신경과학에서 문제로 남아 있다(Amaducci, Grassi, & Boller, 2002). "미적 행동을 근간으로 하는 뉴런 프로세스 연구"(Skov & Vartanian, 2009, p. 3)로 정의된 신경미학(neuroaesthetics)의 성장 분야에서는 과학과 예술 간의 중요한 연관성을 조사한다. 이 분야의 개척자 세미르 제키(Semir Zeki, 1999)는 예술은 생리학에서 기원함을 주장하고, 그의 책에서 "미적 경험의 생물학적 기초"에 초점을 맞춰 예술의 기능이 뇌의 기능의 확장임을 밝혀내려 했다(p. 76). 미술치료사들은 신경미학 이론의 발전 과정을 통해 설명되는 것을 연구해 왔다. 예를 들어, 표현치료 연속체(Expressive Therapies Continuum: ETC; Kagin & Lusebrink, 1978; Lusebrink, 1990, 2004, 2010; Hinz, 2009)는 창의적인 표현에 관여하는 다단 신경계 영역의 인터페이스에 관하여 미술치료사들이 이해할 수 있도록 오랫동안 이끌어 왔다. 신경미학은 창의성이 뇌 안의 상호 연결된 몇 가지 체계와 연관되어 있으며, 이는 인지 유연성의 결과이자 기억, 지속적인 주의와 판단과도 관계 있음을 밝힘으로써 해당 이론을 뒷받침했다(Dietrich, 2004). 미술치료 분야에서 신경 영상 기술을 활용하여 예술 활동이 뇌에 미치는 영향을 분석하기 위한 몇 가지 연구가 있었는데(Belkofer & Konopka, 2008; Belkofer, Van Hecke, & Konopka, 2014; Kruk, Aravich, Deaver, & deBeus, 2014), 모든 연구가 예술 활동이 특정 신경계의 영역에 국한된 것이 아니라 뇌 전체와 관련되어 있다는 일반화된 결론에 이르렀다(Belkofer, 2012). 이처럼 흥미로운 복합성은 창조적 프로세스를 신경계 기능과 함께 설명하고 연관시키기 어렵게 하지만, 우리를 더 깊숙이 탐험할 수 있는 야생지대(wild terra incognita)로 안내한다.

신경미학은 뇌와 예술이 치료적 맥락에서 어떻게 작용하는지에 초점을 두는 것이 아니라 미적 경험의 생리학적 · 심리학적 측면이 서로 어떻게 관련되어 있는지에 대해 깊이 있는 연구를 하며, 이것이 앞으로 확장될 중요한 목표이다(Chatterjee, 2010). 여기에 미술치료사와 신경미학 연구자가 협력하여 중요한 심적 연결에 대한 이해를 발전시키고 치료에 이 정보를 최적으로 적용할 수 있는 방법을 배울 수 있는 기회가 있다. 루즈브링크(Lusebrink)와 힌츠(Hinz)는 제3장에서 시각 정보 처리를 담당하며 상호작용하는 두 개의 신경 줄기에 대한 초기 설명을 통해 그것이 어떻게 작용하는지를 사례로 보여준다. 신경 줄기 중 하나는 우리가 바라보는 대상이 무엇인지 확인하고, 다른 하나는 대상의 위치를 알려 주는데, 이 내용은 차터지(Chatterjee, 2014)의 신경미학 교재에서도 자세히 설명하고 있다. 그러나 루즈브링크와 힌츠는 이 정보를 통합하고 공간 감각과 관련된 정서적 균형을 확립하여 외상치료에 적용함으로써 새로운 장을 열었다. 이는 황(Huang, 2009)이 "현실의 공동연구원"이라고 언급한, 지식 탐구의 공동 목표를 공유하는 과학자와 예술가의 연결을 용이하게 한다(p. 24). 신경미학과 미술치료는 인간의 행동과 인지가 최고 수준의 대뇌 기능의 근원적인 집합임을 설명하는 것을 돕는다. 이를 통해 우리는 심리학, 심리치료 그리고 미술치료에서 다루는 인간 행동 연구 방법이 신경과학을 기반으로 이루어져야 함을 분명하게 알게 된다(R. Pascuzzi, personal communication, 2015. 6. 16).

뇌과학을 연구할 때 열구(裂溝)와 뇌회(腦回) 같은 전문 용어를 탐색하는 과정에서 방황하고 길을 잃기 쉽다. 많은 종류의 신경과학은 시냅스와 같은 연구와 실습의 학제 간 분야가 형성됨으로써 확장되기 때문에 혼란스러울 수 있다. 신경과학은 단순히 신경계에 관한 연구로 정의된다. 신경과학의 주요 범주는 다음과 같다. 발달(뇌의 성장 및 변화 과정), 인지(언어, 사고 및 기억의 이해 과정), 분자 및 세포(단백질, 유전자 그리고 분자 중심), 행동(동물과 인간 행동에 바탕을 둔 프로세스 조사), 임상(질병과 건강 연구)(National Institutes of Health, 2015). 이러한 범주는 상호 배타적이지 않다. 가령 자폐증을 이해하기 위해서는 발달 신경과학과 행동의 범주가 밀접한 관련이 있고, 인지의 한 형태와 임상 목적의 연구와도 결합되어 있을 뿐만 아니라 이 모든 것은 분자 및 세포 범주를 기반으로 한다.

우리는 삶의 맥락에서 뇌에 관해 배울 때 마치 빛의 속도로 여행하고 있는 것과 같다. 비록 "우리가 복잡한 정신적 과정의 생물학적 이해에 대해 지적으로 만족하지 못한다" 하더라도(Kandel, 1999, p. 612), 신경생물학, 정신의학 그리고 심리학 분야의 선구자들은 이러한 답을 얻기 위해 계속해서 나아갔다. "심리치료의 신경과학적 이해를 재정의하는 데 도움을 주고 정신 건강의 혁명을 가져왔다."(Belkofer & Nolan, 제7장) 이 책의 저자들은 신경학과 심리치료를 아우르는 정신생물학의 기초를 세우고(Cozolino, 2010), 이들의 관계가 무엇인지를 밝혀낼 '마법의 통합(magic synthesis)'(Arieti, 1976) 연구에 총력을 기울이며 미술치료의 이론, 실습 및 연구를 모든 범주의 신경과학과 연결시킬 수 있는 다리를 놓았다.

예를 들어, 클로러(Klorer, 제6장), 간트(Gantt)와 트립(Tripp, 제4장), 그리고 루즈브링크와 한츠(제3장)는 임상 신경과학을 바탕으로 말하기 전 단계의 유아기가 외상으로 인해 손상된 애착 관계의 영향을 설명하고, 미술치료 개입을 통해 관계 애착 형태를 재구성할 잠재력을 제공하는 방법을 보여 준다. 노아 하스–코헨(Noah Hass–Cohen, 제5장)은 신경생리학의 만성적 외상 증상, 자전적 기억 그리고 창의력 및 회복력에 관한 세부 개요를 제공하고 이를 종합하여 외상치료의 기본, 치료의 조건, 그리고 개입의 전개에 대한 실무 지식을 설명한다. 이 장은 우리와 함께 일하는 사람들의 행동을 이해하는 방법과 보살핌을 제공하는 최선의 방법을 확인하는 과정에서 생물학적 체계를 생성하는 분자 및 세포의 절차를 연결시켜 준다.

얼마 전 나는 최근에 읽었던 내용을 바탕으로 교실에서 구현하고 싶은 교수 전략을 나의 멘토에게 설명했다. 내 설명을 듣고 난 뒤 그녀는 "나는 실천함으로써 배운다."라고 말하며 창의적인 미술치료사처럼 그것을 한번 시도해 보라고 제안했다. 외상이 있는 내담자들과 일하고 이 책의 저자와 같은 동료들에게 배울수록, 그리고 주제에 대해 읽고 쓰고 이야기할수록 신경형성(새로운 뉴런의 성장)과 신경가소성(뉴런이 새로운 경로를 연결하고 형성하는 능력), 생애 동안 나타나는 모든 프로세스의 맥락에서 나의 선천적인 활동에 대해 이해하게 되었다. 사람이 뇌에 영향을 줌으로써 뇌의 구조를 변화시킬 수 있다는 사실은 우리가 뇌의 해부학적 구조와 기본 구성요소, 뉴런에 대해 알고 있었던 것 이상으로 뇌를 이해하는 데 있어 가장 중요한 변화이다(Doidge, 2007). 미술치료의 원리는 신경생리학의 원리에 강조되어 있고, 이 책에 포함된 모든 개입 전략은 신경가소성에 대한 지식과 함께 강화되고 더 깊이 있게 설명되어 있다.

중요한 원리는 다음과 같다. ① 창의성의 양방향적 또는 다방향적 프로세스는 삶을 치유하고 향상시킨다. ② 자기표현에 영향을 미치고, 자기통제를 도와주는 소재와 방법은 특별한 방식으로 적용된다. ③ 작품 제작 과정과 작품 그 자체는 치료 관계에서 언어적 및 비언어적 소통을 이해하고 이끌어 내는 치료의 핵심 구성요소이다. 외상은 생물학적이고 '무언의 사건'이라는 정의에 따라 신경생리학적 틀에서 이 원리와 개입을 설명하는 것은 외상치료에 특히 적합하다(P. Isley, personal communication, 2015. 7. 30). 인간의 외상 경험에 대한 반응은 신체적 · 정신적 항상성을 무너뜨린다. 교감신경계, 내분비계 그리고 뇌 구조의 변화는 심장, 호흡기 및 근육 조직의 반응을 일으키고(Solomon & Heide, 2005), 조절장애는 수많은 신체적이고 감각적 복합 문제를 야기하여 그것이 비록 자연스럽다 하더라도 종합적이고 주관적인 방식으로 한 사람의 체험을 식별 · 이해하고 표현하기 어렵게 만든다. 몸 안의 여러 체계가 분열되고 파편화됨에 따라 언어적으로 소통할 수 있는 능력은 억압되는데, 이는 외상 경험의 기억을 언어적인 과정으로 통합할 수 없는 임상 형태에서 종종 나타난다.

나는 내 마음속에서 하반신 마비자이다.

– 미술치료 과정에서 참전 용사의 말

나는 인디애나폴리스의 루드부시 VA(Roudebush VA)에서 미국의 대아프간전 작전(OEE/OIF)의 참전 용사들과 일하는 커다란 행운을 누렸다. 그곳에서 나는 마음챙김 기반의 미술치료(mindfulness-based of therapy: MBAT) 그룹의 개발 및 실천을 담당하는 연구 심리학자 브랜디 루트케(Brandi Luedtke) 박사와 함께 힘을 합쳐 일했다. 외상 후 스트레스 장애(PTSD)와 외상성 뇌 손상(TBI) 진단을 받은 참전 용사들을 위한 두 가지 성공적인 선행연구를 실시하기 위해 루트케 박사는 마음챙김을, 나는 미술치료를 연구에 도입했다. 우리는 주로 마음챙김 기술과 높은 수준의 동정심에 대해 감소된 자기보고를 보인 참가자와 증가된 자기보고를 한 임상의를 보여 주기 위한 조사 연구를 실시했다. 그 결과, 전체 자기연민과 자기판단에서 통계적으로 유의한 개선이 나타났고, 고립 증상에서 개선 추세가 나타났다. 또한 증상을 재경험한 상황에서 자기보고된 PTSD 척도(PCL)를 통해 통계적으로 유의한 개선이 나타났고, 회피에 있어서는 개선 추세가 나타났다. 치료 중 피드백 평가값은 평균적으로 프로그램의 중요성을 10점 만점 기준으로 했을 때 9.5점을 기록했다. 모든 참가자는 가능하다면 VA에서 다음번에 있을 MBAT 그룹에 참여할 의향이 있음을 표명했으며, MBAT 그룹에서 '외상에 대해 가지고 있는 느낌에 대해 이야기할 수 있는 새롭고 창의적인 방법'을 제공했다는 점을 포함하여 참여 경험에 대한 다양한 개인적인 소감을 공유했다. 그리고 프로그램에 대해서는 "내가 개별적으로 혹은 다른 그룹 세션에서 다루어야 할 근본적인 문제를 파악하기 위한 새로운 문을 여는 데 도움을 주었습니다."라고 말했다. 통계 및 질적 데이터는 MBAT가 참전 용사들의 PTSD와 TBI 증상 치료에 성공적이었음을 보여 주었고, 나는 그룹 구성원들의 추가 발언을 통해 외상 경험이 있는 참전 용사들에게 미술치료의 원리가 어떤 영향을 미치는지 이해하게 되었다. 참가자들은 다음과 같이 말했다. "작품활동은 생각을 쉽게 하도록 합니다. …… 우리가 이야기하기 어려운 것에 대해 이야기하는 동안 우리에게 무언가 해야 할 일을 줍니다……." 그리고

> 우리가 외상 문제에 직면할 때 마치 언어의 장벽을 만드는 것 같다. 우리는 기본적으로 미술을 통해 마음의 상처를 더 잘 이해할 수 있는 다리를 짓고 있다고 생각한다. 나는 미술치료가 무형의 감정에 도달하게 해 주는 훌륭한 매개체라고 믿는다.
>
> – 미술치료 과정에서 참전 용사의 말

이것은 VA에서 진행된 MBAT 프로그램에 대한 증거를 제공할 수 있는 매우 중요한 자료이다. 미술치료사는 특정 자격으로 보상이 가능한 진료만으로 한정된 지배적인 정책 체계에 의해 계속해서 시험대에 놓여 있다. 정치적 다툼 속에서 나는 미술치료 서비스를 옹호하기 위해 싸웠고, 나는 항상 미술치료사들이 예술을 창조하고 그에 대해 이야기하면서 나타나는 그들의 치료 방법이 얼마나 새로운 경험인지 기억한다. 최초에 그들에게 주어진 임무에 관계없이 전투와 전쟁에서 귀환한 이야기를 할 때에는 변화된 정체성에 관한 공통된 주제가 나타난다. 참전 용사들은 자신들이 과거와는 다른 사람이라 여겼고, 산산이 흩어진 그들의 경험을 결합시키는 데 어려움을 느꼈으며, 그 결과 절망에 빠졌다. 미술작품이 주로 이러한 초기 설명을 대체하면서 만들어졌고, 그 이미지에는 종종 밝고 어두운 색상의 강력한 주제가 포함되어 있었다. 작품을 보면서 우리는 색상의 이분법과 화면에서의 배치에 대해 이야기할 수 있었다. 이 맥락은 서로 다른 성격의 대화를 촉발시켰다. 이것은 어둠과 동시에 빛의 구성요소를 통해 자신의 보습을 바라보는 또 다른 방법이다.

나는 종종 사람들이 예측할 수 없는 부분을 그룹에서 함께 움직일 때 뇌에서 빛을 대표하는 변연계와 어둠을 대표하는 전두엽 부분을 예술작품이 반영한 것인지 궁금했다. 나는 예술작품의 패턴과 마음의 패턴에 대해 생각하고 외상이 자아이상에 어떤 영향을 미치는지 고려했다. 그것이 우리에게 상처를 주기 때문에 우리에게 도움이 될 수도 있을 것인가? 나는 이 비전을 통해 그룹 구성원들이 서로 그들의 작품에 대해 이야기할 수 있도록 했고, 그 전체가 어딘가에 존재할 수 있다는 은유를 생각해 보도록 권유했다. 이러한 개괄적인 정서적 경험 가운데에서 초기의 희망 없던 토론이 가능성과 잠재력을 가진 토론이 되었다. 참전 용사들과 함께한 시간은 전쟁에서 여러 차례의 외상을 견뎌 낸 사람들의 경험을 좀 더 이해할 수 있게 해 줬고, 단편적이고 단절된 체계 안에서 가능성을 개념화하는 방법에 대한 안목을 갖게 했다.

내가 이 주제를 미술치료사 청중에게 발표할 때, 현업에 있는 전문가로부터 피드백을 받고 놀랐다. "우리는 참전 용사와의 미술치료에서 자아이상을 다루지 않습니다. 그것은 미술치료와 무관합니다." 나는 전문가와 좀 더 이야기를 나눈 뒤, 전문가가 나에게 그녀가 미술치료에서 이용한 몇 가지 성공적인 접근법을 알려 주려 한다는 것과 그들에게 어떤 초점이 없다는 것을 알았다. 그러나 어떤 동료의 철학을 일축할 수 있는 신속함은 나의 책임이며, 몇 년 후 나와 내담자는 미술치료사가 그들의 철학에 융통성 있고 열린 마음을 갖게 행동하도록 요청하는 것이 꽤나 적절하다는 것을 알았다. 다른 사람을 도울 수 있는 '최선의 방법'을 찾기 위해서는 우리 자신과 다른 전문가를 동반한 통합적이고 팀 중심적인 합력(合力)이 필요하다. 나는 우리 모두가 일방적인 판단과 배제가 아닌 양심적이고 사려 깊은 토론에 참여할 것을 촉구한다.

심리치료사의 임상 연구에서 의미의 문제를 다루는 것은 진단에 관계없이 존재론적 불안정의 원천이 보편적이며 살아 있다는 것을 의미하는 공동 탐구를 포함한다. 이러한 주제는 어떤 마음으로도 접근하기 어렵고, 이론적 방향에 관계없이 외상 경험의 역설, 개인의 정신에 미치는 영향, 그리고 세상에서 의미와 목적을 정의하는 폭넓은 질문이 의미하는 바를 고려하는 것이 항상 중요하다.

그것은 치유 관계이고, 치유 관계이며, 치유 관계이다. – 나의 묵주기도

– 어빙 얄롬(Irvin Yalom), 정신과 의사이자 심리치료사(Feltham, 1999에서 인용)

예술가가 추상적인 것을 전달하기 전에 표상을 그리는 법을 배워야 하는 것처럼, 치료사는 가장 강력한 개입, 즉 관계를 이해하기 위해 환자와 협력해야 한다. 이 책(속에서) 각 장의 기고자들은 외상이 있는 생존자들과의 치료 과정에 치료사와 환자의 관계를 중심으로 포함시켰다. 분야에 관계없이 변화의 본보기를 제공하는 것이 치료 관계이며, 인지과학에서의 경험적 연구는 가장 효과적인 치료사란 치유 관계의 중요성을 인식하고 있는 자임을 보여 주었다(Schedler, 2010). 이 치료 원리는 학습 과정에서의 지적 수준에 맞게 이해되지만, 임상가는 응축된 임상 경험을 통해서만 그것이 실제 의미하는 바를 전체적으로 이해할 수 있다.

신경과학은 기본적인 수준에서 우리 일의 중요성에 대한 진전된 이해를 미술치료에 전달해 왔고, 우리는 차례로 필수적인 과학 원칙을 구현할 수 있는 능력을 제공함으로써 그들이 사려 깊은 임상 치료에서 이를 실현하고 적용할 수 있도록 한다. 신경과학은

점토와 같아서 미술치료사들이 이를 조각하고 하나의 형태로 만들 수 있게 함으로써 성장의 이마고(imago)로 가는 길을 찾을 수 있도록 고유의 구조화된 매체를 제공한다. 그리고 예술적 표현의 복합성이 뇌 전체에 퍼지는 것과 같이 "의술의 주류는 항상 작업 공간을 통해 흐르는 것"이며(McNiff, 2004, p. 27), 이는 우리 모두가 하나가 되는 관계를 통해 맺어진다.

참고문헌

Amaducci, L., Grassi, E., & Boller, F. (2002). Maurice Ravel and right-hemisphere musical creativity: Influence of disease on his last musical works? *European Journal of Neurology, 9*(1), 75-82.

Arieti, S. (1976). *Creativity: The magic synthesis*. New York: Basic Books.

Belkofer, C. M. (2012). *The impact of visual art-making on the brain*. Unpublished doctoral dissertation. Lesley University. Cambridge, MA.

Belkofer, C. M., & Konopka, L. M. (2008). Conducting art therapy research using qualitative EEG measures. *Art Therapy: Journal of the American Art Therapy Association, 25*(2), 56-63. doi:10.1080/07421656.2008.10129412

Belkofer, C. M., Van Hecke, A. V., & Konopka, L. M. (2014). Effects of drawing on alpha activity: A quantitative EEG study with implications for art therapy. *Art Therapy: Journal of the American Art Therapy Association, 31*(2), 61-68.

Chatterjee, A. (2010). Neuroaesthetics: A coming of age story. *Journal of Cognitive Neuroscience, 32*(1), 53-62.

Chatterjee, A. (2014). Neuroaesthetics. *Scientist, 28*(5), 32-38. Retrieved from: www.thescientist.com/?articles.view/articleNo/39802/title/Neuroaesthetics/)

Cheak, A. (2004). Magic through the linguistic lenses of Greek mágos, Indo-European*mag(h)-, Sanskrit mâyâ and Pharaonic Egyptian heka. *Journal for the Academic Study of Magic, 2*, 260-286.

Combs, A. (2013). Transcend and include: Ken Wilber's contribution to transpersonal Psychology. In H. Friedman & G. Hartelius (Eds.), *The Wiley-Blackwell handbook of transpersonal psychology* (pp. 166-186). Malden, MA: John Wiley.

Cozolino, L. (2002). *The neuroscience of psychotherapy: Healing the social brain* (2nd ed.). New York: W.W. Norton.

Dietrich, A. (2004). The cognitive neuroscience of creativity. *Psychonomic Bulletin & Review, 11*(6), 1011-1026.

Doidge, N. (2007). *The brain that changes itself: Stories of personal triumph from the frontiers of brain science.* New York: Penguin.

Feltham C. (Ed.). (1999). *Understanding the counselling relationship* (p. 14). London, England: Sage.

Freud, S. (1992). *Interpretation of Dreams* (Rev. ed.). New York: Penguin.

Hinz, L. (2009). *Expressive therapies continuum: A framework for using art in therapy.* New York: Routledge.

Huang, M. (2009). The neuroscience of art. *Stanford Journal of Neuroscience, 2*(1), 24-26.

Hugo, Victor. (n.d.). Quotation. Retrived from: www.goodreads.com/quotes/333543-there-is-one-thing-stronger-than-all-the-armies-in

Jung, C. G. (1957, August 5-August 8). Interview by R. *Evans Jung on Film.* Zurich, Switzerland. (Available from Segallar Films, Dept. of Psychology University of Houston).

Junge, M. B. (2014). *Identity and art therapy: Personal and professional perspectives.* Springfield, IL: Charles C Thomas.

Kagin, S. L., & Lusebrink, V. B. (1978). The expressive therapies continuum. *Art Psychotherapy, 5*(4), 171-180.

Kandel, E. (1999). Biology and the future of psychoanalysis: A new intellectual framework for psychiatry revisited. *Psychoanalytic Review, 99*(4), 607-644.

Konopka, L. (2014). Where art meets neuroscience: A new horizon of art therapy. *Croatia Medical Journal, 55,* 73-4. doi:10.3325/cmj.2014.55.73

Kruk, K. A., Aravich, P. F., Deaver, S. P., & deBeus, R. (2014). Comparison of brain activity during drawing and clay sculpting: A preliminary qEEG study. *Art Therapy: Journal of the American Art Therapy Association, 31*(2), 52-60. doi:10.1080/07421656.2014. 903826

Lear, J. (1998). *Open minded, working out the logic of the soul.* Cambridge, MA: Harvard

University Press.

Lusebrink, V. B. (1990). *Imagery and visual expression in therapy. Emotions, personality, and psychotherapy*. New York: Plenum Press.

Lusebrink, V. B. (2004). Art therapy and the brain: An attempt to understand the underlying processes of art expression in therapy. *Art Therapy: Journal of the American Art Therapy Association, 21*(3), 125-135.

Lusebrink, V. B. (2010). Assessment and therapeutic application of the expressive therapies continuum: Implications for brain structures and functions. *Art Therapy: Journal of the American Art Therapy Association, 27*(4), 168-177.

Masten, A. S. (2001). Ordinary magic: Resilience processes in development. *American Psychologist, 56*(3), 227-238. doi:10.1037/0003-066X.56.3.227

National Institutes of Health. (2015). *What are the different areas of neuroscience?* Retrieved 16 October 2015, from www.nichd.nih.gov/health/topics/neuro/condition info/Pages/areas.aspx

McNiff, S. (2004). *Art heals: How creativity cures the soul*. Boston, MA: Shambala Publications.

Pigliucci, M. (2010). *Nonsense on stilts: How to tell science from bunk*. Chicago, IL: University of Chicago Press.

Sacks, O. (1973). Awakenings. In E. Huth & T. J. Murray (Eds.). (2006). *Medicine in quotations: Views of health and disease through the ages* (2nd ed., p. 255). Philadelphia, PA: American College of Physicians.

Schedler, J. (2010). The efficacy of psychodynamic psychotherapy. *American Psychologist, 65*(2), 98-109. American Psychological Association. doi:10.1037/a0018378

Skov, M. & Vartanian, O. (2009). Introduction: What is neuroaesthetics? In M. Skov & O. Vartanian (Eds.), *Neuroaesthetics* (pp. 1-7). Amityville, NY: Baywood.

Solomon, E. P., & Heide, K. M. (2005). The biology of trauma: Implications for treatment. *Journal of Interpersonal Violence, 20*(1), 51-60. doi:10.1177/0886260504268119

Ulman, E. (2001). Art therapy: Problems of definition. *American Journal of Art Therapy, 40*(1), 16-26.

Wadeson, H. (2010). *Art psychotherapy*. Hoboken, NJ: John Wiley.

Wiles, Andrew. (n.d.). Quotation. Retrieved from: http://izquotes.com/quote/278342

Zeki, S. (1999). Art and the brain. *Journal of Consciousness Studies*, *6*(6-7), 76-96.

제2장 임상 사례에서의 신경과학 개념

루카스 코놉카(Lukasz M. Konopka)

도입

이 장에서는 임상의가 환자의 생애 신경가소성에 대한 사고 방식을 향상시키기 위한 기능적 · 해부학적 · 신경생리학적 스키마를 제안한다. 이를 위해 임상의뿐만 아니라 미술치료사가 고유의 논리적 데이터를 기반으로 한 기존의 개입 방식을 포함하여 진단 및 최적의 치료법을 구성하기 위한 도구를 선택하는 데 도움이 될 도식적인 형태로 행동, 평가, 유전학, 구조적 · 기능적 신경 이미지에 관한 최신의 신경과학 자료를 제시한다. 이와 같은 다중 형태의 신경과학적 접근법을 예시로 들기 위해 이 장에서는 논리적으로 대응이 가능한 과학 연구, 진단 및 치료(treatment)가 진단 및 치료적 사일로(silo)를 통해 일반 임상 언어로 어떻게 활용이 가능한지를 임상 사례를 통해 보여 줄 것이다. 미술치료와 유관 분야 간의 의사소통 및 협력 관계가 발전하여 미술치료가 기본 의료요법으로서 가치 있고 합당하게 받아들여질 수 있기를 바란다.

뇌 세포의 처리 과정: 개관

구조

인간의 뇌는 1천억 개의 뉴런으로 구성되어 있고, 기능적 뉴런 단위와 다양한 확산 감각기관을 통합하는 전기생리학적 네트워크를 구성하는 데 주력하는 기관이다. 이러한 전기생리학적 네트워크는 활동전위에 의해 코드화되어 있는 뉴런 단위와 패턴이 된다.

결국 다양한 뉴런의 형태가 뇌 전체에 나타난다. 이러한 구조는 외층이나 외피층(회색질이라고도 함)과 피질 부위(시상 하부와 기저핵과 같은 회색과 흰색 물질의 조합으로 구성됨)를 포함한다. 그 구조 안에서 개별적 형태의 양상은 단순한 양극성 뉴런에서부터 소뇌 피질의 광범위하고 복잡한 뉴런에 이르기까지 다양하다. 신피질 뉴런을 포함한 모든 뉴런은 수상돌기로부터 입력된 정보를 받는다. 수상돌기는 신경전달물질이라고 불리는 화학적 신호에 반응하는 뉴런의 특수한 감각 부분이다. 각 뉴런의 촘촘한 수상돌기들은 특수 수용체를 자극할 수 있는 다양한 신경전달물질을 전달받는다. 수상돌기의 구조는 '돌기 나무'라고 할 만큼 수많은 가지가 달린 나무와 유사하게 생겼고, 1만 개에서 10만 개의 입력된 기능적 정보를 통합할 수 있다. 이와 같이 모든 수상돌기의 상호작용은 세포의 출력 부분인 축삭돌기 아래로 활동전위를 보내는 것을 끝으로 하는 통합, 생성 및 전파의 복합적인 과정이다.

세포 기능

활동전위는 세포막을 가로질러 이동하는 전기 신호에 의해 발생하는 실무(悉無) 현상이다. 결국 전기 신호가 임계값에 도달하면 세포막을 탈분극화하고 전위 의존성 통로를 열어 활동 전위를 생성한다. 그럼에도 불구하고 대부분의 수상돌기는 활동 전위를 생성하지 않는다. 세포는 활동전위를 위해 세포체인 소마(soma)에서 최종적으로 통합된 세포막 전위에 영향을 주는 수많은 탈분극(흥분성) 및 과분극(억제성) 세포막 전위에 대해 계산해야 한다. 활동전위는 충분한 탈분극화가 진행되어야만 활성화되고, 소마에 가장 가까운 입력체는 시냅스 신호에 가장 강력한 영향을 미친다. 가령 입력체가 가까울수록 뉴런의 자극 또는 억제에 미치는 영향이 커진다. 축삭돌기 아래를 돌아다니면서 재생성되는 활동전위와 달리, 시냅스 전위는 소마 쪽을 향할수록 진폭을 잃는다. 소마로부터의 거리가 멀어질수록 시냅스 전기 신호의 진폭은 감소한다. 따라서 가장 효과적인 흥분성 세포막 전위(EPSP) 시냅스 또는 억제성 세포막 전위(IPSP) 시냅스는 세포체 가장 가까이에 위치하고 있으며, 소마가 일정한 시점에 일정한 신호를 받을수록 활동전위가 생성될 가능성이 커진다. 동시성은 결정적인 임계값에 도달할 가능성을 높여 주기 때문에 활동전위의 생성은 동시 신호 전달이 없이는 불확실하다. 예를 들어, 단일 신호 입력이 세포를 자극할 경우, 활동전위를 활성화시키기 위해 동일한 소마에 2~3개의 작은 독렵된 신호 입력에 의한 ESPS가 수렴할 때보다 더 큰 ESPS 진폭을 필요로 한다. 이 공간적 가중 원리는 세포 단위에서 입증되어 있다(Dan & Poo, 2004).

세포 단위의 학습

공간적 가중은 인간 행동의 견지에서 기억 구축을 이해하는 데 사용될 수 있는 수렴형 다중 감각의 전달과 함께 세포 학습이 가장 효율적으로 발생함을 보여 준다. 가령 우리가 시력과 같이 오직 하나의 감각 형태를 이용하여 학습할 때에는 작업을 완료하고 기억을 형성하는 데 더 많은 시간과 노력이 요구된다. 그러나 우리가 시각과 청각 두 가지 감각 형태를 이용하여 학습한다면 수렴하는 감각 정보가 학습을 촉진시킬 것이다. 초기에는 낯선 행동을 루틴으로 만들기 위해 뇌의 상당한 자원을 필요로 하지만, 뇌가 적응함에 따라 학습을 위한 노력이 덜 필요로 하는 효과적인 네트워크가 발달한다(Grabner, Neubauer, & Stern, 2006). 보통 사람들은 학습하는 것이 어려워지면 좌절하고 때로는 노력하기를 포기하기도 하지만, 이는 새로운 운동을 시작할 때 근육이 아픈 만큼의 보상을 주지 않는 대신 운동을 반복할수록 근육이 강해지고 힘을 덜 들이게 되는 것과 같다. 마찬가지로 뇌가 초기에 새로운 인지 과제를 수행하기 위해서는 다중 네트워크를 요구하지만, 결국에는 불필요한 네트워크를 줄이면서 필요한 활동에 집중하고 성능을 최적화한다. 가장 좋은 사례 중 하나가 바로 자전거 타는 방법을 배우는 것이다. 처음 배울 때에는 상당한 뇌의 활동을 요구하지만 시간이 흐를수록 뇌의 활동은 간단해지고 자연스러워진다. 사람들 대부분은 자전거 타는 법을 배웠지만, 자전거 타는 법을 익히는 데 필요한 개별적인 단계를 설명하는 것이 거의 불가능하다는 것을 알게 된다. 왜냐하면 사람들이 학습하는 것은 수많은 무의식의 구조적·생화학적 변화, 즉 신경가소성에 의한 결과이기 때문이다.

신경가소성

신경가소성은 세포의 구조와 기능을 점차 변화시키는 환경 및 내재적 자극에 대한 동적인 뉴런 반응을 반영한다. 정확하게 통제된 조직 배양 실험은 특정 신경 경로의 반복된 자극으로부터 진화된 시냅스의 구조적 · 기능적 변화, 장기간의 상승 혹은 억제 그리고 개선된 시냅스 효율을 기계적으로 보여 준다(Thomas, Laroche, Errington, Bliss, & Hunt, 1994). 반복은 뇌 전체의 신경 진화를 야기한다. 예를 들어, 우리는 운동이 균형에 긍정적으로 미치는 정량화 가능한 구조적인 뇌의 두드러진 변화를 산출하고 뇌의 신경가소성을 확인하는 방법을 측정할 수 있다(Lewis, Baldassarre, Committeri, Romani, & Corbetta, 2009).

세포 수준에서 신경전달물질로 알려진 특정 자극 분자에 대한 반응을 조절할 때 시냅스 가소성이 나타난다. 시냅스에는 두 가지 유형의 수용체가 포함될 수 있다. 이온 통로 구조 수용체와 결합하는 상대적으로 단순하고 빠른 이온성 수용체와 신경 세포 기능 변경을 위해 연속 생화학 반응을 이용하고 구조 변경을 위해 단백질 합성을 이용하는 좀 더 복합적인 대사성 수용체가 그것이다. 경험은 끊임없이 우리의 뇌를 조절하고 개조하기 때문에 대부분의 중추신경계 수용체가 대사성 수용체 군(群)에 속한다는 사실은 놀라운 일이 아니다. 신경전달물질 외에도 다른 분자들은 시냅스 효율에 영향을 미치고 신경가소성의 또 다른 측면인 시냅스 접촉을 강화하거나 제거함으로써 신경망을 수정한다. 이러한 분자들 중 하나인 뇌 유도 성장 요소(BDNF)는 뉴런의 성장, 유지 및 생존에 영향을 미치는 작은 단백질 군에서 비롯된다. BDNF 조절은 조현병, 양극성 질환 및 자폐 스펙트럼 장애와 같은 다양한 뇌 관련 장애에 영향을 미치는 것으로 보인다(Holtzman & Mobley, 1994; Martinowich, Manji, & Lu, 2007). 일반적으로 이러한 요소들은 급성 질환 단계에서 감소한다.

세포의 소통 및 네트워크

행동 상태에 따라 우리 뇌는 감정과 인지를 위해 서로 다른 네트워크를 사용한다(Bullmore & Sporns, 2009; Power et al., 2011). 인지를 이해하는 간단한 방법은 뇌의 의사결정 방법을 개념화하는 것이다. 첫째, 형질변환(transduction)은 식별 가능한 시각, 청각, 촉각 또는 후각과 같은 감각 입력 신호를 전기 신호로 바꾼다. 그런 다음 특정된 감각 경로가 이러한 신호를 인지하고, 결국에는 특정 신경 신호로 통합된다. 감각 경로는 중심구의 뒤쪽에 위치하여 다중 감각 입력 신호를 통합하는 역할을 하는 뇌의 두정엽으로 이어진다. 두정엽이 감각 입력 신호를 통합함에 따라 뇌의 다른 영역이자 행동 선택을 통제하는 영역인 운동뇌 또는 전두엽과 소통하여 행동 또는 억제를 생성하고 주변 환경과 관계 맺는 법을 지속적으로 관리한다.

신경 복합성, 수많은 뉴런 개체, 개별 연결 그리고 명확하게 길고 짧은 유수·무수관들은 뇌의 조직에 대해 많은 질문을 하게 한다. 뇌의 해부학적이고 기능적인 연결을 위한 개념적 틀이라 할 수 있는 네트워크라는 개념부터 시작해 보자. 우리 뇌에는 많은 쌍방향 네트워크가 있다. 우리가 네트워크의 일반적인 연결성과 기능을 이해한다면 행동장애가 있는 사람을 이해하는 데 도움이 될 것이다. 정상적인 네트워크는 ① 뇌 영역과 기능 간 소통의 통합, ② 변경 및 이상 행동 모니터링, ③ 내부 및 외부 데이터 해석 그리고 ④ 연령, 성별 및 환경에 영향을 받는다. 다행히 우리는 뇌의 네트워크를 조사할 수 있는 양성 기법을 가지고 있다. 예를 들어, 뇌파(EEG)는 전극을 통해 두피에서 전기생리학적 신호를 기록하고 기능 및 연결성이 다른 구역 간의 신경 점화 주파수를 식별한다. 델타(delta), 세타(theta), 알파-1(alpha-1)과 같은 동기화된 저주파는 대부분 원거리 소통을 돕는다. 단거리 소통은 주로 베타(beta)와 감마(gamma)와 같은 고주파에 의존한다(Von Stein, Chiang, & Konig, 2000). 뇌의 영역은 동기화된 활동을 통해 소통하고, 동기화된 활동은 기능적 연결성을 반영한다. 동기화는 정보를 신속하게 수집하고 공유하기 위한 동적 프로세스이다. 예를 들어, 환자의 나이에 따라 전기생리학적 패턴은 각성에서 수면에 이르기까지 분명한 변환을 보여 주고(Carrier, Land, Buysse, Kupfer, & Monk, 2001), 기억 프로세스가 동작하는 동안 세타와 알파의 변화가 나타났다(Klimesch, 1999). 게다가 감마파는 생각을 하는 동안 의식과 동기화된다(Lutz, Lachaux, Martinerie, & Varela, 2002; Varela, 2002; Vidal, Chaumon, O'Regan, & Tallon-Baudry, 2006).

인간의 네트워크는 뇌의 구조 및 기능의 계층적 조직을 평가한다. 먼저 밀접하게 상호 연결된 뉴런 다발은 작은 네트워크를 형성하고, 네트워크는 결합하여 더 큰 모듈 안에서 활동하는 작은 모듈을 생성한다. 마침내 뇌의 5~6개의 모듈은 기능적 하부 시스템으로 배열되는 듯하다(He & Evans, 2010). 이러한 동적 구조에 더하여 뇌는 특정 개입에 의해 결정되는 강화 혹은 약화된 연결성 사이를 오가거나 관찰 가능한 행동 양상을 보일 수 있다. 과도한 연결이나 단절은 심각한 결과를 초래할 수 있는데, 가령 뇌량 무발생증으로 인해 좌반구와 우반구가 단절된 아동에게서 볼 수 있다. 이러한 아동에게는 뇌 사이의 소통이 이루어지지 않으며, 이는 뇌파 일관성 부족(Koeda et al., 1995)과 심각한 행동장애에 의해 명확하게 입증되었다. 임상의는 종종 명확하게 식별 가능한 비정상적인 구조에 관한 영상 연구 없이도 경미한 TBI와 같은 뇌 손상을 입은 환자에게서 일관성 이상을 관찰한다. 반면, 간질은 급성의 극단적인 연결성과 뇌 하부 영역 간의 소통을 보여 주고(Lehnertz et al., 2009; Lieb, Hoque, Skomer, & Song, 1987), 지속적인 행동장애를 초래한다. 만성적인 과(過)동기화는 퇴행성 질환에서도 나타난다. 예를 들어, 초기 파킨슨병에서는 단지 8~12Hz 알파파의 동기성이 증가하지만(Stoffers et al., 2008), 나중에는 3~25Hz에서 추가적인 감소가 일어난다(Kuhn, Kupsch, Schneider, & Brown, 2006).

뇌 발달

어린 시절의 뇌 발달은 미래에 성인이 된 후 뇌의 네트워크가 얼마나 잘 상호작용하고 데이터를 처리(예: 생각)할 수 있는가를 결정하는 데 중요하다. 뇌 발달 과정에서 매우 복잡하고 정밀하게 조직화된 프로세스는 뉴런을 피질 및 피질 하부 층으로 이동시켜 구역 간의 적절한 연결을 형성한다(Hatten, 1990; Sidman & Rakic, 1973). 우리는 이러한 발달 메커니즘에 대해 완벽하게 이해하지 못하지만 신생 뉴런들은 생화학적 요소들의 환경적 주입에 매우 민감하다는 것을 뉴런의 물리적인 위치와 함께 알고 있다. 처음에는 교질세포로 알려진 비뉴런 세포가 개별 뉴런들의 이동을 안내한다. 뇌의 회백질이 발달함에 따라 세포들은 뇌실 옆 영역으로부터 바깥쪽으로 이동한다. 새롭게 생성된 세포가 최종 목적지에 도착하면 새로운 뉴런은 이미 생성되어 있는 세포층을 지나 마침내 여섯 층으로 잘 구분되어 있는 연결 및 기능적인 작업을 통해 신피질로 구별된다. 일단 세포가 종착점에 도달하면 축삭돌기와 함께 연결되는 복잡한 수상돌기로 발달하고 복잡한 소통 네트워크 안에서 그 역할을 정의한다. 세포의 축삭돌기가 자라면서 그 궤적과 연결은 환경과 생화학적 신호의 끌어당김이나 반발에 의해 인도되고 정의된다(Heffner, Lumsden, & O'Leary, 1990).

환경 및 생화학적 신호 이외에도 축삭돌기는 정해진 대상에 화학적 인력 또는 척력을 제공할 수 있는 자체 화학 분자를 분비한다. 그러므로 시냅스가 형성되기 전에 물리적 신호와 생화학적 신호가 축삭돌기를 최종 대상에 향할 수 있도록 해야 한다(Tessier-Lavigne & Goodman, 1996). 축삭돌기가 대상과 만나면 몇 분 후 대상과의 소통을 시작하고 대상의 수용체와 상호작용하는 신경전달물질을 방출한다. 며칠 후 축삭돌기는 기능적 시냅스를 완전히 발달시키며(Toni, Buchs, Nikonenko, Bron, & Muller, 1999; Vicario-Abejan, Collin, McKay, & Segal, 1998) 시냅스 영역 내에서 수용체 밀도를 증가시킨다. 초기에는 많은 뇌 영역이 과량의 뉴런과 뉴런 접촉을 하지만 모든 뉴런이 생존할 수는 없다. 따라서 뉴런이 생존하기 위해서는 시냅스 활동에 참여해야 하며 유용한 영양 요소가 있어야 한다. 즉, 뉴런은 최종 네트워크에서 자신의 위치를 두고 경쟁해야 한다. 이와 같이 네트워크의 효율성은 이상적인 뉴런의 수를 결정한다. 세포 과잉은 자연 세포 사멸 또는 세포 자멸을 야기한다(Paolicelli et al., 2011). 초기 대상 연결 외에 시냅스는 종종 명확하게 구분된 장기(臟器) 성숙의 창을 통해 정제된다. 여러 단계에서 정제 프로세스는 자원의 최적화를 필요로 하는 기억 형성 과정과 매우 유사하다. 이와 같이 중요한 발달 창구는 시각, 청각 및 감각의 전기생리학적 연구를 통해 잘 연구되어 왔다(Gogtay et al., 2004). 뉴런의 전기 활동은 신경전달물질의 방출 또는 억제와 직접적인 관련이 있다. 따라서 신경전달물질은 특정 뉴런 사이의 연결을 형성하는 신경 발달에 중요한 영향력을 발휘한다. 예를 들어, 글루타메이트(glutamate)와 같은 흥분성 신경전달물질은 세포 내의 칼슘을 증가시키지만, 그 뒤에 신경 표적 사이의 연결을 억제하는 GABA와 같은 억제성 신경전달물질은 시냅스 형성을 감소시킬 수 있다(Ge et al., 2006; Yuste & Katz, 1991).

인간 뇌 발달의 구조적 측면을 다루기 위해서는 '뇌에서 행동하기(brain-to-behavior)' 접근법을 사용해야 하며, 행동에 반영되는 뇌 구조 내 뉴런의 변화를 계량화해야 한다. 역사적으로 과학은 관측 자료를 사용하여 발달 중인 뇌의 변화를 추론하였으며, 오늘날의 첨단 영상 기술은 인간의 행동이 발달 중인 뇌의 신경생물학적 구조와 기능을 변화시키는 방법을 알 수 있게 해 준다. 예를 들어, 자기공명영상(MRI)은 뒤집힌 U자형 포물선을 반영하는 회백질의 병렬 변화와 함께 점차적으로 증가하는 백질의 용적을 통해 아동과 청소년의 주요 해부학적 뇌 변화를 밝혀냈다(Lenroot & Giedd, 206). 일반적으로 백질 용적의 증가는 회백질 용적의 감소와 연관되어 있다. 또한 성별의 차이가 뇌의 총 용적에 영향을 미치며, 일반적으로 남성의 뇌가 여성의 뇌보다 유의하게 큰 것으로 나타난다(Lenroot & Giedd, 2010).

용적의 차이 외에도 남성의 뇌는 여성의 뇌보다 큰 측뇌실과 회백질을 가지고 있다. 이러한 구조의 차이는 인지 기능에 대한 기능적 관계를 암시하는 것은 아니지만, 뇌 구조는 항상 다양한 환경 요인과 유전적 취약성에 의해 즉각적으로 반응하고 쉽게 변형된다. 상당한 스트레스가 그러한 요소일 수 있으며 별개의 발달 중인 유기체는 스트레스에 가변적으로 취약하다. 상당한 스트레스는 해부학적 구조 및 기능을 재구성함으로써 뇌가 보상받을 수 있도록 한다. 즉, 스트레스를 통해 뇌는 그 환경에 적응한다. 예를 들어, PTSD 환자는 해마의 용적뿐만 아니라 기능 역시 저하된다는 것이 연구를 통해 밝혀졌다(Bremner et al., 2003; Douglas, 1995). 다른 연구에서는 런던의 택시 운전사와 정상 대조군을 비교하였는데, 이에 따르면 택시 운전사의 해마 용적이 정상 대조군의 것보다 현저히 큰 것으로 나타났다. 이는 택시 운전사의 뇌가 복잡한 런던 시내의 길을 찾는 데 적응했음을 암시한다(Maguire et al., 2000; Woollett & Maguire, 2011). 요약하면, 구조적인 신경 이미지 평가를 기반으로 한 뇌의 발달 궤적은 개인 및 성별에 따라 크게 달라지며 수많은 생물학적 · 환경적 요인의 영향을 받는다.

영상 기법

과학 및 임상적인 중요성 외에도 살아 있는 인간의 뇌를 탐험하는 데에는 굉장한 이점과 흥미가 있다. 그 흥미에는 성쇠가 있어 왔으며, 특히 뇌 영상을 둘러싼 흥미가 그러하다. 그럼에도 불구하고 임상 뇌파 검사의 아버지로 불리는 한스 베르거(Hans Berger) 박사는 EEG를 성공적으로 활용하여 인간의 두피로부터 생리학적으로 의미 있는 전기 신호를 기록하고 다양한 전기생리학적 신호를 이해하고자 하였으며, 그 이후로 뇌 영상에 대한 긍정적인 궤적이 시작되었다(Gloor, 1994). 끊임없이 반복된 연구 결과를 바탕으로 그는 관찰 가능한 임상 소견을 뇌의 잠재적인 기능적 메커니즘과 연관지었고, 임상 관찰을 통해 뇌병리학을 가정했음에도 불구하고 그의 결론은 사후 분석을 통해 검증되었다. 살아 있는 인간의 뇌 구조를 조사하고 구조와 기능을 연관 짓기 위한 초기 시도는 당시 부상한 엑스레이(x-ray) 기술에 의해 주도되었다. 그러나 엑스레이는 두개골과 뇌 척수액을 제외한 나머지 뇌 조직을 균질 물질(homogeneous matter)로 보았다. 따라서 임상의가 외과적 개입의 필요여부를 판단하기 위해서는 공기뇌조영술(pneumoencephalography)을 사용해야만 했는데, 이는 잠재적인 병변을 잠시 동안 살펴보기 위해 공기 덩어리를 뇌척수 공간에 주입하여 이를 시각화하는 위험한 기술이다

(Di Chiro, 1964). 그 후 첨단 컴퓨터 기술 덕분에 획득 후 (post-acquisition) 엑스레이 처리로 보다 선명한 구조적 무결성의 뇌영상을 얻을 수 있게 되었다(Gawler, Du Boulay, Bull, & Marshall, 1976). 오늘날 컴퓨터 단층 촬영 혹은 CT는 수학적 컴퓨터 프로그램을 통해 강화된 다중의 뇌 영상을 활용하는 대중적인 엑스레이 기술이다. 임상의들은 뇌 손상을 판정하기 위한 첫 번째 단계에서 CT를 사용했다. 그러나 혈관 침범(vascular involvement)이나 골절이 의심될 경우에는 CT의 제한된 영상 품질과 방사선 피폭 문제로 사용이 제한된다. 오늘날 일부 연구자는 만성적인 비정상 행동이 뇌 구조의 실질적인 변화와 상호 연관되어 있는지, 중증 정신 질환을 판단하기 위한 새로운 기술을 정당화할 수 있는지에 대해 의문을 제기하고 있다(Mulert & Shenton, 214; Wahlund, Agartz, Saaf, Wetterberg, & Marions, 1992).

최근에 새롭게 등장한 MRI 원리는 더 나은 영상 기술을 촉발시켰다(Semelka, Armao, Elias, & Huda, 2007). 자기공명은 연조직의 특성에만 의존하며 환자의 방사선 피폭 가능성을 배제한다. 뇌의 회백질, 백질 및 뇌척수액에는 명확하게 확인된 연조직 특성이 포함되어 있어 환자가 방사선에 피폭되지 않도록 한다. 뇌의 회백질, 백질 및 뇌척수액에는 MRI 자기장이 고유한 분자의 움직임을 기반으로 구조를 식별하고 구분할 수 있도록 명확하게 구분된 연조직 밀도가 함유되어 있다. 따라서 임상의는 개별적 구조와 관련된 뇌의 총 용적을 쉽게 인식할 수 있다. 용적 측정 연구를 통해 정상적인 뇌는 일관된 구조적 무결성과 연령 및 성별에 적합한 용적을 가지고 있다는 사실이 점차 분명해지고 있다. 우리는 이러한 데이터를 활용하여 인지와 정서적 장애를 초래할 수 있는 구조적 차이를 객관적으로 식별할 수 있다. 그 데이터는 목적성 개입을 위한 임상적 이해를 제공한다. 또한 뇌 용적 영상은 그러한 개입의 결과로서 조직의 용적 회복을 보여 줌으로써 특정 뇌 영역에 영향을 미치는 치료법을 평가하는 데 도움을 줄 수 있다(De Lange et al., 2008).

수많은 발견은 일부 행동장애에 대한 생물학적 토대를 규명함으로써 행동에 관한 우리의 이해를 개선시켜 왔다. 정신의학계는 PTSD(Vermetten, Vythilingam, Southwick, Charney, & Bremner, 2003)와 양극성 질환(Yucel et al., 2008)을 겪고 있는 환자에게 이러한 데이터를 공개했다. 자연스럽게 이러한 발견은 상당한 주목을 받았고, 정신의학을 의학의 선구자로 만들었다. 그럼에도 불구하고 정신의학과 심리학 수련 과정은 여전히 미래의 임상의에게 정기적인 영상(routine imaging)의 중요성에 대해 가르치는 것을 도외시하고 있다. 정신 건강 분야의 일부 구성원은 영상을 활용하는 것에 대해 입을 굳게 다물고 있다. 다양한 주제의 진단 범주에서 주어진 개별 환자를 평균화하는 연구 영상 데이터를 일반화하는 방법을 배우지 않았기 때문이다. 예를 들어, 환자가 명확하게 확인된 임상 우울증을 가질 수 있음에도 영상은 다양하고 불안하며 예상치 못한 결과를 나타낼 수 있다. 따라서 이러한 도구의 민감도와 특이성이 낮은 것처럼 보인다. 따라서 임상의들은 일련의 연구 결과에 부합하지 않으면 그 데이터가 임상적으로 무관한 것으로 간주한다. 즉, 임상 진단에는 매우 다양한 생물학적 메커니즘과 영상 결과가 종종 나타난다.

구조적 뇌 영상 외에도 일반적으로 비표준 활성화 프로토콜에 의존하기 때문에 실용적이지 못하고 활용도가 낮은 다양한 기능의 영상 기술이 있다. 그 가운데 하나인 BOLD-MRI는 자기공명을 이용하여 뇌의 혈류를 영역별 뉴런 활동의 증가와 연관시켜 산소포화도의 변화를 감지한다. 이 비침습적인 방법은 뇌의 관류 변화 모습을 훌륭한 3차원 해상도로 제공한다. 예를 들어, BOLD-MRI는 정상 대조군과 얼굴표정 해석에 어려움을 겪고 있는 환자(Kesler et al., 2001) 간 얼굴 표정을 시각화하고 해석하는 동안의 뇌의 비활성 및 활성 활동을 비교할 수 있다(Ogai et al., 2003). 이 연구는 특정 해석적 뇌 영역을 확인하고 증상과 관련하여 부족한 이해를 증진시키기 시작했다. 이러한 강점에도 불구하고 BOLD-MRI는 환자가 MRI 카메라 안의 제한된 상태에서 움직이지 않아야 하고, 정신적인 작업에 관여해야 하는 사유로 인해 데이터 수집에 어려움을 겪는다. 이와 같이 엄격한 제한으로부터 방해받지 않는 모범적인 환자에게 BOLD-MRI를 사용하는 데에는 한계가 있다. 이 기술은 또한 신경생물학적 토대에 의해 불이익을 받는다. 이 방법은 뉴런의 전기 활동의 결과로 발생하는 혈류량 변화를 일반적으로 1000분의 1초 단위로 측정하지만, 혈액 관류 변화는 이보다 1000배 더 느리다. 따라서 BOLD는 뉴런 활동의 간접적인 척도이다(Schridde et al., 2008).

자기공명은 특정 분자의 고유한 특성을 확인하기 위해 자기장을 사용하는 MRI 분광법(MRI Spectroscopy: MRS)이라는 기술로 뇌의 생화학적 구성을 탐지할 수 있다(Kato, Shioiri, Takahashi, & Inubushi, 1991). 분자는 고유의 특성(profile)을 가지고 있기 때문에 MRS는 특정 영역을 초점화하여 영상화할 수 있고, 생화학적 구성을 평가하여 해당 뇌 영역의 무결성이나 병리를 분명히 하고 신경가소성을 추적할 수 있다. 예를 들어, 환자가 발작장애에 대한 수술을 받은 후 MRS는 환자의 대측성 해마 조직(contralateral hippocampal tissue)이 회복하는 모습을 보여 주었다(Vermathen et al., 2002). MRS는 또한 이미 존재하는 비정상을 밝혀내고 치료의 결과로 발생하는 특정 생화학적 변화를 효과적으로 추적할 수 있으며, 약물이 다양한 뇌의 영역에 어떻게 분포되어 있는지를 보여 줌으로써 치료 효능의 증거를 제공할 수 있다(Renshaw et al., 1992). 그럼에도 불구하고 현재 MRS 방법은 표준화가 부족하고 처리 및 해석 과정이 상당히 복잡하기 때문에 임상에서의 활용이 제한적이다.

또 다른 자기공명 기술인 확산텐서영상(DTI)은 뇌 영역을 연결하는 주요 미엘린 축삭돌기(myelinated axonal) 뇌 경로의 무결성을 확인한다. 이 기술은 축삭돌기 내의 물 분자 수치를 구한다(Assaf & Pasternak, 2008). 단일광자 연산 단층촬영술(SPECT)과 양전자 방사 단층촬영술(PET)의 두 가지 기능적 영상 기법은 리간드(ligand)라 불리는 특정 방사성 추적 분자를 보기 위해 특수 감마 카메라를 사용한다. 먼저, 리간드가 환자의 정맥에 주입된다. 그런 다음 리간드가 신체의 모든 기관을 순환하는 동안 이를 추적한다. 리간드가 조직을 투과한 후 영상 처리 과정이 시작된다. 이 과정의 타이밍은 리간드의 유형에 달려 있다. 리간드는 방사능이 50% 감소하는 데 걸리는 반감기가 한정적이다. 일부 리간드는 반감기가 몇 시간이고, 다른 리간드는 몇 분밖에 되지 않는다. 따라서 연구와 리간드의 투여는 매우 정확하게 계획되어야 한다. 때로는 방사성 리간드가 멀리 떨어진 실험실에서 합성된 후 영상 센터에 도착한다. 특정 리간드는 뇌의 포도당 대사, 산소 이용 또는 혈류를 측정하는 데 사용되는지 여부에 따라 선택된다. 우리는 표적화된 뇌 수용체에 결합하고 환자의 증상 및 취약한 부분과 관련된 특정 세포 수용체 유형의 존재 여부를 보여 주는 분자를 통해 보다 구체적인 영상을 얻을 수 있다. 예를 들어, 약물 중독 환자는 보통의 대조군에 비해 덜 조절되는 도파민 수용체를 가질 수 있다(Volkow et al., 1993). 또한 경쟁적 결합 연구(competitive binding study)는 약물의 효과를 평가하는 데 도움이 되는 특정 뇌 영역의 이용 가능한 수용체의 비밀을 밝힐 수 있다(Farde et al., 1995). 그럼에도 불구하고 핵의학 연구는 전문 인력과 장비 그리고 소량의 방사선이 필요하기 때문에 복잡하다. 또한 핵의학 연구는 리간드의 분자 반감기가 연구 설계와 리간드 투여 및 스캐닝 시간을 결정하기 때문에 특히 복잡하다. 과학적 탐구를 위한 방사능 피폭에 대하여 윤리적 논쟁의 여지가 있음에도 불구하고, 이러한 기술은 분명히 다수의 질병을 위한 최선의 치료 방법을 선택하는 데 도움이 되는 적절한 진단 도구이다. 따라서 실용적인 MRI와 핵의학 기술은 기능적 뇌의 네트워크를 정의하고 수용체를 찾아내는 데 도움이 된다. 그래서 이러한 기존의 전기, 용적 및 생화학 그리고 연결에 대한 도구를 사용하면 뇌의 무결성을 평가할 수 있는 중요한 진단력을 얻을 수 있다.

MRI와 핵의학 기술 외에도 통계 분석 및 데이터 처리가 뇌파(EEG)를 크게 변형시켜 주고 향상시켜 주기 때문에 정량적 뇌파(quantitative EEG: qEEG)가 현재 신경영상 레퍼토리의 일부로 간주된다. 게다가 오늘날 디지털 방식으로 수집된 뇌파 데이터는 획득 후 처리(post-acquisition processing)에 적합하며, 임상의는 표준 10:20 두피 전극 애플리케이션(standard 10:20 scalp electrode application)으로 기록된 뇌파 데이터를 활용하여 개인의 대뇌 피질의 뇌파 패턴을 해당 연령대의 표준 데이터베이스와 비교할 수 있다(Prichep, 2005). 먼저 뇌파는 실시간 뉴런 활동을 기록한다. 그런 다음 데이터가 시간 영역에서 추출되고 특정 주파수로 수학적으로 변환된다. 과학적으로 검증된 상업적 데이터베이스와 비교 후 절대적 · 상대적 전력 수치, 대칭, 일관성, 위상 및 주파수 비율과 같은 결합된 수치 등 다른 수치들을 계산할 수 있다(Thatcher, Walker, Biver, North, & Curtin, 2003). 이 방법은 환자의 뇌 활동을 행동 및 다른 영상 기법과 연관시킨다. 뇌파는 간단하고 유연한 기술이지만 사용을 최적화하기 위해서는 상당한 훈련이 필요하다. 뇌파 전문가(encephalographer)는 예파(sharp wave), 극파(spike wave) 또는 서파(slow wave)와 같은 특정한 비정상적 뇌파 패턴을 식별하기 위해 전극 기록 패턴(몽타주)을 변형하여 아날로그 신호의 유효성을 평가해야 한다. 통계 자료를 해석하기 위해 뇌파 전문가는 치료 또는 추가 검사를 제안하기 전에 이를 식별하고 그 중요성을 이해해야 한다. 예를 들어, 최근 수많은 연구에서 예파가 임상적으로 굉장히 중요한 것으로 나타났다.

정량적 뇌파(qEEG)는 통계적이고 수학적인 계산을 사용하여 전기 활동 패턴을 해석한다. 정량적 뇌파는 저렴하고 쉽게 이용할 수 있으며, 비침습적이고 재현 가능할 뿐만 아니라 단순하고 안정적이다. qEEG는 실시간 기록과 뇌 활동 평가를 가능케 하는 정확한 해상도로 어디서든 수행할 수 있다. 이러한 특성으로 인해 qEEG는 실용적인 MRI보다 우수하지만, qEEG 데이터는 이 기술에 정통하지 않은 사람이 잘못 해석하기 쉬운 아티팩트에 매우 민감하다(앞 참조). 뇌파 전문가는 다양한 뇌 상태에서 예상되는 EEG 패턴과 뉴런 활동 이외의 부분에서 생성된 아티팩트의 차이를 이해하는 것이 중요하다. 일부 일반적인 아티팩트에는 안구 운동, 눈 깜빡임, 땀, 혀의 움직임, 연하 하품, 이 악물기, 안면 긴장 및 측두근, 그리고 얼굴과 목 주변의 일반적인 근육 긴장 등이 있다. 일부 사람에서는 심전도 아티팩트가 EEG 신호에서 명확하게 나타날 수 있어 그것이 뇌 활동에서 나온 것처럼 잘못 해석될 수 있다. 또한 통계 분석을 위해 데이터를 해석하고 제출하기 전에 뇌파 전문가는 환자의 투약 및 의식 상태를 기록해야 한다. 우리는 여러 가지 방법으로 디지털화된 EEG 데이터를 분석할 수 있는데, 그중 한 가지 방법은 저해상도 뇌 전자기 단층 촬영술(LORETA)에 기반한 전기 신호 위치 규명(electrical source localization)이다(Konopka & Poprawski, 2008). LORETA를 이용하여 전기 활동의 해부학적 근원을 확인하고 통계적으로 유의한 비정상적 EEG 활동을 추출한다. 그리고 통계적으로 유의한 비정상적 EEG 활동을 표준화된 MRI 도해서(atlas)에 매핑한다(Pascual-Marqui, 1994). qEEG는 또한 특정 환자 집단에서 발견되는 전기적 패턴을 특성화하는 판별 기능을 개발하는 데에도 사용된다. 경미한 외상성 뇌 지표(mTBI)는 상업적으로 이용 가능한 판별 함수를 사용하여 특정 환자 집단의 구성원 확률을 예측하기 위한 데이터 집합 내의 EEG 변수를 통계적으로 분석하는 qEEG 방법이다. 로버트 대처(Robert Thatcher)는 환자의 뇌 패턴을 두부 손상이 확인된 환자의 것과 비교하는 경미한 외상성 뇌 지표(mTBI) 판별 함수를 개발했다(Thatcher, Walker, Gerson, & Geisler, 1989). mTBI 판별 함수는 개인이 TBI를 겪을 확률과 그러한 부상의 심각성을 나타낸다. qEEG의 판별 분석은 CT 및 MRI(Andreasen, 1989; Hollister & Boutros, 1991)와 같은 영상 기법이 자주 놓치는 주요 기능적인 결핍으로 인해 유용하다. 부분적으로 로버트 대처의 방법은 가속과 감속으로 인한 세포 손상을 확인하기 위해 세포 축삭돌기 연결 부위의 백질과 회백질 경계면의 MRI 3D 화소(voxel) 판독에 의존한다. 임상적으로 판별 기능 mTBI 분석은 다른 임상 및 신경 행동 데이터와 병행하여 가병(假病)의 가능성을 지지하거나 의문을 제기할 수 있다(Thatcher, Biver, McAlaster, & Salazar, 1998). mTBI는 인지 결손, 기분 조절장애, 기능 상실 그리고 표준화된 구조 영상만으로는 손상의 증거가 명확하지 않은 환자들을 임상의가 객관적으로 평가할 수 있게 한다. 일부의 사례에서 어떤 환자들은 명확하고 입증 가능한 mTBI 기록이 있음에도 mTBI 결과물이 없거나 명확하게 확인된 사건 없이 긍정적인 결과물이 나타나지 않는다. 또한 약물이나 불법 마약과 같은 변수들은 위음성 혹은 양성의 결과를 발생시킨다. 그러므로 기능 영상 데이터를 해석할 때에는 반드시 환자의 약물 복용 상태를 고려해야 한다(Konopka & Zimmerman, 2013). 요약하면 일반 대조군과 명확한 환자 집단을 비교할 경우, qEEG는 우리에게 비정상적인 뇌 활동에 관한 정보를 전달한다. 이를 유념한다면 EEG, qEEG 그리고 임상 활동은 반드시 임상 신경생리학을 완전히 이해하고 있는 잘 훈련되고 능숙한 전문가를 통해 활용하는 것이 매우 중요함을 알 수 있다.

또 다른 기술인 전기 활동 매핑 또는 유발전위(Evoked Potentials)는 환자가 특정 작업을 수행하는 동안 뇌파와 함께 종종 기록된다. EEG 기록 중 작업 구성요소는 분석을 위해 정확하게 표시되며 시간 영역을 평균적으로 배치하여 EEG 신호 밖에 숨겨진 이벤트로부터 강력한 신호를 찾아낸다. 동일한 범주 내에서 여러 가지 반응을 평균화하면 무작위적인 뇌 활동과 목적이 있는 작업으로부터 생성된 신호가 구분된다. 유발전위는 청각적 내용 및 인지와 관련된 청각, 시각, 촉각, 후각 및 얼굴 표정과 관련된 감정과 같은 감각 활동을 기록한다. 인지 유발전위는 시각적이거나 청각적일 수 있으며 종종 P-300(positivity at 300 ms)으로 불린다. P-300은 환자가 특정한 부정기 자극 중심의 작업을 행하는 동안 얼마나 주의력을 유지하는지를 보여 주며(Polich & Kok, 1995), 상당수의 문헌이 이 도구가 인지를 평가하는 데 활용된다는 것을 지지한다(Polich & Corey-Bloom, 2005). 임상의 유발전위는 환자의 임상 증상에 대한 이해를 증진시키며, 특히 유사한 네트워크를 사용하는 다른 검사와 연관시킬 때 더욱 그러하다. 예를 들어, 시각적인 자극보다 청각적 자극을 선호하는 사람은 청각의 입력을 통해 보다 쉽게 학습할 수 있다. 결과적으로 우리는 환자가 자신의 학습 능력을 향상시킬 수 있는 학습 전략을 선택하도록 가르칠 수 있다(Duffy, 2005).

뇌 표면의 자기장을 기록하는 보다 특이한 방법을 자기뇌파검사법(MEG)이라고 한다. MEG는 뼈와 같은 생물학적 조직에 의해 왜곡되지 않는 자기장을 생성하는 뉴런의 전기적 특성을 이용하지만, 이 기술은 값비싼 장비와 특수 절연된 환경을 필요로 한다. 또한 MRI와 마찬가지로 환자는 뇌파를 기록하는 동안 절대 미동이 없는 상태를 유지해야 한다. 비록 현재 MEG 데이터의 대부분이 MEG 결과가 EEG와 매우 유사함을 보여 주고(Cohen & Cuffin, 1983), 두 기술이 서로 보완하는 경우가 종종 있더라도, 장비 및 유지 관리 비용과 환자의 한정된 기록 위치는 오로지 연구 환경 안에서 MEG를 실용적으로 만들어 준다.

요약하면, 우리는 어떤 신경 영상 기법이 환자를 평가하고, 개입을 설계하며, 그 효과를 연구하는 데 가장 적절한지 쉽게 알 수 있다. 또한 완벽한 기술은 없기 때문에 우리는 치료를 시작하기 전에 영상의 한계점을 이해할 필요가 있다. 각각의 방법은 데이터 해석에 있어 어려움과 잠재적인 혼동 변수들이 있다. 우리는 특정 의문사항을 바탕으로

한 가지 기술을 선택한다. 예를 들어, 잠재적인 구조 변화의 측정이 불필요할 경우 뇌 기능에 대한 치료의 영향을 결정하기 위해 qEEG가 선택된다. 다른 한편 치료가 시각, 청각 또는 운동 활동을 향상시키는 방법을 알아보기 위해 특정 유발전위와 EEG를 결합시킬 수 있다.

편측화

진보된 신경 영상은 우리가 뇌의 구조와 기능을 평가하는 데 도움을 주었지만 동시에 신경과학자들이 100년 넘게 시도해 왔던 뇌의 비대칭을 이해할 필요성을 증대시켰다. 뇌의 고유한 가소성과 병리학을 포함한 환경에의 적응 때문에 순수한 반구형 전문화의 개념은 새로운 데이터가 나타남에 따라 수정되었지만, 일반적으로 신경과학자들은 좌반구가 언어 이해와 신체 우측의 움직임을 제어하는 특별한 역할을 한다는 사실을 발견했다. 반대로 우반구는 음악, 얼굴 표정 및 신체 좌측의 움직임을 포함한 비언어적 정보의 인식과 합성을 전문으로 한다.

좌반구와 우반구 사이 후면의 일차적 청각 피질의 측두엽 평편부에 유의한 차이가 있음을 입증한 게슈윈드(Geschwind)와 레비츠키(Levitsky)는 대뇌의 비대칭에 대한 초기 연구를 발표했다(Geschwind & Levitsky, 1968). 보다 최근의 연구는 이러한 데이터를 뒷받침하며 좌반구와 우반구 사이의 다양한 차이를 보여 주었다(Shapleske, Rossell, Woodruff, & David, 1999). 우반구는 좌반구보다 회백질에 비해 백질의 비율이 낮아 좀 더 크고 무거워 보인다. 기능적으로 좌반구는 언어에, 우반구는 음악에 특화된 것처럼 보인다(Peretz & Zatorre, 2005). 대뇌 피질의 활동은 언어와 관련된 시상(thalamus)과 같은 피질 하부 구조와 밀접하게 관련되어 있기 때문이다(Hebb & Ojemann, 2013). 또 다른 중요한 언어 영역은 우반구보다 좌반구에 매우 다르게 형성되어 있는 전두엽이다. 좌반구에서 브로카의 영역으로 알려진 전두엽은 말하기와 관련된 운동 활동에 참여한다. 브로카 영역의 전문화는 좌반구에서 피라미드 형태의 뉴런 수상돌기의 굉장히 큰 가지 형태로 되어 있는 세포 단위에서 증명되었다. 수상돌기의 분지(分枝) 형성은 더 큰 가소성과 유연성을 촉진함으로써 매우 복잡한 말하기의 신경생리학을 만들어 내는 뉴런 활동을 조절한다(Scheibel, 1991).

발작의 확산을 제한하기 위해 두 반구를 분리하는 수술을 받은 환자의 반구 전문화에 대해 더 깊이 탐구할 수 있다. 수술 후 뇌가 분리된 환자는 반구 한쪽이 감각 정보를 해석하는 방법을 테스트하는 모델이 되었다. 연구자가 우반구에 이미지를 보여 준 환자는 우반구가 언어를 생성할 수 없어 사물의 이름을 말하지 못했다(Levy & Trevarthen, 1977). 이 연구는 또한 우반구가 왼쪽 시야에 나타난 얼굴을 인식하는 데 특히 민감하다는 것을 보여 주었다(Turk et al., 2002; Yovel, Tambini, & Brandman, 2008). 우리는 반구 전문화에 따라 특정한 정보를 가장 효율적으로 인식한다. 즉, 단어는 좌반구에 의해, 얼굴과 시공간 이미지는 우반구에 의해 인식된다. 소리와 관련하여 오른쪽 귀는 좌우에 다르게 들리도록(dichotically) 표현된 언어에 탁월하며 왼쪽 귀는 멜로디를 인지하는 데 이점이 있다(Kimura, 1967). 또한 오른손잡이는 체성감각의 편측화로 인해 왼손으로는 촉각을 통한 형상 인식이 우수하고 오른손으로는 문자 식별이 더 우수하다(Finlayson & Reitan, 1976; Gibson & Bryden, 1983). 이러한 예시는 감각 적응에 직접적으로 관련된 피질의 전문화를 보여 준다. 운동 산출량 또한 비대칭을 보여 준다. 관찰 연구에 따르면 좌반구에서 시작된 언어가 표시하는 대로 입의 오른쪽에서 말하기가 시작된다(Wolf & Goodale, 1987). 얼굴 표정 또한 얼굴의 왼쪽에서 시작하여 우반구가 얼굴 감정 표현을 조절함을 나타낸다(Dimberg, Thunberg, & Elmehed, 2000; Sackeim, Gur, & Saucy, 1978). 해부학적 편측화 외에도 세로토닌(Fink et al., 2009), 감마-아미노부티르산(Iseki et al., 2009), 노르에피네프린(Fink et al., 2012), 도파민(Andersen & Teicher, 2000)과 같은 신경전달물질 그리고 카나비노이드(Fritzsche, 2003) 또한 편측화된 분포를 보이며, 가변 신경전달물질과 수용체 분포는 반구의 기능에 대한 다양한 약물 효과를 의미한다. 이 발견은 향정신성 약물 복용 환자에게 특별한 영향을 준다. 이러한 데이터를 통해 우리는 뇌가 여러 사람이 비슷하게 갖고 있는 알기 쉬운 네트워크로 상당히 전문화된 기관임을 알 수 있다.

성별에 따른 차이

호르몬이 뇌 발달을 유도하기 때문에 성별 또한 편측화 및 관련 기능에 영향을 준다. 전 세계적으로 남성의 뇌 크기는 여성에 비해 약 10% 더 크다(Peters, 1991). 최근 한 연구에 따르면 특정 뇌 영역에서 남성과 여성 간에 유의한 차이가 있음이 밝혀졌다(Raz et al., 2004). 연구 결과 행동적 측면에서 신경 인지적 수행에 성별에 따른 차이가 있음이 분명하게 드러났다. 남성은 던지기에 탁월한 반면, 여성은 소근육 운동에 뛰어났다(Hall & Kimura, 1995). 공간 분석에서 남성은 정신적 순환, 공간 탐색 및 지리학에서 더 나은 모습을 보인 반면, 여성은 공간 기억에 있어 남성보다 월등했다(McBurney, Gaulin, Devineni, & Adams, 1997). 수학 적성 측면에서 남성은 수학적 추론을 선호하고 여성은 계산 기술을 선호했다. 차이는 작지만 실제적이다(Hyde, Fennema, & Lamon, 1990).

지각의 관점에서 여성은 감각 자극, 지각 속도, 얼굴과 신체 표현에 대한 민감도, 시각적 인식에서 남성보다 우위에 있다(Velle, 1987). 여성은 언어 사용에 유창하고 언어적 기억이 남성보다 뛰어나다(Hyde & Linn, 1988; McGuinness, Olson, & Chapman, 1990). 최근 많은 사람을 대상으로 한 연구에서 연구자들은 변수가 적절하게 통제되면 성별에 따른 차이가 분명하지 않을 수 있다고 주장했다(Wallentin, 2009). 그럼에도 불구하고 유전자, 호르몬, 뇌 발달, 성숙도, 환경에 따른 성별에 대한 기대 그리고 선호 인지 전략과 같은 다양한 요인이 그러한 차이를 유발할 수 있다. 독특한 개인 경험, 뇌의 가소성 및 선천적 취약성과 같은 요인들이 복합적으로 개인의 발달에 영향을 미친다. 예를 들어, 쌍둥이에 대한 신경영상 연구는 서로 관련이 없는 개인에 비해 뇌 구조에 유의한 유전적 영향을 나타내는 구조적 변동성이 적음을 보여 주었다(Peper et al., 2007; Thompson et al., 2001). 청각장애에 대한 연구는 청각의 입력이 결핍되었을 때 뇌가 그 구조와 기능을 변화시킨다는 것을 보여 준다. 즉, 뇌는 감각의 결핍에 적응한다(Bavelier & Hirshorn, 2010). 사람이 주변 환경에 대한 (감각) 입력을 상당 부분 상실할 경우, 다양하고 유의한 발달장애가 나타난다. 즉, 동일 나이대의 대조군과 비교하여 학대받은 아동의 해마 및 편도체를 포함한 뇌 크기와 뇌량 연결성은 비정상적이다(Eluvathingal et al., 2006; Mehta et al., 2009). 뇌 발달과 네트워크 조직이 심각한 혼란을 겪게 되면, 이는 상당한 인지 및 정서 조절장애를 가져올 것이다.

우리는 뇌 기능에 대한 이해를 단순화하는 것을 경계해야 한다. 서로 다른 두 뇌는 동일한 기본 조직 패턴뿐만 아니라 분명하게 절대적이진 않지만 유사하거나 좀 더 상대적인 고유의 반구상의 차이점을 공유한다. 이 관점은 특히 뇌가 심리적인 어려움이나 신체적 부상을 맞닥뜨렸을 때 뇌의 많은 신경가소성을 다루는 초기 패러다임에 잘 들어맞는다.

사례 연구

다음 절에서는 qEEG 및 기타 영상 기법을 사용하여 개별 환자의 임상 소견을 이해하는 방법을 보여 준다.

앨리슨

22세 여성인 앨리슨은 복합적인 임상현상을 가지고 있으며, 어린 시절부터 시작된 심각한 불안과 우울이 오랫동안 지속되었으나 나아지지 못해 고생하고 있었다. 또한 그녀는 고조된 자율 각성 증상, 즉 빨라진 심박 수, 가쁜 호흡, 근육 긴장, 체온 및 수면 조절 장애와 같은 증상을 겪었다. 앨리슨은 또한 피지배감, 무기력함, 무관심함, 무의미함과 같은 감정을 경험했다. 그녀는 수차례 자살을 시도하기도 했다. 앨리슨은 청소년기에 섭식장애, 자해 및 폭식, 운동 과다, 속박, 빈뇨 그리고 단절 등을 겪었다. 수년간 이러한 행동으로 고통을 겪은 후 그녀는 범불안장애, 공황장애, 주요우울장애, 지속적 우울장애, 섭식장애, 성격장애 진단을 받았다.

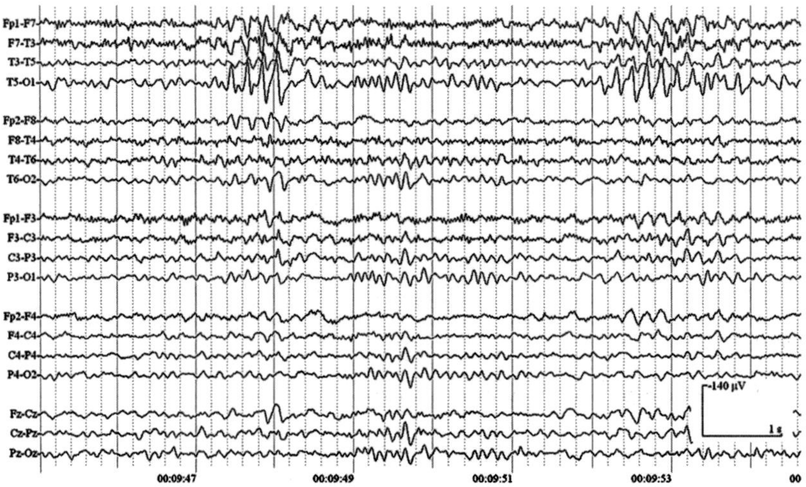

[그림 2-1] 눈을 뜬 상태에서 기록됨. 화살표는 왼쪽 전두엽의 발작을 나타낸다. 다른 시간에 이 패턴은 우반구에서도 나타났다.

임상의는 신경행동학 및 신경생리학적 조치를 통해 앨리슨이 언어 생성, 지속적 주의, 계획 및 문제 해결에 문제가 있음을 밝혀냈다. 그녀의 qEEG 결과는 발작과 관련된 심각한 전두엽 조절장애를 보여 준다([그림 2-1] 참조). 발작은 급격한 전기생리학적 파열이다. 앨리슨 사례의 경우 발작 활동이 그녀의 뇌를 '오프라인' 상태로 만들었을 것이고, 생각을 완전하게 하는 것을 방해하며, 그녀의 주의와 실행 기능을 혼란시켰을 것이다(Aarts, Binnie, Smit, & Wilkins, 1984). 발작의 빈도가 늘어날수록 그녀의 정서적 · 생리적 스트레스도 증가해 왔다(Zimmerman & Konopka, 2014). 그녀의 청각 및 시각 유발전위([그림 2-1])에서 알 수 있듯이, 앨리슨은 정보 처리 및 수신은 가능하지만 주의 네트워크의 붕괴로 인지가 약화되면서 주의를 지속하기가 어려웠다.

게다가 LORETA는 앨리슨이 감정, 언어 및 구두 기억에 영향을 미치는 중앙 측두엽 좌측에서 통계적으로 유의하고, 집중된 전기생리학적 이상을 보였다([그림 2-2] 참조). 이 데이터는 앨리슨의 임상의가 그녀의 치료법을 변경하게 했다. 임상의는 앨리슨이 어떤 주제에 대해 감정적으로 충만해지는 특정한 경우에만 소량의 정보를 관리할 수 있고, 그녀의 좌반구의 조절장애가 지각과 구두 표현에 상당한 영향을 미쳤음을 알게 되었다. 따라서 앨리슨의 치료 세션에는 즉각적인 피드백을 통해 짧은 인지 교환이 이루어지는 미술치료와 같은 치료법을 포함하는 것이 고려되었다.

미술치료는 비언어적 감정 표현을 용이하게 하고 치료적 의사소통을 용이하게 하는 잘 정립된 치료법이다. 앨리슨은 그녀의 조절장애로 인해 미술치료 프로그램에 참여하게 되었다. 우리는 미술치료가 그녀의 좌반구에 개입하여 감정 묘사를 위한 도구를 제공하기를 희망했다. 다행히 그녀는 다른 언어 처리 영역에서 그녀의 관심을 높일 수 있는 미술 프로젝트에 참여하는 것을 받아들였다.

qEEG는 실시간 해상도로 신경 전기적 뇌 활동을 쉽게 평가하지만 피질 하부 구조의 개입을 직접 평가하기에는 한계가 있다. 그럼에도 불구하고 qEEG의 피질 평가는 시상과 같은 구조에서 피질 하부의 조절장애를 간접적으로 평가할 수 있다. EEG 소견이 잠재적 피질 하부의 개입을 반영하는지 여부를 결정하는 데 도움이 되도록 qEEG를 구조적(MRI) · 기능적(PET) 영상과 결합할 수 있다. 독립적인 영상 기법을 사용함으로써 양상을 통해 편차가 어떻게 수렴하는지에 대한 더 나은 해석을 할 수 있고, 특정 뇌 구조의 이상에 초점을 맞출 수 있다. 그런 다음 비정상적인 행동에 반영된 특정 피질 및 피질 하부의 뇌 신경망(network)을 추측할 수 있다(Poprawski et al., 2007; Chennamchetty, Poprawski,

Crayton, Hamilton, & Konopka, 2009). 수렴하는 독립된 영상 데이터를 통해 확인된 뇌 영역의 우선순위를 매기고 상호 연관시켜 임상 증상과 연결하고, 데이터 중심의 개입 개발 방법 안내에 활용할 수 있다(Boutros, Thatcher, Galderisi, Yudofsky, & Hales, 2008).

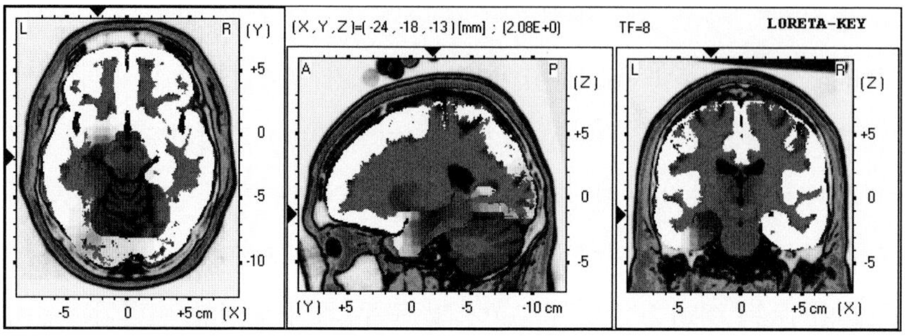

[그림 2-2] LORETA, qEEG 알파-1 과잉(alpha-1 excess), 좌 해마(left hippocampal)/해마결(parahippocampal)

이러한 방법 중 하나는 고포스 등(Goforth et al., 2004)에 의해 개발되었다. 이 방법은 영상 리간드를 관리하면서 EEG와 PET 또는 SPECT와 같은 기능적 핵 영상(nuclear image)을 동시에 기록한다. 리간드가 뇌 전체에 분포해 있기 때문에 핵 영상은 EEG 기록 중 뇌의 상태를 포착한다. 이 기술은 뇌 기능을 평가할 수 있게 하고 표준 데이터베이스와 비교하여 결과의 신뢰성을 향상시킨다(Gordon & Konopka, 2005). 앞에서 언급한 바와 같이 신경 영상에는 서로 다른 강점과 약점이 있다. 핵 영상(SPECT 또는 PET)과 달리 qEEG는 실시간으로 뇌의 활동을 포착하지만 그 민감도는 피질 하부의 개입을 탐지하기에 충분하지 않다. 예를 들어, 표준 qEEG 분석을 사용하는 경우 시상과 같은 피질 하부 구조에서의 과소 활동이 감지되지 않을 수 있다. 그러나 qEEG를 PET와 함께 사용하면 시상의 이상 여부를 쉽게 확인할 수 있다. 이 조합은 만성적인 국소 통증(Iadarola et al., 1995) 또는 잠재적인 유전적 취약성(Zimmerman, Konopka, Epstein, & Konopka, 2013)과 같이 발표된 임상 증상과 직접적으로 관련된 추가 정보를 제공할 수 있다. 구조적 · 기능적 영상 진단을 결합하면 신경 조절장애의 원인이 될 수 있는 구조적 결함을 부각시킬 수 있으며, 특정 장애 또는 증상의 잠재적 요인을 밝힐 수 있다. 앨리슨은 증상이 현저히 개선되면서 낮은 수준의 치료를 받았다.

다니엘

24세의 다니엘은 처음으로 심각한 자살 시도를 한 후 의뢰되었다. 자라면서 다니엘은 미세한 운동, 언어 발달 및 글쓰기에 어려움을 겪었고, 오랜 세월을 심한 우울증 병력으로 고통받았다. 그는 스스로를 가정 안팎에서 부모의 방치 및 괴롭힘의 희생자라 여겼다. 우울과 불안을 달래기 위해 다니엘은 알코올과 마리화나 같은 물질을 사용했다. 다니엘은 경직된 사고와 강박적인 행동을 보였다. 다니엘이 기존에 받았던 치료에는 주요 우울장애, 자폐증, 급성 스트레스 장애, 일반적 불안장애, 알코올 남용, 대마초 남용, 성격장애 등의 진단을 받은 성인의 외래 및 입원 치료(intervention)가 포함된다.

세부 임상 인터뷰에서 다니엘은 잠정적으로 심각한 두부 외상을 입은 것으로 밝혀졌고, 여기에는 두 살 무렵 계단에서 넘어져 머리를 다치고 의식을 잃은 것이 포함되어 있다. 중학교 때에는 축구를 하던 중 머리를 맞았다. 신경 심리검사에서 다니엘은 느린 반응 시간, 열악한 계획 능력, 제한된 인지 유연성 및 변연 조절장애가 있는 것으로 나타났다. EEG는 감각/운동 피질과 후두부 대상 및 우측 섬 부분을 포함하여 뇌 영역에 이상이 있음을 보여 주었는데, 이는 다니엘의 증상 중 많은 부분과 상호 연관이 있으며 그의 핵 영상(PET)으로 드러난다([그림 2-3] 참조; Kennedy et al., 2001).

기능적 이상 이외에도 MRI의 뇌 구조 영상은 예기치 않은 발견, 즉 소뇌의 충부를 압축하는 3.5cm의 후두부와 낭종을 보여 주었다. 소뇌, 특히 충부는 감정 조절, 고차원적 인지, 운동 조절에 있어 그 역할을 점차 인정받고 있다(Schmahmann, 2004). 낭종은 직접적이고 객관적인 데이터로서 다니엘의 복잡한 임상 및 정신과적 증상에 의의를 더했다(Heath, Franklin, & Shraberg, 1979). 낭종은 일반적으로 증상이 없으며 종종 어린 시절에 발달하기 때문에 뇌가 낭종으로 인한 조직의 손실에 적응하지만, 다니엘의 경우에는 그 위치로 인해 낭종이 신경 조직의 손상을 일으켜 초기 운동 조절 및 언어 발달에 영향을 미쳤다고 추측할 수 있다. 이 데이터의 결과로 신경학은 다니엘이 가지고 있는 낭종의 안정성을 보장한다. 다니엘의 저항에도 불구하고 여러 미술 매체를 사용하여 운동 능력을 자유롭게 조절하는 방법을 배우기 위해 미술치료 프로그램에 참여하게 되었다. 다니엘은 연필로 그리기와 같은 최적의 제어를 제공할 수 있는 단순하고 조절 가능한 매체를 선호했다. 흥미롭게도 미술치료에서 그의 행동은 언어 심리치료에서의 행동과 매우 유사했다. 즉, 그는 아이디어를 포착하고 그 개념을 즉각적인 경험 이상으로 확장시키기 위해 노력했다. 그는 유연한 사고에 강하게 저항했고, 그러한 생각이 심각한 불안감을 조성했다. 우리는 우리의 제안이 그의 불안과 경직된 사고를 증대시켰다는 것을 알았다. 결과적으로 그의 치료를 만성적이고 급성으로 나타나는 불안을 관리하는 데 초점을 두기 시작했으며, 인지 유연성을 기르기 위해 치료에 창의적인 글쓰기를 포함시켰다(Goncalves & Perrone-McGovern, 2014). 다니엘의 경과는 더뎠지만 긍정적인 치료 효과에 대한 분명한 징후가 나타났다. 그의 치료 강도는 감소했으며, 그는 현재보다 가벼운 치료를 받으면서 지역사회에서 일하고 있다.

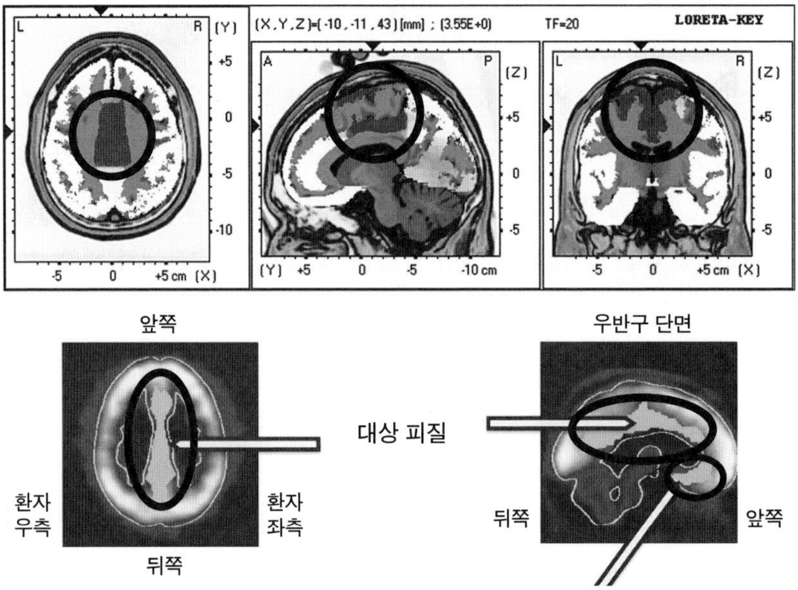

[그림 2-3] qEEG, 과도한 베타파, 감각 운동 및 후두부 대상 영역(위쪽 원 표시)과 PET, 후두부 대상 그리고 하부의 거대 영역(아래쪽 원 표시)

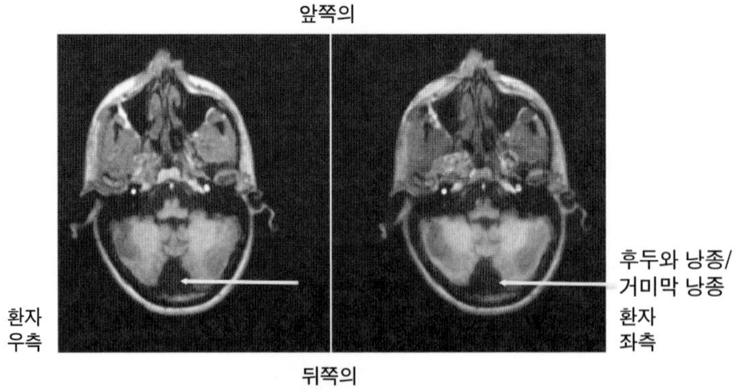

[그림 2-4] MRI와 PET 영상은 내측 소뇌, 충수(MRI, 3.5mm 지주막 낭종)의 구조적 · 기능적 이상을 보여 준다. 좌측은 T1-MRI 영상, 우측은 공동으로 등록된 MRI와 PET 영상

사람 중심의 접근법 개발

우리가 다양한 영상과 상세한 임상 병력, 주관적 증상, 임상 관찰 및 객관적 신경 행동 평가를 결합하면 환자 고유의 강점 및 약점을 확인하고 환자를 더 잘 이해할 수 있다. 사람 중심의 의학은 종종 전통적인 훈련 프로그램에서 충분한 훈련을 받지 못하고 신경영상의 관련성을 오해하는 전통적인 의사들의 반대에 빈번하게 직면한다. 이러한 저항에도 불구하고 사람 중심의 진단 접근법은 점차 인정받고 있다.

일반적으로 통제 집단을 진단 범주와 비교하는 과학적 연구의 난해함에 대한 임상의의 이해는 주어진 진단 집단을 잠정적으로 일반화된 상태로 만들지만, 조현병과 같은 신경생리학적 장애를 평가할 때에는 그 데이터가 생물학적으로 이질적인 집단으로부터 수집된 것처럼 매우 다양하다는 것을 깨닫는다. 예를 들어, 우리는 종종 조현병 환자의 경우 일부는 뇌실이 확장되고 다른 일부는 그렇지 않다는 것을 받아들인다(Kasparek et al., 2007). 명백한 해부학적 이질성에도 불구하고 우리는 종종 이러한 두 환자 집단을 마치 동일한 것처럼 하나의 개체로 묶는다. 이렇게 하는 이유는 대부분의 연구에서 영상 데이터와 같은 생물학적 표시를 이용하지 않고 증상만으로 임상 환자를 정의하기 때문이다. 우리가 환자에 대한 진단뿐만 아니라 그들의 객관적인 생물학적 소견을 기반으로 환자를 정의한다면 이는 더욱 유용할 것이다(Kasparek et al., 2007).

'뇌에서 행동까지' 접근법을 사용하여 신경생리학적 토대에 대한 환자의 장애를 평가하는 임상의는 환자가 유의하게 다양한 유전적, 성장 이력, 치료 내역 그리고 영상 소견을 가지고 있음을 인식한다. 이와 같이 모든 변수를 고려할 때, 모든 환자는 문헌에 나타난 진단 범주를 벗어날 수 있다. 결과적으로 연구 결과는 진단 표준을 기본 패러다임으로 사용할 때 해석하기 어려운 다양한 결과를 제공할 수 있다. 최근 동료들이 검토한 논문의 저자들은 주제에 대한 생물학적 다양성을 인정하고 그 다양성에 대해 보고하고 있다. 이 점을 설명하기 위해 두 가지 사례가 제시되었다. 우울증과 불안 증상이 있는 두 명의 여성 환자가 있다. 이들은 10세 아이린과 18세 패티이다. 아이린과 패티는 벡 불안검사(Beck Anxiety Inventory: BAI)에서 각각 21점과 22점의 비슷한 점수가 나왔고, 벡 우울검사(Beck Depression Inventory: BDI)에서는 24점과 25점이 나왔다. 이러한 수단은 증상의 심각도 수준을 정의하는 표준화된 자기보고 도구이다. 일반적으로 점수가 15점 이상이면 임상적으로 중요해진다. 두 여성 모두 자해 행위와 식사 거부의 경험이 있다.

두 사람 모두 자살 시도, 술과 대마초 같은 약물을 사용했다. 두 사람 모두 증상을 관리하기 위해 불법 약물을 사용했다. 그들은 어려운 양육 환경과 가족 내부의 갈등과 같은 유사한 성장 이력을 가지고 있다. 그러므로 우리는 두 사람이 비슷한 생물학적 소견을 공유한다고 가정할 수도 있지만 차이점도 있다.

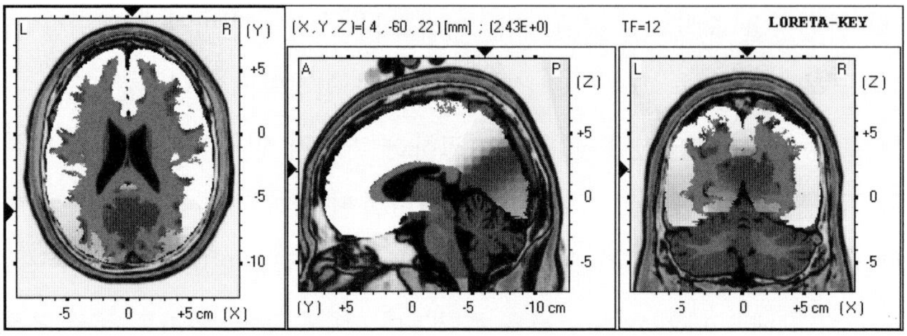

[그림 2-5] 아이린

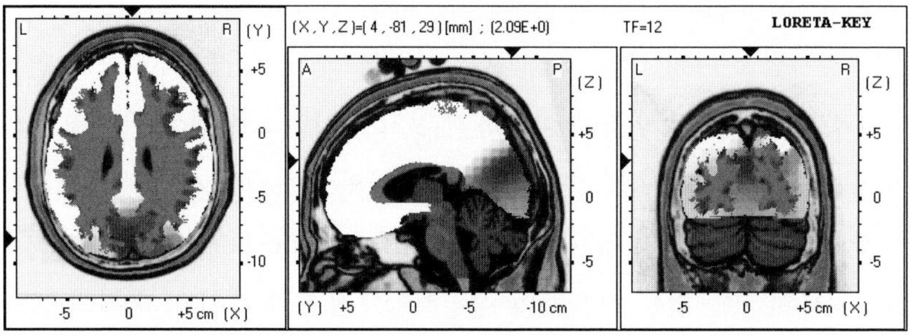

[그림 2-6] 패티

공통점

휴식 시 아이린과 패티는 후두부 대상 부위(빨간색)에서 12Hz를 초과했다. 후두부 대상 부위는 변연계라고 불리는 감정에 관련된 뇌 시스템의 일부이며, 안구 움직임을 모니터하고 감각 정보에 반응하는 네트워크와도 잘 연결되어 있다. 기능적으로 변연계는 기본 네트워크의 일부로서 휴식 시 외부에 관한 정보는 물론 자신에 관한 정보를 수집하여 활성 상태를 유지한다. 변연계는 행동을 준비하고 주의를 경계하는 시스템으로 생각할 수 있다.

차이점

또한 정서적 활성화 과정에서 패티는 발작을 보였고 이는 뇌 활동이 방해받고 있음을 나타낸다. 게다가 그녀는 휴식 시 우반구 중심의 조절장애를 겪었다. 이 결과는 패티가 발작 활동과 동시에 나타나는 조절장애의 우반구와 일반화된 인지장애를 가지고 있음을 나타낸다. 한편, 아이린은 추가적인 소견이 없었다. 따라서 그녀는 더 간단한 치료 사례였다. 이러한 객관적인 데이터가 없다면 우리는 매우 유사한 치료법을 시도했을 수 있지만, 데이터는 패티가 기분을 안정시키는 약물요법을 사용하는 데 더 나은 후보자임을 가리켰다. 임상 정보 이외에도 적절한 약물요법을 위해서는 환자에게 꼭 맞는 약동학 및 약력학 특성을 제공하는 신경 영상 데이터와 유전 정보가 필요하다.

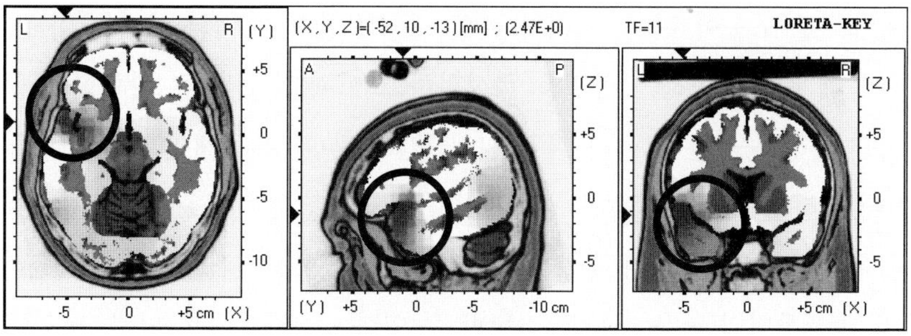

[그림 2-7] 휴식 시 아이린은 왼쪽 측두엽(원 표시)에 11Hz 조절장애가 있다.

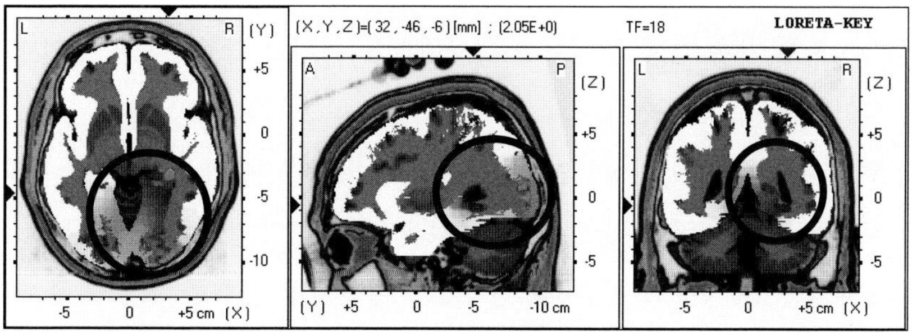

[그림 2-8] 휴식 시 패티는 오른쪽 해마곁과 방추 영역에 18Hz 조절장애가 있다.

유전자 매핑

현재 유전자 매핑 방법은 단순히 면봉으로 뺨 긁기 또는 타액 수집으로 상용화된 실험실을 통해 쉽게 이용 가능하다. 이 데이터는 개별 환자에 대한 우리의 이해를 향상시키고 공통 유전자 프로파일에 기초하여 환자 집단의 특성을 이해하기 쉽게 할 수 있다(Hamilton, Konopka, & Konopka, 2013). 병원에서 영상, 신경 행동 평가, 유전자 매핑을 이용하여 생성된 임상 및 객관적인 데이터를 결합하는 경우, 즉 표준화된 데이터를 명확한 표준 집단과 비교하면 각 환자에게 맞는 개별적인 생물학적 치료법을 만들 수 있다. 또한 이러한 표준화된 접근법을 활용하여 전자 의료 기록을 사용하는 시설에서 임상 데이터를 공유함으로써 정신 건강 분야를 새로운 방향으로 이끌어 나갈 수 있다.

임상의에게 정보를 전달하는 것 외에도 객관적인 데이터에 의해 생성된 정보는 환자와 그 가족에게도 도움이 된다. 우리가 뇌의 기능과 행동 사이의 관계를 이해할 때, 우리는 환자가 세계를 인식하는 방법을 특성화하고 이해할 수 있는 강력한 도구를 갖게 된다. 환자의 임상 증상은 그들의 감각 인식, 인지 및 감정과 개인 경험에 이들을 결합하는 방법에 따라 달라질 수 있다. 예를 들어, 미확인된 시각 또는 청각 장애를 보상하는 것을 배운 학생은 그 수요가 증가할 때 실패할 수 있다. 결과적으로 그들은 만성적인 스트레스와 비정상적인 적응 행동을 경험할 수 있다. 실패는 연구 의지, 게으름, 관심이나 동기 부족과는 관련이 없고 오히려 증가된 수요에 직면하여 정보를 적절하게 처리하는 것과 관련될 수 있다. 상황에 따라 개인이 반복적인 실패를 경험하고 부족함을 인식하지 못하면 불안감, 자존감 하락 그리고 통제되지 않는 우울증이 발생할 수 있다. 이 과정은 궁극적으로 가족 체계 안에서 조절장애로 이어지고 갈등, 비난, 불신 및 잠재적 공격성의 원인이 될 수 있다.

많은 경우 젊은 사람들이 만성적인 스트레스 요인에 직면했을 때 가족을 거부하고 동료들에게 도움을 구하는 경향이 있으며, 동료들은 종종 개인의 마음 상태를 급격하게 변화시키는 행동을 지지하고 활용하지만, 이는 일시적인 완화를 제공할 뿐이다. 종종 이러한 행동은 술, 불법 약물 복용에서 마침내 자해로 귀결된다. 환자가 그러한 병력을 가지고 있을 경우에는 그들의 행동과 증상의 잠재적인 원인을 이해하는 것이 중요하다. 근본 원인을 확인하면 재활 및 인지 재구성을 시작할 수 있다(Cicerone et al., 2011). 인지 재구성은 개별화된 약리학적 개입, 취약점에 대처하기 위해 환자의 강점을 활용하는 인지 훈련, 증상의 근본 원인에 초점을 맞춘 면밀한 심리치료, 바이오피드백, 뉴로피드백, 가족치료 그리고 미술치료를 포함한 구조화되지 않은 통합치료를 포함한다. 이러한 치료적 접근은 가능한 모든 소스의 데이터를 통합하는 세심한 사람 중심 접근법에 의해 명확하게 유도될 수 있다(Bryant et al., 2008).

요약

이 장에서는 신경 네트워크에서 뉴런이 어떻게 작용하는지, 그리고 뉴런의 상호작용이 어떻게 행동을 형성하는지에 대한 배경을 제공한다. 현재의 신경과학 데이터는 감각 정보 처리 및 데이터 통합의 특이성과 환자가 이러한 프로세스를 활용하여 행동을 시작하고 유지하는 방법을 알려 준다. 뇌의 고도로 전문화된 신경 회로에도 불구하고 우리는 절대적인 뇌 기능은 없다는 것을 알고 있다. 뇌 기능은 개인만큼이나 독특하다. 분명히 뇌는 우리가 살아 있는 기간 동안 학습할 수 있는 고도의 가변적인 장기이지만 학습을 위해서는 분명하고 효율적인 신경 네트워크가 필요하다. 뇌는 요청에 따라 구조와 기능을 변화시켜 네트워크를 구축한다.

새롭게 개발된 신경 영상 기술은 임상의와 연구자가 이용할 수 있으며 살아 있는 뇌에서 이러한 변화를 확인하고 측정할 수 있다. 세심한 연구를 통해 우리는 뇌가 성숙함에 따라 변화하는 모습을 관찰할 수 있다. 성숙함을 이해함으로써 우리는 뇌의 발달을 알아 가기 시작한다. 특히 뇌의 수초 형성이 증가하고 뉴런의 선택 분포 감소를 통해 그 성능을 최적화하려는 초기 성년기에 그러하다. 우리는 개인이 유전자, 성별 및 환경에 따라 서로 다른 뇌 프로세스를 통해 다르게 발달한다는 것을 인식하기 시작했다. 우리는 유전적 돌연변이가 비정상적인 연결을 초래하고, 비정상적이고 비효율적인 뇌 활동과 행동을 야기하는 신경 조절을 유발할 수 있음을 알고 있다. 또한 스트레스와 같은 환경적 요인은 뇌의 발달, 성숙 및 취약성 발현에 크게 영향을 미친다. 분명히 뇌의 가소성은 양날의 검이 될 수 있다.

현재의 다양한 도구, 통합 지식 및 신경 조절의 원리를 통해 우리는 환자의 행동을 정상화하고 최적의 기회를 제공하는 개별적인 치료법을 개발하고 최적화할 수 있다. 이러한 치료법은 기능장애의 기초가 되는 변수에 대한 이해를 전제로 한다. 따라서 각각의 환자에게 맞는 최상의 치료법을 찾으려면 치료적 접근법의 우선순위를 정하고 지속적인 영상과 함께 상세한 임상 병력, 자각 증상, 임상 관찰 및 객관적인 신경 행동 평가가 있어야 한다. 그리고 환자의 고유한 강점과 약점을 확인하고 개인에 대해 더 깊이 이해할 수 있어야 한다. 이것이 사람 중심의 진단 접근법이다(Zimmerman, Golla, Paciora, Epstein, & Konopka, 2012). 이 새로운 접근법을 염두에 두고 전반적인 보완 또는 보조 요법을 개발하기 위한 아주 특별한 요구 조건이 있다. 여기에는 과학적 방법으로 검증되고 주관적 · 객관적 데이터에 의해 뒷받침되는 수용 분야로서의 미술치료가 포함된다(Konopka, 2013).

참고문헌

Aarts, J. H. P., Binnie, C. D., Smit, A. M., & Wilkins, A. J. (1984). Selective cognitive impairment during focal and generalized epileptiform EEG activity. *Brain*, *107*(1), 293-308.

Andersen, S. L., & Teicher, M. H. (2000). Sex differences in dopamine receptors and their relevance to ADHD. *Neuroscience & Biobehavioral Reviews*, *24*(1), 137-141.

Andreasen, N. C. (1989). *Brain imaging: Applications in psychiatry* (Vol. 2). Washington, DC: American Psychiatric Publishing.

Assaf, Y., & Pasternak, O. (2008). Diffusion tensor imaging (DTI)-based white matter mapping in brain research: A review. *Journal of Molecular Neuroscience*, *34*(1), 51-61.

Bavelier, D., & Hirshorn, E. A. (2010). I see where you're hearing: How cross-modal plasticity may exploit homologous brain structures. *Nature Neuroscience*, *13*(11), 1309-1311.

Boutros, N., Thatcher, R. W., Galderisi, S., Yudofsky, S., & Hales, R. (2008). Electro-diagnostic techniques in neuropsychiatry. In S. Yudofsky & R. Hales (Eds.), *The American psychiatric textbook of neuropsychiatry and behavioral neurosciences*. Washington, DC: American Psychiatric Publishing.

Bras, M., Dordevic, V., Milunovic, V., Brajkovic, L., Milicic, D., & Konopka, L. (2011). Person-centered medicine versus personalized medicine: Is it just a sophism? A view from chronic pain management. *Psychiatria Danubina*, *23*(3), 246-250.

Bremner, J. D., Vythilingam, M., Vermetten, E., Southwick, S. M., McGlashan, T., Nazeer,

A., … & Charney, D. (2003). MRI and PET study of deficits in hippocampal structure and function in women with childhood sexual abuse and post-traumatic stress disorder. *American Journal of Psychiatry, 160*(5), 924-932.

Bryant, R. A., Felmingham, K., Whitford, T. J., Kemp, A., Hughes, G., Peduto, A., & Williams, L. M. (2008). Rostral anterior cingulate volume predicts treatment response to cognitive-behavioural therapy for post-traumatic stress disorder. *Journal of Psychiatry and Neuroscience, 33*(2), 142.

Bullmore, E., & Sporns, O. (2009). Complex brain networks: Graph theoretical analysis of structural and functional systems. *Nature Reviews Neuroscience, 10*(3), 186-198.

Carrier, J., Land, S., Buysse, D. J., Kupfer, D. J., & Monk, T. H. (2001). The effects of age and gender on sleep EEG power spectral density in the middle years of life (ages 20 to 60 years old). *Psychophysiology, 38*(2), 232-242.

Chennamchetty, V. N., Poprawski, T. J., Crayton, J. W., Hamilton, E. A., & Konopka, L. M. (2009). Compulsive hoarding in an older adult with aggression, delusions and memory loss: A multimodality neuroimaging study. *ANS: The Journal for Neurocognitive Research, 51*(1).

Cicerone, K. D., Langenbahn, D. M., Braden, C., Malec, J. F., Kalmar, K., Fraas, M., … & Ashman, T. (2011). Evidence-based cognitive rehabilitation: Updated review of the literature from 2003 through 2008. *Archives of Physical Medicine and Rehabilitation, 92*(4), 519-530.

Cohen, D., & Cuffin, B. N. (1983). Demonstration of useful differences between magnetoencephalogram and electroencephalogram. *Electroencephalography and Clinical Neurophysiology, 56*(1), 38-51.

Dan, Y., & Poo, M. (2004). Spike timing-dependent plasticity of neural circuits. *Neuron, 44*(1), 23-30.

De Lange, F. P., Koers, A., Kalkman, J. S., Bleijenberg, G., Hagoort, P., van der Meer, J. W. M., & Toni, I. (2008). Increase in prefrontal cortical volume following cognitive behavioural therapy in patients with chronic fatigue syndrome. *Brain, 131*(8), 2172-2180.

Di Chiro, G. (1964). New radiographic and isotopic procedures in neurological diagnosis:

Useful new diagnostic tools are a refinement of pneumoencephalography, a new tracer for radioactive brain scanning, and the use of radio-iodinated serum albumin injected into the cerebrospinal fluid cavities for head scanning purposes. *Journal of the American Medical Association, 188*(6), 524-529.

Dimberg, U., Thunberg, M., & Elmehed, K. (2000). Unconscious facial reactions to emotional facial expressions. *Psychological Science, 11*(1), 86-89.

Douglas, J. (1995). MRI-based measurement of hippocampal volume in patients with combat-related post-traumatic stress disorder. *American Journal of Psychiatry, 152*(7), 973-998.

Duffy, F. H. (2005). Long latency evoked potential database for clinical applications: Justification and examples. *Clinical EEG and Neuroscience, 36*(2), 88-98.

Eluvathingal, T. J., Chugani, H. T., Behen, M. E., Juhasz, C., Muzik, O., Maqbool, M., ... & Makki, M. (2006). Abnormal brain connectivity in children after early severe socioemotional deprivation: A diffusion tensor imaging study. *Pediatrics, 117*(6), 2093-2100.

Farde, L., Nyberg, S., Oxenstierna, G., Nakashima, Y., Halldin, C., & Ericsson, B. O. (1995). Positron emission tomography studies on D2 and 5-HT2 receptor binding in risperidone-treated schizophrenic patients. *Journal of Clinical Psychopharmacology, 15*(1), 195-235.

Fink, M., Wadsak, W., Savli, M., Stein, P., Moser, U., Hahn, A., & Lanzenberger, R. (2009). Lateralization of the serotonin-1A receptor distribution in language areas revealed by PET. *Neuroimage, 45*(2), 598-605.

Finlayson, M. A. J., & Reitan, R. M. (1976). Handedness in relation to measures of motor and tactile-perceptual functions in normal children. *Perceptual and Motor Skills, 43*(2), 475-481.

Fitzgerald, P. J. (2012). Whose side are you on: Does serotonin preferentially activate the right hemisphere and norepinephrine the left? *Medical Hypotheses, 79*(2), 250-254.

Fritzsche, M. (2003). The origin of brain asymmetry and its psychotic reversal. *Medical Hypotheses, 60*(4), 468-480.

Gawler, J., Du Boulay, G. H., Bull, J. W., & Marshall, J. (1976). Computerized tomography (the EMI Scanner): A comparison with pneumoencephalography and ventriculog raphy.

Journal of Neurology, Neurosurgery & Psychiatry, 39(3), 203-211.

Ge, S., Goh, E. L. K., Sailor, K. A., Kitabatake, Y., Ming, G., & Song, H. (2006). GABA regulates synaptic integration of newly generated neurons in the adult brain. *Nature, 439*(7076), 589-593.

Geschwind, N., & Levitsky, W. (1968). Human brain: Left-right asymmetries in temporal speech region. *Science, 161*(3837), 186-187.

Gibson, C., & Bryden, M. P. (1983). Dichhaptic recognition of shapes and letters in children. *Canadian Journal of Psychology/Revue canadienne de psychologie, 37*(1), 132.

Gloor, P. (1994). Berger lecture. Is Berger's dream coming true? *Electroencephalography and Clinical Neurophysiology, 90*(4), 253-266.

Goforth, H. W., Konopka, L., Primeau, M., Ruth, A., O'Donnell, K., Patel, R., … & Rao, M. (2004). Quantitative electroencephalography in frontotemporal dementia with methylphenidate response: a case study.*linical EEG and Neuroscience, 35*(2), 108-111.

Gogtay, N., Giedd, J. N., Lusk, L., Hayashi, K. M., Greenstein, D., Vaituzis, A. C., … & Thompson, P. M. (2004). Dynamic mapping of human cortical development during childhood through early adulthood. *Proceedings of the National Academy of Sciences of the United States of America, 101*(21), 81748179.

Goncalves, O. F., & Perrone-McGovern, K. M. (2014). A neuroscience agenda for counseling psychology research. *Journal of Counseling Psychology, 61*(4), 507.

Gordon, E., & Konopka, L. M. (2005). EEG databases in research and clinical practice: current status and future directions. *Clinical EEG and Neuroscience, 36*(2), 5354.

Grabner, R. H., Neubauer, A. C., & Stern, E. (2006). Superior performance and neural efficiency: The impact of intelligence and expertise. *Brain Research Bulletin, 69*(4), 422-439.

Hall, J. A. Y., & Kimura, D. (1995). Sexual orientation and performance on sexually dimorphic motor tasks. *Archives of Sexual Behavior, 24*(4), 395407.

Hamilton, D. V, Konopka C. J., & Konopka, L. M. (2013). Integrating pharmacogenomic and functional neurophysiological analyses: Homozygous COMT genotypes and associated quantitative electroencephalographic findings. *9th Congress of the International*

Neuropsychiatric Association, Chicago, IL.

Hatten, M. E. (1990). Riding the glial monorail: A common mechanism for glialguided neuronal migration in different regions of the developing mammalian brain. *Trends in Neurosciences, 13*(5), 179-184.

He, Y., & Evans, A. (2010). Graph theoretical modeling of brain connectivity. *Current Opinion in Neurology, 23*(4), 341-350.

Heath, R. G., Franklin, D. E., & Shraberg, D. (1979). Gross pathology of the cerebellum in patients diagnosed and treated as functional psychiatric disorders. *The Journal of Nervous and Mental Disease, 167*(10), 585-592.

Hebb, A. O., & Ojemann, G. A. (2013). The thalamus and language revisited. *Brain and Language, 126*(1), 99-108.

Heffner, C. D., Lumsden, A. G., & O'Leary, D. D. (1990). Target control of collateral extension and directional axon growth in the mammalian brain. *Science, 247*(4939), 217-220.

Henson, R. N., Mouchlianitis, E., & Friston, K. J. (2009). MEG and EEG data fusion: Simultaneous localisation of face-evoked responses. *Neuroimage, 47*(2), 581-589.

Hollister, L. E., & Boutros, N. (1991). Clinical use of CT and MR scans in psychiatric patients. *Journal of Psychiatry and Neuroscience, 16*(4), 194.

Holtzman, D. M., & Mobley, W. C. (1994). Neurotrophic factors and neurologic disease. *Western Journal of Medicine, 161*(3), 246.

Hyde, J. S., Fennema, E., & Lamon, S. J. (1990). Gender differences in mathematics performance: A meta-analysis. *Psychological Bulletin, 107*(2), 139.

Hyde, J. S., & Linn, M. C. (1988). Gender differences in verbal ability: A meta-analysis. *Psychological Bulletin, 104*(1), 53.

Iadarola, M. J., Max, M. B., Berman, K. F., Byas-Smith, M. G., Coghill, R. C., Gracely, R. H., & Bennett, G. J. (1995). Unilateral decrease in thalamic activity observed with positron emission tomography in patients with chronic neuropathic pain. *Pain, 63*(1), 55-64.

Iseki, K., Ikeda, A., Kihara, T., Kawamoto, Y., Mezaki, T., Hanakawa, T., … & Shibasaki, H. (2009). Impairment of the cortical GABAergic inhibitory system in catatonic stupor: A case report with neuroimaging. *Epileptic Disorders, 11*(2), 126-131.

Kasparek, T., Prikryl, R., Mikl, M., Schwarz, D., Ceskova, E., & Krupa, P. (2007). Prefrontal but not temporal grey matter changes in males with first-episode schizophrenia. *Progress in Neuro-Psychopharmacology and Biological Psychiatry, 31*(1), 151-157.

Kato, T., Shioiri, T., Takahashi, S., & Inubushi, T. (1991). Measurement of brain phosphoinositide metabolism in bipolar patients using in vivo 31 P-MRS. *Journal of Affective Disorders, 22*(4), 185-190.

Kennedy, S. H., Evans, K. R., Kruger, S., Mayberg, H. S., Meyer, J. H., McCann, S., … Vaccarino, F. J. (2001). Changes in regional brain glucose metabolism measured with positron emission tomography after paroxetine treatment of major depression. *Changes, 158*(6), 899-905.

Kesler, M. L., Andersen, A. H., Smith, C. D., Avison, M. J., Davis, C. E., Kryscio, R. J., & Blonder, L. X. (2001). Neural substrates of facial emotion processing using fMRI. *Cognitive Brain Research, 11*(2), 213-226.

Kimura, D. (1967). Functional asymmetry of the brain in dichotic listening. *Cortex, 3*(2), 163-178.

Klimesch, W. (1999). EEG alpha and theta oscillations reflect cognitive and memory performance: a review and analysis. *Brain Research Reviews, 29*(2), 169-195.

Koeda, T., Knyazeva, M., Njiokiktjien, C., Jonkman, E. J., De Sonneville, L., & Vildavsky, V. (1995). The EEG in acallosal children. Coherence values in the resting state: left hemisphere compensatory mechanism? *Electroencephalography and Clinical Neurophysiology, 95*(6), 397-407.

Konopka, L. M. (2013). Where art meets neuroscience: A new horizon of art therapy. *Croatian Medical Journal,*(55), 73-74.

Konopka, L. M., & Poprawski, T. J. (2008). Quantitative EEG studies of attention disorders and mood disorders in children. In A. Ivanenko (Ed.), *Sleep and Psychiatric Disorders in Children and Adolescents* pp. 293-304. New York: Informa Healthcare.

Konopka, L. M., & Zimmerman, E. M. (2013). Neurofeedback and psychopharmacology. In D. S. Cantor & J. R. Evans (Eds.), *Clinical neurotherapy: application of techniques for treatment* (pp. 55-84). Boston, MA: Elsevier Academic Press.

Kuhn, A. A., Kupsch, A., Schneider, G. H., & Brown, P. (2006). Reduction in subthalamic 8 to 35 Hz oscillatory activity correlates with clinical improvement in Parkinson's disease. *European Journal of Neuroscience, 23*(7), 1956-1960.

Lehnertz, K., Bialonski, S., Horstmann, M. T., Krug, D., Rothkegel, A., Staniek, M., & Wagner, T. (2009). Synchronization phenomena in human epileptic brain networks. *Journal of Neuroscience Methods, 183*(1), 42-48.

Lenroot, R. K., & Giedd, J. N. (2006). Brain development in children and adolescents: Insights from anatomical magnetic resonance imaging. *Neuroscience & Biobehavioral Reviews, 30*(6), 718-729.

Lenroot, R. K., & Giedd, J. N. (2010). Sex differences in the adolescent brain. *Brain and Cognition, 72*(1), 46-55.

Levy, J., & Trevarthen, C. (1977). Perceptual, semantic and phonetic aspects of elementary language processes in split-brain patients. *Brain: A Journal of Neurology, 100*(1), 105-118.

Lewis, C. M., Baldassarre, A., Committeri, G., Romani, G. L., & Corbetta, M. (2009). Learning sculpts the spontaneous activity of the resting human brain. *Proceedings of the National Academy of Sciences, 106*(41), 17558-17563.

Lieb, J. P., Hoque, K., Skomer, C. E., & Song, X. (1987). Inter-hemispheric propagation of human mesial temporal lobe seizures: A coherence/phase analysis. *Electroencephalography and Clinical Neurophysiology, 67*(2), 101-119.

Lutz, A., Lachaux, J. P., Martinerie, J., & Varela, F. J. (2002). Guiding the study of brain dynamics by using first-person data: Synchrony patterns correlate with ongoing conscious states during a simple visual task. *Proceedings of the National Academy of Sciences, 99*(3), 1586-1591.

Maguire, E. A., Gadian, D. G., Johnsrude, I. S., Good, C. D., Ashburner, J., Frackowiak, R. S. J., & Frith, C. D. (2000). Navigation-related structural change in the hippocampi of taxi drivers. *Proceedings of the National Academy of Science, 97*(8), 4398-4403.

Martinowich, K., Manji, H., & Lu, B. (2007). New insights into BDNF function in depression and anxiety. *Nature Neuroscience, 10*(9), 1089-1093.

McBurney, D. H., Gaulin, S. J. C., Devineni, T., & Adams, C. (1997). Superior spatial memory of women: Stronger evidence for the gathering hypothesis. *Evolution and Human Behavior, 18*(3), 165-174.

McGuinness, D., Olson, A., & Chapman, J. (1990). Sex differences in incidental recall for words and pictures. *Learning and Individual Differences, 2*(3), 263-285.

Mehta, M. A., Golembo, N. I., Nosarti, C., Colvert, E., Mota, A., Williams, S. C. R., … & Sonuga-Barke, E. J. (2009). Amygdala, hippocampal and corpus callosum size following severe early institutional deprivation: The English and Romanian adoptees study pilot. *Journal of Child Psychology and Psychiatry, 50*(8), 943-951.

Mulert, C., & Shenton, M. E. (2014). *MRI in Psychiatry*. Springer.

Ogai, M., Matsumoto, H., Suzuki, K., Ozawa, F., Fukuda, R., Uchiyama, I., … & Takei, N. (2003). fMRI study of recognition of facial expressions in high-functioning autistic patients. *Neuroreport, 14*(4), 559-563.

Paolicelli, R. C., Bolasco, G., Pagani, F., Maggi, L., Scianni, M., Panzanelli, P., … & Gross, C. T. (2011). Synaptic pruning by microglia is necessary for normal brain development. *Science, 333*(6048), 1456-1458.

Pascual-Marqui, R. D. (1994). Low resolution electromagnetic tomography. *Brain Topography, 7*, 180.

Peper, J. S., Brouwer, R. M., Boomsma, D. I., Kahn, R. S., Pol, H., & Hilleke, E. (2007). Genetic influences on human brain structure: A review of brain imaging studies in twins. *Human Brain Mapping, 28*(6), 464-473.

Peretz, I., & Zatorre, R. J. (2005). Brain organization for music processing. *Annual Review of Psychology, 56*, 89-114.

Peters, M. (1991). Sex differences in human brain size and the general meaning of differences in brain size. *Canadian Journal of Psychology/Revue canadienne de psychologie, 45*(4), 507.

Polich, J., & Corey-Bloom, J. (2005). Alzheimer's disease and P300: Review and evaluation of task and modality. *Current Alzheimer Research, 2*(5), 515-525.

Polich, J., & Kok, A. (1995). Cognitive and biological determinants of P300: An integrative review. *Biological Psychology, 41*(2), 103-146.

Poprawski, T. J., Pluzyczka, A. N., Park, Y., Chennamchetty, V. N., Halaris, A., Crayton, J. W., & Konopka, L. M. (2007). Multimodality imaging in a depressed patient with violent behavior and temporal lobe seizures. *Clinical EEG and Neuroscience, 38*(3), 175-179.

Power, J. D., Cohen, A. L., Nelson, S. M., Wig, G. S., Barnes, K. A., Church, J. A., … Peterson, S. E. (2011). Functional network organization of the human brain. *Neuron, 72*(4), 665-678.

Prichep, L. S. (2005). Use of normative databases and statistical methods in demonstrating clinical utility of QEEG: Importance and cautions. *Clinical EEG and Neuro-science, 36*(2), 82-87.

Raz, N., Gunning-Dixon, F., Head, D., Rodrigue, K. M., Williamson, A., & Acker, J. D. (2004). Aging, sexual dimorphism, and hemispheric asymmetry of the cerebral cortex: Replicability of regional differences in volume. *Neurobiology of Aging, 25*(3), 377-396.

Renshaw, P. F., Guimaraes, A. R., Fava, M., Rosenbaum, J. F., Pearlman, J. D., Flood, J. G., ... Gonzalez, R. G. (1992). Accumulation of fluoxetine and norfluoxetine in human brain during therapeutic administration. *American Journal of Psychiatry, 149*(11), 1592-1592.

Sackeim, H. A., Gur, R. C., & Saucy, M. C. (1978). Emotions are expressed more intensely on the left side of the face. *Science, 202*(4366), 434-436.

Scheibel, A. B. (1991). Some structural and developmental correlates of human speech. In K. R. Gibson & A. C. Peterson (Eds.), Brain maturation and cognitive development: Comparative and crosscultural perspectives pp. 345-353. New York: Aldine de Gruyter

Schmahmann, J. D. (2004). Disorders of the cerebellum: Ataxia, dysmetria of thought, and the cerebellar cognitive affective syndrome. *The Journal of Neuropsychiatry and Clinical Neurosciences, 16*(3), 367-378.

Schridde, U., Khubchandani, M., Motelow, J. E., Sanganahalli, B. G., Hyder, F., & Blumenfeld, H. (2008). Negative BOLD with large increases in neuronal activity. *Cerebral Cortex, 18*(8), 1814-1827.

Semelka, R. C., Armao, D. M., Elias, J., & Huda, W. (2007). Imaging strategies to reduce the risk of radiation in CT studies, including selective substitution with MRI. *Journal of Magnetic Resonance Imaging, 25*(5), 900-909.

Shapleske, J., Rossell, S. L., Woodruff, P. W. R., & David, A. S. (1999). The planum temporale: A systematic, quantitative review of its structural, functional and clinical significance. *Brain Research Reviews, 29*(1), 26-49.

Sidman, R. L., & Rakic, P. (1973). Neuronal migration, with special reference to developing human brain: A review. *Brain Research, 62*(1), 1-35.

Stoffers, D., Bosboom, J. L. W., Deijen, J. B., Wolters, E. C., Stam, C. J., & Berendse, H. W. (2008). Increased cortico-cortical functional connectivity in early-stage Parkinson's disease: An MEG study. *Neuroimage, 41*(2), 212-222.

Tessier-Lavigne, M., & Goodman, C. S. (1996). The molecular biology of axon guidance. *Science, 274*(5290), 1123-1133.

Thatcher, R. W., Biver, C., McAlaster, R., & Salazar, A. (1998). Biophysical linkage between MRI and EEG coherence in closed head injury. *Neuroimage, 8*(4), 307-326.

Thatcher, R. W., Walker, R. A., Biver, C. J., North, D. N., & Curtin, R. (2003). Quantitative EEG normative databases: Validation and clinical correlation. *Journal of Neurotherapy, 7*(3-4), 87-121.

Thatcher, R. W., Walker, R. A., Gerson, I., & Geisler, F. H. (1989). EEG discriminant analyses of mild head trauma. *Electroencephalography and Clinical Neurophysiology, 73*(2), 94-106.

Thomas, K. L., Laroche, S., Errington, M. L., Bliss, T. V. P., & Hunt, S. P. (1994). Spatial and temporal changes in signal transduction pathways during LTP. *Neuron, 13*(3), 737-745.

Thompson, P. M., Cannon, T. D., Narr, K. L., Van Erp, T., Poutanen, V.-P., Huttunen, M., Toga, A. W. (2001). Genetic influences on brain structure. *Nature Neuroscience, 4*(12), 1253-1258.

Toni, N., Buchs, P. A., Nikonenko, I., Bron, C. R., & Muller, D. (1999). LTP promotes formation of multiple spine synapses between a single axon terminal and a dendrite. *Nature, 402*(6760), 421-425.

Turk, D. J., Heatherton, T. F., Kelley, W. M., Funnell, M. G., Gazzaniga, M. S., & Macrae, C. N. (2002). Mike or me? Self-recognition in a split-brain patient. *Nature Neuroscience, 5*(9), 841-842.

Velle, W. (1987). Sex differences in sensory functions. *Perspectives in Biology and Medicine, 30*(4), 490-522.

Vermathen, P., Ende, G., Laxer, K. D., Walker, J. A., Knowlton, R. C., Barbaro, N. M., … Weiner, M. W. (2002). Temporal lobectomy for epilepsy: Recovery of the contra-lateral hippocampus measured by 1H MRS. *Neurology, 59*(4), 633-636.

Vermetten, E., Vythilingam, M., Southwick, S. M., Charney, D. S., & Bremner, J. D. (2003). Long-term treatment with paroxetine increases verbal declarative memory and hippocampal volume in post-traumatic stress disorder. *Biological Psychiatry, 54*(7), 693-702.

Vicario-Abejan, C., Collin, C., McKay, R. D. G., & Segal, M. (1998). Neurotrophins induce formation of functional excitatory and inhibitory synapses between cultured hippocampal neurons. *The Journal of Neuroscience, 18*(18), 7256-7271.

Vidal, J. R., Chaumon, M., O'Regan, J. K., & Tallon-Baudry, C. (2006). Visual grouping and the focusing of attention induce gamma-band oscillations at different frequencies in human magnetoencephalogram signals. *Journal of Cognitive Neuroscience, 18*(11), 1850-1862.

Volkow, N. D., Fowler, J. S., Wang, G. J., Hitzemann, R., Logan, J., Schlyer, D. J., … Wolf, A. P. (1993). Decreased dopamine D2 receptor availability is associated with reduced frontal metabolism in cocaine abusers. *Synapse, 14*(2), 169-177.

Von Stein, A., Chiang, C., & König, P. (2000). Top-down processing mediated by interareal synchronization. *Proceedings of the National Academy of Sciences, 97*(26), 14748-14753.

Wahlund, L. O., Agartz, I., Saaf, J., Wetterberg, L., & Marions, O. (1992). MRI in psychiatry: 731 cases. *Psychiatry Research: Neuroimaging, 45*(2), 139-140.

Wallentin, M. (2009). Putative sex differences in verbal abilities and language cortex: A critical review. *Brain and Language, 108*(3), 175-183.

Wolf, M. E., & Goodale, M. A. (1987). Oral asymmetries during verbal and non-verbal movements of the mouth. *Neuropsychologia, 25*(2), 375-396.

Woollett, K., & Maguire, E. A. (2011). Acquiring "the Knowledge" of London's layout drives structural brain changes. *Current Biology, 21*(24), 2109-2114.

Yovel, G., Tambini, A., & Brandman, T. (2008). The asymmetry of the fusiform face area is a stable individual characteristic that underlies the left-visual-field superiority for faces. *Neuropsychologia*, *46*(13), 3061-3068.

Yucel, K., Taylor, V. H., McKinnon, M. C., MacDonald, K., Alda, M., Young, L. T., & MacQueen, G. M. (2008). Bilateral hippocampal volume increase in patients with bipolar disorder and short-term lithium treatment. *Neuropsychopharmacology*, *33*(2), 361-367.

Yuste, R., & Katz, L. C. (1991). Control of postsynaptic Ca 2+ influx in developing neocortex by excitatory and inhibitory neurotransmitters. *Neuron*, *6*(3), 333-344.

Zimmerman, E. M., Golla, M. A., Paciora, R. A., Epstein, P. S., & Konopka, L. M. (2012). Use of multimodality imaging and neuropsychological measures for the assessment and treatment of auditory verbal hallucinations: A brain to behavior approach. *ANS: The Journal for Neurocognitive Research*, *53*(1), 3-4.

Zimmerman, E. M., Konopka, C. J., Epstein, P. S., & Konopka, L. M. (2013). Relationship between thalamic asymmetry and right-hemisphere theta abnormalities. Paper presented at the *International Conference on Basic and Clinical Multimodal Imaging and Joint Meeting of ISFSI/ISBEM/ISNIP/ECNS/ISBET*, Geneva, Switzerland.

Zimmerman, E. M., & Konopka, L. M. (2014). Preliminary Findings of Single-and Multifocused Epileptiform Discharges in Nonepileptic Psychiatric Patients. *Clinical EEG and neuroscience*, *45*(4), 285-292.

제3장 외상치료의 틀로서의 표현치료 연속체

비야 루즈브링크, 리사 한츠(Vija B. Lusebrink and Lisa D. Hinz)

외상치료에서의 미술치료

심리적 외상은 개인의 대처 능력을 압도하는 어떤 사건 혹은 일련의 사건들의 발생으로 정의되었다(American Psychiatric Association, 2013). 모든 연령대의 외상 생존자들은 종종 촉각, 지각과 초기 언어 기술 발달을 방해했을지 모르는 조기 외상을 경험한 경우 구두로 그들을 표현하는 것을 어려워한다(Elbrecht, 2013). 조기 외상과 아동기 학대 또는 방치는 유아 뇌에 저자극 혹은 과도한 자극으로 영향을 미치므로, 우뇌 발달을 방해하고 감정 조절, 통증 처리 및 주의력 유지 능력을 점차적으로 방해한다(Schore, 2013).

외상을 경험하면 신경 내분비 반응을 일으켜 뇌의 발달에 구조적 · 기능적 변화가 발생할 수 있다(Hass-Cohen, Findlay, Carr, & Vanderlan, 2014; McHenry, Sikorski, & McHenry, 2014; Schore, 2013; Tyrka, Burgers, Philip, Price, & Carpenter, 2013). 특히 아동기 학대가 전두엽 피질(PFC)-편도체-해마 네트워크를 통해 변연계 반응을 조절하는 전두엽 피질의 능력을 손상시킬 수 있다. 결과적으로 편도체로부터 조절되지 않은 신호는 불충분한 인지 능력 차별로 인해 과도한 불안감을 유발할 수 있으며, 감정적인 조절장애를 야기할 수 있다(Hass-Cohen et al., 2014; Tyrka et al., 2013). 또한 외상은 기억력 상실, 해마량 감소(McHenry, Sikorski, & McHenry, 2014)뿐만 아니라 뇌량 감소 및 언어 처리, 정서와 행동 조절장애와 관련이 있다(Bucler et al., 2014; McCrory, De Brito, & Viding, 2010).

칼손(Karlsson, 2013), 맥헨리, 시고르스키와 맥헨리(McHenry, Sikorski, & McHenry, 2014)는 미래의 심리치료는 다양한 형태의 치료 대상이 특정 뇌 구조와 기능에 따라 어떻게 달라지는지를 보여 주는 뇌 영상 연구에 기반하게 될 것임을 제안했다. 예를 들어, 외상 기억의 부호화 및 그에 대한 강렬한 감정은 외상과 관련된 감각 운동 정보를 통합할 때 인지 활동이 감소하는 특징이 있다. 결과적으로 외상성 감각 운동 기억은 비언어적 형태로 저장되며, 주로 신체가 주요 시작점이 되는 표현을 통해 접근할 수 있다(Ogden & Minton, 2000; van der Kolk, 2006). 외상치료를 더욱 복잡하게 만드는 것은 외상의 비언어적 · 언어적 기억이 시간적 이야기 구성 없이 분리되어 남아 있다는 것이다.

뇌 기능의 기반인 신경과학, 특히 외상의 신경 생리학적 효과를 이해하는 것은 외상 후 스트레스 장애(PTSD)에 대한 미술치료의 효율성을 증대시킬 수 있다(Crenshaw, 2006; Klorer, 2005). 그럼에도 존슨(Johnson, 2009)은 외상과 관련된 구조 변화에 대한 연구가 여전히 기초적인 단계에 있기 때문에 미술치료사에게 신경과학을 위한 미술치료의 기초를 무분별하게 포기하지 말라고 경고했다. 또한 창의성을 포함한 정신적 프로세스가 뇌의 양쪽 반구에 걸쳐 분포되어 있으며, 존슨의 견해에 따르면 표현 예술의 이론과 기술은 신경과학의 도입 없이도 외상치료에 적절하게 대응할 수 있다.

외상치료에서의 미술치료의 사용을 다루면서, 몇몇 저자는 최근 뇌 기능 및 행동의 신경과학적 기초에 관한 정보를 언급하며 비언어적 표현과 관련된 다양한 구성요소를 구별했다(Chapman, 2014; Crenshaw, 2006; Gantt & Tinnin, 2009; Hass-Cohen & Carr, 2008; Hass-Cohen et al., 2014; Klorer, 2005; Lusebrink, 2004, 2010; McNamee, 2005, 2006; Pifalo, 2009; Sarid & Huss, 2010; Talwar, 2007). 또한 이 저자들은 외상의 경험이 암묵 기억으로 변화하지 않는 비언어적 감각으로 부호화된다는 것을 강조하면서, 외상으로 인한 이미지, 감정에 접근하기 위해 미술 매체를 통한 표현에 관여하는 감각 운동 측면의 중요성에 대해 논의했다.

외상 환자에게 미술치료사가 접근하는 방식에 관한 공통된 두 번째 측면은 인지 재구성과 외상 경험의 점진적인 통합을 돕는 미술의 능력이다. 이러한 인지 과정은 외상 이야기를 창조, 조직화 및 통합하는 일부 저자에 의해 정의되었다(Gantt & Tinnin, 2009; Hass-Cohen et al., 2014; Naff, 2014; Pifalo, 2009; Talwar, 2007). 외상에 대해 앞서 언급한 모든 접근법의 목표는 명시적이고 재구성 및 일관된 구두 기억을 형성하기 위해 좌반구의 언어 기능과 함께 우반구에 저장된 비언어적 암묵 기억을 통합하는 것이다. 결과적인 전체론적 재구성은 몰입(만족감과 기쁨, 그리고 오래 지속되는 웰빙의 느낌과 관련된 고도로 집중된 주의 상태)과 외상 후 성장의 경험을 하게 한다(Chilton, 2013; Hass-Cohen et al., 2014; Lee, 2013).

이 장에서는 ETC의 개념 모델을 통한 표현 미술치료법과 신경과학 이론의 통합을 제안한다. 세 단계로 ETC를 이해하면 다양한 미술 매체를 활용한 외상 관련 미술치료 요법을 개선하고 개별화할 수 있다. 이 장은 나아가 미술치료가 몰입 경험을 한 내담자에게 적용됨으로써 외상 후 성장 기회를 전례 없이 향상시킬 수 있다고 제안한다(Chilton, 2013; Lee, 2013). ETC의 개념은 아동 미술치료에 ETC를 적용하여 여기에 설명되어 있지만, 다른 연령 집단의 외상치료에도 사용할 수 있다.

ETC와 뇌 기능

시각 표현의 다단계적 특성에 대한 개념적 접근을 통한 표현치료 연속체(ETC; Kagin & Lusebrink, 1978; Lusebrink, 1990)는 외상 환자에게 미술치료 요법 전략의 개별화를 용이하게 한다. ETC의 세 단계별 수준, 즉 운동 감각/감각, 지각/정서, 인지/상징은 시각적 표현 및 정보 처리의 복잡함이 증가함에 따라 이미지 형성의 복잡함이 증가하는 것을 반영한다([그림 3-1] 참조).

루즈브링크(Lusebrink, 2004, 2010)는 감각 정보의 처리와 관련된 여러 뇌 영역에 대한 푸스터(Fuster, 2003)의 분류를 기반으로 ETC의 여러 수준이 시각 표현의 생성 및 처리와 관련된 뇌 영역 및 기능과 유사함을 제안했다. 푸스터(2003)에 따르면 감각 정보의 처리는 1차 감각 피질의 기초 감각 특징의 분석에서부터 주어진 양상 및 각각의 단일 연합 피질(시각, 체감각, 운동 및 청각)과 관련된 특징 분석까지 진행된다. 대조적으로 일부 감각 및 비감각 양상을 교차하는 처리 과정은 두정엽의 삼중, 다중 연합 피질에서 발생한다.

시각적 표현의 특징과 우세하게 관련된 뇌의 가능 영역은 ETC의 각 단계에서 다루어진다. 시각 정보 처리 및 이미지 형성의 데이터를 기반으로, ETC의 각 단계와 관련되어 있다고 예상되는 뇌의 영역 및 기능은 일반적이고 개략적으로 우세한 방법으로 처리된다. 이 접근법은 뇌 기능이 전체적으로 서로 다른 부분과 상호작용한다는 것을 가정한다.

각 ETC 단계은 시각적 표현으로 단계적 차이와 변화를 나타내는 두 극성 사이의 연속체로 설명된다([그림 3-1] 참조).

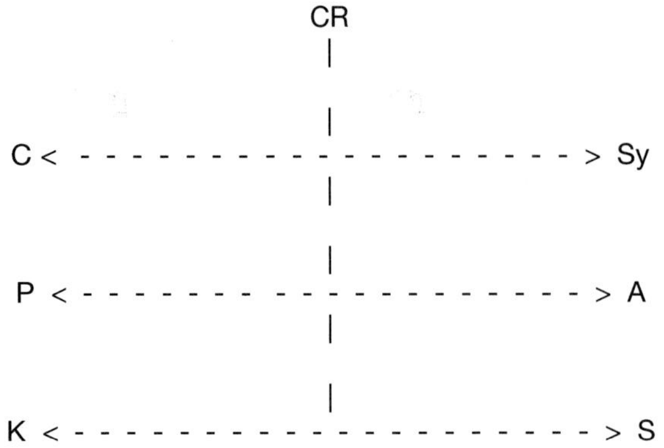

[그림 3-1] 표현 치료 연속체. K는 운동 감각 구성요소, S는 감각, P는 지각, A는 정서, C는 인지, Sy는 상징, CR은 창의성을 나타냄

각 단계의 극단은 정신병리를 나타낼 수 있다(Lusebrink, 2010). 그러나 이 장에서는 외상에 초점을 맞추고 정신병리학적 변이에 수반되는 뇌의 활동에 대해서는 다루지 않는다(후자의 예시는 Hinz, 2009; Lusebrink, 2010에 서술됨).

운동 감각/감각(K/S) 단계

K/S 단계는 미술 매체 그리고 에너지 및 감각과 관련된 시각적 기호의 단순한 운동 표현을 나타낸다. ETC 단계의 양극성 때문에 K/S 단계의 운동 감각(Kinesthetic: K) 요소에 대한 강조는 감각 기능에 대한 인식을 감소시킨다. 반면에 이 단계의 감각(Sersory: S) 요소를 강조하면 감각의 경험에 주의가 집중되어 운동 감각이 감소하고 느려진다.

운동 및 긴장 완화에 초점을 맞추면 K 요소는 기저핵과 1차 운동 피질의 주된 개입을 반영한다(Christian, 2008; Lusebrink, 2010). 시각 표현의 감각 요소는 재료, 표면, 질감의 감각 탐구에 집중하며 1차 감각 운동 피질을 포함하는 것처럼 보인다. 이 단계에 대한 시각 정보는 세포가 색상, 격자 및 공간 주파수, 방향 및 움직임에 민감한 1차 횡문 시각 피질 후두엽에서 처리된다(Carlson, 2001). K/S 단계의 뇌 활동은 내부 이미지 형성의 근본을 구성하는 것으로 보인다. 다마시오(Damasio, 2012; Meyer & Damasio, 2009)는 시각, 감각, 운동, 청각적 요소를 기본 이미지로 구성하여 미술치료에서 미술 매체와의 운동 감각 및 감각 개입의 중요성을 역설했다(Hinz, 2009; Lusebrink, 2014). 외상치료에서 K/S

작업은 긴장 완화, 감각 일깨우기, 전(前)언어기 신체 기억, 치유 리듬을 만들어 낼 수 있다.

지각/정서(P/A) 단계

P/A 단계의 지각(Perceptual: P) 요소는 경계가 선 또는 색상으로 정의되는 시각 표현의 형식적 요소에 중점을 둔다. 이 요소는 그림/배경 차별화, 형식 정의 및 그 사이의 공간 관계와 같은 시각 표현의 형식적 요소를 강조한다. 시각 정보는 뇌의 1차 시각 연합 및 선조 외 피질에서 처음으로 처리된 다음 두 개의 분석 줄기로 나누어진다. 두 줄기 모두 시각 연합 피질의 두 번째 단계로 이동하지만 각각 다른 엽으로 이동한다. 하부 또는 복부 줄기는 공간적 위치에 반응하는 두정엽과 다중 연합 피질로 이동하는 동안 형상과 모양에 반응하고 모양과 색상을 통합하는 하위 측두엽으로 이동한다(Christian, 2008; Fuster, 2003; Hass-Cohen & Loya, 2008; Kosslyn, Behrmann, & Jeannerod, 1995; Lusebrink, 2004, 2010). 두 시각 줄기 사이의 구별은 미술치료에서 시각 표현을 이해하는 데 중요하다. 왜냐하면 이것은 형상에 대한 정보 또는 '무엇인지?'와 공간 위치에 대한 정보 또는 '어디에 있는지?'를 구분하기 때문이다. 두 시각 줄기는 전두엽 피질과 상호 연결되고, 전두엽의 주요 대뇌구와 연결된다(Carlson, 2001).

P/A 단계의 정서(Affective: A) 요소는 감정, 표현, 그리고 형태의 정서적 변화에 대한 개입을 증가시키는 특징이 있다. 정서의 존재, 차별화 그리고 변형은 색상 및 그 값의 사용 증가 또는 변화에 의해 표시된다. A 요소는 주로 대뇌 피질 변연계에 위치한 편도체의 감정 처리 및 시각 줄기에 미치는 영향을 반영한 것으로 보인다(Christian, 2008; Lusebrink, 2004). 편도체로부터의 입력은 해마와 두 개의 피질 구조(대상 피질과 안와전두 피질)에 의해 변경된다. 편도체는 PFC에 직접 연결되고 시상을 통해 우측 안와전두 피질(OFC)에 간접적으로 연결된다(Fuster, 2003; Hass-Cohen & Loya, 2008). 시각 표현에서 P와 A 요소 간의 상호작용은 ETC 스키마의 좌측에 있는 P 극성의 특성 기반 정보 처리에서 우측에 있는 A 극성의 편도체 기반 정보 처리로의 전환을 포함한다. 두 ETC 요소 간의 상호 교환은 외상으로부터 정서를 끌어내는 것과 구조화된 지각 작업이 포함되어 있기 때문에 외상치료에서 중요하다.

인지/상징(C/Sy) 단계

C/Sy 단계의 인지(Cognitive: C) 요소는 인지 작업을 강조하고, 개념 형성, 범주화, 문제 해결 및 객관적 이미지와 추상화의 의미 구별을 특징으로 한다(Lusebrink, 2004, 2010). ETC의 인지 요소는 아마도 PFC와 OFC의 활동을 반영할 것이다. PFC는 작업 기억의 통합 기능을 수행한다. 이는 일상 활동의 처리에 사용되는 "지각 및 수행 기억의 인지 네트워크 내 신경 요소의 공동 활성화"에 기반하여 시한부 기억을 생성한다(Fuster, 2003, p. 159). 또한 PFC는 후두 피질(다중 두정엽 피질)의 정보와 측두 및 후두 피질에 저장된 다른 감각 정보를 통합하는 것을 포함하여 주의력과 억제력을 유지하는 것을 담당한다(Dietrich, 2004). ETC의 C 요소는 또한 배외측 전두엽 피질과 대상엽 앞 부분이 조절하는 '하향식' 영향을 반영한 것으로 보인다(Christian, 2008; Lusebrink, 2010). OFC는 감정 조절에 개입할 가능성이 높은 반면 PFC 영역은 정서적인 작업 기억을 다루며 긍정적 · 부정적 감정의 결과를 예상하는 것으로 개념화되었다(Davidson, 2000; Davidson, Putnam, & Larson, 2000). 정서 작업 기억은 특정 감정군(群)에 의해 활성화된 지각 및 인지 기억의 대규모 네트워크 내 신경 요소의 시한부 공동 활성화로 볼 수 있다.

C/Sy 단계의 상징(Symbolic: Sy) 요소는 감각 및 정서의 원천, 자전적 처리, 상징 표현의 입력을 통한 경험 및 시각 정보의 직관적 처리를 강조한다. 이는 상징적 정서 이미지, 색상의 상징적 사용, 상징적 추상화 그리고 직관적이고 통합적인 개념 형성이 특징이다(Lusebrink, 2004, 2010). Sy 요소는 주로 OFC의 과정을 반영하는 것으로 보이며, OFC의 뒷부분은 자전적 의식의 검색이 포함될 수 있다(Carr, 2008). C/Sy 단계의 인지 및 상징 두 측면은 모두 기억 작업에 필수적이며, 두 측면 모두 두정엽의 다중 피질에 저장된 정보에 의존한다(Fuster, 2003). 외상에서 C/Sy 작업은 일관성 있는 외상 이야기를 구성하는 데 도움이 된다(Gantt & Tinnin, 2009; Hass-Cohen et al., 2014). 또한 C/Sy 미술치료는 인지의 재구성(Ford, Nader, & Fletcher, 2013)과 적절한 대응 기술을 가르치는 데 중요하다(Crenshaw, 2006; Ford, Nader, & Fletcher, 2013).

창의성(CR) 단계

ETC의 창의성(CReative: C) 레벨은 세 단계의 수직 교차점으로 개념화된다. CR 레벨은 두 극성의 교차점 사이의 각 단계에 존재할 수 있다. 동시에 모든 ETC 단계의 정보 처리에 개입할 수 있다. 미술적으로 창조적인 시각 표현은 ETC 외 모든 단계에 걸친 전체 연속체의 특성을 포함할 수 있다. 그에 따라 표현의 특정 단계에 대한 선호도가 미술 양식에 반영된다(Feldman, 1972; Lusebrink, 1990).

창의성의 인지 신경과학에 관한 비판적 고찰(Dietrich, 2004; Sawyer, 2011; Zaidel, 2005)은 창의적 과정이 수많은 상호적 인지 과정과 감정으로 구성되어 있고, 뇌의 좌우 반구는 대부분의 창의적인 작업에서 동등하게 활동적임을 주장한다. 디트리히(Dietrich, 2004)에 따르면 "창의적 통찰력은 자발적 혹은 의도적인 두 가지 처리 방식에 따라 나타날 수 있다."(p. 1015). 의도적인 탐색을 기반으로 한 창의적 통찰력은 PFC에서 시작된다. 이는 두정엽, 측두엽 및 후두부 피질과 그 측두부에 저장된 작업 기억에서부터 의도적으로 보아 둔 장기 기억 검색까지를 포함한다. 이와 대조적으로 자발적 처리 방식의 창의적 통찰력은 자연스럽게 일어난다. 이는 '전면의 주의 체계(frontal attention system)가 의식의 내용을 통제하지 않는 동안 얻은 지식으로 개념화'될 수 있는 직관에 기초한다(Dietrich, 2004, p. 1017). 자발적인 창의적 통찰력은 두정엽, 측두엽 그리고 후두부 피질의 작업 기억에서 나타날 수 있는 반면, PFC는 꿈 또는 공상과 같이 변형된 상태에서 하향 조절된다(Dietrich, 2004).

ETC와 두 개의 기능적 체계

ETC([그림 3-1])의 도식적 표현은 서로 다른 단계의 복합성에서 계층적으로 각각의 정보를 처리할 때 서로 다른 두 개의 기능적 체계를 시각적으로 보여 준다. 스키마의 좌측에는 지각 극(極)에 대한 시각적 형태의 지각 및 표현에 관련된 뇌의 시각 경로 활동의 통합과 교대로 인지 극의 PFC에서 이 정보의 인지 처리를 위한 기본 입력을 생성한다. 우측에는 정서 극과 함께 편도체에서의 입력을 기반으로 한 감정 경험과 값이 나타난다. 이 정보는 변연계 뇌의 대뇌 피질로 전달된 다음 복내측 시상하핵 전전두엽 피질(VMPFC)로 전달되어 상징 극에 감정으로 충전된 상징 이미지를 형성한다.

ETC를 두 개의 다른 기능 체계로 구분하는 것은 정보 처리와 관련된 뇌 기능에 관한 문헌을 검토한 디트리히(2004)의 결론과 유사하게 나타난다. 디트리히에 따르면 뇌는 인지 처리를 위한 기초를 형성하는 환경으로부터 다양한 종류의 정보를 처리하기 위한 두 가지 유형의 신경 체계를 발달시켰다(p. 1012). 첫 번째 유형의 분석은 생존을 위한 자극이 얼마나 가치가 있는지에 대한 정보를 제공한다. 두 번째 분석은 이 항목의 어떤 측면이 생존에 도움이 되는지에 대한 질문에 답한다. 처음에는 정서적인 내용이 편도체에서 처리된 다음 보다 상위의 변연계 구조, 즉 대뇌 피질과 VMPFC에서 처리된다. 지각과 개념적 내용은 3개의 후부 피질—후두엽, 측두엽 및 전두엽—에서 처리된 후 배측면 전전두엽 피질(DLPFC)로 전달된다. 디트리히(2004)는 푸스터(2003)를 언급하며 다음과 같이 말했다. "두 가지 정보 처리 체계 간에 다양한 레벨에서의 다중 연결이 있지만, 감정 및 인지 정보 처리 체계의 완전한 재통합은 두 가지 유형의 계산이 DLPFC에서 다시 수렴할 때까지는 발생하지 않는 것으로 보인다."(Dietrich, 2004, p. 1012)

ETC는 서로 다른 단계의 복합성에서 두 개의 정보 처리 체계 간의 연결을 개략적으로 나타낸다. K/S 단계에서 루틴 및 자동 행동에 대한 두 개의 요소 간의 감각-운동 통합은 기저핵, 시상하부 그리고 주요 감각 및 운동 피질을 포함한 하위 단계의 신경 계층의 순환 신경 연결 고리에서 발생한다. 이에 상응하는 피질 연합 영역은 P/A 단계에서 새롭고 보다 복잡한 표현과 연관된다. C/Sy 단계에서 PFC 활동은 아마도 DLPFC를 포함하여 C 극성에서 인지 정보를 처리하고, Sy 극성에서 변연계 기반의 정서적 입력을 통합하는 VMPFC로부터 입력이 증가한다.

외상치료에서의 ETC 사용

ETC의 구조

ETC의 3단계 구조는 몇 가지 요소 기능이 시각 표현에 관여할 수 있지만, 이는 하나의 요소 또는 단계가 일반적으로 우세하다는 것에 기반한다. 치료를 위한 틀로써 ETC를 사용할 경우, 내담자 표현의 구성요소 중 시각 표현의 장점을 반영하고 각 구성요소에 반영된 흠결을 구분하는 것이 중요하다. ETC 요소 처리에서 증명된 개인적인 자원 또는 단점은 정보의 수용, 처리, 통합 및 표현, 삶의 다른 측면에서의 감정 및 행동 표현에서의 선호를 반영한다고 가정한다(Hinz, 2009). 예를 들어, 살면서 합리적이고 분석적인 사람은 인지 과정과 친화력이 있을 것이고, 감정에 사로잡힌 사람은 정서 과정을 좋아할 것이다. ETC의 맥락에서 미술치료는 다른 단계에서 내담자의 강점을 향상시키는 데 중점을 두는 동시에 약점을 개선한다(Hinz, 2009; Lusebrink, 2004, 2010; Lusebrink, Mārtinsone, & Dzilna-Silova, 2013). 내담자는 '요리책'의 조리법이 아닌 특정 방식으로 처리되는 개인의 강점 및 약점에 대하여 특별한 사람들과 함께 치료(therapy with unique constellation)를 시작한다(Hinz, 2009). 일반적인 작업은 내담자가 강점을 발휘하는 구성요소의 과정과 함께 시작되며, 이후에는 잘 발달되지 않은 기능 영역을 향상시키기 위해 단계적으로 진행된다(Hinz, 2009; Lusebrink, 1990; Lusebrink, Mārtinsone, & Dzilna-Silova, 2013).

ETC를 사용하면 치료사는 외상치료의 개입 및 목표를 내담자에 맞춰 설정할 수 있어 모든 내담자를 유사하게 대하지 않는다. ETC는 매체, 작업 지침 및 치료 목표에 대해 개별화된 선택을 권장한다. 효과적인 외상치료는 의식적 침잠 및 억제의 기회가 외상 유발 및 관련 영향의 통제된 노출 허용과 교대로 나타날 수 있도록 한다(Hass-Cohen et al., 2014; Hinz & Ragsdell, 1991; Johnson, 2009; Sarid & Huss, 2010). 따라서 ETC의 좌측과 우측에 나타난 두 개의 상이한 정보 처리 기능 체계는 외상치료에서 구별되어 의도적으로 활성화될 수 있다. 우측의 정보 처리는 정서 또는 상징 채널을 통한 노출을 허용한다. 좌측에서는 지각 및 인지 기능을 통한 억제와 재구성을 제공한다. 외상치료 시 다른 임상 미술치료 접근법과 비교할 때, (예: Chapman, 2014; Gantt & Tinnin, 2009; Hass-Cohen et al., 2014; McNamee, 2005, 2006) ETC의 개념은 치료에서 수평과 수직 이동을 표시하는 유연하고 이해하기 쉬운 템플릿을 제공한다.

전술한 바와 같이 수직 이동은 ETC 단계 사이에서 발생한다. 수평 이동은 특정 단계와 극성 사이의 각 단계 내에서 발생한다. ETC의 세 가지 단계는 수직적인 '하향식' 및 '상향식' 행동 방식으로도 고려될 수 있다. 정보 통합의 상향식 방식은 K/S 단계의 감각-운동 반응에서 단일 피질의 형태와 정서적 입력의 구별 및 P/A 단계의 두정엽 피질에서 다중 통합으로 이어진 후 C/Sy 단계의 PFC에서 인지의 통합이 진행된다. 정보 처리의 하향식 절차는 PFC의 활동과 함께 C/Sy 단계에서 시작하여 두정엽, 측두엽, 후두부 피질에서 형태, 정서 및 운동 정보를 점진적으로 구분하여 각각 P/A와 K/S 단계를 나타낸다.

매체 선택과 ETC

매체 선택은 뇌 기능을 촉진하거나 억제하기 위한 프로세스 채널에 영향을 줄 수 있다. 수채물감이나 파스텔과 같은 유체 매체는 감정 표현을 불러일으킬 수 있다. 핑거페인트나 클레이와 같이 감각과 관련된 재료는 빠르게 내담자를 외상 기억에 닿게 해 줄 것이다(Sarid & Huss, 2010). 따라서 페인트 및 파스텔과 같은 재료는 ETC 계층 구조의 우측을 통해 정보 처리를 진행하고 성공적인 외상 작업과 관련된 세심한 감정 표출을 생성한다. 유체 및 감각적인 재료의 사용은 또한 개인적이거나 보편적인 상징으로 해석될 수 있으며 나아가 ETC의 우측에 있는 작업을 정서적으로 촉진할 수 있는 모호한 형태를 생성할 수 있다. 거친 종이 위에 하드 클레이 또는 크레용과 같은 저항성 매체를 사용하는 것은 격렬한 작업이 필요하기 때문에 운동 감각 요소가 개입하게 된다. 지각 요소에 대한 작업에 필요한 형식적 미술 요소에 중점을 두는 것은 형식의 정의 및 구별에 대한 명확성을 강조하는 매체와 프로세스에 의해 성취된다. 콜라주나 조각과 같은 매체는 고유한 구조를 가지고 있으며 최종 작품이 되기 위해 여러 단계를 거쳐야 한다. 따라서 내담자는 프로젝트 완료까지 여러 단계를 거치면서 인지 요소에 대한 작업으로 유도된다(Naff, 2014). 이 왼손 기능은 가끔 감정적 유예에 필요한 상세한 특징 분석을 도와주고 인지 재구성을 촉진한다.

몰입과 외상 후 성장

궁극적으로 ETC의 모든 단계를 사용하는 정보 처리의 두 가지 기능적 체계의 통합은 치유와 외상 후 심리적 성장에 기여한다. 두 체계 사이의 유체 전이와 ETC의 다른 단계는 '몰입'의 경험을 반영할 수 있다는 가설이 있다(Chilton, 2013; Csikszentmihalyi, 2008; Lee, 2013). 몰입은 내담자가 작업에 어려움을 겪고 기술과 목표를 조정하기 위해 문제해결 행동에 참여하여 숙련의 상태에 도달할 수 있는 최적의 상태이다(Lee, 2013). 몰입이 진행되는 동안 내담자는 고도로 집중된 행동, 변경된 시간 감각 및 가장 즐거운 순간을 경험할 수 있다. 몰입의 발생은 본질적으로 보람 있고 증대된 행복이 더 오랫동안 지속되게 한다(Csikszentmihalyi, 2008). 행복의 증대는 보다 만족스러운 대인관계, 향상된 자아를 바라보는 시각, 삶의 철학의 변화로부터 나타난다. 이는 외상 후 성장의 세 가지 주요 특징이다(Joseph, Murphy, & Regel, 2012). 다음의 사례 연구는 두 형제가 미술치료에서의 몰입 경험을 통해 아동기 외상으로부터 탈피하는 과정을 보여 준다.

ETC 사용을 보여 주는 사례 연구

두 형제 소개: 외상에 대한 미술치료 접근법

7세(스티븐, 가명)와 8세(에드, 가명)인 두 형제는 사회복지사에 의해 미술치료를 받았다. 소년들은 어머니의 동거남으로부터 성적 학대를 당했다는 에드의 폭로 이후 에드의 폭로로 어머니의 양육에서 해방되었다. 아이들은 처음에는 생부 및 그의 여자친구와 함께 지냈지만 에드는 아버지 여자친구의 신체적 · 정서적 학대를 받아 그곳으로부터 도망쳤다. 형제는 별도의 위탁 가정에서 지내며 치료를 받았다. 미술 재료를 소개하고 미술치료에 대해 설명한 후, 형제는 첫 번째 자유화(free drawing)를 완성했다([그림 3-2]와 [그림 3-3] 참조). 두 소년은 집을 그렸는데, 유사한 외상을 경험했음에도 집에 대한 묘사와 선호하는 정보 처리 방법은 정반대였다.

[그림 3-2] 에드의 첫 자유화 '집'

에드는 자신의 집([그림 3-2])이 토네이도에 둘러싸여 있다고 설명했다. 집에 대한 정밀한 채색과 커다랗게 소용돌이치는 폭풍우에서 에너지와 통제가 번갈아 가며 나타난다. 그림의 두드러진 특징에는 여러 가지 색의 사용, 뾰족한 검은색 지붕, 집 주변의 '오수를 피하기 위한' 배수로가 포함되어 있다. 이 그림을 바탕으로 에드는 정력적이고 독단적이며, 확장적 · 행동 지향적, 감정 표출 및 표현이 필요한 불쾌감을 경험한 것으로 특징지어졌다. ETC의 틀을 사용하면 집 그리기가 C/Sy 단계에 있었음에도 불구하고 운동 감각적 행동은 감정적으로 위협적인 정보를 처리하는 에드의 주된 방식이라고 말할 수 있다. 대조적으로 7세의 스티븐은 그의 집([그림 3-3])을 열쇠 모양의 창문을 비롯한 많은 창문과 문이 있는 성으로 묘사했다. 또한 그는 집에 접근하기 위해 사다리를 타고 있는 침입자를 가리켰다. 이 그림의 두드러진 특징은 기하학적 모양, 두 개의 굴뚝 및 색상 부족 등이다. 그림은 이 소년이 우유부단하고, 사고 또는 판타지 지향적, 감정 내재화 및 죄책감, 자기비난과 우울증을 경험했을 가능성이 있음을 나타낸다. 그는 ETC의 C/Sy 단계에서 작업하는 것을 선호했으며 그림 표현이 그 나이대의 발달상 적절했다.

[그림 3-3] 스티븐의 첫 자유화 '집/성'

서로 다른 두 내담자의 표상은 당연히 다른 치료 방법을 필요로 하지만 주 단위 미술치료의 궁극적 목표는 동일하다. 감각으로 부호화된 비언어적 외상 기억을 포함한 외상 관련 생각과 감정의 표현, 외상 이야기의 정리, 긍정적 자존감을 기반으로 한 적절한 대처 능력을 선택할 수 있는 자유를 허용하는 심리적 성장이 바로 그것이다(Crenshaw, 2006; Ford, Nader & Fletcher, 2013; Hass-Cohen et al., 2014). 에드는 엄청난 에너지와 운동 감각을 갖고 있었다. 그는 감정을 적절하게 표현할 수 있기 전에 엄청난 에너지를 방출해야 했고, 그 후에야 외상 이야기를 조리 있게 결부시켰다. 스티븐은 감정을 통제하기 위해 인지 전략을 사용하는 것에 대해 안정감을 보였다. C/Sy 단계에서 그를 만족시키는 것이 중요한데, 이 단계에서 감정과 K/S 학습을 이끌어 내기 전에 그의 전략이 존중받고 강화될 수 있었다.

외상치료에 대한 상향식 접근법: 에드의 미술치료

에드는 점토 작업을 선택하여 미술치료를 시작했다. 처음 두 세션에서 그는 점토로 모양을 만들지 않았다. 두드리고, 밀거나 꼬집거나 말아서 던졌다. 사리드와 후스(Sarid & Huss, 2010)는 활동적인 조작이 필요한 저항성 매체가 외상 기억의 감각적 자극을 조절하고 개인의 감각을 통제하는 것을 가능하게 한다고 설명한다. 또한 에드는 세션이 끝날 무렵 평온한 얼굴 표정을 지으며 에너지 방출에 성공했다. 이 세션은 행동 위주로 진행되었지만 에드는 그림도 그렸다. 흥미롭게도 [그림 3-4]는 초기 미술치료 세션 중 일부에서 방출을 기다리는 억눌린 에너지를 보여 준다. 작업이 계속되면서 그는 수용 가능한 방식으로 에너지 방출의 조절이 가능해졌고, 에드의 그림은 [그림 3-5]의 리드미컬한 수평선과 노란색에서 볼 수 있듯이 감소된 에너지와 증가된 감각 개입을 보여 준다. 미술치료의 다음 단계에서 에드는 자연스러운 실재와 감정의 목적에 대한 교육을 받았다. 미술 표현과 결합된 심리교육(psychoeducation)은 에드에게 감정이 적절한 표현이 필요한 신호라는 것을 가르쳐 주었다. 개인적 감정의 범위를 배우기 위해 에드는 [그림 3-6]에 묘사된 것과 같이 얼굴 표정 콜라주를 만들었다. 각각의 감정은 감정에 대한 반응으로 취할 수 있는 적절한 행동에 대한 원인이 될 수 있는 사건(들)과 함께 개별적으로 조사되었다. 에드는 개인적으로 경험한 감정에 대한 그림을 그리면서 기존에 구분되지 않은 채 소용돌이치던 폭풍처럼 느꼈던 것을 분리하고 차별화하기 시작했다. 또한

P/A 작업은 감정에 응답하거나 진정시키는 방법으로 미술을 사용하는 것과 관련되어 있다.

[그림 3-4] 방출을 기다리고 있는 억제된 에너지를 보여 주는 에드의 그림

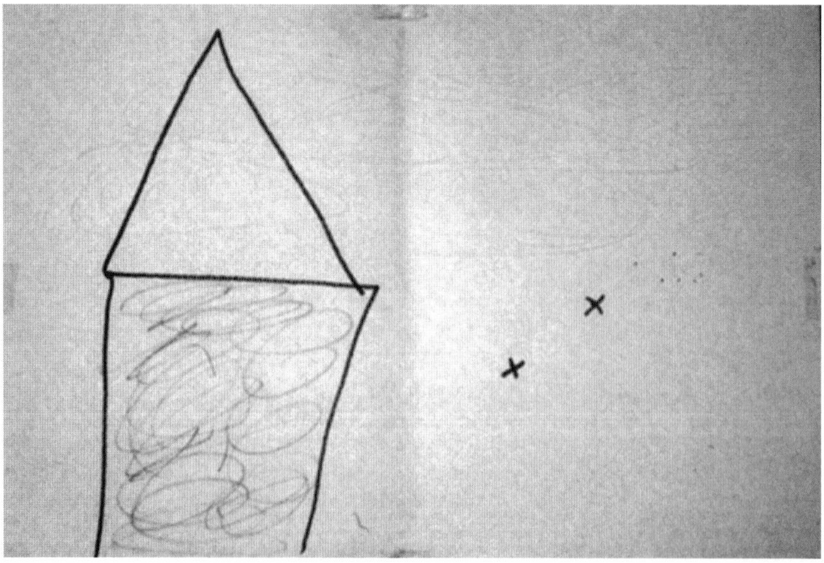

[그림 3-5] 분출구가 필요한 적은 에너지를 보여 주는 에드의 그림

[그림 3-6] 에드의 감정 콜라주

[그림 3-7] 에드의 외상 이야기 관련 동물 그림

치료의 후속 단계에서 에드는 점토로 동물 모양을 만들었고 그들의 삶에 대한 이야기를 했다. 그중 일부는 그림으로도 그려져 있다([그림 3-7] 참조). 이 이야기는 에드의 외상 이야기의 기초를 형성했다. 은유적 말하기를 통해 그는 자신의 삶을 안전하게 이야기할 수 있는 성찰적 거리를 가질 수 있다.

미술치료사가 원래의 이야기를 목격한 것처럼 에드가 테마와 감정을 깨닫도록 도움을 주었고, 에드의 강점과 내재된 원천을 강조한 새로운 장 또는 결말을 만들도록 요청하면서 의도적인 인지 재구성을 허용했다(Steele & Kuban, 2012). 예를 들어, [그림 3-7]에 대한 이야기는 다음과 같다.

> 두 마리의 개가 여행 중에 길을 잃었다. 그들은 결국 큰 강의 양쪽끝에 서게 된다. 작은 개는 큰 개에게 외쳤다, 나는 수영할 줄 몰라! 큰 개는 작은 개에게 조용하라고 말했고, 작은 개는 개 사냥꾼에게 잡힌다. 큰 개는 집으로 돌아오는 길을 찾으려 했으나 너무 많은 신호가 수많은 방향을 가리키고 있어 길을 알 수 없었다.

분명히 에드는 동생인 스티븐을 학대하던 아버지의 여자친구로부터 도망치게 할 때의 죄책감을 표현했다. 스티븐은 더 심한 학대로 고통받았고, 마침내 소년들은 별도의 위탁 가정에서 양육되었다. 미술치료사는 죄의식이 희생자에게 분노로 드러나는 방식에 대해 이야기했고, 에드가 미래의 상황에 직면했을 때 가질 수 있는 긍정적인 자원과 기술을 확인하도록 도와주었다. 에드는 인지 재구성(Rosal, 2001; Steele & Kuban, 2012)을 통해 큰 개가 작은 개를 도와 두 마리 모두 함께 집으로 가는 길을 찾을 수 있도록 도와주는 장을 만들었다. 새로운 이미지는 어려운 상황에 대해 긍정적이고 보람 있는 접근 방식을 상기시켜 주었다.

동물 이야기에 이어 에드는 점토를 사용하여 농구 또는 축구를 하기 위한 팀으로 구성된 인물을 만들었다. 그는 미술치료사의 팀을 상대했고, 게임은 적절한 대처 기술(경쟁이 동반된 협동, 연민, 파괴가 아닌 창조)을 가르칠 수 있는 기회를 제공했다. 특히 이 세션은 몰입의 경험을 제공했다. 에드는 그의 능력에 대한 즐거움으로 가득 차 있었고, 나아가 그의 정확한 미술적 행동은 첫 번째 미술치료 세션이 목적하지 않았던 활동 지향적 행동 특성과는 크게 달랐다. ETC의 모든 단계를 사용하는 정보 처리의 두 가지 다른 기능 체계의 통합은 점토를 사용하여 상세한 인물 모형을 만들고 이를 판타지와 상호작용 놀이에서 활용함으로써 나타났다. 세밀한 운동 능력의 사용과 인물 생성 관련 기획 및 사고에는 K/S와 C 처리의 조합이 필요하다. 인물 모형을 사용하여 상호작용하면서 치료사와 함께하는 판타지 시나리오에 Sy와 A 활동이 추가되었다. 두 체계와 ETC의 다른 단계 사이의 유체 전이는 치유와 외상 후 심리적 성장을 위한 독특한 기회를 만들어 내는 '몰입'의 경험을 반영할 수 있다고 가정한다.

ETC의 관점에서 에드는 K/S 단계 계층 구조 좌측에 해당하는 미술치료를 시작했다. 처음 두 세션에서 그의 작품은 완전히 운동 감각적이었다. 그는 점토를 두드리고, 밀고, 꼬집고, 돌돌 말아 던졌다. K/S 단계의 양극성 본질은 운동 감각 활동의 참여가 증가함에 따라 감각 개입의 자연스러운 감소를 필요로 한다. 그러므로 제시한 가설과 같이 점토의 감각적 특성이 외상 기억을 불러일으켰다면(예: Elbrecht, 2013; Sarid & Huss, 2010), 점토를 이용한 활동 시에는 긴장을 완화시켜 줄 필요가 있다. 초기 세션에서 그린 그림은 운동 감각적인 작업과 추가적인 에너지의 방출이 있은 후에 에드가 형식에 집중할 수 있음을 보여 주었다. 결과적으로 에드의 작업은 감정을 확인 · 구별하고 적절하게 표현 및 진정시키기 위해 P/A 단계로 옮겨졌다.

처음에는 작업이 주로 P/A 단계의 P 극성에 머물렀지만 에드는 콜라주 이미지를 사용하여 다른 사람들의 감정을 식별하고 구별할 수 있도록 독려받았다. 작업과 매체의 적절한 선택은 정서보다 지각에 남아 있는 경험을 허용하는 성찰 거리를 장려했다. 에드가 P 극성에 대한 능숙함을 보였을 때 ETC 우측으로의 이동을 시도했다. 다시 말해 미술치료사의 작업과 매체의 선택은 치료사가 원하는 방향으로 경험을 이동시켰다. 에드가 개인적인 감정을 표현하고 페인트를 사용하도록 권유함으로써 치료사는 정서적으로 더 충만해진 경험을 구성했다.

외상 숙련을 위한 상향식 접근법의 마지막 단계로 C/Sy 단계로의 이동이 필요했다. 에드가 점토를 사용하기로 다시 결정했지만 점토를 사용한 그의 작업은 이전에 만들었던 상상 속 이야기의 인물보다 훨씬 세련되었다. 이전에는 그의 작업이 행동 중심의 무계획적인 것이었다. 양식을 만드는 것이 경험에 필수적인 것은 아니다. 작업이 C/Sy 단계로 옮겨 가면서 에드는 [그림 3-7]과 함께 [그림 3-4]와 [그림 3-5]의 동물 모양, 그림, 이야기를 만들었다. 인물과 이야기의 복잡성이 증가함에 따라 에드가 상징 표현을 통해 외상 경험을 극복할 수 있는 능력이 증가함이 드러났다. 또한 인지 재구성을 통해 미술치료사는 변연계 시스템 처리에 대한 PFC 조절을 장려했다. 따라서 시간이 지남에 따라 감정적 반응에 대한 의식의 통제력이 강화되었다.

창조(C) 레벨에 대한 접근과 몰입 경험은 에드의 복잡한 인물 창조와 팀플레이에서 미술치료사를 적극적으로 참여시킴으로써 장려되었다. 에드는 문제 해결 능력과 미술 재료 및 치료 과정에서 직면한 어려움을 숙련하는 것을 보여 주었다. 큰 개가 짖고 있는 작은 개에게 "조용히 해!"라고 했던 앞서 언급한 외상 이야기와는 극적으로 대조될 만큼, 에드는 미술치료사와의 상호작용에서 그의 통합 능력과 협동 및 연민을 보여 줄 수 있는 능력이 향상되었음을 보여 주었다.

외상치료에 대한 하향식 접근법: 스티븐의 미술치료

스티븐이 미술치료에서 처음으로 그린 그림은 [그림 3-3]에 나타난 스타일을 모방한 것이며, 이는 주로 윤곽선 형태에 임의의 색을 사용한 선 그림이었다. 몇 개의 세션이 진행된 후 스티븐은 악몽을 경험하기 시작했다. 이에 따라 미술치료사는 고도의 감정적 경험을 인지적으로 재구성하려는 시도로서 스티븐에게 악몽을 떠올려 그림으로 그려 볼 것을 요청했다. 그 그림을 그릴 때 스티븐은 부정적 이미지를 보다 다루기 쉬운 것으로 변경하거나 결말을 조절할 수 있도록 안내받았다(Steele & Kuban, 2015). 예를 들어, 꿈에서 스티븐 아버지의 여자 친구는 공격적으로 스티븐을 쫓는 거인으로 표현되었다. 스티븐은 거인 그림을 그렸고([그림 3-8] 참조), 그다음에 '그녀의 크기를 줄였다.'([그림 3-9] 참조). 일련의 연속된 그림에서 아버지의 여자친구(가해자)는 백지 위에서 사라진 점이 될 때까지 점점 작아졌다.

스티븐의 악몽 경험은 외상 생존자들 사이에서 공통적으로 나타난다. 악몽은 신체가 외상을 재경험하는 하나의 수단이며(Ford, Nader, & Fletcher, 2013), 그리기는 스티븐이 치료에서 자신의 꿈을 자세히 설명하면서 악몽 경험 중 느낀 불안감을 관리하는 데 도움이 되었다. 결과적으로 그는 집에서도 그림을 그리도록 지도를 받은 덕분에 점차적으로 수면에 덜 방해받았다.

악몽에는 많은 외상 관련 사건이 포함되어 있기 때문에 미술치료사는 스티븐이 스토리 구성, 이해도 향상, 영향력 표현, 희생자에서 생존자로의 자기이미지 재구성을 목표로 외상 이야기(Crenshaw, 2006; Gantt & Tinnin, 2009; Pifalo, 2009; Talwar, 2007)를 만들어 볼 것을 권유했다. 스티븐은 자신의 이야기를 상징적으로 말함으로써 감정적 거리

[그림 3-8] 스티븐의 악몽에 관한 원래 관점

[그림 3-9] 스티븐의 악몽에 대한 인지 재구성

를 만들어 낸 에드와 달리 몇 주 동안 그가 기억하는 사실적인 그림으로 외상 이야기를 했으며, 매주 이야기가 완성되었다고 느낄 때까지 새로운 세부사항과 사건을 추가했다. 스티븐은 그림을 통해 미세한 감정으로 자신의 이야기와 마주했음이 분명했다. 그는 일반적으로 적절한 색상을 사용하지 않고 한 가지 마커를 사용하여 장면의 세부사항에 초점을 맞춰 선을 그렸다. 스티븐이 자신의 이야기를 그리면 미술치료사는 인지 재구성을 통해 학대 사건에 대한 다양한 견해를 제시하거나 선택적 반응을 하도록 요청했다. 그러자 스티븐은 상황, 사람, 자신 및 대처 능력에 관한 다양한 견해를 개발하고 통합하기 시작했다. 이러한 활동으로 외상에 대한 노출을 감당할 수 있게 되었고 동시에 그림의 구조와 세부사항 또는 인지 재구성 활동으로 안전하게 물러날 수 있었다. 스티븐의 외상 경험과 관련된 감정의 숙련 정도는 초기부터 후기의 그림에서 나타난 향상된 선 그리기와 그림 수준의 발달을 통해 확인할 수 있었다.

[그림 3-10] 감정 반응 향상을 위한 색상 추가

미술치료사는 세션 초기부터 색상을 추가하여 그림을 정교하게 그리도록 스티븐을 독려했다. 한 가지 예시를 [그림 3-10]에서 볼 수 있다. 스티븐의 법정 증언에 따라 감옥에 가게 될 어머니와 그 남자친구를 상상한 그림은 원래 적절한 색상을 사용하지고 않았고 특별한 감정 표현도 없이 오로지 파란색 마커 하나로만 그려졌다. 여기에 색상을 추가한 스티븐은 그의 표현에 대해 만족하고 기꺼이 다른 그림에도 색상을 추가했다.

다음으로, 스티븐은 앞서 에드의 이야기에서 설명한 것처럼 감정을 묘사하는 얼굴 콜라주를 만들었다. 감정의 확인과 구별을 위협적이지 않게 소개하기 위해 콜라주 사용을 선택했다. 이후 스티븐은 잡지 콜라주 이미지를 사용하여 자신의 감정을 확인했고, 그 뒤에는 자신의 감정 경험을 묘사한 잡지 그림과 짝을 지었다. 다음 단계는 [그림 3-11]에 보이는 것처럼 마커로 네 가지 주요 감정을 묘사하는 것이었다. 마커를 선택한 이유는 약간의 유체 성분으로 되어 있고 감정을 유발시킬 수 있지만 그 영향을 억제할 수 있을 정도로 친숙하고 다루기 쉽기 때문이다. 스티븐이 묘사한 감정은 좌측 상단에서부터 시계 방향으로 공포, 슬픔, 분노, 행복이다. [그림 3-11]의 이미지는 페인팅을 통해 감정을 좀 더 구별할 수 있게 해 줄 여러 세션을 위한 발판이었다.

[그림 3-11] 스티븐의 네 가지 주요 감정 그림. 좌측 상단에서 시계 방향으로 공포, 슬픔, 분노, 행복

세 번의 세션에 결석한 후, 스티븐은 [그림 3-12]의 그림을 그리고 '외계인'이라는 이름을 붙였다. 그는 그림을 이렇게 묘사했다.

이 사람은 외계인이다. 알다시피 그의 피는 붉은색이 아닌 파란색이고 심장은 거꾸로 되어 있다. 아무도 그를 좋아하지 않는다. 그는 살인할 수 있는 초능력이 있다. 그의 칼에는 피가 묻어 있고, 곧 사람을 죽일 것이다.

이야기를 이어 가 보니 스티븐이 자살 시도를 했음을 발견했다. 스티븐의 안전을 위해 입원시켜 입원 환자로서 치료를 계속했고, 스티븐은 다양한 활동을 통해 감정과 에너지의 조합을 표현할 수 있게 되었다.

종이 만들기는 스티븐을 몰입 경험으로 인도하는 활동이었다. 스티븐은 종이를 만들면서 어려움에 직면했지만 의미 있고 아름다운 종이를 만들기 위해 미술치료사와 함께 일하며 훌륭한 솜씨를 뽐냈다. 스티븐은 그 경험을 즐기며 힘과 통제의 감각을 발달시켰고, 이후의 세션에서도 이것을 계속 하고자 했다. 에드처럼 스티븐은 치료 시작 시에는 존재하지 않았던 몰입 상태임을 나타내는 듯한 집중된 활동 수준을 보여 주었다

[그림 3-12] 스티븐의 '외계인' 그림

(Lee, 2013). 미술치료 1년 후 스티븐은 높아진 자존감, 경험에 대한 더 깊은 이해, 그리고 더 완벽해진 대처 능력을 갖춘 채 미술치료를 마쳤다. 어린 내담자를 돕기 위한 하향식 미술치료는 성공적으로 이루어졌다.

외상치료를 위한 미술치료의 하향식 접근법은 내담자가 감정에 거의 접근하지 않은 채 매우 인지적으로 제어된 방식을 보여 줄 때 필요하다. 그러한 접근 목표는 점차 통제와 숙련을 강조하는 방법으로 내담자를 감정에 노출시키는 것이다. 스티븐의 미술치료는 [그림 3-2]의 성/집과 같이 꿈과 자유화에 제시된 Sy 재료로 C/Sy 단계의 우측에서 작업을 시작했다. 그러나 이미지 형성 및 정보 처리는 그가 보다 편안하게 작업할 수 있어 보이는 인지 요소로 이동했다. 악몽에 대응하는 것은 스티븐에게 인지 재구성을 사용하는 첫 번째 기회를 제공했다. 스티븐은 [그림 3-8]과 같이 악몽에서 본 장면 중 하나를 그릴 수 있었고 그리기 재료를 사용하여 이미지를 관리할 수 있게 되었다. 시간이 지남에 따라 악몽이 사라지는 것은 감정 조절과 치유의 정도를 나타낸다.

C/Sy 단계의 좌측에 남아 있는 스티븐은 살면서 겪은 사건에 대한 향상된 이해와 질서 감각을 발달시키는 데 도움이 되는 사실적인 그림으로 된 외상 이야기를 만드는 데 참여했다(Gantt & Tinnin, 2009; Pifalo, 2009; Talwar, 2007). 미술치료에서 만들어 낸 초기 그림에서의 색상 회피와 세부 묘사에 대한 관심이 스티븐에게는 아마도 감정을 담아내는 인지 전략으로 작용했을 것이다. 미술치료의 다음 단계는 감정 경험을 통합하고 변연계 프로세스에 대한 좀 더 의식적인 통제를 확립하기 위해 스티븐이 ETC(P/A 단계)의 우측에서 작용하도록 전이를 돕는 것이다. 따라서 처음에 스티븐은 외상 이야기 그림에 색상을 결합시키라는 요청을 받았다. 흥미롭게도 색상은 매우 구조화된 방식으로 더해졌으며([그림 3-10] 참조), 색상 사용을 조절하는 방식은 [그림 3-11]에서 볼 수 있듯이 네 가지 주요 감정을 그리는 방식으로 퍼져 나갔다. 색상 사용의 조절은 스티븐이 P/A 단계의 P 극성에서 작용하고 있었다는 것을 보여 준다. 그림물감 사용으로 인한 영향력이 증가했다. 세 번의 결석 이후 스티븐은 압도적인 거부감과 자살 우울증을 경험했다. 미술치료는 감각과 운동 감각을 처리할 수 있게 스티븐을 입원시켜 계속 진행되었으며, 긴장 완화 및 감각과 감정의 통합을 가능하게 했다. 그래서 스티븐은 ETC의 우측에서 치료를 시작한 다음 양쪽에서 정보 처리와 기능을 점차적으로 결합하여 K/S 단계에서 치료를 종료했다.

두 형제 비교: 외상에 대한 미술치료 접근법

이 두 가지 설명은 동등한 치료 결과를 달성하기 위해 모든 외상 생존자가 다른 접근법에 의해 제안받은 대로 치료될 수 있는 것은 아니라는 것을 보여 준다(예: Chapman, 2014). 비슷한 학대 상황을 경험한 두 형제는 첫 번째 미술치료 세션에서 매우 다른 이미지를 보여 줬다. 그 차이는 기본적인 뇌의 기능과 선호하는 정보 처리 전략의 차이를 나타낸다. 에드의 외상 기억은 K/S 단계에서 감각-운동 기억으로 두드러지게 부호화되었는데, 이는 후두부의 피질에서 나타난다. 스티븐의 외상 기억은 대뇌 변연계와 편도체의 주된 개입을 보여 주는 악몽 그림에 의에 확인된 바와 같이 C/Sy 단계의 Sy 극에서 주로 정서적인 상징 이미지로 나타났다. 두 소년의 치료 목표는 동일했지만 미술치료의 접근법은 달랐다.

에드에게는 ETC의 틀과 함께 상향식 전략을 사용하였다. 미술치료는 ETC의 K/S 단계 우측에서 시작되어 에너지를 방출하고 긴장을 완화시켰다. 치료는 새로운 정보와 기술의 통합을 지원하기 위해 억제에 도움이 되는 P/A 단계와 적절한 감정 표현 및 C/Sy 단계를 끌어올렸다. 반대로 스티븐은 초기 C/Sy 단계의 우측에서 시작하여 P/A 단계까지 끌어내려 정서 표현을 포함하도록 했고, 최종적으로는 K/S 단계에 접근하여 에너지 방출 및 감각 운동 활동이 개입된 S 요소와 창의적인 작업을 통해 신중하게 감각이 통합될 수 있도록 하향식 접근법으로 치료되었다.

미술치료를 통해 두 소년은 ETC 스키마의 양측에서 활동으로 나타나는 두 개의 정보 처리 과정의 흐름을 통합했다. 그들은 둘 다 미술치료의 중요한 치유 요소로서 CR 단계와 몰입을 경험했다. 1년의 치료 기간 동안 형제들은 적절한 대처 기술과 향상된 대인관계로 보다 긍정적인 자의식을 갖게 되었다. 그들은 집중 행동, 숙련, 자존감의 증가뿐만 아니라 몰입 경험을 포함한 집중력과 집중 기간이 증가하였음을 보여 주었다(Chilton, 2013; Csikszentmihalyi, 2008; Lee, 2013).

결론

감각 운동 및 시각적 표현 방식으로서의 미술치료는 외상 생존자 치료의 두 가지 중요한 측면, 즉 비언어적 감각 운동 기반의 외상 기억 통합과 분절된 언어 기억의 일시적인 구성에 초점을 맞춘다. 운동 감각/감각(K/S), 지각/정서(P/A), 인지/상징(C/Sy)의 세 가지 계층의 단계를 갖고 있는 ETC의 이론적 개념은 상향식 또는 하향식으로 외상 기억을 조직하고 통합할 수 있는 구조를 제공한다. ETC의 세 가지 단계는 후두부 피질에서의 평행한 뇌 활동, 특히 후두엽, 측두엽 및 두정엽 피질과 PFC를 반영한다.

외상 생존자에 대한 미술치료의 또 다른 중요한 목표는 뇌의 양면으로 대표되는 두 개의 다른 신경 체계에 의해 처리되는 서로 다른 유형의 정보 동화이다. ETC 스키마의 좌측은 들어오는 정보의 특징 분석 및 인식 통합을 수행하는 반면, 우측은 정서적 가치 태그를 부착하는 흐름의 활동을 반영한다. 감정과 인지 정보의 완전한 재통합은 치유와 같다. 재통합은 전두엽 피질(PFC)–편도체–해마 네트워크를 따라 다양한 지점에서 발생하며, 두 가지 유형의 정보 처리가 전두엽 피질의 배측면과 복내측 영역에 집중될 때까지 나타난다(Fuster, 2003). 통합되거나 온전한 뇌 경험은 외상 미술치료에서 외상 후 성장과 몰입으로 이어질 수 있다.

참고문헌

American Psychiatric Association. (2013). *Diagnostic and statistical manual of mental disorders* (5th ed.). Washington, DC: Author http://dx.doi.org/10.1176/appi.books.9780890425596

Bücker, J. J., Muralidharan, K. K., Torres, I. J., Su, W. W., Kozicky, J. J., Silveira, L. E., … Yatham, L. N. (2014). Childhood maltreatment and corpus callosum volume in recently diagnosed patients with bipolar I disorder: Data from the Systematic Treatment Optimization Program for Early Mania (STOP-EM). *Journal of Psychiatric Research*, *48*(1), 65-72. doi:10.1016/j.jpsychires.2013.10.012

Carlson, N. R. (2001). *Physiology of behavior.* Boston: Allyn and Bacon.

Carr, R. (2008). Neurotransmitters, neuromodulators and hormones: Putting it all together. In N. Hass-Cohen & R. Carr (Eds.), *Art therapy and clinical neuroscience* (pp. 43-61). London: Jessica Kingsley.

Chapman, L. (2014). Neurobiologically informed trauma therapy with children and adolescents: Understanding the mechanisms of change. New York: W.W. Norton.

Chilton, G. (2013). Art therapy and flow: A review of the literature and applications. *Art Therapy: Journal of the American Art Therapy Association*, *30*(2), 64-70. doi:10.1080/07421656.2013.787211

Christian, D. (2008). The cortex: Regulation of sensory and emotional experience. In N. Hass-Cohen & R. Carr (Eds.), *Art therapy and clinical neuroscience* (pp. 62-75). London: Jessica Kingsley.

Crenshaw, D. (2006). Neuroscience and trauma treatment: Implications for creative arts therapists. In L. Carey (Ed.), *Expressive and creative arts methods for trauma survivors* (pp. 21-38). London: Jessica Kingsley.

Csikszentmihalyi, M. (2008). *Flow: The psychology of optimal experience*. New York: Harper.

Damasio, A. (2012). Neuroscience and psychoanalysis: A natural alliance. *Psychoanalytic Review, 99*(4), 591-594. doi:10.1521/prev.2012.99.4.591

Davidson, R. J. (2000). Affective styles, psychopathology, and resilience: Brain mechanisms and plasticity. *American Psychologist, 55*(11), 1196-1214. doi:10.1037/0003-066X.55.11.1196

Davidson, R. J., Putnam, K. M., & Larson, C. L. (2000). Dysfunction in the neural circuitry of emotion regulation—a possible prelude to violence. *Science, 289*(5479), 591-594. doi:10.1126/science.289.5479.591

Dietrich, A. (2004). The cognitive neuroscience of creativity. *Psychonomic Bulletin & Review, 11*(6), 1011-1026. doi:10.3758/BF03196731

Elbrecht, C. (2013). Trauma and healing at the clay field: A sensorimotor art therapy approach. London: Jessica Kingsley.

Feldman, E. B. (1972). *Varieties of visual expression: Art as image and idea*. Englewood Cliffs, NJ: Prentice-Hall.

Ford, J. D., Nader, K., & Fletcher, K. E. (2013). Clinical assessment and diagnosis. In J. D. Ford & C. A. Courtois (Eds.), *Treating complex traumatic stress disorders in children and adolescents: Scientific foundations and therapeutic models* (pp. 116-139). New York: Guilford Press.

Fuster, J. M. (2003). *Cortex and mind: Unifying cognition*. New York: Oxford University Press.

Gantt, L., & Tinnin, L. W. (2009). Support for a neurobiological view of trauma with implications for art therapy. *The Arts In Psychotherapy, 36*(3), 148-153. doi:10.1016/j.aip.2008.12.005

Hass-Cohen, N., & Carr, R. (Eds.). (2008). *Art therapy and clinical neuroscience*. London: Jessica Kingsley.

Hass-Cohen, N., Findlay, Clyde, J., Carr, R., & Vanderlan, J. (2014). "Check, change what you need to change and/or keep what you want:" An art therapy neurobiological-based trauma protocol. *Art Therapy: Journal of the American Art Therapy Association, 31*(2), 69-78.

Hass-Cohen, N., & Loya, N. (2008). Visual systems in action. In N. Hass-Cohen & R. Carr (Eds.), *Art therapy and clinical neuroscience* (pp. 92-110). London: Jessica Kingsley.

Hinz, L. D. (2009). *Expressive therapies continuum: A framework for using art in therapy*. New York: Routledge.

Hinz, L. D., & Ragsdell, V. (1991, August). *Art therapy exercises with adult incest survivors*. Paper presented at the American Psychological Association. San Francisco, CA.

Johnson, D. (2009). Commentary: Examining underlying paradigms in the creative arts therapies of trauma. *The Arts in Psychotherapy, 36*(2), 114-120. doi:10.1016/j.aip.2009.01.011

Joseph, S., Murphy, D., & Regel, S. (2012). An affective-cognitive processing model of post-traumatic growth. *Clinical Psychology and Psychotherapy, 19*, 316-325. doi:10.1002/cpp.1798

Kagin, S. L., & Lusebrink, V. B. (1978). The expressive therapies continuum. *Art Psychotherapy, 5*(4), 171-180.

Karlsson, H. (2013). Phototherapy and neuroscience: Marriage, cohabitation or divorce? In D. Loewenthal (Ed.), *Phototherapy and therapeutic photography in a digital age* (pp. 159-165). New York: Routledge.

Klorer, P. (2005). Expressive therapy with severely maltreated children: Neuroscience contributions. *Art Therapy: Journal of the American Art Therapy Association, 22*(4), 213-220. doi:10.1080/07421656.2005.10129523

Kosslyn, S. M., Behrmann, M. M., & Jeannerod, M. M. (1995). The cognitive neuroscience of mental imagery. *Neuropsychologia, 33*(11), 1335-1344. doi:10.1016/0028-3932(95)00067-D

Lee, S. (2013). "Flow" in art therapy: Empowering immigrant children with adjustment difficulties. *Art Therapy: Journal of the American Art Therapy Association, 30*(2), 56-63. doi:10.1080/07421656.2013.786978

Lusebrink, V. B. (1990). *Imagery and visual expression in therapy*. New York: Plenum Press.

Lusebrink, V. B. (2004). Art therapy and the brain: An attempt to understand the underlying processes of art expression in therapy. *Art Therapy: Journal of the American Art Therapy Association, 21*(3), 125-135. doi:10.1080/07421656.2004.10129496

Lusebrink, V. B. (2010). Assessment and therapeutic application of the Expressive Therapies Continuum: Implications for brain structures and functions. *Art Therapy: Journal of the American Art Therapy Association, 27*(4), 168-177. doi:10.1037/0003-066X.55.11.1196

Lusebrink, V. B. (2014). Art therapy and neural basis of imagery: Another possible view. *Art Therapy: Journal of the American Art Therapy Association, 31*(2), 87-90. doi:10.1080/07421656.2014.903828

Lusebrink, V., Mārtinsone, K., & Dzilna-Šilova, I. (2013). The Expressive Therapies Continuum (ETC): Interdisciplinary bases of the ETC. *International Journal of Art Therapy, 18*(2), 75-85. doi:10.1080/17454832.2012.713370

McCrory, E., De Brito, S. A., & Viding, E. (2010). Research review: The neurobiology and genetics of maltreatment and adversity. *Journal of Child Psychology and Psychiatry, 51*(10), 1079-1095. doi:10.1111/j.1469-7610.2010.02271.x

McHenry, B., Sikorski, A. M., & McHenry, J. (2014). *A counselor's introduction to neuroscience*. New York: Routledge.

McNamee, C. M. (2005). Bilateral art: Integrating art therapy, family therapy, and neuroscience. *Contemporary Family Therapy: An International Journal, 27*(4), 545-557. doi:10.1007/s10591-005-8241-y

McNamee, C. M. (2006). Experiences with bilateral art: A retrospective study. *Art Therapy: Journal of the American Art Therapy Association, 23*(1), 7-13. doi:10.1080/07421656.2006.10129526

Meyer, K., & Damasio, A. (2009). Convergence and divergence in a neural architecture for recognition and memory. *Trends In Neurosciences, 32*(7), 376-382. doi:10.1016/j.tins.2009.04.002

Naff, K. (2014). A framework for treating cumulative trauma with art therapy. *Art Therapy: Journal of the American Art Therapy Association, 31*(2), 79-86.

Ogden, P., & Minton, K. (2000). Sensorimotor psychotherapy: One method for processing traumatic memory. *Traumatology, 6*(3), 149-173.

Pifalo, T. (2009). Mapping the maze: An art therapy intervention following disclosure of sexual abuse. *Art Therapy: Journal of the American Art Therapy Association, 26*(1), 12-18. doi:10.1080/07421656.2009.10129313

Rosal, M. (2001). Cognitive-behavioral art therapy. In J. A. Rubin (Ed.), *Approaches to Art Therapy* (2nd ed., pp. 210-225). New York: Brunner-Routledge.

Sarid, O., & Huss, E. (2010). Trauma and acute stress disorder: A comparison between cognitive behavioral intervention and art therapy. *The Arts in Psychotherapy, 37*(1), 8-12.

Sawyer, K. (2011). The cognitive neuroscience of creativity: A critical review. *Creativity Research Journal, 23*(2), 137-154. doi:10.1080/10400419.2011.571191

Schore, A. N. (2013). Relational trauma, brain development, and dissociation. In J. D. Ford & C. A. Courtois (Eds.), *Treating complex traumatic stress disorders in children and adolescents: Scientific foundations and therapeutic models* (pp. 3-23). New York: Guilford Press.

Steele, W., & Kuban, C. (2012). Using drawing in short-term trauma resolution. In C. A. Malchiodi (Ed.), *Handbook of Art Therapy* (2nd ed., pp. 162-174). New York: Guilford.

Talwar, S. (2007). Accessing traumatic memory through art making: An art therapy trauma protocol (ATTP). *The Arts in Psychotherapy, 34*(1), 22-35. doi:10.1016/j.aip.2006.09.001

Tyrka, A. R., Burgers, D. E., Philip, N. S., Price, L. H., & Carpenter, L. L. (2013). The neurobiological correlates of childhood adversity and implications for treatment. *Acta Psychiatrica Scandinavica, 128*(6), 434-447.

van der Kolk, B. A. (2006). Clinical implications of neuroscience research in PTSD. *Annals of the New York Academy of Sciences, 1071*, 277-293.

Zaidel, D. W. (2005). *Neuropsychology of art: Neurological, cognitive, and evolutionary perspectives*. New York: Psychology Press.

제4장 선결문제로서의 이미지: 미술치료를 활용한 아동의 전(前)언어기 외상치료

– 린다 간트, 탤리 트립(Linda Gantt and Tally Tripp)

편집자 주: 의학박사 루이스 티닌(Louis W. Tinnin)이 원저자이며 2014년 2월 21일 사망했다. 이 글은 그를 기억하기 위해 바친다.

이 장에서는 미술치료가 전(前)언어기의 외상치료에 얼마나 필수적인지 사례를 들어 설명하고 있다. 우리는 다른 외상성 사건들을 다루기 전 3세 이전에 처음으로 발생하여 처리되는 초기 외상의 중요성에 대해 논한다. 우리는 최근 신경생물학 연구가 미술치료와 같은 비언어적 접근 방식이 초기 발달상의 외상을 다루는 데 이상적으로 적합하다는 생각을 뒷받침한다고 믿는다. 우리의 사례 연구는 본능적 외상 반응(Instinctual Trauma Response) 이론을 기반으로 웨스트버지니아주 모건타운의 외래 환자 클리닉에서 린다 간트(Linda Gantt)과 루이스 티닌(Louise Tinnin)이 주도하는 외상치료 접근법인 집중 외상치료(Intensive Trauma Therapy: ITT) 모델의 치료를 활용하여 초기 외상치료가 얼마나 짧은 시간 안에 신속하고 효과적으로 처리될 수 있는지 보여 준다.

초기 외상치료의 간략한 역사

외상치료는 지난 30년 동안 엄청난 발전을 이룩했다. 1980년대까지만 해도 외상에 대해 이야기하는 것이 치유를 위한 유일한 통로였던 정화 경험(cathartic experience)을 만들 수 있는 최적의 치료로 여겨졌다. 이제 우리는 외상에 대해 이야기하는 것이 힘겨운 경험이 되거나 최악의 경우 다시 외상을 입힐 수 있다는 것을 깨달았다. 초기의 심각한 외상은 종종 감정과 연결할 수 없는 것을 포함하여 수많은 쇠약 증상들을 남기는 심각한 해리성 장애를 야기했다. '뇌의 10년'을 만들어 낸 1990년대부터 신경 영상 연구에 대한 접근성이 증가해 왔으며, 결과적으로 신경과학 연구는 정신적 외상에 대한 이해와 치료에 큰 영향을 주었다. 미술치료사로서의 우리의 업무에 중요한 것은 언어나 인식 대신 시각적 이미지 및 신체적 감각을 통해 외상 기억이 부호화되고 미해결된 외상 기억이 인지 기능을 심각하게 훼손시킨다는 관점을 폭넓게 받아들여야 한다는 점이다(van der Kolk, 2006, 2014). 신경과학 연구는 외상 기억을 바탕으로 작업할 때 '하향식'(인지) 접근법보다는 '상향식'(비언어적) 접근법의 유용성을 지지하는 설득력 있는 증거를 제공한다. 이것은 미술치료가 외상치료에 이상적인 치료법이고 특히 초기의 전언어기 외상치료에 도움이 된다는 우리의 오랜 믿음과 일치한다.

많은 현대 작가가 초기 아동기 외상의 지속적인 영향에 대해 기술해 왔다(Gaensbauer, 1995; Karr-Morse & Wiley, 1997; Lipsitt, 2012; Perry & Szalavitz, 2007; Terr, 1988, 1990). 외상 스펙트럼에서 신경과 의사인 로버트 스키어(Robert Scaer, 2005)는 병원의 분만에서부터 시작하여 현대 의학의 정신적 외상 및 전언어기 외상에 대해 전반적으로 설명한다. 전언어기 외상의 또 다른 형태로는 약물에 중독된 부모에 의해 방치되는 것(Burton, 1992), 가정 폭력을 목격하는 것(Bogat, DeJonghe, Levendosky, Davidson, & von Eye, 2006; Fantuzzo, Boruch, Beriama, Atkins, & Marcus, 1997), 또는 부모에 의한 성적 · 육체적 학대(Gale, Thompson, Moran, & Sack, 1988)가 있다.

20세기가 끝나갈 무렵, 뇌가 고통을 인식할 만큼 성숙하지 않다는 그릇된 가정이 출산, 포경 수술, 외과 수술과 관련된 조기 외상에 대해 올바르게 이해하지 못하도록 방해했다(Chamberlain, 1989). 유아와 아동은 육체적 고통을 알지 못하고, 그렇다 하더라도 외상을 입은 사건을 기억하지 못다는 가정이 널리 통용되었다. 오늘날까지도 많은 치료사가 초기 외상에 대해 규칙대로 평가하지 않고, 하물며 체계적으로 치료하지 못한다는 것은 말할 것도 없다. 하지만 우리는 외상 기억이 오랫동안 지속되고, 복원되며 "……지워지지 않는 형태의 학습"(p. 204)이라고 말하는 르두(LeDoux, 1996)의 말에 동의한다. 인간 두뇌의 구조는 만약 그들이 3세 이전에 두 반구가 소통 할 수 있도록 하는 뇌량에 골수가 채워지기 전에 외상이 발생한다면 특히 오래 지속된다(Tinnin & Gantt, 2014). 어린 시절의 부정적인 사건들(이를테면 성적 · 육체적 학대, 약물에 중독된 부모, 또는 가정 폭력을 목격하는 것)과 중년기 부정적인 건강 상태 사이에 강한 연관성을 보여 주는 아동기 부정적 경험(ACE) 연구는 잘 기록되어 왔다(Felitti et al., 1998). 초기 외상의 영향과 평생 동안 암묵적 기억이 심신에 어떤 영향을 미치는지를 이해하는 것은 우리가 외상치료법을 개선하는 데에 동기 부여가 될 것이다.

ITT 접근법의 기본적인 내용

ITT 클리닉과 부속 ITR 교육기관은 상담, 사회복지 및 심리학 분야뿐만 아니라 미술치료에 대한 석사 및 박사 과정의 교육과 훈련 과정을 제공한다. 치료 팀은 석사 수준의 치료사들로 구성되며, 각 내담자에게 배정되는 2~3명은 매일 7시간 동안 집중적으로 치료한다. 내담자들은 대개 5일에서 10일 동안 ITT에서 머무른다. 이 장에 서술된 여성의 경우, 치료 팀은 린다(첫 번째 저자이자 미술치료사)와 루(Lou)(정신과 의사), 그리고 몇몇 세션에 참여했던 다른 팀원들로 구성되었다. 탤리(두 번째 저자이며 미술치료사 및 사회복지사)는 이 내담자를 ITT 프로그램으로 이관했으며, 첫 번째 주의 모든 세션에 참여하고, 과정을 관찰하며, 전반적인 치료를 지원했다.

ITT는 다른 접근 방식에서 흔히 나타나는 것과 같이 미술치료를 보조치료로 사용하는 대신, 미술치료를 주요 치료 수단으로 간주한다. 또한 우리는 그러한 증상의 원인이 본능적 외상 반응에서 비롯된 것으로 확인될 때 외상 증상이 단순하게 감소되는 것이 아니라 제거될 수 있다고 과감하게 주장한다(다음 절 참조). 외상의 조각들을 특정 사건의 맥락으로 되돌려 놓는 이미지로 만들어 내는 것은 정신적 파편이라고 부르는 그 조각들이 침습하는 증상들을 만들어 내는 힘을 약화시킨다. 비록 우리의 사례가 매우 초기의 아동기에 초점을 맞추고 있지만, 여기서 설명하는 절차와 개념은 어떠한 외상치료에도 적용될 수 있다.

전언어기 외상치료에 대한 기본적인 내용은 다음과 같이 설명할 수 있다.

1. 전언어기 외상 기억은 비언어적인 정신 속에 저장된다. 이러한 비언어적 기억은 주로 우리가 '본능적 외상 반응(ITR)'이라고 부르는 동물적 생존 본능의 신체 경험으로 구성된다(다음의 ITR 절 참조). 이와 같이 진화적으로 획득한 생존 행동들은 파충류 및 포유류에게도 나타난다(Gazzaniga & Volpe, 1981; MacLean, 1990; Tinnin & Gantt,

2014). 인간의 두뇌를 고정화시키는 것은 외상 경험의 핵심이 외부의 인식과 의식적인 선택을 위한 능력 너머에서 일어난다는 것을 의미한다.

2. 전언어기 기억은 언어적 뇌 우위에 의한 인식으로부터 차단되고 언어적 탐색을 방해한다. 미술과 외재화 대화와 같은 비언어적인 수단은 내담자의 기억을 되살리지 않고도 그 기억에 접근할 수 있다. 이것은 전언어기 외상 경험을 회복하고 그것을 언어적 기억 속에 가두는 것을 가능하게 한다. 재통합된 외상 기억은 과거 시제로 변환하면서 폐기되며, 기억에서 연결된 정서적 각성은 더 이상 플래시백이나 다른 침입적 증상을 야기할 수 없도록 중화된다.
3. 비언어적인 정신 속에 외상 기억의 흔적은 서술적 구조를 갖추지 못하고, 그 결론 역시 마찬가지이다. 전언어기 외상 기억은 치료하지 않으면 평생 지속될 수 있다. 그것이 활성화될 경우, 외상의 흔적이나 암묵적 기억은 마치 현재 그것이 발생하는 것과 같은 생각이 들게 할 수 있다(플래시백). 미술치료는 전언어기 외상 기억을 되찾아 그것을 구두로 쓴 자서전에 결합시키는 수단을 제공한다. 내담자가 그래픽 내러티브(나중에 기술할 우리의 미술치료 기법)를 구축하는 것을 돕기 위해 미술치료사는 외상 사건에 필요한 구조와 선형 순서를 제공한다. 그래픽 내러티브가 표현되면 내담자는 그 사건이 진정한 과거의 사건이라는 것을 듣고 볼 수 있으며, 이는 더 이상 현재의 긴박한 상황으로 느껴지지 않는다. 우뇌의 피질과 피질 하부의 변연계의 수직 연결에 복원될 뿐만 아니라, 반구 내에서 소통의 통로가 마련된다. 우뇌의 무의식적 기억에 대한 좌뇌의 의무적인 거부 반응은 극복할 수 있다.

뇌 구조와 반구형 비대칭

현대 인간 두뇌의 구조는 바닥에서 꼭대기까지의 진화의 역사를 보여 주고 있고 좌/우 비대칭을 통해 언어에 특화되어 있다. 1960년대에 처음 만들어진 모델에서 맥린(MacLean)(1990)은 몇몇 사람에 의해 지나치게 단순하다고 비판받아 왔지만, 우리가 외상 경험을 두뇌에서 처리하는 기본적인 메커니즘을 이해하는 데 유용한 것임을 알게 된 '삼위일체 두뇌(triune brain)' 이론을 설명했다. 맥린에 따르면 삼위일체 두뇌는 신체의 중요한 기능과 항상성의 조절에 초점을 맞춘 파충류 뇌(본능적인 두뇌)와 애착과 공포 반응에 관련된 고(古)포유류의 뇌(변연계), 실행 기능, 분석, 외부 세계와의 상호작용과 관련된 신(新)포유류의 뇌(신피질)의 다양한 기능을 가지 세 개의 독립된 영역으로 구성된다. 정신의 다양한 영역 사이의 상호 연결과 외상과 관련된 구조의 역할을 이해하는 것은 외상치료사들에게 매우 중요하다. 1980년대 신경과학 연구의 또 다른 중요한 부분은 뇌의 반구 비대칭성에 대한 중요한 연구를 이루어 냈다는 것이다(Gazzaniga & Volpe, 1981; Geschwind & Galaburda, 1986; Sperry, 1985). 그러한 연구는 기원전 4세기경에 존재하던 가설인 인간 두뇌의 두 쪽이 다른 기능을 가지고 있다는 것을 확인시켜 주었다(Ornstein, 1997). 가령, 지겔(Siegel, 1999)에 따르면 우뇌는 두 반구 중 보다 전체론적이며, 감정 표현과 비언어적 · 육체적 처리 과정을 포함한 '체감각 시스템'과 연결되어 있는 반면, 좌뇌는 언어 처리와 서사 정보에 더 관련되어 있다. 외상에 대한 감정적 대(對) 인지적 반응을 볼 때 두 반구의 서로 다른 역할을 고려하는 것이 유용하지만, 예를 들어 좌/우 두뇌 차이에 대해 과도하게 일반화하는 것은 너무 단순화한 것일 수 있다(Ornstein, 1997; Siegel, 1999; Springer & Deutsch, 1993).

우리의 토론에서 특히 중요한 두 현대 이론가는 다니엘 지겔(Daniel Siegel, 소아 정신과 의사; 1995, 1996, 1999, 2001)과 앨런 쇼어(Allen Schore, 신경정신분석가; 1994, 1997, 2001, 2002, 2003, 2009)이다. 지겔은 명상, 애착과 두뇌 구조 형성의 개념을 결합한 다중 분할 분야인 대인관계 신경생물학을 발전시켜 대인관계 경험의 신경생물학적 토대 형성에 중요한 역할을 했다. 쇼어는 정서조절, 두뇌 발달 그리고 애착의 영향에 대해 광범위하게 글을 써 왔다. 특히 두 이론가 모두 초기 아동 발달기의 우뇌 기여를 강조한다는 점에 관심이 있다.

지겔(1999)은 정상적인 두뇌 기능들이 통합되어 있다고 강조하고 있다. "신경학적으로 온전한 사람들에게 양측의 활동은 독립적인 활동에 전체적으로 더 높은 수준 혹은 더 낮은 수준으로서 두뇌의 기능에 기여한다……."(p. 185) 그는 또한 사람들 사이에 "서로 협력적으로 혹은 대립적으로 상호작용하며, 엄격히 분리되어 있는" 반구의 상호작용을 다룰 수 있는 몇 가지 방법을 설명한다(p. 179). 그리고 외상후 스트레스 장애(PTSD)를 포함한 특정한 정신 질환의 원인이 되는 분리나 억제의 문제를 지적한다.

PTSD와 외상 진단

PTSD를 진단의 내용으로 포함시킴으로써 『정신질환의 진단 및 통계 편람 제3판(Diagnostic and Statistic Manual, 3rd ed.: DSM-III, 1980)』(American Psychiatric Association, 1980)은 생명을 위협하는 외부 사건이 정신질환을 야기할 수 있다는 것을 깨닫게 했다. 이러한 중대한 변화는 PTSD가 외부의 압도적 경험(외상의 스트레스 요인)에 대응하여 발달한 것임을 처음으로 가정한 것이며, 이러한 외상의 스트레스 요인에 대한 반응은 개인의 내재적인 약점을 나타내지는 않는다. PTSD는 원래 강간, 폭행, 혹은 자동차 사고와 같은 평범하고 심각한 사건의 결과로 설명되었다. 그러나 최근 몇 년 동안 PTSD는 더욱 광범위하게 개념화되었는데, 이는 대인관계에서 일어나는 폭력, 아동 학대, 방치와 같은 여러 번의 지속적인 외상성 사건들의 결과라는 것이다. 또한 PTSD에 대한 현대적인 이해는 실제로 외상성 질환으로 분류될 수 있는 것에 대해 보다 더 주관적이다. 이제 우리는 사람들이 외상성 사건에 대한 그들의 고유한 경험에 기초하여 주관적으로 반응할 것이며, 각각의 개인은 자신의 외상 역치 값을 가지고 있다고 가정한다. 원래 불안장애(DSM-IV)로 분류되었던 PTSD는 현재 외상으로부터 비롯된 모든 정신적 진단을 포함하는 외상성 질환과 스트레스성 질환(DSM-5)으로 간주되고 있다(American Psychiatric Association, 2013).

그다음 해에는 모든 종류의 외상에 대한 연구와 이론에서 특별한 소득이 있었다(Baldwin, 2013; Blaustein & Kinniburgh, 2010; Chapman, 2014; Courtois & Ford, 2013; Evans & Coccoma; 2014; Kendall-Tackett, 2014; Lieberman, Chu, Van Horn, & Harris, 2011; Scaer, 2014; van der Kolk, van der Hart, & Burbridge, 1995; Yehuda & McFarlane, 1995). 많은 연구가 이제 외상에 대한 생리학적 반응을 관찰한다. 21세기 자기공명영상(MRI)과 다른 신경 영상 연구들이 등장하면서 우리는 외상이 뇌와 몸에 미치는 영향에 대해 더 잘 이해하게 되었다. 캐나다의 과학자 루스 라니무스(Ruth Lanius)는 정신적 충격을 받은 개인들의 두뇌 영상 분야를 선도하고 있다(Lanius, Hopper, & Menon, 2003; Lanius et al., 2005; Lanius et al., 2001). 예를 들어 그녀의 MRI 연구 중 하나는 정신적 외상의 재발에 의해 유발되는 해리성 경험 시 두뇌에서 무슨 일이 일어나는지 보여 준다(Lanius et al., 2002).

이중 두뇌

티닌과 간트(2014)는 인간의 뇌와 동물 생존 메커니즘의 구조에 기초해 외상치료 이론을 정립했다. 이중 두뇌 이론(dual brain theory)은 인간의 뇌가 태어날 때부터 실제로는 두 개로 분리되어 그들 사이의 뇌량이 약 3세까지 그대로 남아 있다는 것에서부터 시작한다.

> 아이가 언어 구사 및 언어적 사고를 습득하게 되면, 지배적인 언어 정신은 전반적인 신체의 지배를 주장하고 실제적인 이중적 사고를 부인할 것이다. 하지만 우뇌는 전언어기의 기억을 지니고 있으며 면역 체계, 내분비계, 소화기 계통을 포함하여 점점 더 신체 내부의 중심 관리를 관장하게 된다. 언어적 사고방식은 '그것'으로 모든 것을 일축하는 동시에 '나'로서 세계와 소통한다(Tinnin & Gantt, 2014, p. 74).

쇼어(2009)가 설명하는 것처럼, 좌뇌가 지배하기 전 단계에 우뇌는 정서적 자아를 발달시키고 보호자와의 유대감을 형성하는 데 중요한 역할을 한다. 만약 영유아가 뇌량 전달 전에 외상을 겪은 경우, 우리는 둘 이상의 잠재적인 정신적 자아가 발달할 수 있다고 가정한다(Tinnin & Gantt, 2014). 또한 몇몇 저자는 두뇌의 기본적인 조직이 두 개의 주요한 기능적 구성요소를 가지고 있다고 설명한다. 영국 정신과 의사 마이어스(C. S. Myers, 1940)는 성격의 정상적인 부분과 정서적인 부분이 구분되어 있다는 점을 지적하고, 전쟁 신경증이 있는 병사들을 치료하면서 이들을 '분명한 이성적인 성격(ANP)'과 '정서적 성격(EP)'으로 묘사했다. 최근 이들은 스스로의 외상 안에 '갇혀' 있어 응집력 있는 서사 기억을 만들어 낼 수 없게 되는 지나치게 압도적인 감각 운동 효과를 경험하고 있는 것으로 알려졌다. 나아가 반 더 하트, 니엔하우스와 스틸(van der Hart, Nijenhuis, & Steele, 2006)이 ANP와 EP의 체계적 분리이론에 대한 아이디어를 확장시켰다. 그들은 정상적으로 기능하는 것처럼 보이는 성격의 ANP 부분이 외상 경험을 통합하는 데 실패했고, 이는 압도적인 외상 기억으로부터 근본적으로 분리되어 있다고 제안한다. 반면 EP는 외상성 기억을 보유하고 경험하며, 인식된 외부 위협으로부터 사람을 보호하기 위해 방어적이고 감정적으로 행동한다. EP가 ANP에 침입할 수 있고 그 체계를 범람시켜 기능을 방해할 수 있다(Nijenjuis, van der Hart, & Steele, 2004). 그러한 잠재적인 정신 체계에 중대한 영향을 미치는 것은 ITR로 인한 것일 수 있다.

본능적인 외상 반응

ITR은 압도적이고 생명을 위협하는 사건에 대한 보편적인 대응으로 여겨진다(Tinnin, Bills, & Gantt, 2002; Tinnin & Gantt, 2014). ITR의 근본적인 구성요소는 다음과 같다. 놀람, 전투 또는 탈출에 대한 좌절된 의도, 마비, 의식의 변화된 상태, 자동 복종(동물의 항복), 자가보상 시도가 그것이다. 사람은 잠재적으로 충격적인 상황에 직면할 수 있지만 공격자와 싸우거나 탈출에 성공할 경우 마비가 발생하지 않으며, 신체는 자연스럽게 교감신경계의 자극을 통해 투쟁/도피 반응을 일으킨다. 하지만 때때로 그 사람(혹은 동물)이 싸울 수 없거나 도피에 실패하는 경우 마비 반응은 생존을 위한 마지막 희망이다. 때때로 포식자는 얼어붙은 먹이에 흥미를 잃기도 하지만, 거기에는 대가가 따른다. 그 사람이 공격으로부터 살아남았다고 해도, 그 내부에는 적절하게 배출되거나 처리되지 않은 외상 기억과 두려움이 있을 수 있다. 사람이 두려운 상황에 대해 무력하게 되면 그 사람은 변화된 의식 상태에 빠지게 된다. 그러한 외상성 해리를 경험한 사람들은 외상 후 스트레스 장애(PTSD)를 경험할 가능성이 더 높다. ITR에서는 사건에 대한 명시적이고 내재된 기억은 해리되며, 조절장애, 이인증, 비현실감, 무감각 그리고 기억상실을 포함한 증상들이 발생하는 것이 통상의 반응이다.

이중 두뇌 이론에서 우리는 ITR이 능동적인 선택에 따른 전략이 아니라 진화적으로 획득한 생존 메커니즘이라는 것을 강조한다. 예를 들어, 한 개인이 성공적으로 공격자에게 몸을 숨기거나 다가오는 차를 피하기 위해 회피하는 것과 같이 외상을 피하기 위한 사고를 할 수 있다면 일시적인 충격을 받을 수도 있다. 그러나 이것이 PTSD를 유발할 가능성은 없다. 그러나 그 사람이 외상 스트레스 요인에 대해 교감신경계의 반응을 보이지 않거나 반응할 수 없다면, 신체는 자연스럽게 부교감신경 상태로 인한 마비에 빠지게 되고 나머지 ITR이 연속해서 나타난다. 압도적인 외상에 대한 반응으로 나타나는 해리는 일반적으로 방어 기제와 생명을 위협하는 사건에 대한 최후의 생존 반응으로 특징지어진다. 우리는 해리를 언어적 두뇌가 작동하지 않을 때 나타나는 두뇌의 처리 과정으로 보고 있으며, "처음 나타나는 해리 현상은 '심리적 충격'이나 높은 각성의 결과이다."(1999, p. 1853)라고 언급한 미어스(Meares)에 동의한다. 르두(1996)에 따르면 이 과정은 감각 피질을 통해 편도체로 이어지는 '높은 통로(high road)'보다 훨씬 빠르기 때문에 시상하부의 감각 입력에서 편도체로 이어지는 '낮은 통로(low road)'를 선호한다. 마찬가지로, 쇼어는 해리를 "수직적으로 결합된 정서적 우뇌의 통합적 능력의 손실"로 보고 있다(2009, p. 126).

우리는 언어에 대한 최근의 능력(즉, 인류 진화에 대한 최근의 것)이 티닌과 간트가 '4개의 사고(quadrune mind)'라고 일컫는 부분을 구성하는 좌뇌 두정엽의 브로카 영역(Broca's area)과 측두엽의 베르니케 영역(Wernicke's area)에 위치하고 있다고 제안한다(2014). 여기에는 "언어 의식이 가장 우선순위가 높고 최근에 습득한 부분으로서 포함된다." (Tinnin & Gantt, 2014, p. 22). 우뇌 신피질 부분과 유사한 구조가 아동이 사춘기가 되기 전에 좌뇌에 심각한 손상을 주는 것과 같은 특정 상황에서 언어를 발달시킬 수 있다는 것을 주목하는 것도 중요하다.

정신적 외상이 발생한 경우 언어 중추와 삼위일체 뇌(MacLean, 1990)는 그들이 진화한 역순으로 작동하지 않는다. 만약 누군가 잠재적인 외상에서 벗어날 수 있는 방법을 생각할 수 없다면, 동물적 본능이 이를 대체하는 것이다. 자율신경계는 큰 미주신경을 통해서 인체의 주요 기관을 연결시킨다. 포게스(Porges, 2011)의 미주신경다발 이론(polyvagal theory)에 따르면, 복부의 복합 미주신경체는 고차원적 기능인 사회적 연대 과정을 통제한다. 하지만 생명을 위협하는 상황은 이러한 기능을 방해하고 언어 중추를 무력화시킨다. 우뇌는 좌뇌보다 조직이 자극에 더 빠르게 반응하며(Buklina, 2005), 변연계의 투쟁/도피 본능을 자극한다. 이것은 교감신경계를 통해 매개된다. 그러나 투쟁/도피 본능이 제대로 작동하지 않을 때 부교감신경계(the dorsal vagal complex)가 작동하여 (Porges, 1995, 2011) 마비 혹은 쓰러지는 상태를 초래한다. 등 쪽의 복합 미주신경체는 신경계의 가장 원시적인 부분이다.

이중 두뇌 이론에 따른 외상 처리 과정

우리는 완전한 외상 치료를 위해 우뇌의 수직적 통합을 회복시키고 전면 피질에 새로 저장된 시각적 및 언어적 서술로 그 처리를 완료해야만 한다고 주장한다. 쇼어(2009)에 따르면 우뇌의 수직적 통합은 정서적 상태, 각성의 조절 및 지각 과정의 조정으로 이어지게 된다. 외상 처리 과정은 뇌 전체적으로 특정한 외상이 논란의 여지 없이 끝났다고 볼 수 있을 때 완결된 것이다.

기초 외상 우선 치료

기초 외상은 단지 전언어기에 일어나는 외상이 아니라 이후의 삶의 기초를 마련한다. 벽돌로 만들어진 집처럼 벽에서 야기되는 균열은 일상적으로 발생하는 문제(예: 증상)의 치료와 직결된다. 이러한 손상은 명확하게 식별할 수 있으며 상대적으로 치료가 쉬운 것처럼 보인다. 하지만 이는 실제로 기저에서부터 비롯된 것으로 '낮은 단계'에 있으며 보이지 않는다. 그래서 이는 초기 외상과 관련이 있다. 이러한 손상은 그 원인이 발견되지 않아 완전히 치료할 수 없다. 또한 일단 기초 외상을 치료하면 그다음 이어지는 것들을 처리하는 것이 더 쉬워진다.

기초 외상이 다루어질 수 있다는 것을 어떻게 알 수 있는가? 일반적으로 이러한 증상은 DSM의 이전 버전에서 경계성 인격장애 또는 회피성 인격장애와 같이 신경증이라고 불리었던 진단과 관련이 있는 것이다. 만성적인 불안, 감정의 폭발, 우울, 우유부단, 불안정한 기분, 대인관계의 어려움, 충동, 감정 조절 문제, 한 사람에 대한 집착과 증오, 허무함과 지루함, 실제 혹은 인지된 포기에 대한 극단적 반응, 자존감 부족 등과 같은 일생의 특징들이 기초 외상의 가능성을 암시한다. 경계성 인격장애에 관한 여러 가지 중요한 연구들은 이러한 질환을 앓고 있는 사람들이 아동기 외상의 병력을 갖고 있다는 동일한 결론에 도달한다(Herman, Perry, & van der Kolk, 1989; Ogata et al., 1990; Shearer, Peters, Quaytman, & Ogden, 1990; Westen, Ludolph, Misle, Ruffins, & Block, 1990; Zanarini et al., 2002). 선별 과정에서 출생 전 기간과 집안의 분위기에 대한 정보를 포함하여 철저한 외상 기록을 수집하는 것이 중요하다.

ITR모델 설명

우리 치료의 필수적인 구성요소는 그래픽 내러티브(Graphic Narrative: GN), GN의 표현, 외재화 대화(Externalized Narrative: ED)이다. 각각의 외상은 동일한 순서로 동일한 기술을 사용하여 치료된다. 일반적으로 내담자는 기초 외상으로 시작하여 시간 순서대로 외상을 다루게 된다.

그래픽 내러티브와 그 표현

GN은 ITR을 기반으로 한 구조화된 그림 시리즈이다. ITR은 우리가 주장하는 바와 같이 압도적인 외상에 대한 보편적인 반응을 포괄한다. 최소한의 그림은 다음과 같다. 각 ITR 구성요소(깜짝 놀라거나 좌절된 투쟁/도피의 의도, 의식의 변화된 상태, 자발적 복종, 자가 치료 시도)에 해당하는 장면과 전후 장면을 포함해야 한다. 각각의 그림에 신체의 느낌을 담는 것도 도움이 되지만, 내담자는 그러한 느낌에 초점을 맞추는 것만으로도 별도의 그림을 만들 수 있다. 위치 변경을 보여 주는 과도기의 그림, 사건의 환경을 보여 주는 지도 그림, 중요한 세부사항을 보여 주는 확대 그림과 같은 다른 그림들도 GN에 포함할 수 있다.

ITR을 외상 이야기 처리 과정의 개요로 사용하면 내담자는 플래시백과 다른 거슬리는 경험의 원재료가 되는 암묵적 기억을 포착할 수 있다. 스카어가 말하듯이, "……외상의 희생자는 실제로 변연계의 변덕과 뇌의 사고 기능을 주기적으로 차단하는 파충류 뇌에 지배된다."(2005, p. 270). 우리는 이러한 중단(혹은 유발)이 특정 사건의 단편임을 알아냈다. GN의 맥락에서 그 기억을 표현과 함께 철저히 처리하면 과도하게 거부감을 일으키는 것을 멈춘다.

GN은 ITR을 기반으로 한 것이기 때문에 구조뿐만 아니라 심리교육의 기회를 제공한다. 다양하게 변형된 형태가 있지만, DSM-5 기준에 해당하는 모든 외상 사건은 기본적인 ITR 구성요소를 포함할 것이다. 근본적으로 모든 구성요소는 비언어적이며 생명을 위협하는 사건(직간접적으로 경험한 사건)에 대한 신체의 반응에 기초한다.

치료 과정에서 표현을 통해 외상이 종결된다. 그룹 혹은 개별 세션에서 내담자가 그림에 대해 말하는 대부분의 미술치료 과정과 달리, 우리는 미술치료사가 내담자에게 표현에 담긴 이야기를 반복한다. 벽에 시간 순서대로 그림을 걸고, 미술치료사는 내담자가 그림을 그리는 과정에서 그것을 다시 설명했던 것과 같이 이야기를 한다. 중요한 것은 미술치료사가 어떤 해석이나 코멘트도 제공하지 않는다는 것이다. 어조, 속도, 반복과 같은 몇 가지 극적인 요소는 사용할 수 있다. 하지만 치료사의 임무는 그 이야기를 정말로 들었고 외상 사건이 실제로 끝났다는 것을 확인시켜 주면서 상세한 내용을 차례로 되돌려 주는 것이다.

외재화된 대화

GN이 완료되고 표현된 후에는 외재화 대화(ED)의 시간이다. 외재화 대화는 사람과 상상 속의 실체 사이의 정보 교환이 초점이라는 점에서 빈 의자의 게슈탈트 치료 과정(Perls, 1969)과 유사하다. 그러나 ED에서는 정보 교환의 참가자가 내담자의 일부이다. 반 더 콜크(van der Kolk)가 말한 것처럼, "그 일부는 그저 지나가는 감정적인 상태나 관습적인 사고방식이 아니라 자신의 역사, 능력, 필요 및 세계관을 지닌 별개의 정신 체계로 간주된다."(2014, p. 281). 내적 일부에 대한 개념은 융과 프로이트까지 거슬러 올라간다. 이 분야의 현대적인 전문가로는 리차드 슈왈츠(Richard Schwartz, 1995), 니엔하우스, 반 더 하트와 스틸(Steele, 2004)이 있다.

ED의 설정은 꽤 간단하며, 내담자의 연령과 선호도에 따라 몇 가지 유용한 형태로 변형 가능하다. 원래 우리는 내담자를 비디오카메라에 녹화하고, 다른 부분에 대한 응답을 하기 전에 녹화한 것을 다시 보는 비디오 대화 형식을 이용했다. 와이드 앵글에서 포커스로 시점을 변경함으로써 다시 보기는 내담자의 오래된 부분과 새로운 부분 사이에 극적인 대화의 장이 된다. 인형, 일부가 그려진 초상화, 조각들은 내담자의 실제 비디오 장면 대신에 사용될 수 있다. 녹화된 전체 대화를 보고 진행하게 함으로써 두 사람 간의 대화가 될 수 있다.

ED의 쓰기 버전은 휴대성이 뛰어나고 가르치기 쉽다. 종이와 두 가지 색 이상의 펜이나 잉크가 기본적인 준비물이다. 지침 또한 간단하다. 교대로 하고, 중단하지 말고, 완전한 문장을 사용하라. 처음 두 가지 지침은 매우 해리되어 있고 관심을 끌기 위해 서로 경쟁하는 다중 의식의 흐름이 있는 사람들에게는 꽤 어려울 수 있다. 내담자는 자신이 대화하고 싶은 상대방에 대해 초대장을 작성할 때 자주 사용하는 손을 사용하라는 요청을 받는다. 그런 다음 내담자는 상대방을 대신하여 응답하기 위해 손과 잉크 또는 마커의 색을 변경한다. 여기서 우리는 슈왈츠(1995)가 그의 내적 가족 체계(Internal Family System) 작업에서 하는 것처럼 '상대방(part)'의 개념을 사용하고 있다.

내담자가 쓰기 작업에 불편을 느끼고 잘 사용하지 않는 손을 사용하는 것이 극히 어려울 수 있지만, 처음에 부정적인 반응이 작업에 방해가 되어서는 안 된다. 사실 강한 반응은 종종 좋은 예후가 된다(그것이 처음에는 부정적으로 보일지라도). 내담자들은 두 반구로부터 신체의 반대 방향으로 손이 연결되어 있다는 것에 대해 듣게 되면 궁금해하는 경향이 있다(물론 뇌의 절반이 신체의 반대편을 온전히 통제하는 것은 어느 정도 취약한 부분도 있기 때문에 뇌의 한 부분만 통제하는 것만큼 간단하지 않다). 하지만 많은 내담자는 전혀 예상치 못했지만 완전히 새로이 알게 된, 현명하고 지지적이며 도전적인 자주 사용하지 않는 손의 필적 반응을 경험하고 놀랐다.

언어 중추에 대한 비언어 중추의 억제

약 3세쯤 되면 아이의 뇌량은 한 쪽에서 반대편으로 정보를 전송할 수 있는 수초를 발달시킨다. 일단 그것이 시작되면 한쪽 뇌(거의 항상 우반구)가 다른 쪽에 굴복해야 한다. 지겔(1999)은 다음과 같이 이야기했다.

> 비록 어떤 기능들이 각각의 반구에서 전문화된 것처럼 보이지만, 사고의 정상적인 기능은 양쪽 두뇌 사이의 '혼선(cross-talk)'을 포함한다. 반구 사이의 연결 조직에서 뇌의 양쪽에서 그에 상응하는(상동) 대뇌 중심의 상호 활성화와 **억제** 두 가지 모두 중요한 것처럼 보인다(pp. 178-179).

이러한 억제는 언어 중추가 뇌 전체를 장악하려 하는 상태를 초래한다. 그 결과 우반구의 비언어 중추에서 나오는 암묵적인 과정과 기억에 대한 접근이 불가능하게 된다. 하지만 우뇌는 말이 아닌 다른 방식으로 의사소통할 수 있는 능력을 지니고 있다. 많은 미술치료사가 내담자로부터 떠오르는 이미지에 대해 "그게 어디서 나온 것인지 모르겠어요!"라는 이야기를 들었다.

하지만 미술치료사들은 놀라운 물질의 기원에 대한 통찰력을 지니고 있다. 디넌에 따르면 "비언어적 사고는 주로 자율신경계를 통해 좌뇌의 언어 체계 검열을 우회하는 결과물을 얻을 수 있을 뿐만 아니라 운동과 상징적 표현의 결과물을 확보한다."(1990, p. 11). 게다가 "예술 기록물과 상설 전시물은 화가의 비언어적 메시지를 보여 주기 때문에, 예술가 본래의 감정적인 의사소통을 화가의 의식적 사고의 의무적인 검열이나 거부로부터 보호할 수 있다." (p. 12).

외상 후 회복을 위한 역량강화 모델

『영재 아동 드라마(The Drama of the Gifted Child)』(1979/1981)에 대한 그녀의 연구에서 앨리스 밀러(Alice Miller)는 어린 시절 학대받고 방치되었던 많은 성인과 이야기했다. 그녀가 쓴 많은 글은 사악한 교육학(이른바 계몽적인 양육이라는 명목으로 행해지는 사회의 아동 학대에 대한 그녀의 언어)의 정서적 학대를 묘사했다(1981/1984, 1980/1990a, 1988/1990b). 교육 분석을 받았음에도 불구하고 그녀 자신의 전언어기 외상에 대한 치료법은 오로지 그림과 작문에만 의존했다. 그녀의 아동기 그림(1985/1986)은 미술과 비언어적 표현의 힘을 이미 알고 있는 미술치료사뿐 아니라 한때 그런 적이 있었던 아이와 의사소통을 하고 이해하려는 사람들도 읽어 볼 필요가 있다. 밀러는 혹독한 배변 훈련을 받고 고생했던 경험을 이야기했다. "내가 33세 때 어머니는 내가 생후 5개월이었을 때 더 이상 기저귀에 소변을 보지 않게 되었다고 말했다."(1985/1986, p. 10) 밀러는 어떠한 코멘트나 제목 없이 자연스러운 총천연색의 66개 미술 작품이 담긴 매력적인 책을 통해 그녀의 이야기를 들려준다. 그녀는 독자들이 자신만의 발견을 하기를 원했다. 이것은 지금까지 우리에게 가장 잘 알려진 출판물로서 우리의 사례에서 설명하는 치료의 과정과 유사한 것이다.

그녀는 아이에 대한 시각을 옹호했기 때문에 프랑스 산부인과 의사인 르부야레(Leboyer, 1975/ 2009)가 제시한 부드러운 분만법에 관심이 있었다. 밀러는 생의 첫 순간의 외상에 대해 "이른바 까다롭고 '참을성이 없는' 아이들이 어른들에 의해 그러한 아이로 변한다. 이는 항상 부모에 의한 것만은 아니다. 많은 병원에서의 분만이나 산후 조리법은 종종 가장 첫 번째로 이 과정에 크게 기여하게 된다."라고 말했다(1988/1990b, p. 191). 자신의 직업에서의 기본 전제를 더 이상 지지할 수 없었던 밀러는 결국 두 정신분석 협회에서 사임했다. 그녀는 정신분석가들이 아이들을 위협과 정서적 지배로 통제하는 부모들과 어깨를 나란히 하고, 진정으로 그들의 정신적 고통을 목격한 사람은 아무도 남겨 두지 않는 사악한 교육학의 교리를 지지한다고 느꼈다.

밀러의 1인칭 시점의 설명은 쇼어(2009)가 설명하는 감정적 우뇌에 접근하는 것이 가능하다는 것을 생생하게 보여 준다. 그러한 접근을 통해 좌반구를 침묵시키거나 그림을 그림으로써 스스로 회복 작업의 많은 부분을 할 수 있게 한다. 밀러의 작업에서 그녀의 작품은 표현할 수 없는 것을 표현하기 위한 자원이자 강력한 수단이었다. 우리는 이것이 충격을 받은 여러 내담자에게 적용된다는 것을 알았다. 따라서 우리의 접근 방식은 공식적인 치료 세션을 뛰어넘는 역량강화 모델(empowerment model)과 같다.

사례

다음은 전언어기 외상 경험으로 외상이 구조화된 여성을 대상으로 미술치료 접근법을 이용해 집중 치료를 할 수 있었넌 사례이다. 이러한 외상치료를 시작하기 전에 내담자는 외상 후 스트레스를 겪은 과거에 대처하는 것을 매우 회피하였는데, 이는 PTSD 진단과 일치하는 행동이었다. 우리는 ITR 과정이 내담자가 두려워하는 외상의 소재를 적극적으로 드러내고 직면하며 성공적인 해결책을 찾는 데 도움이 되었다고 주장한다.

매력적이고 교양 있으며 전문직에 종사하는 여성인 킴(가명)은 우리가 그녀의 전언어기 외상에 대한 치료를 시작했을 때 37세였다. 그녀와 그녀의 전 치료사가 수년간 이어진 전통적인 방식의 심리치료에 더 이상 진전이 없다고 여기게 되자 미술치료를 위해 탤리에게 오게 되었다. 당시에 그녀의 치료사는 치료에서 만성적 내과 질환으로 오랜 휴식을 가졌는데, 그 결과 종종 사전 통보를 거의 받지 못했고 그것이 치료의 틀과 일관성에 부정적인 영향을 주었다. 킴은 치료사에게 크게 의존했기 때문에 그들의 관계에서의 물리적인 단절은 그녀를 극도로 불안정하게 만들었다. 궁극적으로 킴의 미술치료를 시작하게 된 것은 부분적으로는 한 번도 언급된 적이 없었던 전언어기 외상을 다루기 위한 것이며, 한편으로는 치료 관계의 불일치 때문이기도 했다.

킴은 자신의 감정을 탐색하고 표현하기 위해 효과적으로 미술치료법을 사용할 수 있기 전에 탤리와의 관계에 대한 신뢰를 쌓을 필요가 있었다. 처음에 킴은 안정감 있게 머무르고, 치유하며, 심리적인 기반을 유지하는 데 집중하는 대신에 매우 조심스럽고 적극적으로 세션 중에 작품을 만드는 것을 회피했다. 언어와 지성에 초점을 맞추는 것은 그녀가 비언어적인 표현의 영역에서 좀 더 취약함을 느꼈을 수도 있기 때문에 그와 편안하게 거리를 둘 수 있는 방법이었다. 발달상의 외상을 경험한 내담자들은 종종 정서 조절에 큰 어려움을 겪고 일관된 자의식을 발달시키지 못했을 수 있다. 세션에서 나타난 킴이 탤리와 관계를 맺는 능력은 매우 다양했다. 그녀는 탤리를 욕망의 대상으로 만들어 자아 상태를 측정하기 위해 탤리를 바라보았다. 예를 들어, 킴은 인지된 약간의 감정 조절 혹은 감정 조절의 결핍으로 인해 탤리의 '사랑'(아이처럼 탤리의 무릎에 앉길 바라거나 그녀와 함께 집에 가기를 바람)을 향한 압도적인 동경의 상태와 그녀를 향한 엄청난 분노와 실망 사이에서 갈팡질팡했다. 이 상태들은 언제라도 갑자기 발생할 수 있다. 탤리가 킴을 잠시라도 내려다보거나 외면하려 하면 킴은 이를 거부로 인식할 수 있다. 킴이 "뭘 찾고 있나요?" 혹은 "제가 갈 시간이 되었나요?"라고 묻는 것은 버림받는 것에 대한 두려움은 물론 관계에 대한 극도의 예민함과 양가감정을 보여 주는 것이다. 탤리는 모든 세션에 참여하기 위해 노력했는데, 이는 경험의 '바로 이 순간'으로 다니엘 스턴(Daniel Stern)이 단호하게 표현한 것이다(2004). 반면에 때때로 그녀가 실제로는 탤리의 아이가 아닌 성인 내담자라는 것을 킴에게 상기시킬 필요가 있었다. 그래서 탤리는 그녀의 집으로 가지 않았다.

아마도 관계에 대한 감정을 더 잘 조절하기 위한 시도로써 킴은 세션을 진행하며 '탤리가 무슨 생각을 하고 있는지' 알 수 있도록 탤리에게 구체적인 질문을 하곤 했다. 탤리가 그녀의 질문에 즉시 대답하지 않거나 개인적인 정보를 많이 드러냈을 때 킴은 어떻게 응답해야 할지 몰라 가만히 있거나 멍한 상태로 있곤 했으며, 단지 탤리의 눈을 통해 그녀 자신에 대해 더 알기 위한 언급 정도만 했다. 치료의 경계를 분명하게 조절하기가 어려웠다. 킴이 그녀에 대해 좀 더 알아내기 위한 노력으로 탤리를 검색했을 때 경계가 더욱 문제가 되었는데, 이로 인해 인터넷에 있는 그녀의 몇몇 개인 사진과 다른 정보가 유출되었다. 한편, 킴은 치료사에 대해 더 많이 알게 된 탐정처럼 검색한 것에 뿌듯해하면서, 동시에 욕망에 압도당해 탤리의 문 앞까지 두드리고 싶은 욕망을 느꼈음을 알게 되었을 때 상당히 부끄러웠다. 탤리와 어떤 종류의 특별한 관계를 맺으려는 킴의 시도는 부모 전이 문제에 기반을 둔 것처럼 보였으며, 이는 냉정한 어머니나 부적절한 아버지가 그녀에게 가장 영향력이 큰 롤모델이었기 때문이었다. 킴은 또한 탤리와 가까워지기 위해 자신의 지성을 사용했다. 그녀는 본인 사례의 양상에 대해 논의하기 위해서 외상 이론에 대한 여러 가지 서적과 노트를 가져와 큰 소리를 내며 열심히 읽었다. 그녀가 초기 세션에서 언어/좌뇌/방어에 집중한 것에는 두 가지 이유가 있었다. 우선 대인관계에 있어 불안감을 느껴 치료사에게 집중하거나 치료사가 그녀에게 기대하는 바를 알아낸다면 안정 거리를 유지할 수 있을 것으로 믿었고, 둘째로, 그녀는 견딜 수 없는 슬픔과 정신적 스트레스에 대해 지적 방어를 유지해야만 했다. 이것은 또한 그녀의 말 못할 슬픔이기도 했다.

킴은 초기 전언어기 외상을 경험했다고 상당히 확신하고 있지만 그녀의 기억은 주로 막연하고 불안한 신체 감각과 침투적 형상으로 구성되어 산만했다. 그녀는 빈번한 플래시백과 침투적 사고, 비인격화와 탈현실화의 느낌을 경험하고, 일상적인 것들에서 불안하고, 무섭고, 때로는 성적인 이미지를 본다고 말했다. 특히 충격적인 기억은 그녀가 그린 '엄마의 가랑이'라는 극적이고 검은색의 이미지에서 나온 것이다. 종이의 가운데에는 파스텔로 굵게 그어 세 갈래의 끝 부분이 종이의 모서리까지 닿아 있는 'Y'자가 있다. 'Y'의 양쪽은 좀 더 연하게 검정색을 칠해 여성의 성기와 다리 윗부분을 클로즈업해서 보는 듯한 암시를 주었다. 이 강력한 이미지는 자연스럽게 나타났고, 충격적인 출생 이야기를 나타내는 듯 보였으며, 이로 인해 초기 방치와 학대에 대한 고조된 감정을 촉발시켰다.

킴은 남자 형제 및 다른 아이들과 3세에서 5세 사이에 있었던 성행위뿐만 아니라 8세 때 십 대 남자 보모에 의한 성학대 사건을 분명히 기억하고 있었다. 보모와의 이 사건은 나중에 "음, 그건 네 잘못이 아니야."라고 말하며 킴에게 그냥 넘어가자고 하여 그 충격을 최소화시켰던 엄마를 통해 알게 되었다. 킴이 그녀를 통제하는 남자친구와 관계를 맺다 피해를 당했던 초기 성인 관계에서 추가적인 성적 외상이 발생했다.

킴의 부모는 근본주의적인 기독교 목사였다. 그녀의 가정 교육은 엄격했으며 뚜렷한 애정도 없었다. 킴은 특히 자기도취에 빠진 자기중심적인 어머니에게서 떠밀려 났으며 자신이 그녀에게 짐이 된다고 믿었다. 반면에 그녀의 아버지는 그녀를 밖으로 데리고 다니며 과시하거나 옷을 사 주고 성적 매력이 보이도록 행동하여 그녀를 당황스럽게 함으로써 그녀가 특별하지만 부적절하다고 느끼도록 했다. 부모가 둘 다 적합하지 않고 도움이 되지 않아 경계선이 너무 엄격하거나 느슨한 가정에서 자란 킴은 어린 시절의 대부분을 균형을 깨지 않고 함께 어울리려고 애쓰며 그 상태를 유지하려 했다. 가족에 대한 그녀의 경험을 설명하면서 한번은 이렇게 말했다. "나는 그들이 내게 기대하는 것에 부응함으로써 어울릴 수 있었어요. 나는 크고, 마르고, 똑똑해졌으며, 그들이 원하는 대로 하여 그들이 기대하는 것에 맞출 수 있었지요. 위장, 그것이 나의 첫 번째 언어예요. 이것이 내가 할 수 있는 최선이에요."

보고, 듣고, 검증되거나 위로받지 못했던 주제가 킴의 어린 시절 삶의 이야기 안에 스며 있었다. 예를 들어, 그녀는 4세 때 시금치 한 조각 때문에 숨이 막혀 죽을 뻔했던 충격적인 기억을 떠올렸다. 아버지가 그녀의 발뒤꿈치를 들고 그녀가 토할 때까지 강렬하게 흔들었고, 어머니는 그녀를 위로하거나 심지어 어떤 상황인지 설명조차 하지 않은 채 뒤로 물러나 있던 상황에서 먹고, 토하고, 통제되지 않는 불안감에 관한 그녀의 공포감은 수년간의 갈등으로 이어졌다.

킴은 자신과 다른 사람들 사이에 벽을 쌓음으로써 대처했다. 그녀는 어린 시절의 외상과 경직된 상태에 대해 풀리지 않은 감정으로 인해 부모님, 남자 형제와의 관계를 끊었다. 그녀는 욕구와 감정의 표현을 회피함으로써 사회적 상황에서 매우 불편했고 진정한 친구가 없었다. 치료를 시작할 당시에 킴은 그녀가 성적 관계를 가질 수 없었던 친절하지만 수동적인 남자와 5년 동안 결혼 생활을 했다. 흥미롭게도 이런 성적인 친밀감의 부족은 그들 중 어느 누구도 골칫거리로 여기지 않았다.

킴의 외모는 단정하고 세련된 반면, 마음은 극도로 불안하고 동요된 상태였다. 그녀는 기대와 구조가 분명했기 때문에 스트레스가 많은 직장에서 일할 수 있었지만, 치료법을 찾는 것은 구조적이지 않고 자기성찰이 요구되기 때문에 그녀에게 더 어려운 것으로 판명되었다. 치료 세션에서 킴은 바닥에 앉아 있는 것을 의자에 앉아 있는 것보다 더 좋아해서 아동 상태의 여러 세션을 그녀가 가장 편안해 보이는 바닥에 앉아 진행했다. 그녀는 무엇을 인지하고 있는지 또는 어떤 이론을 사용하고 있는지에 대해 논하려 하지 않았다. 아동 상태의 킴은 자신의 정체성에 대해 불확실했기 때문에, 탤리가 제공할 수 있는 어떤 것이든 도움이 될 것이라 믿었다. 탤리가 이론적 근거를 설명해 주거나 누군가가 킴에 대해 탤리가 어떻게 생각하고 있는지를 듣고 싶어 하는 킴의 소망을 완전히 충족시켜 주지 않았을 때 비로소 자아를 찾기 위한 작업이 시작되었다. 그 대신 탤리는 킴에게 그 과정에 대해 인내하고 호기심을 갖고 최종적으로 그 안에서 답을 찾아낼 것이라고 믿고 격려했다. 이러한 믿음은 더 많은 성인 자아 상태가 마침내 존재할 수 있는 방법을 찾아 그 과정을 진전시키기 위한 해답을 제공할 것이라는 가정에서 비롯되었다.

초기 미술작품: 얼룩지고, 원시적이며, 비정형적임

킴의 초기 미술치료는 재료를 가지고 실험하고 모르는 과정을 다루는 것으로 구성되었다. 아동의 미술작품과 같이 대부분의 킴의 초기 표현 작품들은 여러 가지 색의 층과 구분할 수 없는 형태가 혼재되고 번져 있는 추상적인 그림으로 나타났다. 얼룩짐은 퇴행적인 상태에서 이루어졌고 킴은 종종 종이에 자신이 선호하는 중간 단계의 초크 파스텔로 층을 만들면서 해리된 것처럼 보였다. 이 작품을 만드는 과정은 그녀에게 어느 정도 기쁨을 주는 듯 보였고, 그 표현으로 종종 지저분한 손, 지문, 초크 먼지를 사방에 남겼다.

집중 외상치료 준비

킴은 미술 심리치료에서 일주일에 한두 번 탤리를 보았는데, 탤리를 향한 의존도와 감정의 변화가 지속되고 있음에도 불구하고 결국 퇴행적인 아동 상태에서 청소년 또는 성인의 상태로 나아갔다.

주디스 허먼(Judith Herman)의 획기적인 책 『외상과 회복(Trauma and Recovery)』(1992)은 순차적 외상치료의 모델이 된 3단계 모델 "안전, 회상과 애도(외상치료), 재연결"을 간략히 소개한다(p. 156). 탤리와 킴은 확고한 경계와 일관성이 동시에 존재하여 신뢰 가능한 치료적 관계를 발전시키는 극도로 어려운 작업에서 허먼의 중요한 1단계 치료 목표 몇 가지를 달성했다. 탤리는 때로는 차갑고 소원한 어머니로, 때로는 부적절하고 요구만 하는 아버지로 인식되는 민감한 전이 과정을 겪었다. 특히 수년간 발달 외상에 관한 작업을 하는 것은 킴의 많은 기억이 명확한 언어적 기억이 없는 묵시적 기억이기 때문에 확실한 기초를 필요로 했다. 점차 탤리는 킴이 좀 더 호기심을 갖고 성인의 자세를 찾을 수 있도록 도왔고 그녀의 숨겨진 감정적 삶에 접근할 수 있도록 하기 위해 내면을 볼 수 있게 해 주었다.

실험적 기초를 둔 미술치료가 궁극적으로 이런 과정을 용이하게 했다. 작품 만들기에 점점 표현력이 생기자, 킴은 그녀의 인생의 다른 부분에서는 얻을 수 없는 자유와 기쁨을 발견했다. 이 시기에 킴은 미술 수업을 듣기 시작했고, 근친상간 생존자(Survivor of Incest) 지원 단체에 참가하였다. 하지만 그녀의 삶에서 가장 큰 변화는 탤리가 보다 집중적인 외상치료를 추천하기 바로 몇 달 전에 일어났다. 킴은 압박이 심한 정규직을 그만두고 전문적인 개 산책 업자로서의 일을 찾았다. 이는 상당한 소득 감소와 함께 그녀의 생활 방식에 상당한 변화가 생겼다는 것을 의미했다. 탤리의 초기 만류에도 불구하고, 이는 킴의 판단이 옳았음을 증명하였다. 그녀와 동물들 사이에 발전시킬 수 있었던 관계는 압도적으로 긍정적이었다. 그들의 충성심과 사랑은 무조건적이었다. 게다가 그녀는 '변연계 조절'의 형태로 동물들과 관계를 맺었다. 이는 루이스(Lewis) 등에 의해 만들어진 용어로, 반려동물과 주인이 서로의 감정적 신호를 읽고 서로를 편안하게 해 주고 심지어 상대방의 생리마저 조절함으로써 서로의 삶을 유지해 주는 방식을 말한다(Lewis, Amini, & Lannon, 2000, p. 98). 이 이론은 또한 킴이 동물들의 비디오 클립을 가져와 반려동물과 그녀의 행복한 상호작용과 감정적인 교감을 경험하는 능력을 탤리에게 보여 주는 행동에 대한 연구에서도 입증되었다. 동영상을 공유하는 것은 킴이 새로운 일에 멋지게 적응한 것처럼 보이게 했다.

이 시점에서 탤리는 킴이 2단계 외상치료를 시작하고 그녀의 대인관계 노력의 핵심이었던 초기 문제들을 다룰 준비가 되어 있다는 것을 느꼈다. 탤리의 외상 강의를 위한 훈련 클리닉인 대학 미술치료 클리닉에서 강의를 하고 있는 린다와 루는 학습 사례로 킴을 관찰하는 것에 동의했다. 그녀의 과거를 근거로, 이 세 사람은 모두 킴이 집중 외상치료를 위한 이상적인 후보일지도 모른다고 느꼈다.

평가 과정

탤리는 킴의 의료, 가족, 치료 이력을 제공했다. 킴에게는 ITT에서 요구한 다음과 같은 지필 평가를 실시했다.

- 토론토 감정표현불능증 척도(Toronto Alexithymia Scale: TAS)
- 사건 영향 척도(Impact of Event Scale: IES)
- 45가지 증상 점검 목록(Symptom Check List 45: SCL-45)
- 해리성 경험 척도(Dissociative Experiences Scale: DES)
- 외상 회복 척도(Trauma Recovery Scale: TRS)
- 해리성 회귀 척도(Dissociative Regression Scale: DRS)

이러한 평가는 외상 프로파일을 확정하는 데 사용된다. 이 평가에 대한 출판 정보와 간략한 설명은 이 장의 끝에 수록되어 있다.

해리성 회귀 척도

외상 프로파일은 초기 검사 및 1주, 3개월, 6개월 단위로 사후 치료를 위해 관리한다. DRS는 치료 전 검사에서 가장 중요한 것인데, 이는 사람이 외상치료를 시작할 수 있는 경우에 손상되어서는 안 되는 기본적인 자아 기능을 평가하기 때문이다. 만약 의뢰인이 해리성 회귀(예: 시간 감각 장애가 있거나 의지력에 어려움을 겪는 경우)가 있다면, ITT는 회귀가 번복될 때까지 치료를 연기하도록 요구한다. ITT에는 이러한 일시적인 문제를 해결하는 데 효과적인 반(反)회귀 요법이 있다. 잠재적 내담자가 해리성 회귀를 겪지 않도록 하는 것은 허만(1992)의 1단계 외상치료와 유사하다.

ITT 방법을 이용한 임상치료

초기 ITT 세션에서 우리는 린다가 세션을 주도하고 루와 탤리의 지원하에 킴의 GN을 탐색하기 위해 그녀와 하루 종일 작업했다. 이번 세션은 킴이 10일간의 ITT 집중치료 프로그램의 도움을 크게 받을 것이라는 우리의 믿음을 굳건히 해 주었다. 대학 클리닉에서의 이 세션은 첫째 날의 집중적인 치료를 통해서 진행된 세션의 방식대로 진행했다. 탤리가 이미 그녀에게 ITT 프로그램에 대한 기본적인 자료를 제공했기 때문에, 킴은 그녀의 탄생 당시 외상을 다시 접했을 때의 집중적인 외상치료 경험에 대해 잘 준비되어 있었다.

킴의 그래픽 내러티브(GN)

이 세션을 시작하기 위해 루는 정상적인 자연분만에 대해 설명하면서 킴에게 ITR의 구성요소에 대한 유인물을 보여 주었다. 그런 다음 킴은 출산, 탄생, 분만 그리고 인간 의식의 첫 번째 순간인 탄생의 상황에 GN을 맞추기 위해 그림을 수정했다. 비록 킴이 실제로 그녀의 탄생에 대한 명백한 사건을 기억하고 있다고 주장하는 것은 아니지만, 우리는 출산이 모든 사람에게, 특히 애착이 부족한 개인에게 최초의 외상 경험이라고 믿는다. 우리는 GN을 통해 탄생 이야기를 검토하는 것이 필요하다고 주장한다. GN에서 내담자는 부모에 대해 알고 있는 것, 환경, 태어난 곳에 대한 설정을 이용하여 탄생의 경험을 상상하도록 유도된다. 킴의 그림은 12″×18″사이즈의 별도 종이에 나타나는 외상 반응의 각 구성요소를 보여 준다. 이 시리즈는 무대를 설정하기 위한 전(前) 그림과 이벤트가 끝났다는 것을 완전히 보여 주기 위한 후(後) 그림으로 시작한다. 각 페이지에 몸의 느낌, 생각, 감정을 넣으면 GN이 완성된다.

킴은 '어머니의 가랑이'라는 자신의 그림을 시리즈에 삽입했다. 킴은 이를 어머니와 분화되지 않은 신생아 시절 자신의 모습을 그대로 반영하는 것으로 믿었던 '끔찍하고 무서운 이미지'라고 설명했다. 킴의 그림은 추상적이지만 어머니의 출산에 대한 압박감을 느끼는 그녀의 주관적인 경험을 묘사하는 데는 아주 효과적이었다. ITT 접근법의 구조는 다소 질서 있게 사건을 그릴 수 있는 방법을 제공한 듯했는데, 이는 너무 압도당하고 혼란스러워 그녀가 이전에 설명하지 못했던 산만한 이야기와는 너무도 다른 것이었다.

킴의 표현에 대한 반응: 나는 분홍색이야, 검정색이 아니야

킴이 GN을 완성한 뒤에 우리는 표현을 준비하기 위해 차례대로 벽에 그림을 붙였다. 옆에 서 있던 린다가 이 과정을 설명하자 킴은 "당신은 방금 제 어머니가 되었어요!"라고 말하면서 그녀를 멈추게 했다. 린다가 서 있는 상태로 가르치려 한 것이 그녀의 부정적인 반응을 불러일으킨 것으로 확인되었다. 다행히도 킴은 표현을 하는 동안 린다가 앉아 있는 것에 동의하여 린다를 치료사 역할로 다시 돌아오게 했다.

린다는 킴의 그림에 대한 코멘트를 최대한 많이 인용해 '앞으로 다가올 킴에 대한' 이야기를 했다. 외상 이야기의 전형적인 ITR 과정에서 몇 가지 이야기는 제외시켰다. 즉, 치료 준비 중인 사건에 대한 내담자의의 일반적인 설명, 유도된 이미지(선택사항) 및 GN의 그림이 바로 그것이다. 치료사의 일은 가능한 한 내담자의 소재에 가깝게 있으면서도 ITR의 요소, 특히 신체에 동반하는 신체 감각의 비언어적 측면을 이야기에 결합시키는 것이다. 표현을 하는 도중 킴은 가장 어두운 그림 중 하나를 가리키며 이렇게 힘주어 말했다. "이게 바로 저예요! 어머니의 눈을 통해 제 모습을 보는 것이 아니라 어머니를 바라보는 것이었어요. 그게 바로 저예요!" 그녀는 검은색 그림이 사실을 반영한 그녀의 모습이 아니라 그녀의 어머니의 모습이라는 매우 중요한 사실을 깨닫게 되었다. 순식간에 자신에 대한 킴의 근본적인 추측이 바뀌기 시작했다. 그녀는 자신이 어떠한 과정을 통해 악의 없이 잠재력 있고 순수한 '분홍색'의 아기로 세상에 태어나게 되었는지를 처음으로 보았다.

외재화 대화

GN과 표현 이후 킴은 자필로 쓴 ED를 만들라는 지시를 받았다. 다음은 그녀가 지배적인(DH) 손과 비지배적인(N-DH) 손 사이에서 나눈 대화이다.

DH: 안녕, 신생아 킴. 오늘 네 이야기를 듣고 네가 본 것을 보았어.
N-DH: 나는 분홍색을 좋아해.
DH: 나오기 전에 그 안에 더 많은 것이 있었니?
N-DH: 나는 분홍색을 띠고 있었고, 어디에나 있었어.
DH: 네가 태어난 곳 뒤에는 더 많은 지문이 있었어. 너에게도 그게 전부니?
N-DH: 응, 난 손가락이 있어.
[그녀가 ED를 수행하고 있다는 약간의 지도와 확인을 받은 후에 킴은 '괜찮다.'며 대화를 재개했다.]
DH: 다시 반가워 신생아 킴. 우리가 서로 더 잘 볼 수 있도록 계속 너에게 글을 쓸 거야.
N-DH: 좋아.

킴의 ITT 과정에 대한 긍정적인(그리고 즉각적으로 보이는) 반응은 좋은 결과를 낳았다. 그녀는 자신이 악하고 상처받았다는 생각이 자아 감각에서가 아니라 개인의 외상 이력을 요약하고 그것이 나타날 무대를 설정하는 주제에 대한 어머니의 투사에서 비롯된 것임을 알았다.

ITT 클리닉의 집중치료

약 6개월 후, 킴은 웨스트버지니아주 모건타운에 있는 ITT 클리닉에서 2주간의 집중 외상치료에 참여하는 데 동의했다. 목표는 킴이 외래치료에서 다루기 시작한 문제들에 대해 연구하고, 그녀의 전언어기 외상 경험에 대한 더 많은 정보를 얻는 것이었다. ITT 방법에 대한 훈련의 일환으로, 탤리는 첫 주 동안 킴의 치료를 지원했다.

혹멧돼지 인형과의 외재화된 대화

우리는 킴에게 ED 과정에서 사용하기 위해 ITT의 놀이방에 많이 있는 동물 인형이나 꼭두각시 인형 몇 개를 선택하도록 부탁했다. 킴은 대학 클리닉의 초기 세션에서 자신의 동물 인형을 사용했는데, 그래서 우리는 꼭두각시 인형이 부분적인 자기 자신의 모습을 투영하는 데 도움이 될 것이라 생각했다. 킴은 즉시 '아주 못생겼지만 귀여운' 혹멧돼지 인형(Warthog)을 보았다. 물론 그녀는 다른 인형도 사용하였지만, 그녀가 가장 좋아하는 것은 혹멧돼지 인형이었다. 우리는 혹멧돼지 인형이 킴의 전언어기의 자신을 분명하게 표현한 대상이라는 사실을 이해하게 되었다.

그녀의 ED들에서 킴은 정교한 집중과 정서적 강렬함을 보여 주었다. 그녀는 테이블 앞에 묶음 종이를 놓고, 그녀의 무릎 위에 혹멧돼지 인형을 두어 서로 눈을 마주칠 수 있게 했다. ED에 대한 초기 지침과 그녀가 막혔을 때 종종 몇 번의 지도를 하는 것 외에도, 치료사들은 세션에서 '깨우친 증인'의 역할을 하는 대신 별 말을 하지 않았다(Miller, 1988/ 1990b).

[그림 4-1]은 첫 번째 대화의 시작을 보여 준다. 그것은 어린아이가 새로운 어른에게 자신의 모습을 보여 주는 것을 연상시키는 만남(meet-and-greet)이다. 킴의 발언("나는 어제 당신이 느낀 감정을 느꼈고 거기에는 모든 것이 포함되어 있으며 나쁘다는 것을 알고 있어요.")은 바로 전날 진행된 전언어기 외상을 말하는 것이다. [그림 4-2]에서 [그림 4-11]까지는 대화 과정에서 만들어진 것이다.

혹멧돼지 인형의 반응을 구체적으로 더 정확히 파악하려고 시도하는 것은 솔깃한 일이다(마치 누군가가 밀러의 수채화 작품으로 하고 싶은 것처럼). 그러나 우리는 가장 중요한 것은 뇌의 두 반구 간 소통이라고 주장한다. 이는 세션 내에서 전언어기 경험이 표현되고 반응할 수 있게 해 주기 때문이다. 밀러는 '거의 자폐에 가까운' 내면의 아이와 소통하는 것에 대한 논의에서 "저는 그녀(내면의 아이)가 전에 한 번도 가져 보지 못한 것, 즉 그녀를 진부하게 지배하고 창의력을 파괴하는 대신에 그녀가 말하는 것을 진지하게 받아들이는 성인으로서 지지적인 존재가 되겠습니다."라고 언급했다(Miller, 1985/1986, p. 17). 우리의 접근법에서는 치료사와 내담자 사이의 상호작용에 대한 강조가 덜하지만, 우리는 치유를 촉진하는 것으로 보이는 우뇌의 비언어적 소통과 싸우기 위한 암시적인 우뇌의 중요성을 강조했다. 킴에게는 자신을 진지하게 바라보는 성인들을 목격하

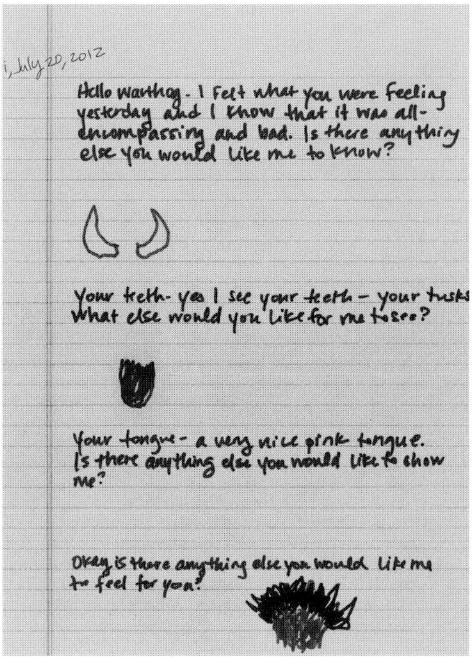

[그림 4-1] '안녕 혹멧돼지 인형'

[그림 4-2] '두려움과 혼동'

[그림 4-3] '말도 안 돼'

[그림 4-4] '울부짖는 입'

[그림 4-5] ‘어때 보이니?’

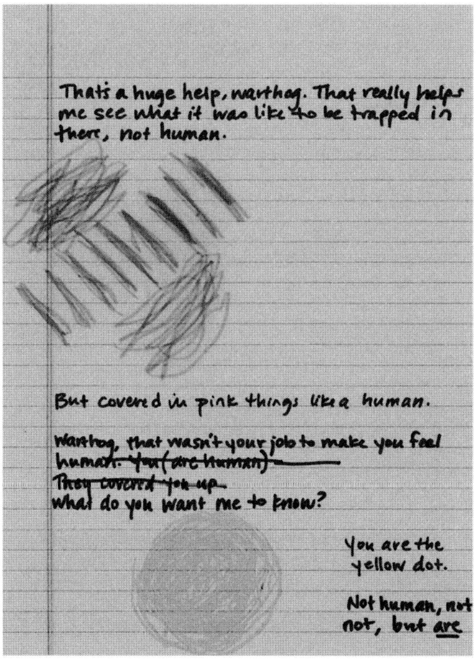

[그림 4-6] ‘큰 도움이 되었어, 혹멧돼지 인형’

[그림 4-7] '네가 포함되어 있어!'

[그림 4-8] '나를 보여 줘서 고마워'

[그림 4-9] '나에게 말해 주는 것을 듣는다'

[그림 4-10] '부적절한 감정이 네가 되어 너는 갈 곳이 없다'

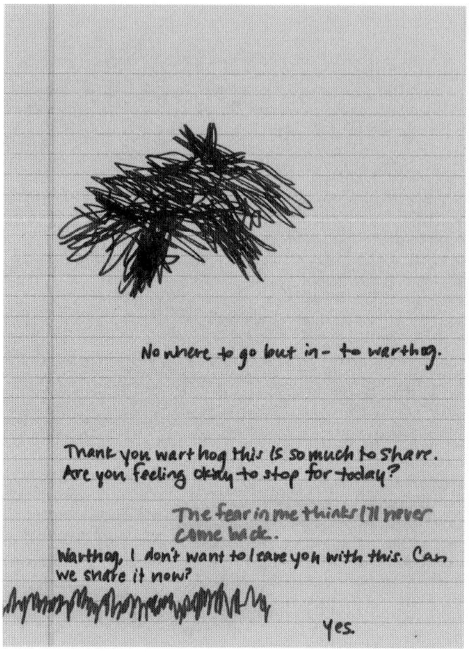

[그림 4-11] '고마워 혹멧돼지 인형, 이건 정말 공유하고 싶어!'

고 동시에 자신의 역할을 할 수 있는 성인의 자아 상태를 발견할 수 있게 도와주는 것이 필요했다.

ITT경험에 대한 킴의 대응

GN 과정을 이용해 킴은 여러 초기 외상에 대해 다루었으나 2주간의 집중 프로그램에서 다룬 대부분의 작업은 ED들이었다. 킴은 이 프로그램을 성공적으로 마쳤으며, 텔리와 함께 외래치료를 계속했다. 웨스트버지니아에서의 경험은 킴이 자신을 보는 시각과 자신의 내적인 과정 및 비언어적 경험을 믿는 방식에 있어 엄청난 변화를 촉진했다. 치료 후 인터뷰에서 GN을 설명하면서 킴은 다음과 같이 언급했다. "GN은 제가 외상을 바라볼 수 있게 해 줘요.…… 전에는 외상이 단지 어디에 있는지도, 어디에서부터 비롯되었는지도 모른 채 나에게 혼란과 혼동을 주었어요. GN은 저의 기저에 있는 갈등(fault line)을 진정시켰습니다." 그녀는 집중치료를 받기 전에는 그러한 갈등으로 '실패'를 겪게 될 것이라 여겼다고 덧붙였다. 이것은 기초 외상을 치료하는 아름다운 설명이었다.

킴은 탤리와 함께 한 외래치료에서 크게 진전을 보였다. ITT 후 그녀는 남편과의 의존적 관계를 포기했는데, 그녀가 돌아왔을 때 남편이 그녀의 말을 듣지 않을 것을 알았고, 남편이 그녀의 초기 외상에 대해 믿을 수 없었다고 말했기 때문이었다. 킴은 그녀를 이해하고 그녀의 이야기를 믿는 사람들과 함께 있을 필요가 있다고 결정했다. 킴은 기초 외상에 대한 집중치료를 받지 않았다면 분명히 그렇게 빨리 일어나지 않았을 자아 인식의 새로운 힘을 발견했다.

혹멧돼지 꼭두각시 인형은 킴에게 그녀를 불안정하지 않게 하면서 그녀를 치유하고 돕기 위한 중요한 정보를 주었다. 심지어 남편과의 일상적인 관계 없이도 킴은 눈에 띄게 강해졌고, 더욱 기능을 잘 하였으며, 쉽게 반응하지 않았다. 결국 그녀는 사람들과 친분을 쌓았고 교회와 다른 활동을 통해 새로운 공동체를 찾았다. 불안감이 계속해서 나타났다 사라지고 있음에도 불구하고, 그녀는 '준비가 되었다.'고 느꼈고, 혼자 사는 것이 그녀가 생각했던 것만큼 '두렵지 않다.'고 믿었다.

킴은 미술치료 과정과 ITT에서의 경험을 묘사하면서 다음과 같이 말했다.

> 경험은 내담자 내부에서부터 비롯됩니다. 미술은 종이 위에 언어를 만들어 내고 그것을 이해할 수 있게 합니다. 제가 그렇게 하면, 말이 되는 뭔가가 됩니다. 저는 이야기를 할 수 있습니다. 그래서 이 과정을 통해 그림에 투영된 정보에 접근할 수 있으며, 그런 다음 그것은 실제가 됩니다. 혹멧돼지 인형—그녀는 뭔가 의미 있는 낙서를 많이 표현했다—제 왼손과 혹멧돼지 인형은 말이 없었습니다.

사례에 대한 후속 조치: 2년 후

ITT경험이 끝난 지 2년이 지난 지금, 킴은 외래 치료를 통해 탤리와 계속해서 치료를 받고 있다. 혹멧돼지 인형은 처음에는 때때로 치료 세션에 참여하며 킴과 함께 그녀의 아파트로 동행하였지만, 이제는 더 이상 이 꼭두각시 인형이 필요하지 않다. 킴은 개 산책시키기 일을 계속하고 있으며 일일 반려견 돌봄 센터의 직원으로 승진되었다. 그녀는 의미 있는 친분을 쌓아 왔고 여전히 동물 및 그들의 주인과 함께 일하는 것을 좋아한다.

킴에게 많은 변화가 있었다. 그녀는 이제 훨씬 더 어른답게 산다. 처음에 두려움이 많았고 방어적이며 탤리에게 너무 의존하던 킴의 경직되고, 불안하고, 입을 굳게 다물고 있는 상태가 현재로서는 거의 나타나지 않는다. 오늘날 킴은 훨씬 더 개방적이고 회복력이 빠르다. 그녀는 점점 유연해지고, 관계를 관리할 수 있게 되고, 자신감을 갖게 되었으며, 1년 동안 남편과의 별거 후 관계를 재개하여 서로에 대한 친밀감과 신뢰를 쌓아 왔다. 명백히 성인이 된 상태에서 킴은 결혼 생활에서 어떤 일이 일어나는지에 대해 언급하지 않고 자신의 외상에 대한 기초적인 문제에 집중하는 개인적인 치료를 계속하고 싶기 때문에 부부의 문제는 별개로 하는 것이 더 좋다고 말했다. 그녀는 초기 외상을 발견하고 해결하는 것에 집중하고 있는 것으로 보이며, 이는 타당한 것 같다. 또한 그녀는 그녀가 남편을 고려하지 않기 시작한 문제들에 대해 결코 진정으로 이해하지 못할 수도 있다는 사실을 알고 있는 듯하다. 그녀는 일단 전언어기 외상이 해결된다면, 그것이 기억을 통합하는 것을 의미하든 아니면 단지 과거에 이미 지나간 일이라는 사실만 이해하는 것을 의미하든, 남편과의 관계도 나아질 것이라 믿었다.

치료 과정에서 킴과 텔리는 GN과 외재화 대화를 비롯한 2단계 외상치료법을 사용하여 초기 외상을 적극적으로 치료하고 있다. 초기 경험을 돌이켜 볼 때마다 새로운 신경 연결이 이루어지고 킴의 회복력과 자존감이 강화되는 듯하다. 킴은 새로워진 헌신과 용기로 이 치료 단계에 도달했다. 그녀는 초기의 외상들에 대해 호기심이 있고 기꺼이 이러한 문제들을 직접적으로 다루려 한다. 그녀는 최근에 이런 전언어기 경험들의 이면에 있는 모든 진실을 알게 될지 확신할 수 없지만, 자신의 이야기가 목격되었다는 것을 알고 있는 완전한 사람으로서 삶을 살 수 있을 것 같다고 말했다. 그녀가 이미지와 기억을 종합하면서 그 경험이 과거에 그랬던 것처럼 위협적이거나 불안정하지 않다는 것을 알게 된 것은 놀라운 일이다. 킴은 더 강해지고 현실감이 생겼다. 그녀는 이제 텔리의 확신이 훨씬 덜 필요하고, 더 이상 바닥에 앉아 있지 않으며, 텔리가 그녀에 대해 어떻게 생각하는지에 대해 거의 확인하지 않는다.

논의

외상 연구자는 외상적 기억이 주로 좌뇌의 분석적 '사고 두뇌'에 대한 접근이 부족한 비언어적 우뇌에 저장되어 있다는 것에 동의한다(Courtois & Ford, 2013; Schore, 2009; van der Kolk, 2003, 2006). 우리는 표현치료가 이런 암묵적 기억들에 접근할 수 있고 사고와 구두 표현에 의존하지 않기 때문에 외상과 관련된 질환에 대한 치료법이라고 믿는다(Gantt & Tinnin, 2009; Tripp, 2007). 미술치료는 전통적인 언어적 정신역동 심리치료에 내재하는 어려움들을 우회할 수 있는데, 미술작품을 만드는 과정에서 주안점을 두는 것은 주로 관계에 초점을 맞추는 것보다는 만들어 낸 이미지와 은유에 집중하게 하는 것이다. 외상의 생존자들은 드러날 수 있는 강렬한 범위의 감정에 의해 통제되지 못하는 것을 두려워하고, 어떤 친밀한 관계도 불신하기 때문에 종종 외상치료에 관여하는 것에 저항한다. 미술치료는 이러한 어려운 감정들을 안전하게 억제할 수 있는 공간을 제공할 수 있다. 미술작품을 만드는 행위를 통해 궁극적으로 표현과 소재에 대한 후속적인 해석을 통제하는 예술가(내담자)에게 자신감을 심어 줄 수 있는 즐거운 과정이 될 수 있다. 집중 외상 접근법은 감정을 표현할 수 있는 구조화된 템플릿(GN과 ED)을 제공함으로써 압도당하는 것 없이 외상 이야기를 할 수 있는 과정을 용이하게 하여 내담자를 돕는다.

킴이 ITR 방법을 사용한 경험을 통해 기초 외상을 치료하는 것이 얼마나 중요한지를 알 수 있다. 또한 이것은 좌우 반구의 두뇌 간 소통에 초점이 맞춰질 때 얼마나 빨리 변화가 이루어질 수 있는지 보여 준다.

결론

우리가 그림을 그리고 글을 쓰는 데에 있어 개요를 설명한 구체적인 방법은 쉽고 간단하다. 일단 미술치료 세션에서 어느 정도 연습을 했다면, 세션 외에서도 같은 기술을 쉽게 사용할 수 있다. 외재화 대화(ED)는 유연하고 내담자의 상황에 적용하기가 매우 용이하다. 우리는 대화 방법을 선제적으로 사용하는 것도 추천한다(예: 가족 모임이나 직장에서의 평가 등과 같은 큰 이벤트가 발생할 때나 주요 결정을 내려야 할 때 식별된 부분을 확인하는 것).

밀러는 침묵으로 일관하였던 내면의 자아와의 소통을 다음과 같이 요약한다.

> 나는 다 큰 성인 여성으로서 내 안에 있는 어린아이와의 대화에 매료되었다. 이 대화는 내가 처음에 색을 이용한 실험의 결과로 시작해서 내 글의 도움 덕분에 계속되었다. 나는 오래전에 그 조용한 아이에게 그녀 자신의 언어와 이야기에 대한 권리를 줄 수 있었다(Miller, 1986, p. 17).

킴의 사례는 전언어기(기초) 외상이 GN과 ED를 사용하여 처리되었을 때 얻을 수 있는 것들을 보여 준다. 두뇌 구조와 기능에 대한 지식은 이러한 이해를 이용하는 접근법의 개발을 가능하게 한다. 하지만 지겔은 "좌뇌나 우뇌의 문제는 최종 분석에서 중요하지도 않다. 우리가 관심을 가지는 것은 단순히 뇌의 해부학적 기능이 아니라, 마음의 주관적인 경험이다."라고 언급했다(1999, p. 199). 복잡한 외상을 치료하는 데 익숙한 치료사의 일은 내담자가 외상 소재에 대응하고 표현하고 재작업하는 방법을 찾도록 도와주는 것이다. 목표는 구체적이고 숨겨진 정보를 찾기 위해 보물찾기를 하는 것이 아니라, 경험적이고 창의적인 과정에서 내담자와 협업하는 것이다. 궁극적으로 우리의 방법은 내담자들이 외상의 처음, 중간 그리고 마지막 이야기를 공동으로 만들어 내는 데 도움을 주고, 확실히 과거는 과거일 뿐이라는 것을 알게 하는 데 도움을 준다는 것을 알게 되었다.

ITT에서 사용한 외상 프로파일

ITT는 6개의 일련의 지필 평가를 사용하여 잠재적 내담자를 검사하고 결과를 추적한다. 별표(*)가 표시된 것은 공개되어 있지만, 토론토 감정표현불능증 척도(TAS)의 최신 버전은 예외이다. 평가 결과의 채점과 해석을 위한 유인물은 ITT(info@traumatherapy.us)에서 확인할 수 있다.

해리성 경험 척도(DES)*

해리성 경험 척도는 다양한 유형의 해리와 몰두(absorption)를 평가한다(기억상실, 비현실감, 이인증 및 환청 포함).

해리성 회귀 척도(DRS)*

해리성 회귀 척도(Tinnin, 1995)는 내담자가 외상치료를 수행하기에 충분히 안정적인지 평가한다.

사건 영향 척도(IES)*

사건 영향 척도(Horowitz, Wilner, & Alvarez, 1979)는 흥분의 정도, 혐오스러운 정도, 거슬리는 증상들을 판단함으로써 단일 사건의 영향을 측정한다.

45가지 증상 점검 목록(SCL-45)*

45가지 증상 점검 목록(Alvir, Schooler, Borenstein, Woerner, & Kane, 1988)은 일반적인 정신 질환을 평가한다.

토론토 감정표현불능증 척도(TAS-20)

TAS(Bagby, Parker, & Taylor, 1994; Parker, Bagby, Taylor, Endler, & Schmitz, 1993)는 감정을 위해 단어를 사용할 수 있는 능력을 측정한다. 원래의 26개의 항목 척도는 공개되어 있다. 20개의 최신 항목 척도는 Graeme Taylor, MD, 104 Rosedale Heights, Toronto, Ontario M4T1C6, Canada로부터 한 번에 40달러의 비용으로 이용할 수 있다.

외상 회복 척도(TRS)*

외상 회복 척도(Gentry, n.d.)는 외상 증상과 관련하여 심리적 상태의 변화를 결정한다. 일주일 단위로 사용할 수 있다.

외상치료 프로토콜의 단계는 꽤 간단하지만, 이 접근법에서는 특정한 훈련이 필요하다. 교육 기회에 대한 자세한 내용은 www.traumatherapytraining.us.에서 확인할 수 있다.

참고문헌

Alvir, J., Schooler, N., Borenstein, M., Woerner, M., & Kane, J. (1988). The reliability of a shortened version of the SCL-90. *Psychopharmacology Bulletin, 24*(1), 242-246.

American Psychiatric Association (Eds.). (1980). *Diagnostic and statistical manual* (3rd ed.). Washington, DC: Author.

American Psychiatric Association (Eds.). (2013). *Diagnostic and statistical manual* (5th ed.). Washington, DC: Author.

Baldwin, D. (2013). Primitive mechanisms of trauma response: An evolutionary perspective on trauma-related disorders. *Neuroscience and Biobehavioral Reviews, 37*(8), 1549-1566.

Bagby, R. M., Parker, J. D. A., & Taylor, G. J. (1994). The twenty-item Toronto Alexithymia Scale-1: Item selection and cross-validation of the factor structure. *Journal of Psychosomatic Research, 38*(1), 23-32.

Bernstein, E., & Putnam, F. (1986). Development, reliability, and validity of a dissociation scale. *Journal of Nervous and Mental Disease, 174*(12), 727-735.

Blaustein, M., & Kinniburgh, K. (2010). *Treating traumatic stress in children and adolescents: How to foster resilience through attachment, self-regulation, and competency.* New York: Guilford.

Bogat, G., DeJonghe, E., Levendosky, A., Davidson, W., & von Eye, A. (2006). Trauma symptoms among infants exposed to intimate partner violence. *Child Abuse & Neglect, 30*(2), 109-125.

Buklina, S. B. (2005). The corpus callosum, interhemispheric interactions, and the function of the right hemisphere of the brain. *Neuroscience and Behavioral Physiology, 35*(5), 473-480.

Burton, L. (1992). Black grandparents rearing children of drug-addicted parents: Stressors, outcomes, and social service needs. *The Gerontologist, 32*(6), 744-751.

Chamberlain, D.B. (1989). Babies remember pain. *Pre-and Perinatal Psychology 3*(4), 297-310.

Chapman, L. (2014). Neurobiologically informed trauma therapy with children and adolescents: Understanding mechanisms of change. New York: Routledge.

Courtois, C., & Ford, J. (Eds.). (2013). *Treating complex traumatic stress disorders: Scientific foundations and therapeutic models*. New York: Guilford.

Evans, A., & Coccoma, P. (2014). *Trauma-informed care: How neuroscience influences practice*. New York: Routledge.

Fantuzzo, J., Boruch, R., Beriama, A., Atkins, M., & Marcus, S. (1997). Domestic violence and children: Prevalence and risk in five major U.S. cities. *Journal of the American Academy of Child and Adolescent Psychiatry*, *36*(1),116-122.

Felitti, V., Anda, R., Nordenberg, D., Williamson, D., Spitz, A., Edwards, V., … Marks, J. (1998). The relationship of adult health status to childhood abuse and household dysfunction. *American Journal of Preventive Medicine*, *14*(4), 245-258.

Gaensbauer, T. (1995). Trauma in the preverbal period. Symptoms, memories and developmental impact. *Psychoanalytic Study of the Child*, *50*, 122-149.

Gale, J., Thompson, R., Moran, T., & Sack, W. (1988). Sexual abuse in young children: Its clinical presentation and characteristic patterns. *Child Abuse & Neglect*, *12*(2), 163-170.

Gantt, L., & Tinnin, L. (2009). Support for a neurobiological view of trauma with implications for art therapy. *The Arts in Psychotherapy*, *36*(3), 148-153.

Gazzaniga, M., & Volpe, B. (1981). Split-brain studies: Implications for psychiatry. In S. Arieti (Ed.), *American Handbook of Psychiatry* (2nd ed., Vol. 7). New York: Basic Books.

Gentry, E. (n.d.). Part III of the Trauma Recovery Scale. Retrieved from: http://psychink.com/ti2012/wpcontent/uploads/2012/06/207TICAssign.20111.pdf

Geschwind, N., & Galaburda, A. (1986). *Cerebral lateralization: Biological mechanisms, associations, and pathology*. Cambridge, MA: MIT Press.

Herman, J. (1992). *Trauma and recovery*. New York: Basic Books.

Herman, J., Perry, J., & van der Kolk, B. (1989). Childhood trauma in borderline personality disorder. *American Journal of Psychiatry*, *146*(4), 490-495.

Karr-Morse, R., & Wiley, M. (1997). *Ghosts from the nursery: Tracing the roots of violence*. New York: Atlantic Monthly Press.Kendall-Tackett, K. (Ed.) (2014). *Handbook of women, stress, and trauma*. New York: Routledge.

Lanius, R. A., Hopper, J., & Menon, R. S. (2003). Individual differences in a husband and wife who developed PTSD after a motor vehicle accident: A functional MRI case study. *American Journal of Psychiatry, 160*(4), 667-669.

Lanius, R. A., Williamson, P. C., Bluhm, R. L., Densmore, M., Boksman, K., Neufeld, R. W., ··· Menon, R. S. (2005). Functional connectivity of dissociative responses in post-traumatic stress disorder: A functional magnetic resonance imaging investigation. *Biological Psychiatry, 57*(8), 873-884.

Lanius, R. A., Williamson, P. C., Boksman, K., Densmore, M., Gupta, M., Neufeld, R. W., ··· Menon, R. S. (2002). Brain activation during script-driven imagery induced dissociative responses in PTSD: A functional magnetic resonance imaging investigation. *Biological Psychiatry, 52*(4), 305-311.

Lanius, R. A., Williamson, P. C., Densmore, M., Boksman, K., Gupta, M., Neufeld, R. W., ··· Menon, R. S. (2001). Neural correlates of traumatic memories in posttraumatic stress disorder: A functional MRI investigation. *American Journal of Psychiatry, 158*(11), 1920-1922.

Leboyer, F. (2009). *Birth without violence* (Rev. ed.). Rochester, VT: Healing Arts Press. (Original work published 1975)

LeDoux, J. (1996). The emotional brain: The mysterious underpinnings of emotional life. New York: Simon and Schuster.

Lewis, T., Amini, F., & Lannon, R. (2000). *A general theory of love*. New York: Random House.

Lieberman, A., Chu, A., Van Horn, P., & Harris, W. (2011). Trauma in early childhood: Empirical evidence and clinical implications. *Development & Psychopathology, 23*(2), 397-410.

Lipsitt, L. (2012). Long-term consequences of perinatal trauma. In C. Figley (Ed.), *Encyclopedia of trauma* (pp. 422-426). Thousand Oaks, CA: Sage.

MacLean, P. (1990). *The triune brain in evolution: Role in paleocerebral functions*. New York: Plenum Press.

Meares, R. (1999). The contribution of Hughlings Jackson to an understanding of dissociation. *American Journal of Psychiatry, 156*(12), 1850-1855.

Miller, A. (1981). *The drama of the gifted child* (R. Ward, Trans.). New York: Basic Books. (Original work published 1979)

Miller, A. (1984). *Thou shalt not be aware: Society's betrayal of the child* (H. Hannum & H. Hannum, Trans.) New York, NY: Penguin. (Original work published 1981)

Miller, A. (1986). *Pictures of a childhood* (H. Hannum, Trans.). New York: Farrar, Straus & Giroux. (Original work published 1985)

Miller, A. (1990a)[1980]. *For your own good: Hidden cruelty in child-rearing and the roots of violence* (H. Hannum & H. Hannum, Trans.). New York: The Noonday Press.

Miller, A. (1990b). *Banished knowledge: Facing childhood injuries* (L. Vennewitz, Trans.). New York: Anchor/Doubleday. (Original work published 1988)

Myers, C. S. (1940). *Shell shock in France* 1914-1918. Cambridge, England: Cambridge University Press.

Nijenhuis, E., van der Hart, O., & Steele, K. (2004, January). Trauma-related structural dissociation of the personality: Traumatic origins, phobic maintenance. Retrieved from: www.trauma-pages.com/a/nijenhuis-2004.php

Ogata, S., Silk, K., Goodrich, S., Lohr, N., Westen, D., & Hill, E. (1990). Childhood sexual and physical abuse in adult patients with borderline personality disorder. *American Journal of Psychiatry*, *147*(8), 1008-1013.

Ornstein, R. (1997). *The right mind: Making sense of the hemispheres*. New York: Harcourt Brace.

Parker, J., Bagby, R., Taylor, G., Endler, N., & Schmitz, P. (1993). Factorial validity of the twenty-item revised Toronto Alexithymia Scale. *European Journal of Personality*, *7*(4), 221-232.

Perls, F. (1969). *Gestalt therapy verbatim*. Moab, UT: Real People Press.

Perry, B., & Szalavitz, M. (2007). *The boy who was raised as a dog*. New York: Basic Books.

Porges, S. (1995). Orienting in a defensive world: Mammalian modification of our evolutionary heritage. A polyvagal theory. *Psychophysiology*, *32*(4), 301-318.

Porges, S. (2011). *The polyvagal theory: Neurophysiological foundations of emotions, attachment, communication and self-regulation*. New York: W.W. Norton.

Scaer, R. (2005). *The trauma spectrum: Hidden wounds and human resiliency*. New York: W. W. Norton.

Scaer, R. (2014). *The body bears the burden* (3rd ed.). New York: Routledge.

Schore, A. (1994). *Affect regulation and the origin of the self: The neurobiology of emotional development*. Mahwah, NJ: Erlbaum.

Schore, A. (1997). Early organization of the nonlinear right brain and development of a predisposition to psychiatric disorders. *Development and Psychopathology*, *9*(4), 595-631.

Schore, A. (2001). The effects of early relational trauma on right brain development, affect regulation, and infant mental health. *Infant Mental Health Journal*, *22*(1-2), 201-269.

Schore, A. (2002). Dysregulation of the right brain: A fundamental mechanism of traumatic attachment and the psychopathogenesis of post-traumatic stress disorder. *Australian & New Zealand Journal of Psychiatry*, *36*(1), 9-30.

Schore, A. (2003). *Affect dysregulation and disorders of the self*. New York: W.W. Norton.

Schore, A. (2009). Attachment trauma and the developing right brain: Origins of pathological dissociation. In P. Dell & J. O'Neil (Eds.), *Dissociation and the dissociative disorders: DSM-V and beyond*. New York: Routledge.

Schwartz, R. (1995). *Internal family systems therapy*. New York: Guilford.

Shearer, S., Peters, C., Quaytman, M., & Ogden, R. (1990). Frequency and correlates of childhood sexual and physical abuse histories in adult female borderline inpatients. *American Journal of Psychiatry*, *147*(2), 214-16.

Siegel, D. (1995). Memory, trauma, and psychotherapy: A cognitive science view. *Journal of Psychotherapy Practice and Research*, *4*(2), 93-122.

Siegel, D. (1996). Dissociation, psychotherapy and the cognitive sciences. In J. Spira (Ed.), *The treatment of dissociative identity disorder* (pp. 39-80). San Francisco: Jossey-Bass.

Siegel, D. (1999). *The developing mind: Toward a neurobiology of interpersonal experience*. New York: Guilford.

Siegel, D. (2001). Toward an interpersonal neurobiology of the developing mind: Attachment relationships, "mindsight," and neural integration. *Infant Mental Health Journal*, *22*(1-2), 67-94.

Sperry, R. (1985). Consciousness, personal identity, and the divided brain. In D. Benson & E. Zaidel (Eds.), *The dual brain: Hemispheric specialization in humans*. New York: Guilford.

Springer, S., & Deutsch, G. (1993). *Left brain, right brain* (4th ed.). New York: Freeman.

Stern, D. N. (2004). *The present moment in psychotherapy and everyday life*. New York: Norton.

Terr, L. (1988). What happens to the memories of early trauma? A study of twenty children under age five at the time of documented traumatic events. *Journal of the American Academy of Child and Adolescent Psychiatry*, *27*(1), 96-104.

Terr, L. (1990). *Too scared to cry*. New York: Harper & Row.

Tinnin, L. (1990). Biological processes in nonverbal communication and their role in the making and interpretation of art. *American Journal of Art Therapy*, *29*(1), 9-13.

Tinnin, L. (1995). Dissociative Regression Scale. Available from Intensive Trauma Therapy (ITT), *info@traumatherapy.us*

Tinnin, L., Bills, L., & Gantt, L. (2002). Short-term treatment of simple and complex PTSD. In M. B. Williams & J. G. Sommer (Eds.), *Simple and complex post-traumatic stress disorder: Strategies for comprehensive treatment in clinical practice* (pp. 99-118). Binghamton, NY: Haworth Press.

Tinnin, L., & Gantt, L. (2014). *The instinctual trauma response and dual-brain dynamics: A guide for trauma therapy*. Morgantown, WV: Gargoyle Press.

Tripp, T. (2007). A short-term therapy approach to processing trauma: Art therapy and bilateral stimulation. *Art Therapy: Journal of the American Art Therapy Association*, *24*(4), 176-183.

van der Hart, O., Nijenhuis, E., & Steele, K. (2006). *The haunted self: Structural dissociation and the treatment of chronic traumatization*. New York: W.W. Norton.

van der Kolk, B. A. (2003). The neurobiology of childhood trauma and abuse. *Child and Adolescent Psychiatric Clinics of North America*, *12*(2), 293-317. doi:10.1016/S1056-4993(03)00003-8

van der Kolk, B. A. (2006). Post-traumatic stress disorder and the nature of trauma. In M. Solomon & D. Siegel (Eds.), *Healing trauma: Attachment, mind, body and brain* (pp. 168-

195). New York: W.W.Norton.

van der Kolk, B. A. (2014). *The body keeps the score: Brain, mind, and body in the healing of trauma*. New York: Viking.

van der Kolk, B., van der Hart, O., & Burbridge, J. (1995). Approaches to the treatment of PTSD. In S. Hobfoll & M. de Vries (Eds.), *Extreme stress and communities: Impact and intervention* (NATO ASI Series. Series D, Behavioral & Social Sciences, Vol. 80). Norwell, MA: Kluwer Academic.

Westen, D., Ludolph, P., Misle, B., Ruffins, S., & Block, J. (1990). Physical and sexual abuse in adolescent girls with borderline personality disorder. *American Journal of Orthopsychiatry*, *60*(1), 55-66.

Yehuda, R., & McFarlane, A. (1995). Conflict between current knowledge about posttraumatic stress disorder and its original conceptual basis. *American Journal of Psychiatry*, *152*(12), 1705-1713.

Zanarini, M., Yong, L., Frankenburg, F., Hennen, J., Reich, D., & Marino, M. (2002). Severity of reported childhood sexual abuse and its relationship to severity of borderline psychopathology and psychosocial impairment. *Journal of Nervous & Mental Disease*, *190*(6), 381-387.

제5장 회복성 확보: 미술치료 관련 신경과학 외상치료의 원칙과 지침

– 노아 헤스–코헨(Noah Hass–Cohen)

도입

사람들이 회복성(resiliency)을 찾는 방법, 즉 외상 기억과 관련된 복합 외상 증상(CTS)으로부터 회복하는 방법을 이해하는 것이 외상학 연구의 핵심이다(Agaibi & Wilson, 2005; Richardson, 2002). 이는 충격적인 CTS 증상을 해결할 수 있는 유용한 방법으로 어떤 일이 일어났는지 이해할 수 있도록 한다(Helgeson, Reynolds, & Tomich, 2006). 따라서 외상 후 행동·정서적·인지적·개인적 및 대인 간 영향에 대한 스펙트럼 연구는 구체적인 치료 지침을 만들었다(Allen, 2001; Cohen, Mannarino, & Deblinger, 2006; Herman, 1997; Lanius, Bluhm, Frewen, 2011; Scaer, 2007). 이 연구는 외상 후 성장(PTG)의 회복성 요인 및 임상 지침을 확인하고 운영하는 데 기여했다.

외상학 문헌은 그 전반에 걸쳐 맥락화된 외상 기억 치료, 사회적 관계의 증가, 재발 방지 위험의 감소와 관련하여 실제 및 인지된 안전과 전선 조절 달성 및 유지에 중점을 둔다(Herman, 1997; Lanius et al., 2010a; Lanius et al., 2010b). CTS를 경험하는 사람들에게는 오래된 기억을 갱신하여 위협적이지 않도록 해야 한다(Herry et al., 2010; Lanius et al., 2010b; Lane, Ryan, Nadel, & Greenberg, 2014; Schiller et al., 2010; Schwabe, Nader, & Preussner, 2014).

특정 치료 조건은 회복성 지향적이고 신경생물학적으로 알려진 외상치료의 중심이다. 기억을 성공적으로 재구성하는 데 기여하는 조건은 ① 새로운 비위협적 정보와 결합하여 외상 기억의 추가 활성화를 피할 것, ② 긍정적인 감정 발산, 통제불능 반응의 균형, 정서적 및 인지적 반응의 조절을 위한 숙련감과 수용력을 증가시킴으로써 자신과 사회적 자원을 향한 반복적 모욕에 대한 취약성을 줄일 것, ③ 긴밀한 지지 관계를 발전시킬 것 등을 포함한다. 외상 상태 및 변형된 신경생물학 시스템에 대한 이해는 변화가 일어날 때까지 치료 조건에서도 CTS의 영향을 완화시키는 데 초점을 맞춰야 한다고 제시한다. 이러한 치료 목표는 내담자의 자기수용과 정신 충만, 공감 및 수용 발달을 북돋움으로써 실현될 수 있다(Briere & Scott, 2014; Hass-Cohen, 2015; King et al., 2013).

앞에서 언급한 조건은 신경과학 관련 미술치료(Art Therapy Relational Neuroscience: ATR-N)의 원칙과 미술을 기반으로 한 개입으로 알려진 외상학을 활용하여 효과적으로 실현될 수 있다(Hass-Cohen, 2015; Hass-Cohen & Clyde Findlay, 2015; Hass-Cohen, Clyde Findlay, Carr, & Vanderlan, 2014; King-West & Hass-Cohen, 2008). CTS와 미술 기반 커뮤니케이션 간의 공유된 암묵적 특성, 치료용 미술작품 활동의 긍정적 속성, 미술 활동을 통한 동기 부여 등은 ATR-N 임상 사례가 외상학의 목표와 일치함을 시사한다(Hass-Cohen, 2015). 그러므로 여기서 제시된 관련 개입 및 프로토콜을 실현하려면 미술치료사는 만성 외상, 자전적 기억, 창의성과 회복성에 적용되는 신경생물학에 관한 실무 지식을 보유해야 한다. 이러한 지식이 중요한 이유 중 하나는 표현미술에 기초한 개입뿐만 아니라 외상성 및 회복성에 기반한 반응들이 중복 신경망의 활성화를 수반할 가능성이 가장 높기 때문이다. 따라서 이 장의 목적은 치료사들이 내담자와 함께 초(超), 과소 및 과대 변조 반응의 스펙트럼이 아닌 보호 및 양성(陽性) 통제 반응의 끝단에서 기능하는 치료적 반응을 이끌어 내는 방법을 보여 주는 것이다(Hass-Cohen, 2015). 기본적으로 치료용 미술작품 활동은 안전과 즐거움을 제공하고 상황 대처, 숙달 및 통제 경험을 창출한다. 이러한 성취는 인지적 · 정서적 유연성을 지지한다(Backos & Pagon, 1999; Hass-Cohen, 2008; King-West & Hass-Cohen, 2008; Meekums, 1999). 미술치료사들에게는 위기와 심리적 장애로부터의 회복이 호기심(Kashdan, Rose, & Fincham, 2004)뿐만 아니라 배움에 대한 관심과 미적 감상(Peterson, Ruch, Beerman, Park, & Seligman, 2007)에 의해서도 매개될 수 있다는 것이 또 하나의 관심사다. 외상 상태와 변형된 신경생물학적 기능에 대한 검토는(Hass-Cohen, 2015; Lanius, Bluhm, & Frewen, 2011) 표현성과 창의성을 포함하는 것이 외상학적 치료의 목적을 상당히 진전시킨다는 미술치료사들의 주장을 뒷받침한다(Gil, 2010; Gray, 2011; Klorer, 2005; Malchiodi & Crenshaw, 2013).

CTS 자전적 기억

외상성 기억을 되살리는 것은 통상적으로 외상 기억 처리의 중요한 부분으로 간주된다(Cohen, Mannarino, & Deblinger, 2006). CTS의 심각성에 따라 자전적 기억(autobiographical memory)의 보전은 기억을 맥락화하고 둔화시키며, 무서운 기억을 제거하는 기능을 한다. 자신의 이력과 자아의 포괄적이고 일관성 있게 조직화된 시각적 · 언어적 감각인 자전적 기억은 자아, 사회성 및 예기-지시의 세 가지 기능을 지지하기 위해 이론화된다(Rasmussen & Habermas, 2011). 자아 기능은 자아에 대한 내적 영상화, 개념화, 관리로 이루어진다. 마음 이론(Theory of Mind: ToM)이라는 용어에 의해 포착된 이와 같은 내부 처리 과정은 상대적 커뮤니케이션과 사회적 관계 및 기능의 성질에 영향을 미친다(Baron-Cohen, Leslie, & Frith, 1985). 세 번째의 예기 및 지시 기능은 미래에 대한 기대와 행동을 안내한다(Bluck & Alea, 2011). 자전적 기억은 과거의 정보를 현재의 경험과 비교할 수 있게 함으로써 미래의 행동을 지시한다(Iordanova, Good, & Honey, 2011). 가장 중요한 사실은 일관성 있는 자아감이 자아 준거, 언어적 서사를 명확하고 일관되게 유지, 서술 및 공유할 수 있는 개인의 능력과 긴밀하게 관련되어 있다는 것이다(Singer, Blagov, Berry, & Oost, 2013).

이는 맥락화된 표현과 감각에 기초한 비맥락화된 표현 사이의 균형으로서 단편적이고 의미있는 기억 회상의 보전 혹은 파편화에 기여한다(Brewin, Gregory, Lipton, & Burgess, 2010). 불행히도 CTS 생존자들에게 있어 강렬한 단편적 기억이나 생애 기억은 자아 기능과 잘 결합되지 않는 경향이 있으며, 맥락에서 벗어나거나 잊힘으로써 자전적 기능에 부정적인 영향을 미친다. 외상 발생 직전이나 도중에 나타난 감각 자극에 대한 인식은 자극을 재유발하기 위한 임계점을 낮춤으로써 미래에 그러한 감각 인식이 외상을 재활성화시킬 수 있다. 이는 자극에 의해 재유발되고 비맥락화된 이미지의 회상을 방해함으로써 나타날 수 있다(Brewin et al., 2010; Brewin, 2001). 뇌의 공포 중추를 관장하는 영역에서 처리되는 비맥락화된 감각 표현은 종종 지나치게 선명하거나 절제된다(Brewin et al., 2010). 이는 시간적 차원이 없어 맥락화된 삶의 서사와 결합되지 않는 함축적인 기억들이다. 결과적으로 외상성 감각 자극은 즉각적인 위험의 징후로서 인지적으로 강화되고 재조정된다. 복잡한 치료로는 감각의 기폭제가 될 수 있는 외상 기억을 의도적으로 회수하는 데 어려움이 있다(Brewin et al., 2010). 또한 CTS를 경험하는 것은 부정적인 평가와 일치하는 정보에 대한 선택적 회상을 하게 할 수 있다. 연구에 따르면 외상 후 스트레스 장애(PTSD; American Psychiatric Association, 2013)를 가진 사람들은 대조군보다 더 충격적이고 부정적인 자신만의 자전적 기억을 가지고 있다(Sutherland & Bryant, 2005). 예를 들어, PTSD를 가진 사람에게 흐릿한 사진을 보여 주었을 때 그것을 중립적인 이미지보다는 외상과 관련된 장면으로 인식했다(Kleim, Ehring, & Ehlers, 2012).

또한 CTS는 외상을 입은 사람들이 CTS 기억과 두려움에 너무 얽매여 어떠한 관계 맺음에 대해서도 시공간적 여력이 없게 함으로써 사회적 자아를 심하게 구속한다. 더욱이 그들에게는 다른 사람들의 의도를 정확히 이해할 수 있는 능력을 심각하게 제약하는 발달과 관련된 폭행(van der Kolk, 2005)이나 배신 트라우마(Freyd, 1994)의 이력이 있다. 그리고 유의미한 행동과 무의미한 행동 모두 위협적인 것으로 간주된다. 기억의 저장 및 회수 방법이 포함된 자전적 기억과 외상성 기억이 기능을 구별하는 것은 외상 서사 처리 과정의 목표에 영향을 미친다(Hass-Cohen, 2008; Hass-Cohen & Clyde Findlay, 2015; Hass-Cohen et al., 2014; & Wahlin, 2008).

〈표 5-1〉 자전적 기억과 외상성 기억의 특성 비교

자전적 기억	외상성 기억
• '누가' '무엇을' '언제' '어떻게'와 결합되어 있음 • 자기적응적 · 지시적 · 사회적 기능을 보유함 • 개인 이력과 자아감에 대한 억제되고 일관된 감각 • 추상적이고 친숙하며 통합적인 경향이 있음 • 자신의 역사와 자아에 대한 억제되고 일관성 있는 감각 • 주제와 사적 에피소드에 의해 구성됨 • 시간적 연관성이 있음 • 시각적 · 공간적 함의가 있음 • 다른 기억과의 연계를 통해 통합되고 검색됨 • 마치 현재 일어나고 있는 것처럼 느껴지는 감각 기억을 억제할 수 있음 • 자기와 관련된 상실과 타인의 상실에 대한 슬픔이 시간이 지남에 따라 점진적으로 발생하게 함 • 인지적임 • 정확한 대인관계 정신화에 기여함 • 사회적 상호작용에 의해 활성화되고 촉진될 수 있음	• '무엇을' '왜'에 집중되어 있음 • 부정적인 평가와 지속적인 위협 평가로 인해 더욱 거슬리는 기억을 야기함 • 맥락적 기반이 부족하여 회상의 형태로 나타남 • 정보가 부족하고 단편적임 • 무의식중에 나타남 • 위협과 외상이 현재 일어나고 있는 것처럼 현시점에서 잘못된 감각을 제공함 • 부정적 평가와 반추를 강화시킴 • 주로 감각적이고 상황에 따라 비정상적으로 암호화됨 • 보통 언어 및 인지 처리와의 통합이 부족함 • 다른 경험들에 대한 기억들이 부적절하게 외상과 연결됨으로써 상실된 자아감과의 유대를 증가시킴 • 부적응적 자아, 지시적 · 사회적 기능을 갖고 있음 • 자전적 기억의 일관성을 파괴하고 사회적 관계에 부정적 영향을 미침

CTS 증상과 특성은 기억의 침입적 회상, 부정적인 감정과 인식의 불안정한 경험의 악순환을 만들어 낸다(Ehlers & Clark, 2000). 이 사이클은 공포를 재구성하고, 외상을 과거 사건으로 맥락화하는 것을 막는다. 또한 대인관계의 이해를 제약하고 자전적 기억을 파편화한다(Lane et al., 2014).

자전적 기억, 정신적 요인의 이해 및 창의성의 공유 신경회로체계

자전적 기억, 자아, 사회성, 예측의 기능은 직접 경험한 정보를 나타내는 반면, 정신적 요인의 이해와 상호주관성은 개인의 상상력과 창의성의 기능으로 간주된다(Summerfield, Hassavis, & Maguire, 2009). 그러나 자아감, 선견지명, 정신적 요인의 이해, 타인에 대한 직관이 신경생물학적 경험과 중첩되고 상호관련되어 있다는 증거가 제시되고 있다(Hass-Cohen & Clyde Findlay, 2015; 개관). 예를 들어, 미래의 행동을 지시하기 위한 기억의 사용 및 ToM 기능의 활성화는 82%의 공유 신경망을 가지고 있다고 한다(Spreng & Grady, 2010). 이러한 중첩은 내담자가 긍정적인 미래를 상상하도록 유도하는 회복성 기반의 미술치료 지침이 정신적 요인을 이해하는 능력, 상호 주관적 내부 실행 모델 및 관련 기능도 지원한다는 것을 시사한다. 자전적 기억의 세 가지 기능에 관여하는 공유 뇌 구조의 집합에는 창의성과 관련된 디폴트 모드 네트워크(DMN) 영역도 포함된다(Jung, Mead, Carrasco, & Flores, 2013). DMN 활성화는 내측 전두엽 피질(mPFC), 정중선 전두엽 및 측두엽 구조, 중측두엽부 변연계와 관련되어 있다(Spreng & Grady, 2010). 자전적 기억의 자아 준거적 처리 과정은 피질의 정중선 구조, 특히 뇌의 중심인 mPFC에서 발생한다(St. Jacques, 2012). 발달 연구에 따르면 mPFC와 동시에 DMN의 변형은 예견 가능하고 PTSD의 결과일 가능성이 높다(Lanius et al., 2010a; Qin et al., 2012). 외상으로 손상된 mPFC에서는 공포 제거 능력이 제대로 발휘되지 못한다(Yuhuda & LeDoux, 2007; [그림 5-1] 참조).

ATR-N 개입은 자전적 기억과 창의성 사이의 신경 연계를 이용하도록 설계될 수 있다. 그러면 치료사는 내담자가 자전적 기억을 긍정적으로 재구성하고 성공적으로 변화시킬 수 있게 창의적으로 도울 수 있다. 이러한 변화는 간접적 회복성, PTG의 출현 및 인내력에 직접적으로 기여할 수 있다.

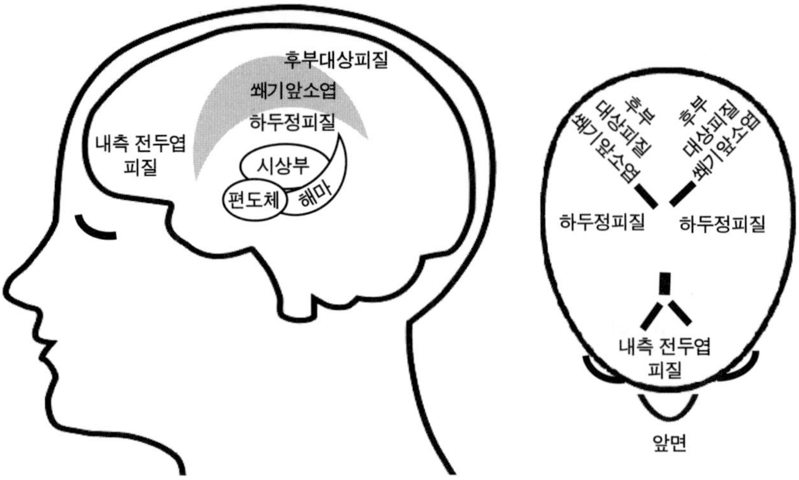

[그림 5-1] 자전적 기억, 정신적 요인의 이해 및 창의성의 정중선 신경회로체계.
왼쪽 측면에서 볼 때 내측 전두엽 피질(mPFC, 중심)에서 정중선 전두엽 및 측두엽 구조, 중측두엽부 변연계(초승달 모양)를 통해 공유되는 정중선 경로가 있는데, 여기에는 하두정피질(IPC), 후부 대상피질(PCC) 및 시각 피질에 인접한 설전부가 포함된다. 우측 상단 그림은 동일한 영역을 보여 준다. 영상 내부의 선은 안내 목적으로 제공된 뇌실을 나타낸다. 또한 편도체(AMY), 공포 중추, 해마(H), 기억 중추, 감각 처리의 관문인 시상부(T)도 확인할 수 있다.

출처: Hass-Cohen.

기억 재구성 처리 과정의 리스크와 맥락화 비교

고조된 외상성 기억은 시각적 혹은 언어적으로 처리되기 때문에 희미해지거나 자전적, 의미 기억으로 결합됨으로써 회복이 가능하다. 기억 처리 과정은 확립된 기억을 불안정하게 하고, 일시적으로 변화에 취약하게 하며, 재구성을 촉진한다(Schwabe, Nader, & Preussner, 2014). 기억을 회상하는 동안 뇌의 공포 및 기억 중추(측면 편도체와 해마)의 시냅스는 이완되며, 회상이 끝난 후 약 4시간에서 6시간 동안 해마의 단백질 합성에 의해 변조될 수 있다(Nader, Schafe, & LeDoux, 2000; LeDoux, 2003). 재구성은 일회성에 그치는 것이 아니라 이어지는 기억 활성화와 함께 반복된다(Nader et al., 2000; Tonson & Taylor, 2007). 외상의 직접적인 후유증이나 회상 직전의 외상 기억이 부호화되는 과정을 변경하려는 약리학적 시도가 성공한 것으로 보고되는 것은 흥미로운 일이다(Kindt, Soeter, & Verbliet, 2009). 한 가지 흥미로운 연구 방법에는 혈압과 관련된 프로프

라놀올, 베타 아드레날린 차단제와 같은 FDA 승인 의약품의 주입이 수반된다(Lonergan, Olivera-Figueroa, Pitman, & Brunet, 2013).

그러나 임상의는 편도체(AMY)의 조건부 공포 반응으로 인해 기억이 위협적인 것으로 재구성될 수 있다는 것을 알아야 한다. 외상의 측면에서 보면 이 문제의 원인이 될 수 있는 기억 재구성의 경계선상에 여러 조건이 있다. 예를 들어, 간섭물에 대한 학습에 기억의 재활성화가 즉각적으로 뒤따르지 않는다면 일시적 기억은 강화될 수 있다. 따라서 부지불식간에 CTS 기억 회수는 외상 기반의 인생관 및 경험을 강화할 수 있다(Sutherland & Bryant, 2005). 이러한 기억의 재구성은 뇌에서 외상성 반응을 되살릴 수 있어 피해야 한다. 또한 기억 재활성화 후 스트레스를 경험하는 것은 스트레스 관련 신경화학물질이 기억 기능을 강화하거나 손상시킬 수 있기 때문에 기억 재구성에 영향을 줄 수 있다(Schwabe, Nader, & Pruessner, 2014). 그러나 스트레스가 기억과 학습 방면에 어떤 영향을 미치는지에 대한 신경학적 균형 조건은 명확하지 않다. 치료용 미술작품 활동과 같은 긍정적인 자극은 잠재적으로 기억 재구성에도 긍정적인 영향을 미칠 수 있다. 왜냐하면 예술적 표현은 강렬한 간섭물을 제공하는데, 이는 긍정적인 자극과 함께 균형 잡힌 스트레스 반응에 기여하기 때문이다.

따라서 CTS는 원래의 외상 기억의 직접적인 부호화뿐만 아니라 현재 기억에 대한 불안정한 정서적 반응 및 비맥락화된 외상 기억의 부정적으로 편향된 인지 처리 과정에서 비롯될 가능성이 높다(Pearson, Ross, & Webster, 2012). 치료사들이 이러한 사이클을 완화시킬 수 있는 방법이 있다. CTS 기억의 재구성 및 처리가 현재 잘못되고 있음을 내담자에게 상기시키는 것은 내담자가 과거와 현재의 위협을 구분하고 충격을 조절하는 데 도움이 될 수 있다. 치료사가 내담자에게 당면한 위협 재구성의 위험을 줄일 수 있는 또 다른 방법은 내담자로 하여금 진실을 확인하게 하거나 겪었던 일을 완벽하게 재현해 보라고 하는 것과 같은 강압이나 요구를 회피하는 것이다. 내담자와의 작업을 통해 스스로가 갇혀 있다고 느끼지 않도록 하는 것도 중요하다. 배측 솔기핵과 mPFC에서 편도체로 이어지는 연계는 회피 혹은 회피 불가능한 상황의 공포 표현을 소설하기 때문이다(Hartley, Gorun, Reddan, Ramirez, & Phelps, 2014).

회피 가능한 스트레스의 경험과 인식은 스트레스 반응을 조절하는 능동적 대처를 수반하는 반면 회피 불가능한 스트레스는 수동적 대처와 행동 억제를 포함한다. CTS 처리 과정을 진행하기를 원하는지, 그리고 내담자가 원하는 만큼 신속하게 또는 서서히 이 과정을 중지하거나 진행해도 되는지를 반복적으로 묻고 조심스럽게 상기시키면 내담자의 통제 의식을 높이고 외상 재발의 가능성을 줄일 수 있다. 만약 내담자의 외상이 사랑하는 사람을 잃는 것과 관련이 있다면, 기억 재구성 작업을 시도하기 전에 애도 작업을 완료하는 것이 중요하다. 전반적으로 내담자와의 작업을 통해 충격적인 자전적 기억을 명시적으로 과거에 놓아두는 것은 애도와 수용을 가능하게 하고, 새로운 의미 부여와 사회적 상호작용을 위한 공간을 열어 준다. 예를 들어, 미술치료에서 외상은 창의적 표현을 통해 표면화되며 새로운 의미를 창조하기 위해 상징적으로 정리되거나 지속적으로 작용할 수 있고, 심지어 파괴될 수도 있다. 서사의 내용보다는 서사가 능동적으로 처리되는 방법에 초점을 맞추는 맥락 관련 처리 과정 또한 기억을 과거에 머무르게 할 수 있는 가능성을 높인다(Gold, 2008). 맥락 관련 기억 처리 과정은 기억의 내용에 집중하기보다 기억의 일관성 있고 맥락과 관련된 서사를 추구한다. 그러므로 장면 전체가 아니라 반드시 필요한 혼란스러운 과거의 기억에 접근하기 위해 내담자와 협력하는 것이 치료사의 의무이다. 이러한 과정이 일어나면서 새로운 기억의 재구성은 오래된 외상 기억을 갱신할 수 있는데, 이를 통해 그 기억으로부터의 위협은 완화된다.

치료사와 내담자에 의한 위협의 지속적인 평가에는 자극과 반응의 연관성에 대한 이해도 필요하다(Ehlers & Clark, 2000). 외상에서 감각 자극을 유발하는 보편성과 지속성(Brewin et al., 2010)은 매체 및 이미지와 함께 작업하는 것이 위협 감소와 확증적 기억 재구성에 중요한 과정임을 시사한다. 미술치료사의 능력과 내담자의 상태에 따라 감각적 개입이나 매체는 양날의 효과를 가질 수 있다. 사실 기억 재구성이라는 경계는 기억이 회수되었을 때 새롭게 통합된 외상 기억만큼 강한 자극값을 갖지 않아야 한다. 에피네프린과 높은 수위의 스트레스 호르몬이 새로운 기억을 생생하게 통합하는 데 결정적인 역할을 하고 있기 때문이다(McGaugh & Rouzendaal, 2002). 따라서 새로운 정보를 동시에 주입하지 않고 CTS를 표현하도록 내담자에게 권장하는 미술치료사는 외상성 반응을 소멸시키는 데 성공하지 못할 수도 있고, 실제로 그것을 강화시킬 수도 있다. 사실 예술의 생생한 특성으로 나타난 회수된 기억은 이를 유연하게 하거나 변화시키려는 치료적 노력보다 더 강한 값을 가질 위험이 있다.

단, 적절한 미술치료 매체를 사용하면 진정 및 지연 효과를 얻을 수 있으며 앞에서 언급한 CTS 반응도의 주기를 줄일 수 있다(Hass-Cohen & Clyde Findlay, 2015). 여기서 중요한 것은 CTS의 감각적 표현을 동적이고 명시적으로 탐구하고 새로운 정보로 변형시키는 것이다. 이를 통해 그러한 확증적 재구성을 위해 외상 기억의 일부분을 재활성화 할 뿐만 아니라 새로운 정보와 결합시킬 필요가 있기 때문이다(Schwabe et al., 2014). 이러한 접근 방식은 소멸 직전에 공포를 일깨우는 데 효과가 있다는 사실이 발견된 조건부 자극과 무조건부 자극 값을 재정의하는 데 초점을 맞춘 소멸 모델과 대조된다(Schiller et al., 2010). 또한 이 접근 방식은 효과적이지만 CTS가 있는 사람들에게는 지나치게 공포스러울 수 있다. 이와 같은 통합적 재구성 기억 모델은 언어적 의미 부여와 감정적 반응을 유발하는 두 가지 필수 요소를 추가로 포함한다(Lane et al., 2014).

이러한 종류의 개입은 적응적 · 회복적인 반응의 기회를 제공한다. 외상에 대해 새롭게 경험하여 재구성된 기억은 사람이 평생 동안 겪는 사건들과 여러 가지 방법으로 결부될 수 있다. 사람은 삶 속에서 정신적 충격으로부터 오는 극심한 고통에 반응하지 않았던 순간을 간직하기를 바란다. 이러한 확산적 사고는 조정된 관계적 상호작용, 상상력, 긍정적인 기대, 창의성에 의해 뒷받침될 수 있다. 사실, 대인관계적으로 아무리 오랜 시간이 걸리더라도 치료사가 치료 과정 동안 내담자와 함께하는 것이 중요하다. 이것은 기억 재구성을 돕는 치료 목표에 신뢰받는 타인과 적극적으로 다시 연결되어 안정 애착을 얻고, 이후 회복력과 특별히 연관된 신뢰와 낙관주의와 같은 개인적 특성의 다른 레퍼토리를 구축하는 것이 포함되기 때문이다.

안전한 회상 미술치료 관련 신경과학 모델

신경과학 관련 미술치료(ATR-N) 접근법에는 CREATE라는 약어에 담긴 신경과학과 관련된 여섯 가지 이론적 원리가 포함되어 있는데, 이는 다음과 같다. ① 창의적 구현, ② 관계형 공명, ③ 표현형 의사소통, ④ 적응적 대응, ⑤ 형질전환적 통합, ⑥ 공감과 연민(Hass-Cohen, 2008; [그림 5-2] 참조).

ATR-N 외상학 작업의 핵심은 적응적 대응 원리이다(Hass-Cohen, 2008). 표현예술이 생체 적응적 균형, 긍정적인 기억 재구성과 긍정적 대인관계 및 사회적 관계를 안전하게 확립하기 위해 수행할 수 있는 중요한 역할을 강조하기 때문이다(Hass-Cohen et al., 2014; Hass-Cohen & Clyde Findlay, 2015).

적응적 대응의 원칙에는 ① 안전, ② 관계, ③ 회상, ④ 재연결, ⑤ 회복력과 재발 방지

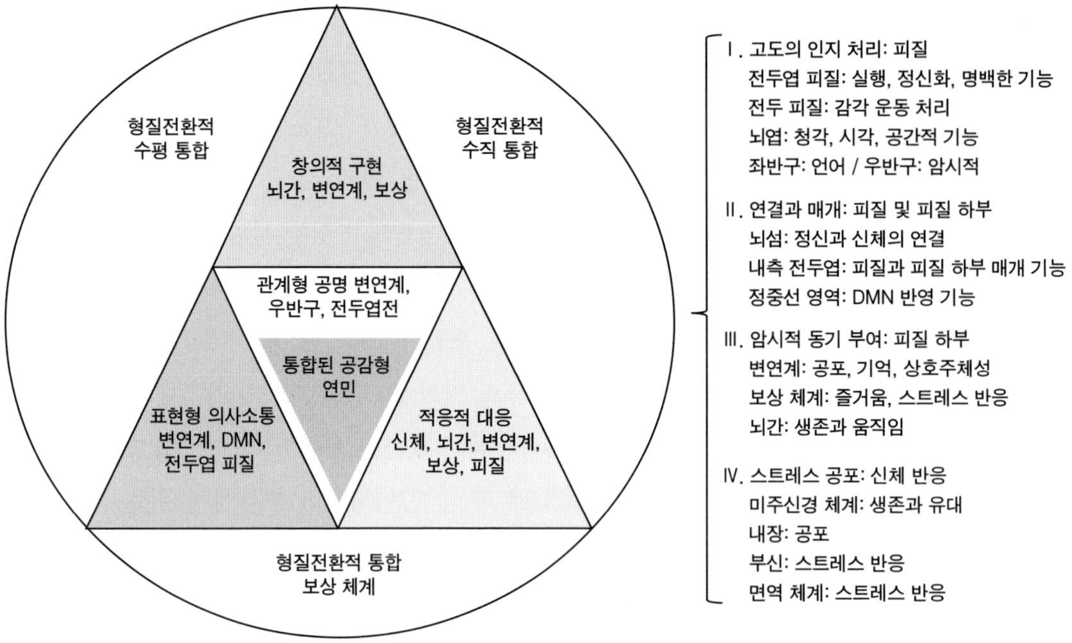

[그림 5-2] 뇌와 신체의 역동적인 상호작용과 미술치료에 관련된 신경과학 원리
원형 도표는 각각의 CREATE 원리인 창의적 구현, 관계형 공명, 표현형 의사소통, 적응적 대응, 형질전환적 통합, 공감과 연민에 관련된 주요 구조를 나타낸다. 오른쪽 도표는 CREATE에서 활성화된 4개의 주요 대인관계 관련 신경생물학적 경로를 나타낸다. 형질전환적 수평 통합은 뇌의 좌/우 반구 사이의 연결을 의미하며, 수직 통합은 양방향 피질-피질 하부-신체의 연결을 포함한다.

출처: Hass-Cohen.

라는 다섯 가지 표현예술의 목표 또는 과제가 있는 안전한 회상 모델(Secure Remembrance model: SR-5)도 포함된다(Hass-Cohen & Clyde Findlay, 2015). 치료에서 SR-5의 목표는 반드시 연이어 설정되거나 달성되는 것은 아니다. 비록 안전의 확립이 외상학 작업의 첫 번째 과제이지만, 안전 및 치료 관계의 발달과 유지는 되풀이되는 과제이다. 같은 맥락에서 외상 기억 처리 과정에 초점을 맞춘 회상은 일부 정신적 충격을 받은 사람들에게는 불가능할 수 있다. 반면, 다른 사람들에게 회상은 치료의 첫날에 시작할 수도 있다(King-West & Hass-Cohen, 2008).

SR-5 모델의 개발은 주로 허만(Herman)의 3상(안전, 기억하기 및 재발 방지) 모델(tri-phasic model, 1997)의 영향을 받았다. 다른 영향력 있는 모델로는 패리(Perry)의 신경순차 치료 모델[Neurosequential Model of Therapeutics(NMT), 2006], 채프먼(Chapman)의 우반구 미술치료 모델(right hemispheric art therapy model, 2014), 라하드(Lahad)의 기본 Ph

모델(Basic Ph model, 2000)과 치료 요인에 대한 연구가 있다. SR-5의 설계는 치료사-내담자의 관계가 치료의 성공을 위해 매우 중요하다는 것을 암시하는 이론과 임상 증거를 강조한다(Allen, 2001; Benish, Imel, & Wampold, 2008). 라하드 모델은 각 개인이 세상과 상호작용하는 데 선호하는 방법을 가지고 있으며, 이는 곧 외상과 상호작용하는 데에도 마찬가지의 방식을 갖고 있다는 것을 암시하기 때문에 CTS와 함께 작용하는 것과 특히 관련되어 있다(2000). 기본 Ph 모델은 신념, 정서, 사회적 연결, 상상력 및 인식과 같은 몇 가지 주요 대처의 관점을 포함한다. 개성의 가정과 상상력의 포괄은 회복력과 표현예술의 신경과학(Hass-Cohen, 2015)과 PTSD의 회복에 관한 자료와 잘 들어맞는다(Farchi, 2009). 병사에 대한 회복 훈련에 초점을 맞춘 다른 연구에서는 회복의 네 가지 요인(감정, 가족, 사회, 영성)을 추가로 제시한다(Reivich, Seligman, & McBride, 2011). 이 네 가지 요인은 자기인식, 자기통제, 낙천주의, 정신적 민첩성, 성격적 강점 및 사회적 연결과 같은 여섯 가지 핵심 역량을 기초로 한다. 낙관론, 희망, 용기, 창의성과 같은 긍정적 심리학 요인에 대한 추가 연구(Seligman & Csikszentmihalyi, 2000)는 회복력에 대한 긍정적 표지의 중요성을 더욱 뒷받침한다. 이와 같은 이론적 · 경험적 기억 연구를 바탕으로 ATR-N CREATE 원리와 SR-5 과제는 기억 조작, 재구성 및 변경의 토대로 제안된다. ATR-N 치료사들은 이러한 원리들을 운용하여 필요한 외상 회상을 성공적으로 촉진할 수 있다. 이들은 내담자가 CTS 증상을 억제하고, 흥분과 자극적인 예술적 반응에 대처하며, 새로운 기회에 개입하는 것을 돕는다.

이 장의 나머지 구성 부분은 안전, 관계, 회상, 재연결 및 재발 방지 등 ATR-N CREATE 원리와 관련된 SR-5 요인에 따른다. 각 절 내에서 SR-5 치료 목표는 앞에서 설명한 CREATE 원리, 이와 관련된 신경과학 및 CTS 치료 조건과 연계된다. 관련 외상 기반 신경망에는 미주신경계, 교감 및 내분비 응력 축, 편도체 구조 조절, 보상 체계 회로 및 인지 운동 경로가 포함된다(Hass-Cohen, 2015). 임상 지침은 또한 자전적 기억의 신경과학, 마음이론(ToM), 창의성을 참조한다(Hass-Cohen & Clyde Findlay, 2015).

안전하고 긍정적인 환경: 창의적인 구현 및 표현적 의사소통

생존 반응

CTS 이력이 있는 내담자를 만날 때 담당 미술치료사는 생존에 기초한 위협 반응의 임상적 단서부터 우선 평가해야 한다. 이는 내담자가 경험할 수 있는 안전의 정도를 나타낸다. 실제 내담자가 느끼는 안전은 동일한 개입이 없었다면 치료 실패로 이어질 수 있는 긍정적인 결과와 직접적인 관련이 있다(Meekums, 1999). 다행히 작품 활동을 통해 직접 느끼고 만져 볼 수 있다는 특성으로 인해 미술치료사들은 내담자의 안전 욕구를 충족시킬 수 있는 독특한 위치에 있다(Appleton, 2001; Chapman, Morabito, Ladakakos, Schreier, & Knudson, 2001; Hass-Cohen et al., 2014; King-West & Hass-Cohen, 2008; Pifalo, 2002; Rankin & Taucher, 2003; Sarid & Huss, 2010; Talwar, 2007). 앞서 말한 바와 같이 직접 느끼고 만져 볼 수 있는 미술치료 작품 활동은 위안과 지지 및 즐거움의 토대를 제공할 수 있다.

CTS 위협 반응에는 교감 자율신경계 및 미주신경계 위협 반응이 포함된다. 부교감 신경계를 통해 작용하는 미주신경계는 두 갈래로 되어 있다. 활성화된 배측 미주신경 복합체(DVC)는 원시적인 고정 반응을 일으킨다. 이는 대인관계 및 사회적 연결과 관련된 복측 미주신경 복합체(VVC)의 이완 반응과 대조적이다([그림 5-3] 참조).

심각한 CTS 반응을 보이는 내담자는 손상된 미주신경 긴장도 반응을 경험할 수 있다(Porges, 2001). 내담자의 DVC 기반 반응은 자동적이고 무의식적이라는 것을 기억해야 한다. 위협 기반 반응은 영구적으로 아래쪽을 향하고 있는 입, 운율과 억양의 결여, 저주파 배경 소음과 감각 신호에 대한 과민 반응 및 사람의 목소리에 대한 적응 결여와 같은 비표현적 형태의 얼굴 표정에서 관찰될 수 있다(Porges, 2001). 또 다른 단서로는 일상적인 상황에 대해 부정적이거나 자극적으로 평가하는 것이 포함된다. 또한 치료사는 자폐증이나 다른 장애를 가진 사람들이 같은 증상을 보여 오진할 수 있기 때문에 내담자로부터 빈틈없이 철저한 이력을 얻어 내야 한다. 심리치료 과정 자체가 내담자에게는 무서운 일일 수 있다. 미술치료실 내의 어두운 조명과 저주파 소음은 DVC 반응을 진정시키고 VVC의 개입을 위한 기회를 열어 줄 수 있다. 안전과 관계형 공명을 돕기 위한 미술치료 환경을 구축하는 것은 매우 중요하다. 또한 포게스(Porges, 2013)는 치료사가 내담자에게 과거의 고정화 반응이 학대와 위험으로부터 내담자를 구했을 수 있음을 상기시키며 얼어 있는 듯한 반응의 보호 효과에 대한 정보를 제공할 것을 권고한다.

적절한 개입

미술치료는 변화의 매개체로서 감각을 사용하기 때문에 치료사들은 감각적 단서에 대한 내담자의 반응을 완화시킬 수 있는 감각적이고 표현된 유연한 경험을 이끌어 내는 데 능동적일 수 있다. 내담자를 돕는 과정에 내재된 암시는 옷감과 같은 물건을 활용한 조작과 구성을 통해 얻을 수 있다(Hass-Cohen, Kim, & Mangassarian, 2015). 치료의 장으

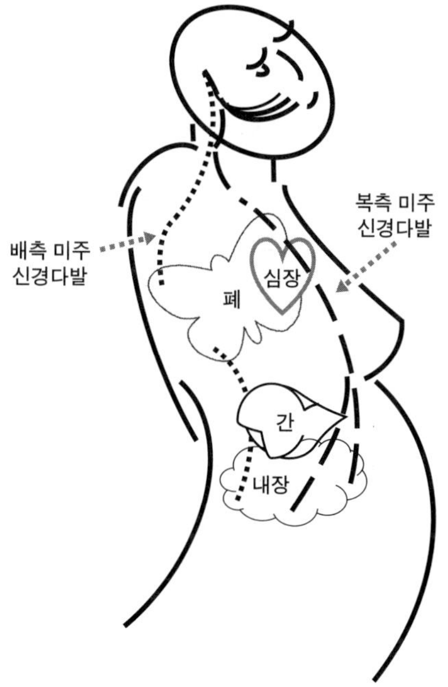

[그림 5-3] 도식적 미주신경다발 체계
앞쪽의 복측 파선은 사교적인 복측 미주신경 복합체(VVC)를 나타낸다. 그림의 뒤쪽의 배측 점선은 부동화된 배측 미주신경 복합체(DVC)를 나타낸다. 가장 긴 뇌 신경인 미주신경다발은 심장뿐만 아니라 폐(나비 모양으로 표시됨), 간(눈물 모양으로 표시됨) 및 내장(구름 모양으로 표시됨)까지 분포되어 있다. 다른 뇌 신경과 함께 미주신경다발은 얼굴에 분포되어 표정에 영향을 미친다.

출처: Hass-Cohen.

로의 초대는 부드럽고 비단결 같거나 거친 매체의 성질을 가지고 놀거나 마음껏 탐구하는 것이다. 내담자는 부드러운 매체를 만지고 마구 문지르거나 조작하기에 안전하다고 느끼며, 어떻게 하는 것이 가장 수용 가능한지를 비언어적으로 식별할 수 있다. 그림을 그리기 위한 도구는 단순한 플라스틱에서부터 고급 붓, 맨손 또는 장갑을 낀 손가락까지 다양하다. 지지적이고 개방적인 초대가 되려면 매체의 구조화되지 않은 성질이 자아를 위협해서는 안 된다. 그러나 작품을 탐색하거나 창조하려는 인지적 요구 또는 위협적인 매체를 식별하지 못하는 경우 두려움과 스트레스 반응이 발생할 수 있다. 물론 매체를 탐구하는 것은 구조화되지 않은 재료나 지시에 국한되지 않는다. 콜라주 이미지와 색종이를 자르고, 내담자에게 선호하는 이미지를 요청하고, 연필과 마커로 그림을 그리는 것이 이 과정의 일부가 될 수 있다. 그러나 구조화되지 않은 매체와 마찬가지로 지속적인 삭제와 좌절감이 이러한 과정을 방해하지 않도록 주의해야 한다. 내담자에게 어떤 재료나 접근 방식이 효과가 있는지에 대한 엄격한 규칙은 없다.

초기에 이완 기법 및 통찰과 같은 인지 관계적 또는 안전 지향적 개입은 미주신경다발 지향적 내담자에게 미숙하기만 할 뿐이다. 이러한 기법은 DVC에 민감한 내담자에게는 덜 효과적이다. 그들은 VVC와 관련된 휴식, 이완 및 사회적 반응을 포함한 사회적 개입을 용인할 수 없다(Porges, 2013). 그들의 높은 경계심을 고려할 때, 어떤 휴식 상태든 그들에게 외상의 억제적 효과를 상기시킬 수 있다. 불행히도 치료 단계나 관계의 강도와 무관하게 생리적인 동결 반응은 즉시 더 높은 수준의 기능을 손상시키고 치료상의 관계를 위협할 수 있다. 아동 학대 생존자들은 끔찍한 사건이 야기한 일종의 부동화를 실제로 경험했을지도 모른다. 그러므로 안전함을 얻기 위한 방법으로서 이완 또는 그라운딩 기법은 치료자와 함께 있는 내담자가 안전하다고 느낄 때까지 역효과를 일으킬 수 있다. 내담자가 변화에 대한 요구로 올바르게 해석할 수 있는 그러한 개입은 위험 신호를 보내며(Porges, 2013), 위험을 감지한 내담자는 치료와 관련된 방향으로 서서히 나아갈 수 없게 된다. 대신 회복력을 촉진시키기 위해 심리적 개입은, 먼저 끊임없는 외상 반응의 재발을 멈추거나 상당 부분 감소시키고 인지적 인식보다는 안전감을 증대시키는 것을 목표로 할 필요가 있다. 그래야 내재된 VVC 기반의 사회적 상호작용이 발생하고 인지 · 정서적 개입이 뒤따를 수 있다. 안전감을 갖는 것은 대인관계 및 사교성과 매개되는 생체 적응적 균형과 조정을 촉진한다(Schulkin, 2011).

스튜디오 환경의 중요한 장점은 자신의 의지와 페이스에 맞추어 안전을 위한 옵션을 탐색할 수 있는 대인관계에 관한 기회를 제공한다는 것이다. 예를 들어 지나치게 경계심이 강한 내담자는 치료사 또는 매체로부터 가까이 혹은 멀리 떨어진 형태의 서로 다른 좌석 배치를 시험해 볼 수 있다. 그 대신에 내담자는 안도감을 얻거나 동기 부여를 위해 서 있거나 스튜디오 안을 돌아다니고, 몸의 자세를 변화시키며 작업하는 것을 선호할 수 있다(Hass-Cohen, 2007). 대인관계적 공간과 놀라는 반응을 완화시키고 동결 반응을 풀어 주는 방법을 협상하는 데 도움을 주는 이러한 움직임은 창의적 전형의 CREATE 원리를 잘 보여 준다. 움직임의 실제적이고 창의적인 구현은 움직임이 인지 기능을 재설계하는 데 도움을 줄 수 있어서 부가적인 신경생물학적 이점이 있다(Timmann & Daum, 2007). 종종 당연하게 여겨지는 동작에는 보호 용지로 작업 공간을 덮는 내담자와 치료사, 내담자가 접근할 수 있는 곳에 페인트를 놓는 치료사, 서로 닿는 곳에 크레용을 놓는 치료사의 동작 등이 포함된다. 붓을 집어 들어 페인트 통에 담그고, 붓을 청소하고, 재료를 치우는 것은 중요한 움직임의 다른 예시이다. 이와 같이 간단한 시작 및 종료 제스처는 감정과 인식을 위한 동작 기반의 표출 수단을 제공한다(Hass-Cohen, 2007). 보통 우리의 손과 몸은 의식적으로 주의를 기울이지 않는 여러 가지 자동적인 움직임을 매일 수행한다. 그러나 치료에서 빠르게 익숙해지고 예측 가능한 제스처는 대인 간 미러링 기능으로 인해 대인관계의 안정감을 증진시킬 수 있다. 미술치료사와 내담자의 분 단위 상호작용은 특히 목적의식 있는 움직임이 수반될 때 안전감을 지지할 수 있다.

창의적 구현 및 보조적 미러링

보조적 미러링은 사람 뇌의 전두엽전(前) 영역에 위치한 거울신경 세포(MN)에 의해 촉진된다(Mukamel, Ekstrom, Kaplan, Iacoboni, & Fried, 2010). MN은 손과 입을 포함한 자신과 타인의 목적의식 있고 성공적인 움직임의 인식과 예측하에 촉발된다. 치료에서 서로의 손끝을 스치는 것은 내담자를 돕는 미술치료사의 '제3의 손'(Kramer, 1990)이 미러링을 통해 안도감, 편안함 및 안정감을 줄 수 있는 방법을 보여 주는 또 다른 예시이다. 함께 그리기(dual drawing)에서 치료사와 내담자는 공동으로 창작하기 위해 서로 손짓할 때 같은 면을 터치한다. MN은 미술치료사의 활동에 대한 친근감을 확립한다. 여기에는 미술 재료의 제공, 구조화, 다루기와 밑그림에 색칠하기와 같은 간단한 작품 제작 작업에 참여하도록 초대하는 것이 포함된다. 치료 환경 속에서 이러한 움직임에 대한 내담자의 반응은 연결성을 구축한다. 일반적으로 목적의식 있는 행동을 인식하는 기능을 하는 MN은 내담자의 인식, 예측과 다음에 일어날 일에 대한 창의적인 상상력을 증진시킬 수 있다. 치료에서 이러한 상호 주관적 기능은 보조적이고 비(非)위협적인 역할을 하며 다음과 같은 내적 대화로 나타날 수 있다. "나는 내담자가 하는 일을 하고, 내담자가 하는 일을 할 수 있고, 내담자가 할 일을 인식하고 예측할 수 있다." 일단 이러한 관계적 친숙성이 확립되면 치료사는 특정한 안전 지향적 지시를 시작할 수 있다. "점토로 닻을 만드세요." "안전한 장소, 공간, 사물 또는 반려동물을 묘사하세요." 또는 "안전한 환경에서 어떤 느낌이 드는지를 보여 주기 위한 시각예술[춤, 연기(moment), 극 또는 음악]을 이용하세요."와 같은 개입도 적절하다(Hass-Cohen & Clyde Findlay, 2015). 이러한 예술 기반의 요청은 안전함을 다양하게 표현하기 위한 상상력을 촉발시키는 데 사용된다. 이러한 표현법 중 하나인 '만들고, 보여 주고, 말하는' 것을 선택하는 것은 아마도 반추와 우울감을 줄이는 데 기여하는 창의적이고 과업을 기반으로 한 신경회로체계에 관여할 것이다.

긍정적 감정, 동기 부여 및 창의력: 표현적 의사소통 신경과학

앞에서 언급한 바와 같이, CTS 경험은 긍정적인 감정에 접근하고 이를 처리하는 내담자의 능력 감소로 인해 더욱 악화된다(Litz & Gray, 2002). 그러나 긍정적인 감정에 접근하는 것은 외상 경험 후 이어지는 부정적인 감정의 영향을 무력화시킬 수 있으므로 장려될 필요가 있다. 긍정적인 감정은 부정적인 결과를 부정할 뿐만 아니라 긍정적인 결과를 생성하도록 작용한다(Fredrickson, Mancuso, Branigan, & Tugade, 2000). 사람들은 광범위한 생리학적 반응, 행동 작용 및 동기 부여 행동, 감정 · 심리적 기능 및 인지적 평가를 통해 감정을 처리한다(Scherer, 2000). 미주신경다발 지향적 내담자를 위해 설명된 것과 같은 안전한 치료상의 환경은 즐거운 작품 제작을 위한 다양한 플랫폼을 통해 과거의 부정적인 영향에 대처하기 위한 동기 부여와 긍정적인 경험을 제공할 수 있다.

신경과학의 관점에서 여러 가지의 감정 모델이 있다(Demaree, Everhart, Youngstrom, & Harrison, 2005; Lane, 2008). 여기에는 ① 뇌간 및 미주신경다발 복합체와 연결에 의해 조절되는 얼굴 표정으로 표현되는 암시적인 기본 감정(Ekman, 1992), ② 보상 체계 기능에 의해 지원되는 암시적인 동기 부여 및 쾌락 편향의 감정, ③ 피질 하부 및 피질 구조의 접점에 의해 매개되는 각성, 과각성, 평온함과 관련된 암시적이고 명시적인 감정, ④ 명시적인 좌반구의 긍정적 감정 대(對) 암시적인 우반구의 부정적 감정 등이 포함된다. 이러한 부위의 활성화는 외상과 같은 생활 사건뿐만 아니라 PTSD에 대한 유전적 취약성에도 영향을 받는다(Skelton, Ressler, Norrholm, Jovanovic, & Bradley-Davino, 2012).

두려움에 기초한 감정뿐만 아니라 긍정적인 감정도 피질 하부의 변연계 및 보상 체계 기능과 관련이 있다. 사실 긍정적인 감정을 경험하는 것은 공포 기반의 편도체 촉발을 감소시키는 경향이 있으며(Phelps & LeDoux, 2005), 이에 따라 생체 적응 균형에 기여한다. 긍정적 감정은 선조체의 기능과 관련이 있다. 변연계에 위치한 선조체의 배측 영역은 기저신경절의 미상핵과 경막 부분을 포함하지만, 복측 영역은 보상 체계와 관련된 영역인 중격핵을 포함한다. 따라서 선조체는 몸의 움직임과 동기 부여를 조화시키는 데 도움을 준다(Girault, 2012). 뇌의 동기 부여 중심인 보상 체계는 긍정적이고 부정적인 감정을 돕는 신경전달물질을 생산한다. 예를 들어, 움직임과 긍정적인 정신 상태는 보상 체계에서 도파민을 유발한다. 긍정적인 감정은 주로 복측 피막에서 복측 선조체까지 확장되는 뇌의 보상 체계에서 중간변연계의 도파민 돌기를 자극한다. 도파민은 또한 잠재적으로 코르티솔과 노르에피네프린 투여를 통해 스트레스의 균형을 맞출 수 있다(Panksepp & Burgdorf, 2006). 신경화학적 균형이 달성되면 부정적인 감정이 발생하는 동안 뇌의 편도체 공포와 해마 기억 영역의 초기 활성화에 효과적으로 대항할 수 있다(Gray & McNaughton, 2003). 또한 세로토닌과 아세틸콜린은 부정적 · 혐오적인 자극에 대한 반응 조절에 관여한다(Hoebel, Avena, & Rada, 2007; [그림 5-4] 참조).

좌반구의 대뇌 피질은 긍정적인 감정으로 관여한다. 이는 보상 체계의 활동에 의해 크게 영향을 받으며 창조의 즐거움과 관련이 있다(Badenoch, 2008). 보상 체계에서 솔기핵, 청반 및 복측 피개부는 운동을 담당하는 소뇌와 연결된다. 이러한 연결은 감정 처리와 긍정적인 감정을 위해 중요하다(Konarski, McIntyre, Grupp, & Kennedy, 2005). 보상 체계의 관점에서 볼 때, 촉각을 이용한 즐거운 경험, 감각적인 생생함, 숙달은 즐거운 감정에 기여한다. 움직임과 외향적 표현은 표현예술의 개입에 의해 촉발된다. 아마도 그것은 긍정적인 감정 및 강화와 관련된 도파민(DA) 방출과 변연계 활동을 자극할 것이다. 긍정적인 감정의 생성이 추가적인 긍정적인 감정의 발생을 촉발함으로써 일반화 감정이 발생할 수 있다. 또한 작품에 대한 자부심은 뇌의 자연적 보상 체계를 자극하여 긍정적인 반응을 유발할 수 있다. 그러므로 위협을 인지하는 내담자를 위해 작품 제작에

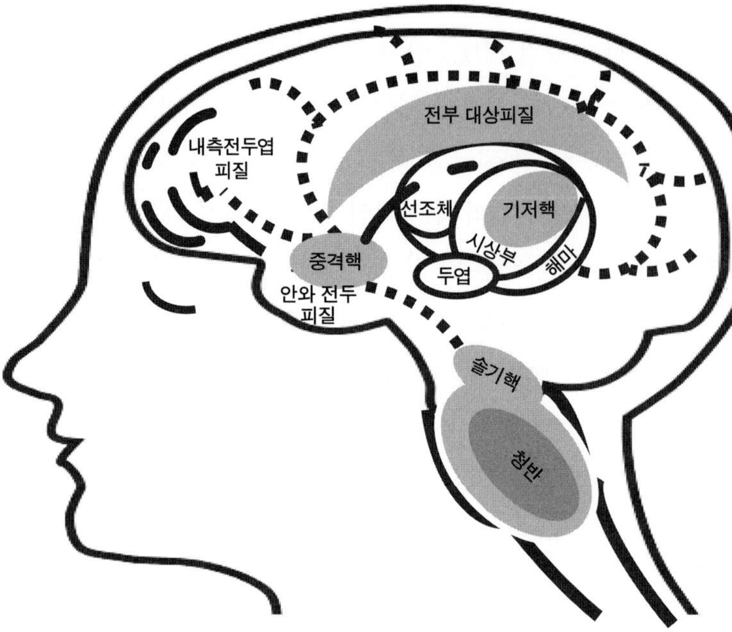

[그림 5-4] **변연계 및 보상 체계 기능**
선조체(S)는 기저핵(BG)의 미상핵과 경막, 중격핵(NAc) 부분을 포함하며, 보상체계와 관련된 영역은 청반(LC)을 포함한다. 점선은 뇌에서의 세로토닌의 분산을 나타낸다. 뇌에서 세로토닌의 주요 공급원은 솔기핵(RN)이다. 전두엽, 특히 내측 전두엽 피질(mPFC)에 도파민이 많이 분산되어 있다는 점에 주목하라. 또한 안와전두 피질(OFC)도 표시되어 있다.

출처: Hass-Cohen.

중점을 두어야 하고, 적어도 초기에는 의미 만들기의 탐험을 통해 발생할 수 있는 긍정적 보상의 증가와 부정적 성향의 감소를 뒷받침하는 미술 콘텐츠의 처리는 피하는 것이 좋다.

보상 체계의 활성화는 DMN 창의적 회로망의 처리와도 관련이 있다(Jung, Mead, Carrasco, & Flores, 2013; 앞의 [그림 5-1] 참조). DMN은 내측전두엽에서 시각 피질에 인접한 영역으로 확장되는 중간 피질 영역의 경로로 구성된다(Hass-Cohen & Clyde Findlay, 2015). 표현적 의사소통 원칙에 따라 미술치료사는 다양한 창의적 표현을 자극하고 긍정적인 감정에 개입하기 위해 춤, 음악, 드라마, 공예 등 다양한 표현 수단에 의존한다. 긍정적인 감정을 경험하는 것은 심리적 · 육체적 웰빙을 지원한다(Lyubomirksy, King, & Diener, 2005; Seligman & Csikszentmihalyi, 2000). 본능적이고 생존에 기초한 반응의 일부인 긍정적인 감정은 생리적 평형과 항상성에 기여한다(Panksepp & Burgdorf,

2006). 프레드릭슨(Fredrickson)의 긍정적인 감정에 대한 확대 및 구축 이론은 긍정적 대 부정적 감정에 의해 작용하는 진화적으로 다른 역할을 설명한다(Fredrickson & Levenson, 1998). 부정적인 감정은 두려움에 의해 위협을 받을 경우 적응적 특성을 영속시키는 데 도움이 된다. 반면, 긍정적인 감정은 한 사람의 삶에 위협이 없는 시간 동안 스스로 자리를 잡아 신체적 · 심리적 · 사회적 자원을 만들 수 있다. 반복되는 긍정적인 감정은 사람들의 긍정적인 감정과 인식의 범위를 넓힘으로써 회복력을 개발하고 유지하는 데 중요한 역할을 한다. 시간이 지남에 따라 이러한 확장은 습관화되어 적응적 반응에 기여할 수 있다. 실제로 높은 특성 회복력은 긍정적인 감정을 더 많이 경험하는 것과 상관관계가 있었다(Tugade & Fredrickson, 2007). 이러한 맥락에서 긍정적인 감정은 회복력이 있는 개인이 스트레스에 적응하기 위해 사용하는 심리적 자원을 구축한다(Fredrickson, Tugade, Waugh, & Larkin, 2003; Tugade & Fredrickson, 2007). 예를 들어, 훈련 중에 부정적인 감정양상을 보인 경찰관에 비해 긍정적인 감정 특성을 보인 경찰관의 대응 궤적이 더욱 예측 가능성이 높았다(Galatzer-Levy et al., 2013). 긍정적인 감정의 존재는 대처 과정에 있어 중요한 요소이다(Bonanno, 2008; Folkman & Moskowitz, 2000). 사회적인 즐거움과 웃음에 대한 추가적인 연구를 통해 행복이란 사람들이 긍정적인 감정을 경험하는 시간의 양에 의해 매개되는 것이지 그것을 경험하는 강도에 의해 매개되는 것이 아님을 알 수 있다(Lyubomirsky et al., 2005).

신경생물학적 관점에서 긍정과 부정은 공존할 수 있으며, 이는 긍정적 감정과 부정적 감정이 치료에서 동시에 작용될 수 있는 별개의 현상이라는 것을 이해하는 데 기여한다. 긍정적인 감정과 자전적 기억의 단서 처리에 관련된 중요한 전두엽 영역은 안와전두 피질(OFC)이다(Panksepp & Burgdorf, 2006). 분리된 OFC 영역은 시공간 및 체지각적 보상 및 반대 자극을 처리한다. 예를 들어, 기분 좋은 냄새는 OFC의 내측을 활성화하고, 불쾌한 냄새는 배측 ACC와 중간 OFC를 활성화한다(Grabenhorst, Rolls, Margot, Da Silva, & Velazco, 2007). 그러므로 우리의 뇌는 복합적 자극의 긍정적인 가치와 부정적인 가치를 동시에 표현하는 데 능숙하며, 이는 효과적인 의사 결정에 기여한다. 좋은 것과 나쁜 것 모두를 허용하고 받아들이는 과정은 감정적인 반응을 검토하고 고려하고 행동하는 능력을 연마한다. 치료상의 작품 제작은 판단 및 고통뿐만 아니라 즐거움과 기쁨의 동시적 자극에 대한 관용을 실천할 수 있는 기회를 제공한다. 이와 같이 고유한 미술치료의 특성은 내담자가 스스로 조절하고 긍정적인 감정과 부정적인 감정을 모두 사용하여 의사 결정을 내리는 능력을 확장시킨다.

긍정적인 감정은 치료적으로 볼 때 자기통제, 자부심, 감사, 사랑과 연관되어 있다. 행복과 즐거움은 호기심과 장난기 있는 태도와 행동에 의해 뒷받침된다(Gallagher & Lopez, 2007). 저자들은 호기심이 새로운 상황에 대한 탐색과 흡수라는 두 가지 요소의 결합이라고 설명한다. 후자는 삶의 경험과 상황에 완전히 몰입하려는 성향을 나타낸다. 이러한 치료적 요소들은 미술치료의 창의적인 노력을 통해 선천적으로 지지된다. 창의적인 호기심에 개입하는 것은 부정적인 반응에서 긍정적인 반응으로의 탄력적인 변화를 나타낸다. 아마도 이러한 움직임은 신경 내분비를 매개로 한 통제 상실감을 교감신경계에 대한 수용 또는 통제의 감정으로 변화시킨다(Henry & Wang, 1998). 나아가 두려움에 떨고 있는 우반구가 활성화된 내담자가 작품 제작에 몰두할 수 있게 되면서, 좌반구는 감정적 기피 현상을 조절할 수 있다. 따라서 작품 제작에서의 호기심과 즐거움은 긍정적인 좌반구의 감정을 경험할 수 있게 한다. 이는 인식 및 행동 반경과 사회적 가능성을 확장시킨다(Hass-Cohen & Clyde Findlay, 2015).

어떤 긍정적인 기억의 회복은 자아감을 기반으로 이루어질 수 있다. 이를 위해서는 긍정적이고 지지적인 기억을 제공할 수 있는 가족과 같은 제3자의 도움이 필요할 수 있다. 미술치료사는 치료 과정에서 내담자가 그린 어두운 그림에 몇 가지 긍정적인 특징을 추가할 것을 제안할 수도 있다. 우선 내담자를 중립적 · 긍정적인 경험에 참여시키는 것은 외상 경험에 대한 보다 상세한 기억을 되살리는 데 도움이 되는 유용한 전술이다(Cohen, Mannarino, & Deblinger, 2006). 단기적으로 이 '밝은 희망(silver lining)'은 부정적인 감정의 영향을 줄일 수 있고, 치료가 이루어지는 동안 긍정적인 감정 조절과 창의력 및 회복력을 강화할 기회를 제공한다. 따라서 통합 창의력(DMN 기능)과 실행 기능(좌반구의 고급 기능)은 문제에 대한 해결책을 떠올리는 것을 도울 수 있다. 작품 제작은 우반구의 불안뿐만 아니라 외상을 맞닥뜨린 상황에서의 행동 결핍과 연관된 좌반구의 분열도 완화시킬 수 있게 한다(Lanius, Hopper, & Menon, 2003). 미술치료는 생생하고 창의적인 긍정적 경험의 발달을 통해 외상 기억을 저해시킬 수 있는 잠재력을 가지고 있기 때문에 이 작업에 특히 적합하다. 자발적이고 구조적인 미술치료와 극적인 개입을 통해 상상력은 현재 일어나고 있는 일과 그에 필요한 해결책에 대한 단서를 제공한다(Lahad, 1993, 2000).

관계 맺기: 관계적 공명

대인관계 및 사회적 상호작용은 회복력을 강화하는 데 도움을 주고(Maddi, 2006; Schulkin, 2011), 대인관계 발달을 돕는 것은 PTSD에 대한 노출치료만큼 중요한 것으로 나타났다(Markowitz, Milrod, Bleiberg, & Marshall, 2009). 예를 들어, 미국 퇴역 군인들을 대상으로 한 설문조사에서 외상 사건 후 친구, 가족 또는 다른 사회 집단의 지원을 받는 것이 사회적 이타주의를 행하는 것과 마찬가지로 외상 후 성장(PTG)에 직접적으로 기여했다는 것이 나타났다(Tsai, El-Gabalawy, Sledge, Southwick, & Pietrzak, 2015). 반면, 원가족의 회피와 감정적 은닉은 PTSD 증상과 양적 상관관계가 있었다(Duax, Bonnert, Rauch, & Dever, 2014). 이것은 신경생물학적 관점에서 사회적 특성, 현저성, 원자가, 예측, 상태, 통제, 접촉, 지원 모두 교감신경, 내분비 및 카테콜아민 체계의 과각성이 균형을 이루게 하는 것이다(Schulkin, 2011).

복합 외상에 대한 적응은 각 생존자의 고유한 개인적 · 사회적 환경과 관련이 있다. 불행하게도, 외상이 발생하는 관계적 맥락은 종종 불안정하거나 무효화되어 각 생존자들의 인생 경험을 지속적으로 형성한다. 학대의 생존자들은 종종 지지 결핍과 명백한 불신, 평가절하, 배신과 같이 타인과의 관계 맺기에서 계속되는 고통스러운 경험을 표현한다. 외상에 이어 성격장애도 생길 수 있는데, 이는 건강한 관계를 형성하고 유지하는 데 있어 보편적인 어려움으로 나타난다(Linehan, 1993a, 1993b). 따라서 완벽한 회복을 위해 치료는 관계적 위험과 보호적인 요소를 다루어야 한다. 치료 맥락에서 관계는 ① 치료상의 관계, ② 과거 및 현재의 개인 및 사회적 관계, ③ 새로운 개인 관계 및 사회적 네트워크를 포함한다. 따라서 치료 목표에는 학대 관계의 재발을 피하는 방법, 건전하고 새로운 관계를 구축하는 방법, 기존 사회적 네트워크와 다시 연계하는 방법을 배우는 것이 포함된다.

CTS 및 PTSD를 겪은 수많은 내담자는 발달 또는 애착 결핍과 관련된 아동 학대 및 관계 문제의 이력이 있으며, 이는 건전한 치료 관계의 발전에 영향을 미친다(Perry et al., 1995). 따라서 외상을 겪은 내담자, 특히 유아기 성적 학대(CSA)를 겪은 성인 생존자는 대개 또 다른 사회적 위험 요소로 괴로워한다. 그들은 아마도 긍정적 미러링을 한 적 없고 위협 패러다임에서 벗어난 제스처를 해석하는 방법을 배우지 않았을 것이다(Lane et al., 2014). 신체적인 의사소통을 이해하는 것은 우리가 암시적인 대인 간의 상호작용을 해석하는 것을 배우는 첫 번째 방법이다. 이러한 기술의 결핍은 CSA 생존자가 세상과 상호작용하는 방식에 영향을 미친다. 뇌의 발달 기간 동안 타인이 제공하는 맥락 정보가 없다면, 상호 주관적인 경험과 감정에 대한 온전한 형태의 표현(picture)을 할 수 있는 능력이 제한될 것이다. 이러한 어려움은 일생 동안 계속될 것이며, 결코 미러링되거나 명시적으로 맥락화되지 않은 고도의 암시적인 감정적 반응으로 나타날 것이다. 결국 그 생존자는 감정에 압도당한 채 일상적이고 특별한 사건과 관계에 대한 본능적인 감정적 경험을 인지적으로 처리할 수 없게 만드는 부정적 일반화를 발달시킨다.

미술치료에서 내담자-치료사의 제스처는 그러한 관계적 파열을 개선할 기회를 제공한다. 치료에서 능동적인 작품 제작과 관련된 능동적 제스처는 거울신경 세포 체계(MNS)를 활성화하여 사회적 구현의 기회를 제공한다(Hass-Cohen & Clyde Findlay, 2015). 즉, MNS는 MN 기능에 제한되지 않기 때문에 상호 주관적 기능에서 중요한 역할을 한다. 예를 들어, 나에게 중요한 사람이 핀에 찔린 것을 관찰할 때, 관찰자의 통증 회로 역시 고통이 없는 상태에서 촉발된다(Singer, 2004). 이와 같이 넓어진 미러링 기능은 관찰자에게 그가 관찰한 행동에 대한 내부 지식 없이 그 목적을 이해할 수 없기 때문에 상호 주관적인 기능이다(Ammaniti & Gallese, 2014). 그러면 내담자는 자신의 행동을 이용하여 대인관계를 깊이 이해하고 관여하기 시작한다. 구체화된 모의 이론은 '사람들이 자신의 정신 상태나 신체 형태로 표현하여 기능적으로 그들 자신에게 귀속시킨 처리 과정을 재이용한다.'는 것을 보여 준다. 신뢰받는 치료사는 고조된 공포의 활성화와 습관화를 줄이고 새로운 자기 기억을 형성하는 보조적 자아가 된다. 즉, 치료사 자신이 내담자의 회복을 위한 거울이 되는 것이다(Hass-Cohen, 2007).

미러링에는 연결성과 친숙함이 필요하다. 친숙함과 존중은 도구적이고 과업 지향적인 우발적 내지 의도적인 상호 접촉을 통해 천천히 발달할 수 있는데, 미술에 이용되는 똑같은 종이를 함께 만져 보는 것이 그 예이다(Hass-Cohen et al., 2015). 상징적이고 물리적인 미술 매개의 대인 간 접촉 및 공간(AMITS)은 미술치료의 장점 중 하나이다(Hass-Cohen et al., 2015). 예를 들어, 긍정적이고 안전한 AMITS는 작품의 촉감적 측면에 대한 긍정적인 관심을 표현하는 것뿐만 아니라 재료를 공유하고 자신의 작품이나 내담자의 작품을 만져 보는 것을 포함한다. 이런 식으로 친밀감, 관심, 호기심, 지지를 표현할 수 있는 여러 기회가 존재한다. 치료상의 관계 초기에 미술치료사는 내담자에게 치료사가 파스텔로 색칠한 종이에 번진 부분을 만져 보라고 제안할 수 있다. 그 대신에 치료사는 내담자의 낙서한 종이가 움직일 때 이를 고정시키기 위해 그 종이를 잡아 달라거나, 무게와 힘을 감지하기 위해 내담자가 점토로 만든 공을 잡으라고 요구할 수 있다. 관계적 지지에서 가장 중요한 것은 이러한 암시적인 치료상의 관계에 있지만, 그 지지는 함께 그리기 기법을 통해 진화하고 상징화되고 명료해질 수 있다(Bat-Or, 2010; Fish, 2012; Franklin, 2010; Gavron, 2013; Kaiser & Deaver, 2009). 치료사는 '정원과 같이 성장하고 변화하는 곳을 포함하여 안전한 장소를 그려 보세요.' 그리고 '위로하고 신뢰하는 생활 관계를 나타내세요.'와 같은 지시를 통해 안전한 관계의 탐구를 점진적으로 촉진시킬 수 있다.

치료 과정에서 CTS 증상은 치료사와 내담자 사이의 관계를 위협하며, 치료사에게 알려지지 않은 상태에서 잠재적인 외상 반응을 일으킬 수 있다. 이러한 반응은 불신, 체념, 패배감, 죄책감, 수치심을 다시 불러일으킬 수 있다. 따라서 명시적인 서사적 외상 처리 과정이 수반할 수 있는 암시적인 정서적 혼란을 중재할 수 있는 강력한 관계를 구축하는 것이 중요하다(Missirlian, Toukmanian, Warwar, & Greenberg, 2005). 친숙한 다른 사람과 치료상의 관계는 외상 기억의 재통합 과정에서 신뢰할 수 있는 공유 기억을 포함시킴으로써 그 기억의 일부가 될 수 있다. 앞서 언급한 바와 같이 포게스(2013)는 외상으로 인해 CTS를 겪은 내담자의 사회적 재연결을 위한 구체적인 임상 지침을 권고한다. 또한 노랫말이 있는 배경음악은 내담자가 대인 간 상호작용에 적응하는 데 도움이 될 수 있다. 회기 중 긍정적이고 비위협적인 상호작용을 명확하게 전달하기 위해 치료사는 일관되고 진실하며 부드러운 목소리뿐만 아니라 자연스러운 눈웃음과 함께 진정한 미소로 배려심 있는 얼굴 표정을 지어야 한다(Ekman, 1992). 시선, 얼굴 표정 및 기타 사회적 감각 단서에 의해 촉진되는 사회적 상호작용은 흥분된 자율신경계의 혼돈 상태를 중재할 수 있다. 헤스-코헨과 클라이드 핀들레이(Hass-Cohen & Clyde Findlay, 2015)가 검토한 바와 같이, 단기 및 장기 스트레스 반응의 해결은 사전 예방적인 사회적 반응과 관련된 반면, 대체된 만성 CTS 장기 스트레스 기능은 만성적인 사회적 회피 및 패배감과 관련이 있다(Wood, Walker, Valentino, & Bhantnagar, 2010; [그림 5-5] 참조).

일부 치료 접근법은 성공적인 서사적 외상 처리 과정 후에 시도하는 타인에 대한 지지가 가장 적합할 수 있음을 시사한다(Herman, 1997). 그러나 PTG의 신경과학에서 얻은 정보는 사회적 상호작용이 코르티솔과 카테콜아민 수준을 조절함으로써 적응 반응(생체적응 상태)에 직접적으로 기여할 수 있음을 시사한다(Scelling et al., 2006). 사실 퇴역 군인의 PTG에 대한 검토 결과를 살펴보면 내적 목적성 및 종교성뿐만 아니라 사회적 연

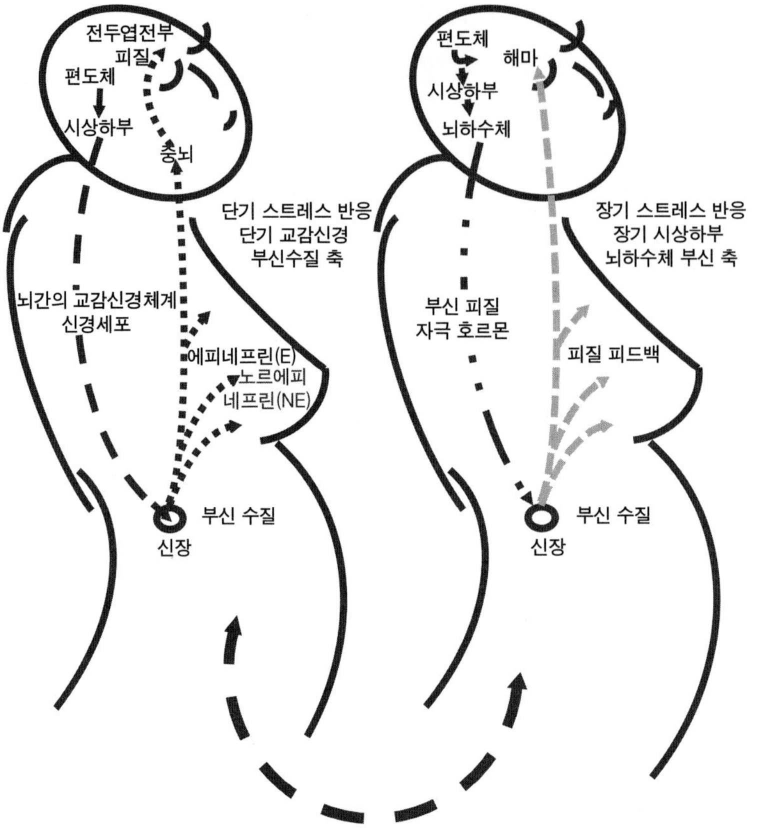

[그림 5-5] 단기 및 장기 스트레스 반응
스트레스 체계는 장기 시상하부 뇌하수체 부신(HPA) 축 반응(오른쪽)뿐만 아니라 단기 교감신경 부신수질(SAM) 축 스트레스 반응(왼쪽)을 포함하는 신경전달물질 및 내분비계이다. SAM의 활성화는 노르에피네프린(NE)을 방출하는 반면, HPA 활성화는 코르티솔을 방출한다. 아래쪽 점선으로 된 반곡선에서 알 수 있듯이, 두 체계는 나란히 작동한다.

출처: Hass-Cohen.

결 발달의 중요성을 강조한다(Tsai et al., 2015). 따라서 치료사는 내담자와 관계적으로 상호작용하고 관계의 상징적 표현을 요청하며, 사회적 네트워크에 도달하도록 장려하기 위해 미술을 활용하는 것이 의무적이다. 치료사들은 또한 가능한 한 빨리 내담자가 클리닉 외부의 사회적 상호작용을 계획하고 접근하는 것을 도와야 한다. 이러한 상호작용에 대한 CTS 지침은 내담자가 사회에 온전히 참여하기 전 사회적 환경에 서서히 익숙해지도록 하는 것일 수 있다. 또한 그들은 불편한 상황을 벗어나거나 빠져나갈 수 있는 방법을 익혀야 한다(Schulkin, 2011). 슐킨(Schulkin)의 연구는 익숙하지 않거나 불분명한 상황에 관여하는 것이 코르티솔 분비를 증가시킬 수 있는 반면, 잠재적으로 위협적인 사건을 피하는 것은 코르티솔을 감소시킬 수 있다는 것을 시사한다. 다른 연구에서는 3개 이상의 정기적인 사회적 접촉을 유지하는 것이 낮은 생체 적응 부하 점수와 관련이 있다는 것을 발견했다(Seeman, Singer, Ryff, Dienberg Love, & Levy−Storms, 2002). 미주신경다발의 상호작용에 대해 권장되는 관계적 상호작용은 더 넓은 사회적 맥락이나 가족 간 상호작용이 아닌 이원적(dyadic) 지지이다(Kramer, 1990). 사회적 연계의 모든 결과를 완전히 예측하는 것은 불가능하지만, 미술치료사들은 내담자들이 이를 예상하도록 돕기 위해 모든 차원을 활용해야 한다.

기억, 안전 및 숙달: 적응적 대응

성공적인 기억 및 적응적 외상 처리 과정은 비록 단기간이라도 실제 행동과 인지된 행동, 개인적, 대인관계 및 사회적 안정을 달성해야 한다. 내부 자아의 이러한 반복적인 균형은 회복력의 표현이다(Sapolsky, 2004). 안정성에 대한 반복적인 경험은 CTS에 의해 생성된 신경생물학적 부하를 감소시킬 수 있으며, 외상 기억 재생의 맥락적인 변화에 기여할 수 있다. 생체 적응 부하를 줄이려면 다양한 전략을 학습해야 한다(Schulkin, 2003; Sterling & Eyer, 1988). 장 · 단기를 불문하고 보다 진화된 스트레스 반응에 작용하는 내담자의 이러한 목표를 해결하는 것은 미주신경다발 지향적인 내담자의 경우와는 조금 다른 작업이다. 숙달과 통제의 축에서 발생하는 스트레스 반응은 인지 기능에 의해 매개될 수 있기 때문이다. 그러므로 외부 감각의 입력 및 신체 내부 감각에 대한 반응성 감소와 같은 대안적으로 학습된 반응은 교감신경 및 신경 내분비 각성의 감소에 기여할 수 있다. 이러한 적응적 대응 및 회복력은 단기 및 장기 스트레스 반응의 신속한 해결과 관련이 있다. 이 해결책에 필요한 기술에는 ① 이완 및 그라운딩에 대한 학습과 참여, 정서조절 기법, ② 치료 환경에서 숙달과 통제를 연습하는 것, ③ 치료 맥락 밖에서 통제에 대한 실제 및 인식된 행동 숙달과 인지적 인식을 반복하는 것이 포함된다(de kloet, Joëls, & Holsboer, 2005). 이 세 가지 기술의 습득은 새로운 사회적 상호작용, 서사적 외상 처리 과정, 안전한 기억 및 재발 방지를 지지한다. 감서 조절 기법, 반복적인 인지 처리 및 숙달된 경험은 일관된 자아감을 지지하여 스트레스 반응을 더욱 완화시킨다.

정서 조절

정서 조절 기술은 뇌의 공포 중추를 탈조건화시키고 AMY 촉발을 줄이는 데 도움이 된다. 정서 조절 기술, 특히 마치 자신이 '미친' 것과 같은 감정의 통제와 증대된 통제감은 PTG와 관련하여 입증되었다(Dekel, Mandl, & Solomon, 2011). AMY의 능동적 대처 영역은 시각 및 청각 정보를 수신하므로(Hass-Cohen, 2015-개관; Pessoa & Adolphs, 2010), 미술치료를 실시하는 것은 편도체의 탈조건화에 강력한 역할을 할 수 있다. 실제 경험적으로 입증된 TF-CBT는 종종 미술과 놀이 치료를 포함한다(Cohen, Mannarino, & Deblinger, 2006). 색칠하고 점토를 가지고 노는 것과 같은 진정 활동 역시 이를 안정화시킬 수 있다(Hass-Cohen & Clyde Findlay, 2015). 또 다른 지시들은 이완 및 요가 전략(Emmerson, 2015)과 내담자에게 안정적인 경험을 상상하고 그리도록 요청하는 것(Hass-Cohen & Clyde Findlay, 2009)이다. 개입 자체가 안정화되는 것을 경험해야 하는 미주신경다발 기반의 개입과 비교할 때 후자의 지시는 내담자가 안전, 대인관계에서의 안심 및 안정성에 관한 문제에 보다 일반적으로 접근, 처리 및 통제할 수 있도록 지원하는 데 초점을 맞춘다. 긍정적인 기억의 재통합을 지지하기 위해 이러한 모든 유형의 개입을 반복해야 한다(Perry, 2006).

숙달

미술치료사들은 치료상으로 내담자들이 선호하는 예술적 표현 방식과 매체에 대해 숙달할 수 있도록 돕는 것이 일반적인 숙달 및 통제 감각을 증가시킬 것이라고 제안했다(Moon, 2001). 내담자의 관심과 능력의 정도에 따라 예술적 숙달의 발전이 포함된 미술치료 접근법이 적절하다(Kramer, 1990). 내용에 대한 심리적인 탐구 외에 예술적 숙달에 관한 구두 토론은 이러한 역량을 강화하는 데 도움이 될 수 있다. 게다가 창의적인 작품 제작은 다른 생체 적응의 조정에 기여하는 자기관리의 연습으로 이용될 수 있다.

치료에서의 작품 제작은 회피적이거나 부정적인 반응이 통제 반응을 위한 긍정적이거나 적극적인 노력으로 변화하는 것을 돕는다(Henry & Wang, 1998). 예를 들어, 내담자가 종이에 그림을 그리거나 빨리 표시하는 것을 하지 않는 것은 적응적 노력을 나타낼 수 있으므로 부정적으로 해석해서는 안 된다. 또 다른 예시는 커다란 제스처 그림이다. 이러한 제스처는 투쟁 또는 도피의 판타지를 구현할 수 있지만, 그 이미지의 탐구가 숙달감을 증가시킬 수 있기 때문에 이에 대처하는 것을 나타낸다. 또한 회복력은 대처의 필요성을 성공적으로 예측할 수 있는 능력과 연관되어 있기 때문에, 내담자는 관련 시나리오를 식별하고 대처 전략을 어떻게 활용할 것인지 상상할 수 있다(Lahad, 1993). 맥락적 처리 과정의 하이라이트는 암시적 이미지 변환, 반사적 정신화 지지, 암시적인 것을 명료화시키는 것을 포함한다. 목표는 가장 아픈 기억을 말할 수 있게 만들고, 자기조절을 유지하며, 현재의 경험을 일관되게 서사하는 것이다. 이러한 종류의 외상 기억에 대한 통제된 노출은 미술 기반의 외상 처리 과정에서 필수적인 요소이다. 스튜디오 내에서의 그러한 노출로 인한 흥분은 내담자가 이를 통제함에 따라 안전하고 치료적인 것일 수 있다.

신경생물학적으로 흥분은 균형 잡힌 코르티솔과 NE의 배출로 표현되며 긍정적인 효과를 갖는다. 흥분은 에너지를 제공하는 것 외에도 높은 주의력과 집중력 그리고 외상 기억의 망각과도 관련이 있다. 즉, 적절한 조건하에서 흥분으로 인해 나타나는 스트레스 반응은 유익할 수 있다(McEwen, 2007, 2012). 스트레스 반응에 대한 정보를 바탕으로 치료사는 내담자가 천천히 페이스를 유지하도록 도와줌으로써 새로움과 흥분을 도입하려 할 수 있다(Hass-Cohen, 2015). 비슷한 맥락에서 작품 제작은 자연으로부터 이미지를 그리거나 외상의 이력과 직접 관련이 없는 또 다른 스튜디오 미술을 기반으로 한 작업을 포함한 휴식 시간을 제공할 수 있다. 종이나 또는 다른 매체를 통해 탈출 및 회피 경로를 탐색하는 것이 적절할 수 있다. 이러한 경로는 더 낮은 수준으로 내재화된 증상들과 관련이 있다(Shahar, Elad-Strenger, & Henrich, 2012).

자전적 타임라인

치료사들은 그들이 이용할 수 있는 몇 가지 다른 전략을 가지고 있다. 자전적인 것과 관계된 미술치료 타임라인은 대인관계와 사회적 접촉을 성공적으로 맥락화하고 통합하는 데 사용할 수 있는 지시이다(Hass-Cohen & Clyde Findlay, 2015). 미술치료 타임라인을 만들면 그 사람의 연대기와 종합적인 증상과 관련된 정보가 명확해진다. 자전적 타임라인(autobiographical timeline)은 개인의 삶에서 중요한 사람들을 시간 순서로 나타낸

것이다. 관계의 타임라인은 내담자에 의해 정렬 및 재조정될 수 있다. 타임라인에 관여하는 것은 시간 간격을 탐색하고 상당한 감정의 투입을 통해 회복하는 것이 될 수 있다. 타임라인에서 관계를 추가, 교체 및 제거하게 되면 잊힌 세부 정보의 성공적인 검색을 촉진할 수 있다. 타임라인은 인과적 일관성과 재구성된 기억의 발달을 촉진할 뿐만 아니라 한 사람의 삶에 대한 긍정적인 통제감을 제공한다. '당신의 과거, 현재, 미래의 관계를 그려 보시오.'로 표현되는 타임라인을 구축하라는 지시는 애착, 창의력 및 회복력과 같은 개인 기능과의 접점을 구현한다.

다음에서 자세히 논의되는 두 가지 ATR-N 프로토콜은 자전적 기억의 처리를 통해 안전한 기억을 제공하도록 설계되어 있다. 프로토콜은 내담자에게 매체를 선택할 것을 요구한다. 이러한 매체는 가까이에 있는 선반이나 테이블에 놓여 있으며, 내담자가 직접 가서 작품 제작 공간으로 가져와야 한다. 매체를 향하거나 멀어지는 신체적 움직임은 동결 반응을 줄일 수 있는 의도적인 통제감을 작동시킨다. ATR-N 프로토콜의 핵심 전제는 ① 기억의 처리, 변경 및 변환을 허용하기 위해 전개되어야 하고, ② 작품 제작 도중 내지 이후에 회복력 반응을 증가시키기 위해 내부적, 대인관계 및 사회적 자원을 포함하도록 설계되어야 하며, ③ 자아의 탐구에 초점을 맞춰야 한다는 것이다. 기억 재통합에 관한 정보에 따르면 프로토콜의 지침은 다음에 제공된 바와 같이 필요에 따라 휴식 시간을 갖는 2~4시간(한 회기의 임상 시간이 아님)에 걸쳐 이들을 구현하는 것을 포함한다. 노출 정도가 외상 기억을 강화하지 않도록 하기 위해 이러한 처리 과정에서 편안한 이완 기법을 분산시키는 것도 필요하다. 내담자는 일반적으로 각각의 지시에 제목을 붙일 것을 요청받는다. 달리 지시되지 않는 한 이미지의 서사적 처리는 그 순서의 끝에서 이루어진다. 묘사를 위해 지시사항은 그려서 표현하지만, 이를 대신하는 모든 다양한 표현 매체를 사용할 수 있다.

첫 번째 처리 과정의 프로토콜에는 다음과 같은 네 가지 지시가 있다. ① '만약 당신의 문제를 그려 본다면 어떤 형태일 것인가?' ② '자신의 자화상을 그리거나 표현하시오.' ③ '당신의 내적 · 외적 자원을 그리거나 표현하시오.' ④ '자신의 자화상을 그리거나 표현하시오.' 여기서 네 번째 지시는 의도적으로 두 번째 지시를 반복한다. 기억을 회상하는 것이 문제가 아닐 수 있으므로, 내담자에게 문제를 그려 달라고 요청하는 것부터 시작하는 것이 도움이 된다. 첫 번째 지시는 치료사가 내담자의 요구를 지속적으로 조율할 수 있게 해 준다. 또한 외상 사건의 어떤 측면이 처리되어야 하는지를 파악하는 데에도 도움이 된다. 두 번째 지시인 자화상은 내담자의 정신적 자아상을 표현하도록 유도하며, 외상이 자아 발달과 유지에 미치는 영향을 무효화시킬 수 있는 방법을 탐구하는 기회가 될 수 있다. 게다가 이런 종류의 자전적 초상화는 종종 내담자의 애착 형태에 대한 단서를 포함한다. 세 번째 지시인 자원 식별은 내담자에게 변화할 수 있는 권한을 부여한다. 회복력 있는 개인적 특성, 행동 및 사회적 자원의 식별은 성공적인 기억 재통합 및 소멸뿐만 아니라 외상에 대한 대처에도 기여한다(Helgeson, Reynolds, & Tomich, 2006; Linley & Joseph, 2004; Tedeschi & Calhoun, 2004; Zoellner & Maercker, 2006). 반복되는 자화상으로 나타나는 마지막 그림은 종종 양쪽의 자아상에 나타난 그림의 특성을 비교함으로써 입증되는 회복력에 대한 수용력을 보여 주기 때문에 그 변화의 정도를 측정할 수 있다(Bridgham & Hass-Cohen, 2008; Hass-Cohen & Clyde Findlay, 2009).

유사한 순서의 프로토콜인 '확인(check)'은 더 복잡하다. 첫 번째 지시인 '외상 사건의 자전적 타임라인을 그려 보시오.'는 과거에 있었던 외상 사건들을 현재와 차별화하여 배치시킨다. 두 번째 지시인 '만약 당신에게 무슨 일이 일어났는지 혹은 당신이 편안하고 안전하게 느끼는 것의 한 가지 측면을 그리거나 표현한다면 어떻게 보일 것인가?'는 사건에 대한 외상 기억을 드러낸다. 다음으로 감정과 인지적 처리를 통합하고 인지적 왜곡을 줄이기 위해 작업하면서 제목과 서사가 내담자에 의해 작성되고 치료사에게 공유된다. 일단 작품이 촬영되면 세 번째 지시가 제공된다.

체크인: 그림의 한 가지 측면을 변경하거나 유지할 수 있다면 어떤 측면을 선택할 것이며 그것은 어떤 모양인가? 종이를 오려 내고, 오려 낸 부분을 보관 내지 버리거나, 종이에 배경색을 사용하여 색칠할 수 있다. 추가적인 이미지를 색칠하고, 그리거나 붙이는 것을 고려하시오. 대신에 새 종이에 복원된 부분을 붙이고 새롭게 시작할 수도 있다.

내담자와 치료사는 새로운 작품의 원본과 촬영물을 비교할 수 있다. 다시 이미지 간의 차이에 대한 내담자의 제목과 서사적 처리 과정에 따라 내담자의 내적 통제감과 감정적 인식은 증대시키는 반면 각성 또는 해리 반응을 감소시킨다. 회복력을 촉진시키기 위한 두 가지 확인 지시는 다음과 같다. '당신의 강점을 그리시오.' '낙관적인 미래가 어떤 형태일지 그 이미지를 그리시오.'

이 프로토콜에 대한 일부 유용한 기준 척도에는 ① 동일한 자극성 물질을 반복적으로 사용하는 것과 같은 반복, ② 사람의 형상 및 생생한 특징, 색상, 밝기, 크기 및 촉각적 특성과 같은 단순하고 복합적인 다양한 범위의 자극을 사용하는 것이 포함된다. 프로토콜은 반복될 수 있다. 새롭게 재구성된 외상 기억은 그 사람의 생애에 걸친 사건들과 여러 가지 방법으로 유익하게 결부될 수 있다. 전반적으로 이러한 유익함을 찾는 것은 여러 연구에서 PTG와 연관되었다(Helgeson, Reynolds, & Tomich, 2006).

작품 제작 전반에 걸쳐 내담자는 적절한 관계적 상호작용, 상상력, 긍정적 예측 및 창의력을 통해 지지된다. 두 가지 프로토콜은 두려움을 소멸시키고 기억을 재조합시키는 데 기여한다는 점에서 유사하다. 외상 기억의 의미를 갱신시키는 것은 앞의 두 가지 중 어떠한 프로토콜에도 기여할 수 있다. 임상에서 그 두 가지를 구별하는 것은 불가능할 수도 있다. 임상 사례와 추가 지침은 이전의 간행물을 통해 제공되었다(Bridgham & Hass-Cohen, 2008; Clyde Findlay, 2008; Hass-Cohen & Clyde Findlay, 2009, 2015; Hass-Cohen et al., 2014).

공감과 연민: 재발 방지

재발 방지는 CTS 개입에 매우 중요하다. 외상 기억의 소멸 이후에도 편도체 부위는 그 계기를 기억하는 것처럼 반응에 대해 다시 민감해질 수 있다. 이는 숙달과 통제의 경험뿐만 아니라 생체 내 반응, 긍정적 인지-감정 평가를 목표로 삼는 미술치료 개입이 충분히 효과적이지 않을 수 있음을 시사한다. 경험적 접근법으로 치료받는 경우에도 CTS의 높은 수준의 차도가 있을 수 있다. 또한 일부 생존자는 어떠한 형태의 외상 처리 과정도 받아들이지 못할 수 있다. 다른 사람들에게는 사건에 대한 기억상실증이 있을 수도 있다. 예를 들어, 유아기에 있었던 비행기 추락 사고로 인한 유일 생존자들은 그 사건을 거의 기억하지 못할지 모르지만, 대부분의 경우 쇠약해지는 과정을 겪는다. 비록 대부분은 처리할 수 있는 특정한 기억이 없음에도 그러하다(Dickens, 2014). 따라서 내담자의 예측과 일치하지 않는 것처럼 보이는 정보를 가지고 적극적으로 기억을 갱신하는 것을 목표로 자전적 기억의 재구성을 시도하는 것이 필요하다(Barreiro et al., 2013).

이 장 전반에 걸쳐 논의된 바와 같이 작품 제작 및 표현적 의사소통은 새로움을 외상의 처리 과정에 끼워 넣고 그러한 불일치를 시정할 수 있는 기회를 제공할 수 있다. 종종 미술은 암시적 표현이 놀라운 방식에 의해 맥락적으로 통합되도록 비통합적인 감각 표현을 가능하게 한다. 기억의 재구성은 새로운 정보에 민감한 3개의 뇌 영역, 즉 편도체, 해마 및 PFC 영역의 기능과 관련되어 있기 때문에 미술치료의 이러한 특성은 도움이 될 수 있다(Yamsaki et al., 2002). 새로운 정보를 얻는 것은 기억을 담당하는 영역, 즉 성체 해마, 측뇌실 및 후신경구에서의 새로운 신경 세포 탄생에 기여한다(Kays, Hurley, & Taber, 2012). 새로움, 그리고 아마도 작품 제작과 관련된 새로운 종류의 참신함은 새롭게 탄생한 신경 세포가 번성하고 우리 뇌의 기억 중추에 부착되어 생존할 수 있는 능력에 기여한다. 기억의 재통합 및 회복력과 관련하여 신경 형성이 스트레스에 대처하는 것을 돕는다는 것이 이제 분명해지고 있다(Ming & Song, 2011).

외상학 교육을 받은 미술치료사의 보호하에 이루어지는 창의적인 작품 제작은 기존에 알려지지 않았던 개인적 강점과 의미를 이끌어 낼 수 있다. 새로운 사회적 네트워크에 연결되고 자기연민을 위한 역량을 개발하는 두 가지 추가적인 치료 방법은 재발 방지의 위험을 줄인다(Neff, Kirkpatrick, & Rude, 2007). 예를 들어, 외상 후 성장에 대한 개인적인 이야기들은 종종 사회적 이타주의를 포함한다. 전술한 바 있는 비행기 충돌의 유일한 생존자인 조지 램슨 주니어는 자신과 같은 유일한 생존자를 찾았다. 네바다주 리노에서 아버지를 비롯하여 69명이 사망한 1985년 비행기 사고의 유일한 17세 생존자에 관한 CNN의 주목할 만한 영상은 유의미하고 사회적인 연결성의 엄청난 이점을 보여 주었다. 성인이 되어 다른 생존자들을 지원함으로써 조지는 엄청난 외상 후 성장과 쇠약 증상이 완화되는 것을 경험했다. 조지 이야기의 시간적 차원은 그가 회복을 위한 방법을 찾기 전까지 수년간 고통을 겪었기 때문에 교훈적이다. 치료사들은 외상을 겪은 생존자들이 그와 유사한 경험을 가진 사람들과의 네트워크를 발전시킬 수 있도록 멘토링을 고려할 수 있다. 게다가 미술은 이와 같이 도움을 주고받는 것을 상상하고 탐구하는 데 활용될 수 있다(Hass-Cohen & Ziegler, 2014).

자기 또는 타인 연민의 발달은 그러한 사회적 연결성을 위한 기반이 점점 축적될 수 있게 해 준다. 공감과 연민은 완전히 다른 사람의 입장이 되어 보는 능력을 향상시킴으로써 도움을 준다. 또한 자기연민 기술은 내담자가 되풀이되는 CTS 증상을 받아들이고 용인하는 데 도움이 되고, 이는 CTS 증상이 한번 발동하게 되면 종종 재발하기 때문에 중요한 단계이다. 내담자에게 재발 가능성과 자기연민을 실천하는 방법에 대한 정보를 제공하면 이러한 반응을 완화하고 재발 가능성을 줄일 수 있다(Scaer, 2007). 자기수용과 관용의 정서는 마음챙김 명상을 통해서도 달성될 수 있다(Kabat-Zinn, 2005). 개인적 판단을 배제한 관심은 연민, 친절, 그리고 다른 사람의 고통을 덜어 주고자 하는 열망에 이르는 통로를 제공한다. 그러나 이처럼 많은 시간 동안의 연습과 명상이 필요한 간접적인 경로는 외상 생존자들을 위협하고 활성화시킬 수 있다(Briere & Scott, 2014; Segal, Williams, & Teasdale, 2012). 변증법적 행동치료 및 마음챙김 기반 인지치료를 병합하는 추가적인 치료 접근법은 치료가 어려운 상황에서 효과적임이 입증되었다. 이러한 접근법은 불쾌한 경험에 머물러 있는 사고와 학습을 단절시키는 것에 초점을 맞추어 개입하는 것을 공유한다. 그러나 공감으로 가는가 보다 직접적인 경로로는 마음챙김 자기연민(Mindfulness Self-Compassion: MSC) 개입이 유용할 수 있다(Germer & Neff, 2013). MSC에는 세 가지 요소가 있는데, 마음챙김 대(對) 상처받고 고통스러운 경험으로 인한 과잉 정체성, 스스로 용서하는 것과 자기판단, 그리고 보편적 인간성과 고립이 그것이다. 모든 개입은 자아에 초점을 맞추고 있는데, 이는 CTS 생존자들이 종종 엄청난 양의 죄책감과 자학 또는 자기혐오를 겪기 때문에 중요하다(Rothsild & Wolf, 2013).

치료에서 자기연민과 공감의 발달은 내재된 관계형 매체를 통한 교류에 대한 미술치료사의 민감성, 작품에 대한 무조건적 수용, 진심 어린 관심, 보살핌, 존경의 전달에서 시작된다. 또한 내담자의 '제3의 손', '제3의 눈', '우뇌', '제2의 마음' 등의 기능을 하는 미술치료사는 내담자가 필요로 하는 것을 명시적이고 상징적으로 감지한다. 그리고 내담자는 치료사의 공명을 모방함으로써 이해와 공감을 전달하는 언어를 형성할 기회를 갖게 된다. 이러한 상호 간의 대화는 내담자가 느끼고 예측하는 도움을 경험하는 것으로 발전된다. 미술치료 과정에서 특히 MN과 미러링 체계의 암시적이고 실제적인 움직임에 반응하는 신경생물학적 활성화는 공감하는 연민, 즐거움, 기쁨을 불러일으킨다. 이러한 미러링 반응을 이해하는 것은 미술에 대한 공감적 반응을 구현한다. 그 밖의 관련된 체계에는 우반구 및 좌반구 기능의 통합, 상향식 각성 및 하향식 조절, 긍정적 보상 체계의 균형적인 활성화 등이 있다(Siegel, 2006).

'자기연민 단절(self-compassion break)'과 같은 명시적인 MSC 개입은 사람이 사려 깊고 인도적이며 친절함에 치우친 말을 하도록 유도하고(Germer & Neff, 2013), 이는 미술치료로 쉽게 전환될 수 있다. 예를 들면, '당장 필요한 것이 무엇인지 스스로에게 물어보고 그리시오.'와 같은 형태가 될 것이다. 질문을 한 뒤 이러한 자기연민에 관여하는 것은 스스로에 대한 호의를 길러 준다. ATR-N 프로토콜, 자전적이고 연민 어린 타임라인은 사회적 지지와 미래에 대한 비전을 포함한다(Hass-Cohen & Clyde Findlay, 2015). 타임라인을 요청하는 것은 '당신을 사랑하거나 돌봐 주는 누군가에 의해 보이거나 친절하고 지지적인 자신의 관점으로 보이는 당신의 과거, 현재 그리고 미래를 그리시오.'와 같은 것이다. 외상으로 인한 충격을 받은 사람에게는 종종 자기 자신보다 다른 사람을 배려하는 것이 문화적으로 더 받아들여지기 쉽다. 다른 사람을 배려하는 것으로 시작하는 것이 종종 더 쉽기 때문에 '당신이 사랑하거나 아끼는 누군가를 위해 미래를 상상하고 그리시오.'와 같은 불가피한 예비 단계가 필요할 수 있다. 미래에 대한 축소된 감각을 가지고 있어 와해된 애착이나 외상 이력이 있는 사람에게는 다른 지시가 필요할 수 있다. 내담자의 상황에 따라 '과거 당신을 사랑하거나 아꼈던 사람이 예상할 수 있는 당신의 미래를 그리시오.'와 같은 직접적인 표현이나 전개가 더 적합할 수 있다. 매우 고립된 개인은 현재 또는 과거의 보살펴 주는 관계를 찾지 못할 수 있다. 그렇다면 그 보살펴 주는 존재가 반려동물일 수도 있고, 죽은 연인이 될 수도 있으며, 치료사가 될 수도 있다. 지시의 모든 변형은 다음과 같이 동일한 방식으로 구현된다. '세 장의 종이를 가지고, 각각의 타임라인을 그리시오. 각 종이는 과거, 현재, 미래에 할애되어야 하므로 원하는 부분부터 시작하여 각 기간에 하나의 사건을 넣으시오. 각 기간을 연민 어린 관점에서 그릴 수 있는지 살펴보시오. 특히 미래에 대해 당신을 아끼고 사랑하는 사람이 당신을 위해 바라는 것, 혹은 당신이 자신을 위해 바라는 연민 어린 대상을 그리시오.' 작품 제작의 일부로서 작품 관찰과 인식은 기억의 재통합에 더욱 기여할 수 있다. 미술치료사와 내담자는 완결된 작품에 관한 논의를 하면서 요소의 구성 및 해체에 참여한다. 시각적 모호성을 안전하게 해결하는 것은 심리적으로 카타르시스를 일으키며 기쁨과 만족감을 가져다준다. 그 과정은 공유될 때 사회적 연결성과 공감을 촉진한다. 미술을 논하는 것은 무엇이 의미 있고 아름다운지에 대한 당연시되고 공유된 이해를 높이기 때문에 보편성이 있다(Ramachandran & Hirstein, 1999). 확신하는 미적 경험들과 같이 거울신경 세포 체계(MNS)의 활성화에 의해 매개되는 생각은 보상 관련 뇌의 회로를 활성화하는 것과 연관되어 있다(Kawabata & Zeki, 2004). 이러한 지시들은 자기, 타인 그리고 기억의 예측 기능을 재통합하는 것을 돕는다.

요약

치료상의 경험은 기억의 재활성화, 재부호화, 재통합의 지속적인 처리 과정을 통해 일어난다. 이러한 처리 과정을 통해 새로운 규칙 또는 개요(내부 작업 모델)가 갱신되어 내담자는 자전적 서사에 보다 유연하게 참여할 수 있다. 변화가 지속되는 정도는 기억의 재통합이 얼마나 일반화되는가 또는 새로운 기억이 적용되는 맥락의 폭에 따라 달라질 것이다. 미술 심리치료에서 생성되는 외상 기억에 대한 변화는 단지 새로운 기억들이 만들어지거나 새로운 의미 구조들이 확립되는 것만이 아니다. 그 변화는 자전적인 심신, 그리고 사회적 자아의 변형적 통합을 나타낸다. 미술치료를 수행하는 것은 새로운 기억을 재통합하고 갱신하는 데 직접적으로 기여한다. 앞서 언급한 것과 같이 변형적 통합과 치료상의 변화를 만드는 필수적인 요소에는 오래된 기억을 다시 활성화하고, 재활성화된 기억에 통합되는 새로운 감정적 경험에 개입하며, 변화를 강화시키는 것이 포함된다. 이와 같이 세상을 경험하는 새로운 방식이 적용되는 상황이 많을수록 변화가 더 강해진다(Lane et al., 2014).

이 장에서 제안된 통합 ATR-N CREATE 치료 지침 및 기억 재통합 프로토콜은 다음과 같은 것을 촉진하며, 그것을 특징으로 한다. ① 안전성, 편안함 및 즐거움, ② 긍정적인 감정과 인지, ③ 숙달 제어 및 보호를 위한 반복적인 기회, ④ 관계 안정 및 사회적 의사소통, ⑤ 자기 수용과 연민, ⑥ 기억 재통합, ⑦ 심신의 변형적 통합이 그것이다. 전반적으로 이러한 특성들은 긍정적이고 다른 결과를 상상할 수 있게 하는 수용력에 기여한다([그림 5-6] 참조).

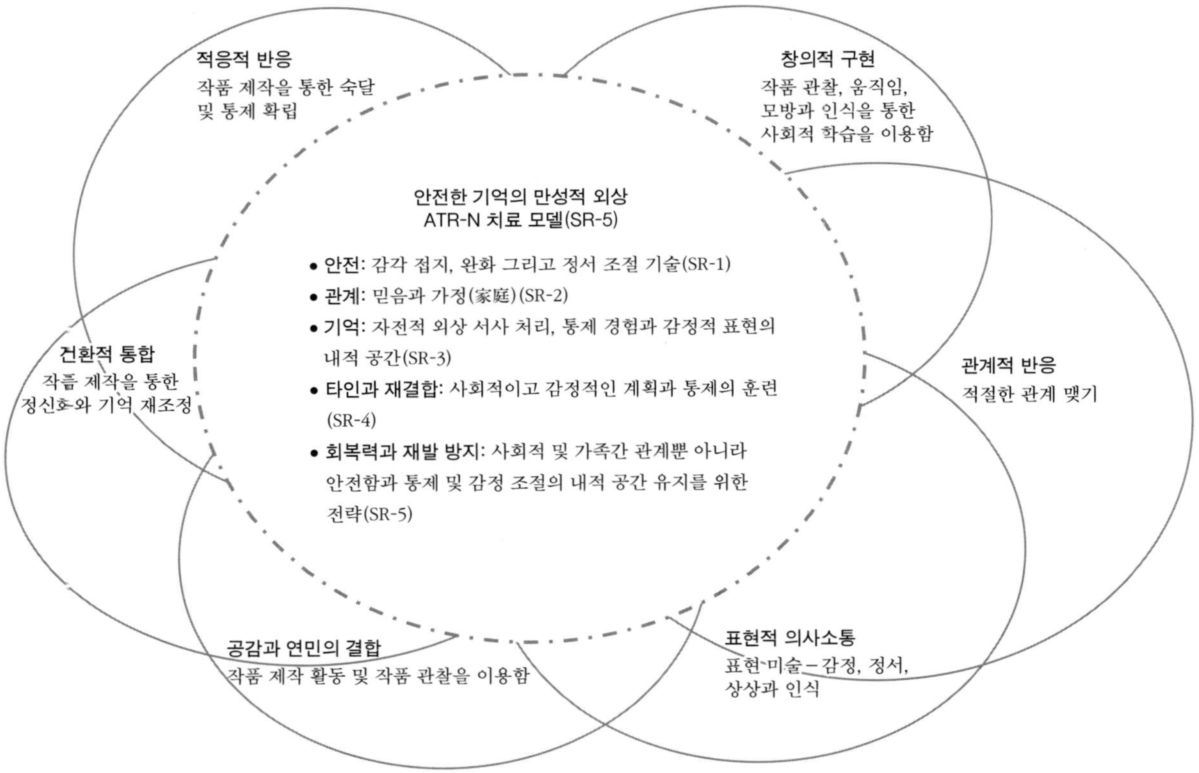

[그림 5-6] ATR-N 원칙과 안전한 기억의 요약

참고문헌

Agaibi, C. E., & Wilson, J. P. (2005). Trauma, PTSD, and resilience: A review of the literature. *Trauma, Violence & Abuse, 6*(3), 195-216. doi:10.1177/1524838005277438

Allen, J. G. (2001). *Traumatic relationships and serious mental disorders*. New York: John Wiley.

Ammaniti, M. & Gallese, V. (2014). *The birth of intersubjectivity: Psychodynamics, neurobiology, and the self.* New York: W.W. Norton.

American Psychiatric Association. (2013). *Diagnostic and statistical manual of mental disorders* (5th ed.). Arlington, VA: American Psychiatric Publishing.

Appleton, V. (2001). Avenues of hope: Art therapy and the resolution of trauma. *Art Therapy: Journal of the American Art Therapy Association, 18*(1), 6-13.

Backos, A. K., & Pagon, B. E. (1999). Finding a voice: Art therapy with female adolescent sexual abuse survivors. *Art Therapy: Journal of the American Art Therapy Association, 16*(3), 126-132.

Badenoch, B. (2008). *Being a brain-wise therapist: A practical guide to interpersonal neurobiology*. New York: W. W. Norton.

Barreiro, K. A., Suárez, L. D., Lynch, V. M., Molina, V. A., & Delorenzi, A. (2013). Memory expression is independent of memory labilization/reconsolidation. *Neurobiology of Learning and Memory*, 106, 283-291. doi:10.1016/j.nlm.2013.10.006

Baron-Cohen, S., Leslie, A. M., & Frith, U. (1985). Does the autistic child have a "theory of mind"? *Cognition, 21*(1), 37-46.

Bat-Or, M. (2010). Clay sculpting of mother and child figures encourages mentalization. *The Arts in Psychotherapy, 37*(4), 319-327. doi:10.1016/j.aip.2010.05.007

Benish, S. G., Imel, Z. E., & Wampold, B. E. (2008). The relative efficacy of bona fide psychotherapies for treating post-traumatic stress disorder: A meta-analysis of direct comparisons. *Clinical Psychology Review, 28*(5), 746-58.

Bluck, S., & Alea, N. (2005). A tale of three functions: The self-reported uses of autobiographical memory. *Social Cognition, 23*(1), 91-117.

Bluck, S., & Alea, N. (2011). Crafting the TALE: Construction of a measure to assess the functions of autobiographical remembering. *Memory, 19*(5), 470-486. doi:10.1080/09658211.2011.590500

Bonanno, G. A. (2008). Loss, trauma, and human resilience: Have we underestimated the human capacity to thrive after extremely aversive events? *Psychological Trauma: Theory, Research, Practice, And Policy, S*(1), 101-113. doi:10.1037/1942-9681.S.1.101

Brewin, C. R. (2001). A cognitive neuroscience account of post-traumatic stress disorder and its treatment. *Behaviour Research and Therapy, 39*(1), 373-393.

Brewin, C. R., Gregory, J. D., Lipton, M., & Burgess, N. (2010). Intrusive images in psychological disorders: Characteristics, neural mechanisms, and treatment implications. *Psychological Review, 117*(1), 210-232. doi:10.1037/a0018113

Briere, J., & Scott, C. (2014). *Principles of trauma therapy: A guide to symptoms, evaluation, and treatment* (2nd ed., DSM-5 update). Thousand Oaks, CA: Sage.

Bridgham, T., & Hass-Cohen, N. (2008). Art therapy and acquired immune deficiency syndrome (AIDS): A relational neuroscience case conceptualization. In N. Hass-Cohen & R. Carr (Eds.), *Art therapy and clinical neuroscience* (pp. 270-281). London: Jessica Kingsley.

Chapman, L. (2014). *Neurobiologically informed trauma therapy with children and adolescents: Understanding mechanisms of change*. New York: W.W. Norton.

Chapman, L., Morabito, D., Ladakakos, C., Schreier, H., & Knudson, M. (2001). The effectiveness of art therapy interventions in reducing post-traumatic stress disorder (PTSD) symptoms in pediatric trauma patients. *Art Therapy: Journal of the American Art Therapy Association, 18*(2), 100-104. doi:10.1080/07421656.2001.10129750

Clyde Findlay, J. (2008). Immunity at risk and art therapy. In N. Hass-Cohen & R. Carr (Eds.), *Art therapy and clinical neuroscience* (pp. 207-222). London: Jessica Kingsley.

Cohen, J. A., Mannarino, A. P., & Deblinger, E. (2006). *Treating trauma and traumatic grief in children and adolescents*. New York: Guilford Press.

Dekel, S., Mandl, C., & Solomon, Z. (2011). Shared and unique predictors of posttraumatic growth and distress. *Journal of Clinical Psychology, 67*, 241-252.

de Kloet, E., Joëls, M., & Holsboer, F. (2005). Stress and the brain: From adaptation to disease.

Nature Reviews Neuroscience, 6(6), 463-475. doi:10.1038/nrn1683

Demaree, H. A., Everhart, D., Youngstrom, E. A., & Harrison, D. W. (2005). Brain lateralization of emotional processing: Historical roots and a future incorporating 'dominance.' *Behavioral and Cognitive Neuroscience Reviews, 4*(1), 3-20.

Dickens, K. (Producer), & Stanley, P. (Director). (2014). *Sole survivor*. [Motion picture]. Yellow Wing Productions.

Duax, J. M., Bohnert, K. M., Rauch, S. A., & Defever, A. M. (2014). Post-traumatic stress disorder symptoms, levels of social support, and emotional hiding in returning veterans. *Journal of Rehabilitation Research & Development, 51*(4), 571-578.

Ehlers, A., & Clark, D. M. (2000). A cognitive model of post-traumatic stress disorder. *Behavior Research and Therapy, 38*(4), 319-345.

Ekman, P. (1992). An argument for basic emotions. *Cognition and Emotion, 6*(3-4), 169-200.

Emerson, D. (2015). *Trauma-sensitive yoga in therapy bringing the body into treatment*. New York: W.W. Norton.

Farchi, M. (2009, Nov. 5-7). *ISTSS 25th Annual Meeting: Traumatic Stress Disorders: Toward DSM-V and ICD-11*. pp.194. [Conference: Abstract], Database: PsycEXTRA Resources and PTSD (Abstract # 275). Poster # T-182 (Practice, Prev El).

Fish, B. (2012). Art response art: The art of the art therapist. *Art Therapy: Journal of the American Art Therapy Association, 29*(3), 138-143.

Folkman, S., & Moskowitz, J. (2000). Positive affect and the other side of coping. *American Psychologist, 55*(6), 647-654.

Franklin, M. (2010). Affect regulation, mirror neurons and the 3rd hand: Formulating mindful empathic art interventions. *Art Therapy: Journal of the American Art Therapy Association, 27*(4), 160-167.

Fredrickson, B. L., & Levenson, R. W. (1998). Positive emotions speed recovery from the cardiovascular sequelae of negative emotions. *Cognition and Emotion, 12*(2), 191-220.

Fredrickson, B. L., Mancuso, R. A., Branigan, C., & Tugade, M. M. (2000). The undoing effect of positive emotions. *Motivation and Emotion, 24*(4), 237-258.

Fredrickson, B. L., Tugade, M. M., Waugh, C. E., & Larkin, G. R. (2003). What good are positive emotions in crisis? A prospective study of resilience and emotions following the terrorist attacks on the United States on September 11th, 2001. *Journal of Personality and Social Psychology, 84*(2), 365.

Freyd, J. J. (1994). Betrayal trauma: Traumatic amnesia as an adaptive response to childhood abuse. *Ethics & Behavior, 4*(4) 307-329.

Galatzer-Levy, I. R., Brown, A. D., Henn-Haase, C., Metzler, T. J., Neylan, T. C., & Marmar, C. R. (2013). Positive and negative emotion prospectively predict trajectories of resilience and distress among high-exposure police officers. *Emotion, 13*(3), 545-553.

Gallagher, M. W., & Lopez, S. J. (2007). Curiosity and well-being. *The Journal of Positive Psychology, 2*(4), 236-248.

Gavron, T. (2013). Meeting on common ground: Assessing parent-child relationships through the joint painting procedure. *Art Therapy: Journal of the American Art Therapy Association, 30,* 12-19.

Germer, C. K., & Neff, D. (2013). Self-compassion in clinical practice. *Journal of Clinical Psychology: In Session, 69*(8), 856-867. doi: 10.1002/jclp.22021

Gil, E. (2010). *Working with children to heal interpersonal trauma: The power of play.* New York: Guilford Press.

Girault, J. A. (2012). Integrating neurotransmission in striatal medium spiny neurons. *Advances in Experimental Medicine and Biology, 970,* 407-429. doi:10.1007/978-3-7091-0932-8_18

Gold, S. N. (2008). Benefits of a contextual approach to understanding and treating complex trauma. *Journal of Trauma & Dissociation, 9*(2), 269-292.

Grabenhorst, F., Rolls, E. T., Margot, C., Da Silva, M. P., & Velazco, M. (2007). How pleasant and unpleasant stimuli combine in different brain regions: Odor mixtures. *Journal of Neuroscience, 27*(49), 13532-13540. doi:10.1523/JNEUROSCI.3337-07.2007

Gray, A. E. L. (2011). Expressive arts therapies: Working with survivors of torture. *Torture, 1*(21), 39-47.

Gray, J. A., & McNaughton, N. (2003). *The neuropsychology of anxiety: An enquiry into the function of the septo-hippocampal system* (No. 33). New York: Oxford University Press.

Hartley, C. A., Gorun, A., Reddan, M. C., Ramirez, F., & Phelps, E. A. (2014). Stressor controllability modulates fear extinction in humans. *Neurobiology of Learning and Memory, 113*, 149-156. doi:10.1016/j.nlm.2013.12.003

Hass-Cohen, N. (2007). Cultural arts in action, musings on empathy. *GAINS Summer Quarterly*, 41-48.

Hass-Cohen, N. (2008). CREATE art therapy relational neuroscience principles (ATR-N). In N. Hass-Cohen & R. Carr (Eds.), *Art therapy and clinical neuroscience* (pp. 283-309). New York: Jessica Kingsley.

Hass-Cohen, N. (2015). Review of the neuroscience of chronic trauma and adaptive resilient responding. MS in preparation.

Hass-Cohen, N., & Clyde Findlay, J. (2009). Pain, attachment, and meaning making: Report on an art therapy relational neuroscience assessment protocol (a case study). *Arts in Psychotherapy, 36*(4), 175-184.

Hass-Cohen, N., & Clyde Findlay, J. (2015). *Art therapy & the neuroscience of relationships, creativity, and resiliency*. The Interpersonal Neurobiology Series. New York: Norton.

Hass-Cohen, N., Clyde Findlay, J., Carr, R., & Vanderlan, J. (2014). CHECK, change and/or keep what you need: An art therapy relational neurobiological (ATR-N) trauma intervention. *Art Therapy: Journal of the A merican Art Therapy Association, 31*(2), 69-78.

Hass-Cohen, N., Kim, S. H., & Mangassarian, M. (2015). Art mediated interpersonal touch and space: A phenomenological study with Korean female art therapy students. *The Arts in Psychotherapy, 46*, 1-8. doi:10.1016/j.aip.2015.07.001.

Hass-Cohen, N. & Ziegler, K. A (2014). Vicarious Trauma and Resiliency Focused Supervision and Expressive Writing Activity. In R. Bean, S. Davis, & Davey (Eds.), *Clinical supervision activities for increasing competence and self-awareness*. New York: John Wiley.

Helgeson, V. S., Reynolds, K.A., & Tomich, P. L. (2006). A meta-analytic review of benefit finding and growth. *Journal of Consulting and Clinical Psychology, 74*(4), 797-816.

Henry, J. P., & Wang, S. (1998). Effects of early stress on adult affiliative behavior. *Psychoneuroendocrinology, 23*(8), 863-875. doi:10.1016/S0306-4530(98)00058-4

Herman, J. (1997). Trauma and recovery: The aftermath of violence—from domestic abuse to political terror. New York: Basic Books.

Herry, C., Ferraguti, F., Singewald, N., Letzkus, J. J., Ehrlich, I., & Lu, A. (2010). Neuronal circuits of fear extinction. *European Journal of Neuroscience, 31*(4), 599-612. doi:10.1111/j.1460-9568.2010.07101.x

Hoebel, B. G., Avena, N. M., & Rada, P. (2007). Accumbens dopamine-acetylcholine balance in approach and avoidance. *Current Opinion in Pharmacology, 7*, 617-627.

Iordanova, M. D., Good, M., & Honey, R. C. (2011). Retrieval-mediated learning involving episodes requires synaptic plasticity in the hippocampus. *The Journal of Neuroscience, 31*(19), 7156-7162.

Jung, R. E., Mead, B. S., Carrasco, J., & Flores, R. A. (2013). The structure of creative cognition in the human brain. *Frontiers in Human Neuroscience, 7*(8), 330.

Kabat-Zinn, J. (2005). *Full catastrophe living: Using the wisdom of your body and mind to face stress, pain, and illness* (15th anniversary ed.). New York: Bantam Dell.

Kaiser, D. H., & Deaver, S. (2009). Assessing attachment with the Bird's Nest Drawing: A review of the research. *Art Therapy: Journal of the American Art Therapy Association, 26*(1), 26-33.

Kashdan, T. B., Rose, P., & Fincham, F. D. (2004). Curiosity and exploration: Facilitating positive subjective experiences and personal growth opportunities. *Journal of Personality Assessment, 82*(3), 291-305. doi:10.1207/s15327752jpa8203_05

Kawabata, H., & Zeki, S. (2004). Neural correlates of beauty. *Journal of Neurophysiology, 91*(4), 1699-1705.

Kays, J. L., Hurley, R. A., & Taber, K. H. (2012). The dynamic brain: Neuroplasticity and mental health. *Journal of Neuropsychiatry and Clinical Neurosciences, 24*(2), 118-124.

Kindt, M., Soeter, M., & Vervliet, B. (2009). Beyond extinction: Erasing human fear responses and preventing the return of fear. *Nature Neuroscience, 12*(3), 256-258.

King, A. P., Erickson, T. M., Giardino, N. D., Favorite, T., Rauch, S. A., Robinson, E., … & Liberzon, I. (2013). A pilot study of group mindfulness-based cognitive therapy (MBCT) for combat veterans with post-traumatic stress disorder (PTSD). *Depression & Anxiety (1091-4269), 30*(7), 638-645.

King-West, E., & Hass-Cohen, N., (2008). Art therapy, neuroscience and complex PTSD. In

N. Hass-Cohen & R. Carr (Eds.), *Art therapy and clinical neuroscience* (pp. 223-253). Philadelphia: Jessica Kingsley.

Kleim, B. B., Ehring, T. T., & Ehlers, A. A. (2012). Perceptual processing advantages for trauma-related visual cues in post-traumatic stress disorder. *Psychological Medicine*, *42*(1), 173-181.

Klorer, P. G. (2005). Expressive therapy with severely maltreated children: Neuroscience contributions. *Art Therapy: Journal of the American Art Therapy Association*, *22*(4), 213-220.

Konarski, J. Z., McIntyre, R. S., Grupp, L. A., & Kennedy, S. H. (2005). Is the cerebellum relevant in the circuitry of neuropsychiatric disorders? *Journal of Psychiatry & Neuroscience*, *30*(3), 178-186.

Kramer, E. (1990). *Art therapy in a children's community*. New York: Schocken Books.

Lahad, M. (2000). *Creative supervision*. London: Jessica Kingsley.

Lahad, S. (1993). Tracing coping resources through a story in six parts—The "BASIC PH" model. In S. Levinson (Ed.), *Psychology at school and the community during peaceful and emergency times* (pp. 55-70). Tel-Aviv: Levinson-Hadar, (in Hebrew).

Lane, R. D. (2008). Neural substrates of implicit and explicit emotional processes: A unifying framework for psychosomatic medicine. *Psychosomatic Medicine*, *70*(2), 214-231.

Lane, R. D., Ryan, L., Nadel, L., & Greenberg, L. (2014). Memory reconsolidation, emotional arousal, and the process of change in psychotherapy: New insights from brain science. *The Behavioral and Brain Sciences*. doi:http://dx.doi.org/10.1017/S0140525X14000041

Lanius, R. A., Bluhm, R. L., Coupland, N. J., Hegadoren, K. M., Rowe, B., Théberge, J., … & Brimson, M. (2010a). Default mode network connectivity as a predictor of posttraumatic stress disorder symptom severity in acutely traumatized subjects. *Acta Psychiatrica Scandinavica*, *121*(1), 33-40.

Lanius, R. A., Bluhm, R. L., & Frewen, P. A. (2011). How understanding the neurobiology of complex post-traumatic stress disorder can inform clinical practice: A social cognitive and affective neuroscience approach. *Acta Psychiatrica Scandinavica*, *124*, 331-348.

Lanius, R. A., Hopper, J. W., & Menon, R. S. (2003). Individual differences in a husband and wife who developed PTSD after a motor vehicle accident: A functional MRI case study. *American Journal of Psychiatry, 160*(4), 667-669.

Lanius, R. A., Vermetten, E., Loewenstein, R. J., Brand, B., Schmahl, C., Bremner, J., & Spiegel, D. (2010b). Emotion modulation in PTSD: Clinical and neurobiological evidence for a dissociative subtype. *The American Journal of Psychiatry, 167*(6), 640-647.

LeDoux, J. E. (2003). The emotional brain, fear and the amygdala. *Cellular and Molecular Neurobiology, 23*(4/5), 727-738.

Linehan, M. M. (1993a). *Cognitive-behavioral treatment of borderline personality disorder.* New York: Guilford Press.

Linehan, M. M. (1993b). Dialectical behavioral therapy: A cognitive behavioral approach to parasuicide. *Journal of Personality Disorder, 11*(4), 328-333.

Linley, P.A., & Joseph, S. (2004). Positive change following trauma and adversity: *A review. Journal of Traumatic Stress, 17*(1), 11-21.

Litz, B. T., & Gray, M. J. (2002). Emotional numbing in post-traumatic stress disorder: Current and future research directions. *Australian and New Zealand Journal of Psychiatry, 36*(2), 198-204.

Lonergan, M. H., Olivera-Figueroa, L. A., Pitman, R. K., & Brunet, A. (2013). Propranolol's effects on the consolidation and reconsolidation of long-term emotional memory in healthy participants: A meta-analysis. *Journal of Psychiatry & Neuroscience, 38*(4), 222-231.

Lyubomirsky, S., King, L., & Diener, E. (2005). The benefits of frequent positive affect: Does happiness lead to success? *Psychological Bulletin, 131*(6), 803-855. doi:10.1037/0033-2909.131.6.803

Maddi, S. R. (2006). Hardiness: The courage to grow from stresses. *The Journal of Positive Psychology, 1*(3), 160-168.

Malchiodi, C. A., & Crenshaw, D. A. (Eds.). (2013). *Creative arts and play therapy for attachment problems.* New York: Guilford.

Markowitz, J. C., Milrod, B., Bleiberg, K., & Marshall, R. D. (2009). Interpersonal factors in understanding and treating post-traumatic stress disorder. *Journal of Psychiatric Practice,*

15(2), 133-140.

McEwen, B. S. (2007). Physiology and neurobiology of stress and adaptation: Central role of the brain. *Physiological Reviews, 87*(3), 873-904.

McEwen, B. S. (2012). Brain on stress: How the social environment gets under the skin. *Proceedings of the National Academy of Sciences*, 17180-17185.

McGaugh, J. L., & Roozendaal, B. (2002). Role of adrenal stress hormones in forming lasting memories in the brain. *Current Opinion in Neurobiology, 12*(2), 205-210.

Meekums, B. (1999). A creative model for recovery from child sexual abuse trauma. *The Arts in Psychotherapy, 26*(4), 247-259.

Ming, G. L., & Song, H. (2011). Adult neurogenesis in the mammalian brain: Significant answers and significant questions. *Neuron, 70*(4), 687-702.

Missirlian, T. M., Toukmanian, S. G., Warwar, S. H., & Greenberg, L. S. (2005). Emotional arousal, client perceptual processing, and the working alliance in experiential psychotherapy for depression. *Journal of Consulting and Clinical Psychology, 73*(5), 861-71. doi:10.1037/0022-006X.73.5.861

Moon, C. H. (2001). *Studio art therapy: Cultivating the artist identity in the art therapist.* London: Jessica Kingsley.

Mukamel, R., Ekstrom, A. D., Kaplan, J., Iacoboni, M., & Fried, I. (2010). Single-neuron responses in humans during execution and observation of actions. *Current Biology, 20*, 750-756.

Nader, K., Schafe, G. E., & LeDoux, J. E. (2000). The labile nature of consolidation theory. *Biological Psychiatry, 76*(4), 274-80.

Neff, K., D., Kirkpatrick, K. L., & Rude, S. S. (2007). Self-compassion and adaptive psychological functioning. *Journal of Research in Personality, 41*(1), 139-154. doi:10.1016/j.jrp.2006.03.004

Panksepp, J., & Burgdorf, J. (2006). The neurobiology of positive emotions. *Neuroscience and Biobehavioral Reviews, 30*(2), 173-187.

Pearson, D. G., Ross, F. C., & Webster, V. L. (2012). The importance of context: Evidence that contextual representations increase intrusive memories. *Journal of Behavior Therapy and*

Experimental Psychiatry, *43*(1), 573-580.

Perry, B. D. (2006). Applying principles of neurodevelopment to clinical work with maltreated and traumatized children. The neurosequential model of therapeutics. In N. Boyd Webb, *Working with child abuse in welfare*. New York: Guildford Press.

Perry, B. D., Pollard, R. A., Blakely, T. L., Baker, W. L., & Vigilante, D. (1995). Childhood trauma, the neurobiology of adaptation and "use-dependent" development of the brain: How "states" become "traits." *Infant Mental Health Journal*, *16*(4), 271-291.

Pessoa, L., & Adolphs, R. (2010). Emotion processing and the amygdala: from a "low road" to "many roads" of evaluating biological significance. *Nature Reviews Neuroscience*, *11*(11), 773-783

Peterson, C., Ruch, W., Beerman, U., Park, N., & Seligman, M. E. P. (2007). Strengths of character, orientations to happiness, and life satisfaction. *Journal of Positive Psychology*, *2*(3), 149-156. doi:10.1080/17439760701228938

Phelps, E. A., & LeDoux, J. E. (2005). Contributions of the amygdala to emotions processing; From Animal models to human behavior. *Neuron*, *48*(2), 175-187

Pifalo, T. (2002). Pulling out the thorns: Art therapy with sexually abused children and adolescents. *Art Therapy: Journal of the American Art Therapy Association*, *19*(1), 12-22.

Porges, S. W. (2001). The polyvagal theory: Phylogenetic substrates of a social nervous system. *International Journal of Psychophysiology*, *42*(2), 123-146. doi:10.1016/S0167-8760(01)00162-3

Porges, S. W. (2013). A psychophysiology of developmental disabilities: A personal and historical perspective. *American Journal on Intellectual and Developmental Disabilities*, *118*(6), 416-418.

Qin, L. D., Wang, Z., Sun, Y. W., Wan, J. Q., Su, S. S., Zhou, Y., & Xu, J. R. (2012). A preliminary study of alterations in default network connectivity in post-traumatic stress disorder patients following recent trauma. *Brain Research*, *12*(1484), 50-6. doi:10.1016/j.brainres.2012.09.029

Ramachandran, V. S., & Hirstein, W. (1999). The science of art: A neurological theory of aesthetic experience. *Journal of Consciousness Studies*, *6*(6-7), 15-51.

Rankin, A. B., & Taucher, L. C. (2003). A task-oriented approach to art therapy in trauma treatment. *Art Therapy, 20*(3), 138-147.

Reivich, K. J., Seligman, M. E. P., & McBride, S. (2011). Master resilience training in the U.S. Army. *American Psychologist, 66*(1), 25-34. doi:10.1037/a0021897

Richardson, G. E. (2002). The meta-theory of resilience and resiliency. *Journal of Clinical Psychology, 58*(3), 307-321. doi:10.1002/jclp.10020

Rothschild, B., & Wolf, C. (2013). Mindfulness and trauma: Theory and tools to enhance client healing and therapist self-care. Presented at *InsightLA*, Los Angeles, CA.

Rasmussen, A. S., & Habermas, T. (2011). Factor structure of overall autobiographical memory usage: The directive, self and social functions revisited. *Memory, 19*(6), 597-605. doi:10.1080/09658211.2011.592499

Sapolsky, R. M. (2004). *Why zebras don't get ulcers: An updated guide to stress, stressrelated diseases, and coping* (3rd ed.). New York: W.H. Freeman & Co.

Sarid, O., & Huss, E. (2010). Trauma and acute stress disorder: A comparison between cognitive behavioral intervention and art therapy. *The Arts in Psychotherapy, 37*(1), 8-12.

Scaer, R. C. (2007). *The body bears the burden: Trauma, dissociation, and disease* (2nd ed.). Binghamton, NY: The Haworth Medical Press/The Haworth Press.

Schelling, G., Roozendaal, B., Krauseneck, T., Schmoelz, M., De Quervain, D., & Briegel, J. (2006). Efficacy of hydrocortisone in preventing post-traumatic stress disorder following critical illness and major surgery. In R. Yehuda (Ed.), Psychobiology of posttraumatic stress disorders: *A decade of progress* (Vol. 1071, pp. 46-53). Malden: Blackwell Publishing.

Scherer, K. R. (2000). Psychological models of emotion. In J. C. Borod (Ed.), *The neuropsychology of emotion* (pp. 137-162). New York: Oxford University Press.

Schiller, D., Monfils, M. H., Raio, C. M., Johnson, D. C., Ledoux, J. E., & Phelps, E. A. (2010). Preventing the return of fear in humans using reconsolidation update mechanisms. *Nature*, 7(7277), 49-53.

Schulkin, J. (2003). *Rethinking homeostasis: allostatic regulation in physiology and pathophysiology*. Cambridge, MA: MIT Press.

Schulkin, J. (2011). Social allostasis: Anticipatory regulation of the internal milieu. *Frontiers in*

Evolutionary Neuroscience, (2)111, 1-15.

Schwabe, L., Nader, K., & Pruessner, J. C. (2014). Reconsolidation of human memory: Brain mechanisms and clinical relevance. *Biological Psychiatry*, *76*(4), 274-280.

Seeman, T. E., Singer, B. H., Ryff, C. D., Dienberg Love, G., Levy-Storms, L. (2002). Social relationships, gender, and allostatic load across two age cohorts. *Psychosomatic Medicine*, *64*(3), 395-406.

Segal, Z. V., Williams, J. M. G., & Teasdale, J. D. (2012). *Mindfulness-based cognitive therapy for depression*. New York: Guilford Press.

Seligman, M. P., & Csikszentmihalyi, M. (2000). Positive psychology: An introduction. *American Psychologist*, *55*(1), 5-14.

Shahar, G., Elad-Strenger, J., & Henrich, C. C. (2012). Risky resilience and resilient risk: The key role of intentionality in an emerging dialectics. *Journal of Social & Clinical Psychology*, *31*(6), 618-640.

Siegel, D. J. (2006). An interpersonal neurobiology approach to psychotherapy: Awareness, mirror neurons, and neural plasticity in the development of well-being. *Psychiatric Annals*, *36*(4), 248-256.

Singer, J. A. (2004). Narrative identity and meaning-making across the adult lifespan: An introduction. *Journal of Personality*, *72*(3), 437-460.

Singer, J. A., Blagov, P., Berry, M., & Oost, K. M. (2013). Self-defining memories, scripts, and the life story: Narrative identity in personality and psychotherapy. *Journal of Personality*, *81*(6), 569-582.

Skelton, K., Ressler, K. J., Norrholm, S. D., Jovanovic, T., & Bradley-Davino, B. (2012). PTSD and gene variants: New pathways and new thinking. *Neuropharmacology*, *62*(2), 628-637.

Spreng, R., & Grady, C. L. (2010). Patterns of brain activity supporting autobiographical memory, prospection, and theory of mind, and their relationship to the default mode network. *Journal of Cognitive Neuroscience*, *22*(6), 1112-1123.

Sterling, P., & Eyer, J. (1988). Allostasis: A new paradigm to explain arousal pathology. In S. Fisher & J. T. Reason, *Handbook of life stress, cognition, and health* (pp. 629-640). Oxford, England: John Wiley.

St. Jacques, P. L. (2012). Functional neuroimaging of autobiographical memory. In D. Berntsen & D. C. Rubin (Eds.), *Understanding autobiographical memory: Theories and approaches* (pp. 114-138). Cambridge, MA: Cambridge University Press.

Summerfield, J. J., Hassabis, D., & Maguire, E. A. (2009). Cortical midline involvement in autobiographical memory. *Neuroimage*, *44*(3), 1188-1200.

Sutherland, K., & Bryant, R. A. (2005). Self-defining memories in post-traumatic stress disorder. *British Journal of Clinical Psychology*, *44*(4), 591-598. doi:10.1348/014466505X64081

Talwar, S. (2007). Accessing traumatic memory through art-making: An art therapy trauma protocol (ATTP). *The Arts in Psychotherapy*, *34*(1), 22-35.

Tedeschi, R. G., & Calhoun, L. G. (2004). Post-traumatic growth: Conceptual foundations and empirical evidence. *Psychological Inquiry*, *15*(1), 1-18.

Timmann, D., & Daum, I. (2007). Cerebellar contributions to cognitive functions: A progress report after two decades of research. *Cerebellum*, *6*(3), 159-162.

Tronson, N. C., & Taylor, J. R. (2007). Molecular mechanisms of memory reconsolidation. *Nature Reviews Neuroscience*, *8*(4), 262-275.

Tsai, J., El-Gabalawy, R., Sledge, W. H., Southwick, S. M., & Pietrzak, R. H. (2015). Posttraumatic growth among veterans in the USA: Results from the National Health and Resilience in Veterans Study. *Psychological Medicine*, *45*(1), 165-179. doi:10.1017/S0033291714001202

Tugade, M. M., & Fredrickson, B. L. (2007). Regulation of positive emotions: Emotion regulation strategies that promote resilience. *Journal of Happiness Studies*, *8*(3), 311-333.

Vance, R., & Wahlin, K. (2008). Memory and art. In N. Hass-Cohen & R. Carr (Eds.), *Art therapy and clinical neuroscience* (pp. 159-173). London, United Kingdom: Jessica Kingsley.

van der Kolk, B. A. (2005). Developmental trauma disorder. *Psychiatric Annals*, *35*(5).

Wood, S. K., Walker, H. E., Valentino, R. J., & Bhatnagar, S. (2010). Individual differences in reactivity to social stress predict susceptibility and resilience to a depressive phenotype: Role of corticotropin-releasing factor. *Endocrinology*, *151*(4), 1795-1805.

Yehuda, R., & LeDoux, J. (2007). Response variation following trauma: A translational neuroscience approach to understanding PTSD. *Neuron*, *56*(1), 19-32.

Zoellner, T., & Maercker, A. (2006). Post-traumatic growth in clinical psychology—A critical review and introduction of a two-component model. *Clinical Psychology Review*, *26*, 626-653.

제6장 심각한 외상을 입은 아동에 대한 신경과학과 미술치료: 미술작품이 바로 그 증거이다

–거시 클로러(P.Gussie Klorer)

그가 대기실에 들어가는 소리는 듣지 못했지만, 나는 예정된 약속 시간인 오후 2시 정각에 열두 살짜리 잭(가명[1])을 데리러 들어갔을 때 빈백(beanbag) 의자 밑이나 대기실 문 뒤에 숨어 있을 것이라고 예상했다. 그것은 훨씬 어린아이가 까꿍 놀이를 하는 것을 연상시키는, 매주 반복되는 의식이었다. 나는 잭을 찾았고, 우리가 안쪽에 있는 사무실로 걸어 들어갈 때 그가 말했다. "저는 오늘 여기에 오고 싶지 않았어요. 그들이 저를 오게 한 거예요." 나는 그의 눈길을 잽싸게 알아채고는 미소를 지으며 이렇게 보게 되어 기쁘다고 말했다. 자리에 앉기 전에 그는 선반에서 시계를 꺼내어 의자를 마주 보고 있는 탁자 위에 놓아 시간을 확인할 수 있게 했다. 이렇게 함으로써 내가 정해진 시간보다 단 1분도 더 상담하지 못하게 하는 것이라고 주장했지만, 나는 그가 시간을 통제하고 싶어 한다고 믿었다. 잭의 이력은 보호관찰 대상인 많은 소년과 다르지 않았다. 중요한 발달 기간의 학대와 장기간의 방치는 그의 개인 역량을 거의 사라지게 했다. 상당 기간 가난한 집에서 제대로 된 보호도 받지 못하고 방치된 채 발견되었을 무렵, 잭은 네 살이었고 남동생들은 각각 두 살, 세 살이었다. 잭은 동생들의 기저귀를 갈아 주려고 했고 물과 치리오스(시리얼)을 먹였다. 아이들은 별도의 위탁 가정에 수용되었는데, 결국 남동생들은 잭의 연락이 닿기 어려운 한 가족에 입양되었다. 잭은 어린 시절을 위탁 가정, 학대 환경, 주거치료 센터에서 보냈다. 그는 사교성이 부족했고, 매너가 없었으며, 위생 상태가 형편없었고, 눈을 세내도 마주치지도 못했다. 자신의 환경에 대한 부당함을 알게 되면서 그의 행동 성향은 공격적으로 변했다. 잭은 언어치료나 주거치료 프로그램에서 제공하는 개별치료에서 진전이 없었기 때문에 미술치료를 찾게 되었다. 치료에는 다

1) 기밀을 지키기 위해 사례의 세부 내용을 변경하였으나, 사례의 본질과 미술작품은 사실이다.

양한 목표가 있었지만, 가장 중요한 초기 치료 목표는 안전과 신뢰를 바탕으로 치료 관계를 형성하는 것이었다. 미술치료에서 잭이 그린 첫 번째 그림은 외로운 늑대였다([그림 6-1] 참조). 내가 잭과 함께 작업한 9년 동안 그는 이 그림을 반복적으로 그렸다. 잭은 늑대가 화나고 위협적으로 보이도록 그렸다. 무의식적인 자화상으로서 그림은 공격적으로 할퀴고 사람들을 밀어내는 잭의 능력을 보여 주었지만, 오히려 늑대는 어리고 방어적이며 겁에 질려 보였다. 이 그림은 아무것도 볼 수 없도록 뒤를 향한 채 칼을 휘두르는 남자와 같이 다른 그림들과 아주 비슷했다([그림 6-2] 참조). 이 인물의 얼굴 묘사가 부족한 것은 잭이 다른 사람들과의 진정한 접촉을 차단한 채 모든 관계에 대해 회피적인 접근을 하는 것을 반증했고, 대기실에 숨어 있을 때마다 은유적으로 반복되었다.

나는 그 후 몇 년 동안 계속해서 잭을 매주 보았다. 우리의 작업을 보완하기 위해 잭이 열네 살 때 외상 중심 인지행동치료(Trauma Focused Cognitive-Behavioral Therapy: TF-CBT) 실험을 시도해 봤지만, 효과적이지 못했다. 최근의 증거 기반 실제(Evidence-Based Practice: EBP) 연구의 발전은 잭과 같은 아이들이 별개의 외상 사건이 없거나, 무슨 일이 일어났는지에 대한 불완전한 기억을 가지고 있거나, 또는 애착 문제가 복잡할

[그림 6-1] 잭(12세), 늑대 그림

[그림 6-2] 잭(13세), 인디언 그림

때 그들에게 서사를 제공하도록 요구하는 외상 프로토콜을 완전히 이해하기 어렵다는 것을 인정하고 있다(Amaya-Jakson & deRosa, 2007). 1990년대와 2000년대 초는 외상에 대한 바람직한 치료 프로토콜로서 인지행동치료 수동형 접근법에 대한 선호가 지배적이었던 반면, 존슨(Johnson, 2009)은 인지행동, 증거 기반 실제가 현재 신경과학 패러다임과 맞닿아 있음에 주목한다. 신경과학은 초기 트라우마가 뇌 발달에 미치는 영향에 대한 새로운 이해를 제공하는데, 이는 EBP에서 치료 개념화를 위한 조정이다. 이 장에서는 주요 애착 인물에 의해 어린 나이에 학대를 받고 방치된 중증 학대 아동들을 대상으로 한 치료에 초점을 맞춘다. 주요 애착 인물은 바로 안아 주고 먹여 주는 등 기본적인 생존욕구를 위해 아이가 의지해야 했지만, 아이의 마음에 상처를 주고 방치한 사람들이었다. 이 모집단에는 알려진 것만큼 학대가 심하지 않아 보여도 심각한 장애를 암시하는 행동을 보이는 아동도 포함될 수 있다(Haugaard, 2004). 왜냐하면 이 아이들이 경험한 것들의 내용을 완전히 다 알 수 없기 때문이다. 이들은 쉬운 해답이나 손쉬운 접근법을 찾지 못한 사람들이다. 나는 신경과학 이론에서 제시된 사례에 초점을 맞추어 EBP에서 미술치료에서 생성되는 예술이 그 증거가 된다는 것을 보여 줄 것이다.

증거기반실제(EBP)라는 용어는 종종 오해를 받는다. 미국심리학회(American Psychological Association) 증거기반실제 자문위원회는 이 용어를 "환자 특성과 선호도의 맥락에서 임상적 전문 지식과 함께 이용 가능한 연구의 최선의 통합"으로 정의한다(American Psychological Association, 2006, p. 273). EBP는 무작위 통제 실험이나 간략한 수동식 접근법과 반드시 동등하지는 않다. 임상적 전문 지식은 현재 연구와 마찬가지로 이 광범위한 정의의 중요한 구성요소이다.

TF-CBT 방식의 치료에서 예상할 수 있듯이 외상 서사는 기억을 견딜 수 없는 아이에게는 효과가 없다. 심하게 학대받은 아이의 습관적 또는 방어적 대응 방식을 우회하기 위한 치료 개입이 필요하며, 이런 종류의 개입은 표현적인 부분에 기반하는 경우가 많다. 표현치료의 목표는 내담자의 감정 발달 수준에 맞는 대처 능력을 지원하고, 미술을 활용해 아이가 말로 할 수 없는 표현을 할 수 있도록 돕는 것이다. 아이가 부모의 분노에 대한 지식과 암시(일반적으로 늦은 사춘기 또는 성인이 되기 전)를 더 잘 견딜 수 있는 후기 발달 단계에서는 미술과 인지행동 접근법 모두를 통해 외상에 좀 더 직접적으로 적용하는 것이 가능하다. 임상적으로 시사하는 바는 심각한 부모의 학대 문제가 있는 아이에게 언어치료를 위해 너무 심하게 압박하는 것은 역효과를 낳을 수 있고 치료에도 역행할 수 있다는 것이다(Klorer, 2005, 2008).

이 모집단과 함께 작업하는 최선의 방법은 신경과학 접근법인데, 이는 아이가 언어화하려는 능력이나 의지와는 독립적인 뇌 기능, 외상 반응, 애착 문제 및 표현적 수단으로 나타나는 치료 문제에 대한 현재의 연구를 고려한 것이다(Chapman, 2002, 2014; Klorer, 2005, 2008). 최선의 방법은 증상 완화 및 불안감 감소에 발달상으로 적합할 때 인지치료 기법을 활용하는 것이다. 수동적 접근법과 반대로, 최선의 방법은 TF-CBT와 같은 12~16주 과정보다 더 긴 시간 동안 개별적인 치료와 진정한 치료 관계를 발전시키는 것이다. 이는 은유를 통해 안전과 관계 구축의 중요성을 신뢰하고, 아동 혹은 청소년의 창의적 표현 경로를 따르는 것을 수반한다.

외상 이해를 위한 신경과학의 기여

신경과학 연구는 심한 학대를 당한 아동과 작업하는 치료사들에게 중요한 정보를 제공한다. 쇼어(2001)에 따르면, 이 흥미진진한 연구는 볼비(Bowlby, 1969)가 40여 년 전 객체 관계와 애착 이론에 대한 아이디어를 개발할 때 했던 관찰에 대한 확실한 증거를 제시한다. 신경과학자들은 어린 시절 심한 학대와 유의미한 애착 관계 결핍이 뇌 발달의 역행을 초래한다는 사실을 밝혀내고 있다(Bremner, 2001; Chugani et al., 2002; De Bellis, 2001; De Bellis et al., 1999; Perry, 1997; Rutter & O'Connor, 2004).

최근의 연구들은 외상 기억들이 뇌에 어떻게 저장되는지를 조사한다. 특히 외상 기억은 우반구에 저장되어 있어 외상에 대한 어휘 서술성 기억을 더욱 어렵게 만든다(Glaser, 2000; Rauch et al., 1996; Schiffer, 2000; Schiffer, 2000; Schiffer, Teicher, & Papanicolaou, 1995). 이러한 연구들은 애착장애를 갖고 있는 심각한 학대를 받은 아동과 함께 작업할 때 비언어 · 표현치료가 언어치료보다 훨씬 더 효과적일 수 있는지를 이해하기 위한 토대를 마련한다(Klorer, 2005, 2008).

전버그(Jernberg, 1979)에 따르면, 학대받은 아이들과 작업하는 것은 외상 그 자체에 너무 집중할 필요가 없고, 오히려 스스로를 사랑하도록 느낄 수 있는 상황에 아이들을 끌어들이고, 보호자나 부모들이 놓친 긍정적인 부모-자녀 상호작용을 재현하도록 도와주며, 학대를 유발하는 행동을 포기하도록 격려하는 데 초점을 둘 필요가 있다. 전버그는 '테라플레이(Theraplay)'라는 치료 기술을 개발했는데, 이는 부모와 자녀 사이에서 흔히 일어나는 관계에서의 놀이와 상호작용을 반복하도록 고안된 것이다. 테라플레이에서는 이러한 초기의 관계 정서를 보다 건강하고 안전한 상황에서 다시 경험하게 된다. 양부모 및 자녀와 즐겁게 작업하는 댄스치료사 하비(Harvey, 1990, 1991)는 표현요법이 새로운 애착 커뮤니케이션의 발달 및 성장 단계를 정의하고 변화시키는 데 도움을 줄 뿐 아니라, 위탁 혹은 입양 전 가족이 아이를 성공적으로 돌보는 데 필수적이라고 주장한다.

치료사의 역할은 아이가 새로운 역할과 관계를 실험하는 데 필요한 체계, 안전 및 경계를 제공하는 것이다. 치료사는 아이와 위탁부모 또는 입양부모와 적극적으로 참여하면서 아이가 애착 딜레마를 상기시키는 안무를 짤 수 있도록 해야 한다. 치료의 목표는 아이에게 긍정적인 경험이 어떤 것인지 이끌어 낼 수 있는 새로운 레퍼토리를 제공하는 것이다.

초기 양육에 관해 채워지지 않은 욕구는 심한 학대 이력이 있는 아동의 자발적인 놀이에서 종종 나타난다. 테라플레이와 같은 기법은 실제로 발달기 영유아 상태로의 퇴행을 촉진하여 아이의 채워지지 않은 욕구를 충족시킬 수 있도록 한다. 예를 들어, 그녀에게 치료를 받던 멜리사(4세)는 아기 인형에게 계속해서 우유를 먹이려고 했고, 종종 장난감 젖병을 스스로의 입에 넣곤 했다. 장난감 젖병이 소독되지 않고 여러 아이가 가지고 노는 것을 우려하여 멜리사에게 진짜 아기 젖병을 사 주고, 이름을 붙여 물을 채운 뒤 냉장고에 보관했다. 멜리사는 우유를 먹이는 의식을 개발하여 놀이를 했다. 그녀는 치료가 시작되는 즉시 젖병을 가져온 다음 내 무릎으로 기어 들어와 젖병을 빨곤 했다. 이런 가상의 놀이를 몇 분 하고 나면 그녀는 다시 다 큰 소녀가 되어 생수를 병에 채운 뒤 냉장고에 넣어 차갑게 함으로써 다음 회기를 맞을 준비를 하곤 했다. 멜리사는 방치되어 있었고, 그녀의 초기 학대의 상당 부분에는 먹을 것을 주지 않거나, 두세 살 아이에게는 적절하지 않은 허드렛일을 하는 동안 다른 사람들이 먹는 것을 지켜보도록 강요당하는 것이 포함되어 있었다. 우유를 먹이는 의식을 만들려는 그녀의 강박관념은 이해할 만했다. 비록 퇴행적이긴 하지만, 그 개입은 건전한 관점에서 그녀가 우유를 먹이는 것을 체험할 수 있도록 했다. 그녀가 그 의식을 반복했다는 것은 채워지지 않는 욕구와 맞닿아 있다는 것을 암시한다. 그녀는 3개월 후 의식을 멈췄고, 그때부터 피양육자가 아닌 양육자의 역할을 가정하여 아기 인형에게 우유를 먹이는 것을 시작했다.

그 후 몇 년간의 치료를 받는 동안 13~14세 무렵의 잭은 대기실의 빈백 의자 밑에 숨기에는 너무 커 버렸다. 그의 새로운 은신처는 사무실로 통하는 넓은 복도였다. 잭은 내가 잭이 안으로 들어왔다고 생각할 수 있도록 바깥문을 여닫은 후, 내가 그를 쫓아갈 수 있도록 복도에 머물곤 했다. 비록 우리의 관계는 공고하게 구축되어 있었지만, 그는 여전히 억지로 이곳에 온다는 사실을 내가 믿기를 바랐다. 잭은 주거치료 센터에 머물면서 조금이라도 부당하다고 인식되는 것에 대해 참을 수 없는 분노에 휩싸였다. 그는 다 큰 청소년이었고 그의 공격적인 감정 분출은 매우 강렬해서, 그를 물리적으로 저지하려면 성인 남성 4명이 필요할 정도였다. 그의 정서적 불안정은 선생님과 간병인에게 참으로 어려운 일이었고, 그의 감정적 격변의 촉발요인은 예측 불가였다. 잭의 정신과 의사는 그의 약을 자주 조절했다. 미술치료를 하는 동안 잭은 베개를 만들기 시작했는데, 베개는 밤에 잠자리에 든 우리를 위로해 주는 멋지고 부드러운 물건이다. 그는 침대에 맞는 다양한 크기와 모양의 베개를 만들었다. 잭은 나에게 베개 한 부분의 바느질을 맡겼는데, 우리는 베개 양쪽 공간을 친밀하게 공유하며 작업했다. 그는 이제 막 행동 조절의 중요한 요소인 '자기완화'를 배우기 시작하고 있었다.

심한 학대를 당한 아이들에게 좀 더 관심을 기울여야 할 부분은 뇌 발달에 영향을 미치는 애착 결핍 그 자체이다. 유년기 인간의 뇌는 성장을 위해 유전 정보와 외부 자극 모두에 의존한다. 생후 처음 2년 동안 뇌의 기본 회로들이 만들어진다(Balbernie, 2001; De Bellis, 2001; Shore, 2002). 아이의 뇌는 페리(2001)가 말한 것과 같이 사용 의존적 방식으로 발달하는데, 이는 어떤 신경계가 활성화될수록 영구적이 될 가능성이 높다는 것을 의미한다. 안기, 말하기 등 외부 자극이 부족한 환경에서 태어난 아이들에게는 언어 지향적 신경 연결 통로가 형성되지 않고, 이들은 또래보다 더 느리게 언어가 발달된다. 의사소통 지연은 뇌의 그러한 부분들이 중요한 발달 시기에 자극이 되지 않았기 때문에 발생한다. 아이를 안고 대화하는 것은 정상적인 인지 발달과 정서 발달의 중요한 요소이다. 쇼어(2002)는 안정 애착에 대해 신경생물학적으로 다음과 같이 서술한다. 관계 형성 초기에 일차적인 양육자는 아이를 안고 먹임으로써 괴로워하는 아기를 위로한다. 완전하고 건강한 애착을 형성하기 위해서는 엄마가 아기와 쇼어가 정의한 '정서 동시성' (p. 11)을 발달시키면서 정신생물학적 교감을 만들어 낼 수 있어야 한다. 아기가 울면 엄마가 안고 흔들면서 교감을 만들어 아이가 엄마의 율동적인 구조에 동조하게 된다. 이는 아이에 대한 외부 조절 인자를 통해 시작되며, 이런 일이 일어날 때마다 뇌의 신경 통로가 자극을 받는다. 이렇게 반복되면서 신경 통로는 영구적으로 생성되고, 결국 아이는 스스로 조절하는 법을 배운다. 모성애가 이와 같이 위로가 되는 자극을 제공하지 못한다면 아이는 큰 고통을 겪는다. 쇼어에 따르면, 자극의 부족은 뇌의 전두엽 부위, 특히 정서 조절 기능에 선행적으로 관여하는 우측 피질 부위의 발달에 영향을 미친다. 그 증거로 초기의 관계 트라우마가 사회 · 정서적 단서 처리에 있어 우반구의 결손으로 나타나는 것을 보여 준다(Schore, 2002). 따라서 아이는 정서 조절과 행동 관리의 측면에서 정상인보다 훨씬 낮은 사회 · 정서적 발달 단계에 머무른다.

우리는 이력을 통해 잭이 엄마로부터 초기 단계의 보살핌과 자극을 받지 못했다고 추측할 수 있다. 스스로 조절하는 법을 배우지 못해 분노를 억제하기 위해서는 외부의 물리적 저지가 필요했던 것이다.

애착 문제의 복합성

잭에게는 그 원인을 기억하지 못해 설명할 수 없는 흉터가 있었다. 치료에서 잭이 엄마를 좋은 사람으로 기억할 필요가 있다는 것은 매우 분명했다. 잭은 엄마를 그리워했다. 그는 엄마의 모습을 기억할 수 없었지만, 항상 엄마를 그리워했고 엄마를 위한 변명을 했다. 그는 엄마가 사고를 당했을 수도 있고, 그래서 다시는 돌아오지 않았을 수도 있다고 말했다. 잭은 "엄마는 내 생애 최고예요."라고 말했다. 그는 사회복지사를 통해 자신의 처지가 사례로 소개되는 것을 원치 않았다. 그는 어린 동생들을 걱정하며 자주 만나고 싶어 했다. 비록 초기의 학대와 외상이 잭의 중요한 부분이었지만, 어린 나이에 일어난 일에 치료의 초점을 맞추려고 하는 것은 이 치료 단계에서 역효과일 수 있다. 왜냐하면 잭은 그 기억들을 견딜 수 없었고, 엄마를 보호하려는 그의 욕구를 거스를 수도 없었기 때문이다.

학대 가해자가 아이에게는 기본적인 욕구 충족을 위해 의지해야 하는 사람일 경우 치료에 있어 엄청난 심리적 합병증이 나타난다. 이 복합성의 단계는 양과 악랄한 잡종 개를 우리에 함께 넣는 케언스(Cairns, 1966a, 1966b)의 실험을 연상시킨다. 개가 어린 양을 학대하는 상황에서 이들을 떨어뜨려 놓으면 어린 양은 교제를 위해 그 개를 찾게 된다. 아이를 학대하는 부모에게서 떼어 놓으면 아무리 학대가 심했더라도 아이에게는 부모를 다시 만나고 싶은 욕구가 압도적인 경우가 많다. 반 더 콜크(van der Kolk, 1989)가 묘사한 이 습관적인 행동 반응은 원래의 애착 대상에 관한 그리움과 외상에 대한 의식적인 기억상실을 반영하는 것이다. 신원미상의 여인에 대한 코윈과 올라프손(Corwin & Olafson, 1997)의 연구는 시간이 지남에 따라 사건을 기억하는 아이의 능력이 어떻게 변하는지 보여 주며, 이것은 특히 위탁 가정이나 입양 가정에서 몇 년 동안 잘 적응하여 지낸 것처럼 보이는 경우에도 부모와 다시 연결되고 싶은 아이의 욕구에 의해 영향을 받는다.

우리는 학대를 입증하는 데 도움이 되는 충분한 세부사항을 공개할 수 있는 아이(잭의 경우 집에서 혼자 남겨진 채 발견되었을 때)가 급성 외상 단계에서 치료가 진행되는 동안 외상에 대한 단어 사용을 중단하게 된다는 것을 종종 발견한다. 어떤 아이들은 외상을 일으킨 것이 부모였다는 것을 '잊어버리거나' 아무렇지 않게 외상 자체를 부인할 것이다.

주거형 보육원에서 일하는 복지사들을 통해 심각한 학대를 당했음에도 아이들이 필사적으로 집으로 돌아가기를 원하는 수많은 사례를 들을 수 있다. 페어베언(Fairbairn, 1941)에 따르면, 좋은 부모의 이미지를 보존하고 보호해야 할 결정적인 필요가 있는데, 부모가 좋지 않으면 아이가 죽을 수도 있다는 놀라운 현실 때문이다. 다정한 부모의 이미지를 보존하기 위해 부모의 학대와 방치의 희생자인 자녀들이 학대가 일어났다는 사실을 부인하거나 그럴 만했다고 정당화해야 한다. 아이는 부모를 잃는 위험을 무릅쓰기

보다는 나쁜 것에 동화되어 학대하는 부모를 좋은 것으로 보존하려 한다(Fairbairn, 1941; Seinfeld, 1989; St. Clair, 1986; van der Kolk, 1989). 아이들은 말로는 학대자를 보호하고 옹호하는 반면, 미술로는 그들이 표현하거나 이해할 수 없는 더 깊은 감정을 묘사하기도 한다. 우리는 종종 혼돈과 분노가 깃든 가족 그림을 본다. 어떤 아이는 엄마를 공격적으로 그리면서 그림을 찢어 구멍을 내거나, 부모를 그렸다가 낙서로 덧칠해 지우기를 반복한다. 미술은 참을 수 없을 정도로 고통스러워 표현할 수 없지만, 그림의 은유를 통해 무의식적인 감정을 표현할 수 있게 해 준다. 미술은 거짓말을 하지 않는다. 앞의 두 가지 예에서 아이는 미술작품을 만들 당시 학대하는 부모를 적극적으로 변호했고, 부모가 자신을 다정하게 대해 주는 것 외에는 어떤 것도 용납할 수 없었다.

미술은 내담자가 잡아내지 못하는 감정에 어떻게 접근하는가? 무의식 속에 축적되고 대처 능력과 방어로 저지된 학대와 방치에 대한 유년기 기억은 마치 휴화산과 같다. 외상 반응의 특징은 본래의 외상을 연상시키는 현재의 자극에 대한 생리학적 과각성이다(Perry, 1995). 외상 피해자들은 마치 외상이 겪었던 순간으로 돌아간 것처럼 현재의 자극에 반응하며, 생리학적인 긴급 반응도 동일하다(van der Kolk, 1989). 그래서 본래의 외상을 자극하는 그림(예: 가족 그림)을 그려 달라는 부탁을 받았을 때, 아이는 즉시 그 생리적 과잉충동 상태로 돌아갈 가능성이 높고, 미술작품은 보통의 방어적인 자아보다는 그 시점의 혼란과 감정을 반영할 것이다. 이는 학대받고 방치된 아이들과 진행한 작업을 토대로 보았을 때, 작품 평가에서 가족 그림이 자주 거부 당하거나 퇴행적 발달 단계에서 그려지는 이유를 설명할 수 있을 것이다.

치료 시사점

잭이 주거치료 센터에서 더 편안해지자 그는 직원들을 위해 동물 모양의 베개를 만들기 시작했다. 그 베개는 인기가 많은 상품이라서 모든 직원이 그 베개를 원했다. 베개를 나눠 주는 것이 그가 사람들과 안전하게 관계를 맺는 방법이었고, 직원들은 이 아이 같은 몸짓에 정성스럽게 응했다. 그는 이런 안전한 관계 맺기를 즐기기 시작했고 직원들과 장난을 치기도 했는데, 마치 나에게 치료받으러 오고 싶지 않다고 놀리는 것과 비슷했다.

최근 외상 사례를 보면 의식적이고 명시적인 좌뇌 담론에서 우뇌를 이용한 비언어적이고 신체 기반의 접근법으로 패러다임이 전환되었다(Chapman, 2014; Perry, 2009; Shore, 2012). 이러한 후자의 접근법은 언어화에 덜 의존하고 표현적 산출물에 더 많이 의존한다. 치료는 생물학적 연령이 아니라 아이의 정서 발달 연령을 대상으로 해야 한다. 여기에는 아마도 성인이 되어서야 내담자가 부모의 심각한 학대 문제에 대해 현재 가능한 것보다 더 정교한 수준의 이해로 접근할 수 있을 것이라는 암묵적인 이해가 전제되어야 한다. 바꾸어 말하면, 주거형 보육원장과 아동 및 청소년은 치료에서 부모의 거부감이나 외상이라는 민감한 문제를 해결할 수 있는 경우가 드물다. 그들은 단지 아무에게도 놀림 받지 않고 학교에서 하루를 보내고 싶을 뿐이다(S. Veit, personal communication, 2014. 5.). 페리(Perry, 2001)는 어린 나이에 폭력이나 외상에 노출된 아이들은 뇌간과 중뇌 영역에 의해 매개되는 낮은 수준의 공포 상태에서 많은 시간을 보내며, 그들의 인지력은 대뇌피질 및 변연계에 의해 지배된다고 주장한다.

과각성상태에서는 비언어적인 단서에 초점을 맞추어 종종 이를 잘못 해석하여 실제 사건을 인지적으로 처리하지 않고 충동적으로 반응하는 경향이 있다. 가령 잭은 누군가가 자신의 처지가 잘못된 것처럼 바라본다는 것을 알아차렸을 때 자신이 비난을 받고 있다고 생각하고 그 아이에게 덤벼들었고, 그 상호작용은 빠르게 몸싸움으로 악화되었다. 잭은 항상 주변을 경계했다. 그러나 이러한 과각성은 타인의 감정에 대한 민감성으로 이어지지 않았다. 오히려 그 반대였다. 잭은 다른 아이의 처지를 가장 먼저 놀리거나 엄마의 문제가 있는 아이에게 '니네 엄마'라고 말하는 것 때문에 집이나 교실에서 싸움이 잦았다. 그의 공감 능력 부족은 초기 발달상의 상실을 상기시킨다.

페리(2009)는 신경과학 연구를 이용하여 자신의 연구 결과를 알림으로써 심한 학대를 받은 아동을 대상으로 한 치료를 개념화하기 위해 신경순차적 모델치료법(Neurousequential Model of Therapeutic: NMT)을 개발했다. 그는 치료의 시작을 자기조절, 주의, 흥분, 충동성과 관련된 영역인 뇌간에 적용하는 것으로 개념화할 것을 제안한다. 이 단계에서 그는 음악, 운동, 요가, 드럼 연주와 같은 패턴화되고 반복적이며 감각적인 활동을 추천한다. 이러한 활동은 뇌간에 대한 전언어 단계의 신경 입력과 연관되어 있으며, 반복은 불안과 충동성을 완화시키는 데 도움이 되는 조절적 입력을 제공할 것이다.

채프먼(Chapman, 2014)은 대뇌 피질의 발달을 촉진하기 위해 고안된 신경과학 원리를 바탕으로 다양한 감각 운동 미술 기법과 게임을 만들었다. 그녀의 기술은 초기의 부모-자녀 상호작용을 모방하고 우뇌 발달, 시각 발달, 촉각 발달, 총체적이고 미세한 운동 발달, 청각 발달, 균형 감각 발달, 자기수용 발달을 촉진하는 아동과 치료사 혹은 아동과 보호자 사이의 관계적 교류의 기회를 제공한다.

채프먼은 내담자를 관계적 교류로 이끌기 위한 지시를 사용하는 반면, 아이들은 종종 이러한 종류의 게임을 스스로 개발한다. 잭이 대기실에 숨고 싶어 하는 욕구가 반복되는 것은 스스로가 만들어 낸 것이고, 그가 실제 나이보다 훨씬 어린 수준의 발달 단계에 있음을 보여 준다. 그를 '찾아내는' 것은 항상 웃음을 자아냈는데, 이는 두 살배기 아이가 숨어 있다 발견되는 것과 매우 흡사하다. 잭과 다른 아이들이 치료 초기에 하던 게임 중 하나는 보석이나 동물을 모래상자에 숨기고 그것을 찾기 위해 번갈아 가면서 모래를 체로 거르는 것이다. 나이가 더 많은 아이들은 종종 나이에 맞지 않는 것처럼 보이는 게임을 발명한다. 그들은 초기 발달 단계를 거칠 때까지 게임을 반복하는 경향이 있다. 치료사는 이런 종류의 게임을 찾을 필요가 없다. 아이들은 자신이 원하는 것을 만들어 내기 때문이다. 잭의 숨바꼭질 게임은 관계적이었다. 아이가 개발한 관계 의식을 따르는 것의 중요성은 아무리 강조해도 지나치지 않다. 베개를 선물로 만드는 잭의 다정한 행동은 관계의 발달이 조금 늦어진 것을 반영했는데, 이는 유치원이나 초등학교 아이들이 엄마에게 선물을 만들어 주는 것과 비슷하다. 아동과 청소년은 그들의 문제에 공명하는 소재와 주제에 자연스레 끌린다. 바느질하는 것은 사춘기 남자아이에게 특이한 활동이며, 확실히 내가 잭에게 권장할 만한 것은 아니다. 이는 잭이 바지 한 벌을 가지고 와서 내게 수선하는 것을 도와주겠냐고 물었을 때 시작되었다. 나는 잭에게 바늘에 실을 꿰는 법을 가르쳐 주었다. 이것이 베개를 만드는 그의 아이디어로 발전했다.

베개를 만들어 주는 관계 경험을 통해 잭은 관계 맺기에 대한 자신감을 얻었다. 그는 자신을 담당하는 사회복지사에게 위탁 가정을 요청하고 입양에 대해 이야기하기 시작했다. 이는 그가 생모에 대해 이상화한 이미지를 포기할 준비를 하고 있음을 나타내며, 생모가 다시는 그를 데리러 올 수 없다는 것을 인정하기 시작했다는 것을 보여 준다. 15세에 그는 미술치료 중 첫 조각품으로 곰 가족을 만들었다([그림 6-3] 참조). 그 당시 나는 흔히 있는 일이라 생각하여 조각의 중요성을 깨닫지 못했지만, 그 후로 4년 동안 세 번이나 비슷한 조각품을 만드는 것을 통해 중요한 무언가를 암시한다는 것을 알게 되었다. 첫 번째 작품은 등장인물들의 얼굴 표정이 없었기 때문에 놀라울 정도로 엉성해 보였다. 그는 가족을 그리워했지만, 가족이 어때야 하는지 제대로 이해하지 못한 것이 분명했다. 세 마리의 곰은 모두 바깥쪽을 바라봤고, 얼굴 표정이 없어 서로 교류할 수 없

[그림 6-3] 잭(15세), 첫 번째 곰 조각

었다. 그는 곰 얼굴에 대한 특이한 점을 전혀 눈치채지 못하고 조각을 마무리하기 위해 유약을 칠했다.

페리(2009)의 신경순차적 모델에 따르면, "자율적 조절의 개선이 이루어지면 치료 작업은 더 많은 전통 놀이나 미술치료법을 활용하여 (변연계의) 관계 관련 문제로 옮겨 갈 수 있다."(p. 252). 잭이 직원들과 관계를 맺는 것이 의미하는 바를 실천함으로써 자신의 삶의 관계적 측면을 탐구하기 시작했을 때 그의 작품이 내용 면에서 보다 관계적인 성격을 띠게 된 것은 우연이 아니었다. 그의 발달 단계는 이미 가장 원시적인 뇌간의 수준을 넘어서는 정도였다. 그는 치료 센터에서 행동 수준 체계를 끌어올림으로써 덜 제한적인 단계로 옮겨도 될 정도로 발전하고 있었다.

잭에게는 여전히 많은 과제가 남아 있었지만, 그의 행동 수준은 더 발전되었다. 잭은 열다섯 살 때 소원대로 10대 소년들을 특별하게 잘 키워 줄 훌륭한 여성이 있는 위탁 가정으로 이사했다. 나를 세계 최고의 치료사라 할 수도 있지만, 위탁모가 잭을 원하고 그를 오랫동안 헌신적으로 보살핀 것에 비하면 일주일에 50분 동안 내가 한 일은 아무것도 아니었다. 잭은 이 관계에 대해 여러 테스트를 했다. 위탁모는 잭이 그 결과에 충격받았을 것과 거절에 지나치게 민감하다는 것을 일찌감치 알고 있었다. 잭은 만약 문제가 생기면 위탁모가 더 이상 자신을 원하지 않아 폭력적이 되거나 도망갈 것이라고 짐작했다.

보호시설에 있는 아이들과 함께 작업하면서 겪는 어려움 중 하나는 보호자의 일관성이 부족하다는 것이다. 위탁 가정은 보통 장기적으로 진행되지 않고, 치료사의 유형도 일관성이 없다. 보호관찰 대상 아이들은 거주지가 변경되는 만큼 치료사가 자주 바뀌고, 사회복지사, 학교, 정신과 의사, 사감 등도 지속적으로 바뀐다. 어찌된 일인지 나는 잭의 인생에서 유일하게 장기간의 지속적인 관계를 유지했다. 일단 잭과 함께 작업하기 시작했을 때, 그는 거주치료 센터에서 위탁 가정으로, 두 번의 입원 및 거주지 변경, 또 다른 집단 거주지를 거쳐 그의 위탁모에게 돌아오는 동안 그를 추적했던 나의 능력은 반은 나의 고집이고 반은 행운이었다. 시스템이 관계를 중시하지 않기 때문에 애착 문제가 있는 대다수의 아이는 결국 여러 곳을 돌아다니게 된다. 또 다른 아이들은 그들을 사랑하고 도우려고 하는 사람들을 적극적으로 밀어내기 때문에 여러 곳을 돌아다니게 된다(Hughes, 1997, 1998). 수양부모는 아이와 유대관계를 형성하지 못해 좌절하게 되고, 그에 따라 잘못된 거주지 변경의 순환이 계속된다. 입양 전 가정이 아니더라도 양부모와 자녀의 가족치료는 거주지의 안전장치이자 이러한 패턴을 깨기 위한 결정적인 개입이 된다(Klorer, 2000). 가족과 함께 지내는 법을 배우기 위해서는 잭과 위탁모의 가족치료가 필수적이었고, 우리는 가족치료 및 개인치료 회기를 번갈아 가며 진행했다. 열다섯 살의 잭에게 가장 중요한 치료 목표는 위탁모와 애착을 형성하는 것이었다.

잭은 개별 회기에서 수양가족을 위한 선물을 만들기 시작했다. 그는 가족 모두를 위해 베개를 만들었고, 가족이 기르는 개를 위해 끽끽거리는 장난감을 넣은 동물용 베개도 함께 만들었다. 그는 대학생인 누나를 위해 종이인형([그림 6-4])과 동생을 위한 인형([그림 6-5])을 만들었다. 얼굴에 이목구비가 없는 전형적인 그의 작품이었다. 우리는 잭이 사람들의 눈을 똑바로 쳐다보고 사람들의 얼굴을 두려워하지 않게 할 필요가 있었다. 잭에게는 그 후 몇 년 동안 여러 건의 격렬한 사건이 있었는데, 몇몇 사건에는 경찰이 개입하게 되어 그가 입원을 위해 위탁 가정을 떠나야만 했다. 두 번이나 그는 주거치료 센터로 돌아왔지만 양부모는 진심으로 그를 보살피고 항상 그를 다시 데려갔다. 잭은 열여섯 살에 곰 조각을 다시 만들었다([그림 6-6] 참조). 그는 여전히 가족과 함께 산다는 것이 무엇을 의미하는지 이해하려고 애쓰고 있었다. 그의 양모는 그가 집 안에서 다른 사람들과 교류하기보다는 자기 방에서 혼자 시간을 보내는 것이 편안해 보였다고 전했다. 그러나 그는 가족들에게 손을 내밀고 작품을 통해 애정을 표현하고 있었다. 같

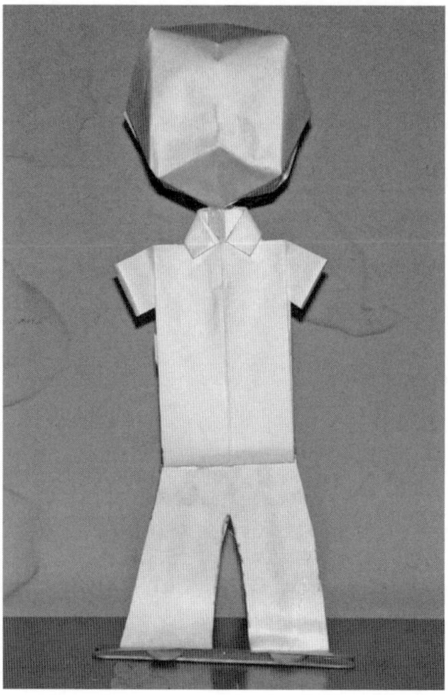

[그림 6-4] 잭(15세), 수양누나를 위해 만든 종이인형

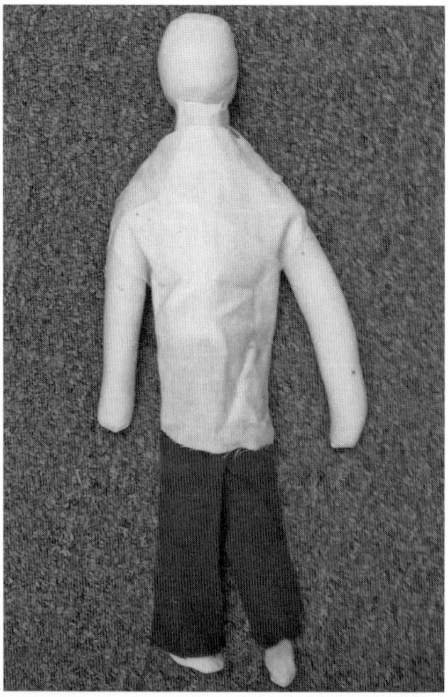

[그림 6-5] 잭(16세), 수양동생을 위해 만든 인형

[그림 6-6] 잭(16세), 두 번째 곰 조각

은 기간 동안 그는 내가 자신을 고문했다고 주장하며 여러 번 나를 치료사에서 '해고'하려고 했다. 나는 그를 놀리며 적어도 스물한 살까지 혹은 다 큰 어른이 될 때까지 함께 하고 싶다고 말했고 그는 그저 미소 지을 뿐이었다.

채프먼(2014)은 신경발달 미술치료 모델에서 아이가 미술과 놀이를 통해 비언어적 감정을 탐구할 때와 같은 '문제 단계'를 찾았다. 잭이 양모와 애착이 점점 더 공고해지고 있었기 때문에 그에게서 나를 밀어내는 실험을 할 수 있었다. 내가 떠나지 않으리라는 사실은 또 하나의 공고한 애착의 힘을 증명하는 것이었다.

페리(2009)는 신경순차적 모델에서 "근본적인 이원적 관계 기술이 개선되고 나면 치료 기법은 다양한 인지행동 또는 정신역학적 접근법을 사용하여 보다 언어적이고 통찰 지향적(대뇌피질)일 수 있다."라고 언급한다(p. 252). 이는 그 후 몇 년 동안 신경발달 작용이 대뇌 피질에 이르기 전에는 불가능했던 언어치료를 이용할 수 있었던 잭의 능력에 의해 증명되었다.

대기실에서 본 17~18세 무렵의 잭은 모자가 달린 스웨터를 머리 위로 너무 많이 잡아당겨 얼굴의 1/3 정도만 보였다. 몸무게가 약 122kg나 되는 그는 더 이상 빈백 의자나 문 뒤에 어울리지 않았고 복도에 숨는 것도 어리석어 보였지만, 여전히 내가 그를 찾기를 바랐다. 잭은 내가 요청하지 않는 한 여전히 눈을 마주치지 못했다. 다만 거짓말을 할 때는 내 눈을 똑바로 쳐다보며 미소를 지었다. 그러면 우리는 서로 알겠다는 듯이 웃곤 했다. 나는 그가 사랑스러웠고 잭도 알고 있었다. 일단 잭은 한 주 동안 학교에서 아무런 문제가 없었다고 말한 뒤 학교에서 있었던 문제에 대해 말하기 시작했다. 그의 양모는 계속해서 회기에 참여했고 잭의 행동 조절을 위해 도움을 주었다. 인지행동적 접근법이 더욱 효과가 있어 우리는 긍정적인 자기대화를 통해 폭발 직전의 분노를 줄이고, 이완 기법과 사회성 문제 해결을 위한 역할 놀이도 이용했다. 그러나 잭의 주된 치료 목표는 발달 초기 단계에서 그가 놓쳤던 것, 즉 모성에 대한 애착을 통한 감정 조절에 계속 초점을 맞추었다. 열아홉 살에 잭은 양모가 그에게 준 가족 사진을 홧김에 찢어버린 것을 그녀에게 들켰을 때 인생에서 결정적인 전환점을 맞이했다. 양모는 잭이 왜 그랬는지 이해한다고 말했지만, 그 행동이 그녀의 마음을 아프게 했다는 것을 알았으면 했다. 이것을 또 다른 거절로 받아들인 그는 매우 화가 나 소리를 지르면서 옷가지 등을 가방에 넣고는 집단 거주지로 돌아가겠다고 말했다. 양모는 잭이 달아날 것이라 생각했음에도 계속해서 차분히 그에게 말을 걸었다. 마침내 그가 울기 시작하자 그녀도 울었고 서로 안아 주었다. 그녀는 진심으로 그를 사랑한다고 말했다. 잭은 울면서 집에 계속 머무르고 싶다고 말했다. 그 후 몇 달 동안 잭은 생모나 학대받았던 사람들에 대한 고통스러운 기억에 대해 이전에 시도하지 못했던 치료를 시작했다. 양모의 사랑에 안도하며 그는 마침내 이런 감정에 직면할 수 있었다. 그와 동시에 잭은 대기실에 숨는 것을 멈췄다.

그 해 말, 잭은 또 다른 곰 조각을 만들기 시작했다. 잭은 시작과 포기를 몇 번이나 반복하면서 그 조각을 완성하는 데 한 달 이상 걸렸다. 마침내 그것이 완성되었을 때 놀라웠던 점은 곰의 얼굴에 표정이 있다는 것이었다([그림 6-7] 참조). 잭은 마침내 양모와 진정한 관계를 맺는 것이 어떤 것인지 이해했다.

안정된 애착은 발달 초기의 외상을 직면하는 데 꼭 필요한 요소이다. 잭의 경우 관계 맺기와 고도의 대뇌 피질 기능을 통해 그러한 연계를 직접 경험하기 전에는 인물의 감정의 핵심을 보여 주는 얼굴 표정을 가족 구성원들과 연결시킬 수 없었다.

[그림 6-7] 잭(19세), 세 번째 곰 조각

요약: 외상과 관련된 애착에 대한 신경과학 이론적 접근법

주요 애착 대상으로부터 심각한 정신적 외상을 입은 아이들을 치료하기 위한 신경과학적 접근법은 학대의 정신적 · 생리학적 영향을 고려한다. 이 접근법은 아이가 예상된 발달 수준보다 훨씬 낮은 발달 수준에 있다는 것을 인식하면서 생물학적 연령이 아닌 사회 · 정서적 수준에서 작업하는 것을 포함한다(Perry, 2009). 초기의 관계 맺기 게임과 상호작용 중 몇몇은 겉보기에 내담자를 너무 어린아이로 여기는 것처럼 보일 수 있으나, 실제로 꽤 오랫동안 그들의 관심을 끌 수 있었다. 치료사는 아이에게 치료사 및 주된 지원 그룹과 새로운 방식의 상호작용 반응을 실험할 수 있는 기회를 제공하기를 원할 것이다. 치료 센터, 양부모 또는 입양 전 가족과 치료 지원을 조정하는 것은 필수적인데, 그러한 관계에서 가장 중요한 작용이 일어날 수 있기 때문이다. 보호자들이 행동 뒤에 숨은 의미를 이해하도록 돕는 것은 종종 아이들의 주거지 변경 횟수를 줄일 수 있다. 비록 약물요법을 논하는 것은 이 장의 범위를 벗어나지만, 빈번한 약물 평가와 조정

역시 치료의 필수적인 요소가 될 수 있다. 아이가 애착을 형성할 수 있을 때까지 표현 및 관계 작업을 위한 인지 기반 치료법은 지양해야 한다(Perry, 2009). 증상 감소 및 대처 능력 획득을 위한 인지적 접근법은 나중에 이용할 수 있다.

관계 맺기에서 표현 기법을 사용하는 것은 아동이나 청소년이 정서적인 연계를 할 수 있게 한다. 아이는 자신의 관계를 반영하는 이미지를 만들 것이다. 비록 이 장의 예시가 미술에 초점을 맞췄지만, 비언어적 표현 작업은 운동, 연극, 시, 미술, 모래상자, 드라마를 포함한 여러 표현치료 양식에서 나타난다. 직접적인 접근법은 내담자의 발달 과정을 진전시킬 수 있다(Chapman, 2014). 그러나 원하는 결과를 얻기 위해 항상 지시를 내릴 필요는 없다. 미술치료의 가장 강력한 작용은 종종 비지시적이고 내담자 중심의 작업에서 비롯된다. 심리적 안전이 보장된 미술실에서 치료사와의 신뢰 관계가 바탕이 되면, 아동과 청소년은 스스로의 길을 찾게 된다. 이는 어떤 내담자에게는 중요한 상징인 것이 다른 내담자와는 무관하다는 점에서 독특한 과정이다. 얼굴 표정이 없는 것은 잭에게 중요한 상징이었지만, 다른 내담자에게 이를 일반화할 수 없었다. 미술작품만으로는 성적 · 신체적 학대를 진단할 수 없는 것과 같은 이유로 치료의 성공을 보여 주는 상세한 지표는 정해져 있지 않다. 오히려 치료사는 내담자의 행동 변화를 비교하며 내담자 스스로의 형상화 과정을 파악해야 한다. 잭의 작품은 우리가 직접 그 해석에 대해 이야기하지는 않았음에도 불구하고 그의 애착 문제를 반영했다. 우리는 현재의 행동과 사회적 상호작용을 이야기했고, 진정한 관계를 통해 애착 문제와 함께 했다.

요약하자면, 잭은 처음 시도한 작품에서 친밀감에 대한 두려움으로부터 스스로를 보호했고, 작품에 그것을 그대로 반영했다([그림 6-1]과 [그림 6-2]). 직원들을 신뢰하기 시작하면서 잭은 그들에게 베개 동물을 만들어 주기 시작했다. 그의 작품은 마치 애착/분리/개별화의 실천 단계에 있는 것처럼 더욱 관계적인 형태가 되었다. 그는 보호자와의 관계 맺기를 실천했다. 동시에 그는 나에게 바느질을 도와 달라고 하며 그의 공간을 공유했고, 덕분에 우리는 매우 가까워졌다. 위탁 가정으로 옮겨진 뒤에도 그는 작품을 계속해서 관계적으로 이용했다. 그의 친밀감에 대한 두려움은 선물로 만든 사람과 동물의 얼굴 표정이 없는 것에서 분명히 드러났다([그림 6-3], [그림 6-4], [그림 6-5], [그림 6-6]). 그가 영원히 함께할 가족을 찾았고 진정한 가족 관계를 맺었다는 사실을 알게 되었을 때, 잭의 작품은 변화했다. 그의 마지막 조각([그림 6-7])은 이러한 관계의 진전을 보여 주었다. 나와 헤어질 때쯤 잭은 가족이 무엇인지 이해했다. 미술작품이 바로 그 증거이다.

표현치료는 잭이 그의 문제와 관련된 주제를 탐구할 수 있는 길을 제공했다. 그러나 가장 중요한 것은 나와의 치료 관계와 위탁 가족과의 관계였다. 치료 효과에 대한 수백 가지 심리학적 연구의 메타분석에서 치료사와 내담자 사이의 연대, 특히 이 사례에서는 양모와 아이의 연대가 무엇보다 성공적 치료의 가장 중요한 요소임을 명심해야 한다 (Norcross & Lambert, 2006).

잭이 스물한 살이 되던 해, 나는 치료를 끝냈다. 그는 내가 그의 작품을 촬영하고 언젠가 그의 이야기를 공유할 수 있도록 동의서에 서명했다. 그는 9년 넘게 나와 함께 작업하면서 사무실에 남겨 둔 예술작품을 모두 가져갔고, 성인을 위한 반독립 생활 프로그램에 들어갔다. 잭은 여전히 많은 어려움을 겪고 있지만, 이 글을 쓰고 있을 당시 그는 적어도 일주일에 한 번은 위탁 가족을 만났다.

참고문헌

Amaya-Jakson, L., & deRosa, R. R. (2007). Treatment considerations for clinicians in applying evidence-based practice to complex presentations in child trauma. *Journal of Traumatic Stress*, *20*(4), 379-390. doi:10.1002/jts.20266

American Psychological Association, APA Presidential Task Force on Evidence-Based Practice (2006). Evidence-based practice in psychology. *American Psychologist*, *61*(4), 271-285. doi:10.1037/0003-066X.61.4.271

Balbernie, R. (2001). Circuits and circumstances: The neurobiological consequences of early relationship experiences and how they shape later behavior. *Journal of Child Psychotherapy*, *27*(3), 237-255. doi:10.1080/00754170110087531

Bowlby, J. (1969). *Attachment* (2nd ed., Vol. I). New York: Basic Books.

Bremner, J. D. (2001). A biological model for delayed recall of childhood abuse. *Journal ot Aggression, Maltreatment and Trauma*, *4*(2), 165-183.

Cairns, R. B. (1966a). Attachment behavior of mammals. *Psychological Review*, *73*(5), 409-426. doi:10.1037/h0023691

Cairns, R. B. (1966b). Development, maintenance, and extinction of social attachment behavior in sheep. *Journal of Comparative Physiological Psychology*, *62*(2), 298-306. doi: 10.1037/h0023692

Chapman, L. (2002, November). A neurodevelopmental approach to treating posttraumatic stress disorder and symptoms. Paper presented at the *American Art Therapy Association's 33rd Annual Conference*, Washington, DC.

Chapman, L. (2014). *Neurobiologically informed trauma therapy with children and adolescents.* New York: W.W. Norton.

Chugani, H. T., Behen, M. E., Muzik, O., Juhasz, C., Nagy, F., & Chugani, D. C. (2002). Local brain functional activity following early deprivation: A study of postinstitutionalized Romanian orphans. *Neuroimage*, *14*(6), 1290-1301. Retrieved from: http://dx.doi.org/10.1006/nimg.2001.0917

Corwin, D., & Olafson, E. (1997). Videotaped discovery of a reportedly unrecallable memory of child sexual abuse: Comparison with a childhood interview videotaped 11 years before. *Child Maltreatment*, *2*(2), 91-112. doi:10.1177/1077559597002002001

De Bellis, M. (2001). Developmental traumatology: The psychobiological development of maltreated children and its implications for research, treatment, and policy. *Development and Psychopathology*, *13*(3) 539-564.

De Bellis, M., Keshavan, M., Clark, D., Dasey, B., Giedd, J., Boring, A., … Ryan, N. (1999). Developmental traumatology Part II: Brain development. *Biological Psychiatry*, *45*(10), 1271-1284. doi:10.1016/S0006-3223(99)00045-1

Fairbairn, W. R. D. (1941). *An object-relations theory of the personality*. New York: Basic Books.

Glaser, D. (2000). Child abuse and neglect and the brain—A review. *Journal of Child Psychology and Psychiatry*, *41*(1), 99-116. doi: 10.1111/1469-7610.00551

Harvey, S. (1990). Dynamic play therapy: An integrative expressive arts approach to the family therapy of young children. *The Arts in Psychotherapy*, *17*(3), 239-246. doi:10.1016/0197-4556(90)90007-D

Harvey, S. (1991). Creating a family: An integrated expressive approach to adoption. *The Arts in Psychotherapy*, *18*(3), 213-222. Retrieved from: http://dx.doi.org/10.1016/0197-

4556(91)90115-Q

Haugaard, J. (2004). Recognizing and treating uncommon behavioral and emotional disorders in children and adolescents who have been severely maltreated: Introduction. *Child Maltreatment, 9*(2), 123-130. doi:10.1177/1077559504264305

Hughes, D. (1997). *Facilitating developmental attachment*. Northvale, NJ: Jason Aronson.

Hughes, D. (1998). *Building the bonds of attachment*. Northvale, NJ: Jason Aronson.

Jernberg, A. (1979). *Theraplay: A new treatment using structured play for problem children and their families*. San Francisco: Jossey-Bass.

Johnson, D. R. (2009). Commentary: Examining underlying paradigms in the creative arts therapies of trauma. *The Arts in Psychotherapy, 36*(2), 114-120. Retrieved from: http://dx.doi.org/10.1016/j.aip.2009.01.011

Klorer, P. G. (2000). *Expressive therapy with troubled children*. Northvale, NJ: Jason Aronson.

Klorer, P. G. (2005). Expressive therapy with severely maltreated children: Neuroscience contributions. *Art Therapy: Journal of the American Art Therapy Association, 22*(4), 213-220. doi:10.1080/07421656.2005.10129523

Klorer, P. G. (2008). Expressive therapy for severe maltreatment and attachment disorders: A neuroscience framework. In C. Malchiodi (Ed.), *Creative interventions with traumatized children*. New York: Guilford Press.

Norcross, J., & Lambert, M. (2006). The therapy relationship. In J. Norcross, L. Beutler, & R. Levant (Eds.), *Evidence-Based Practices in Mental Health* (pp. 208-218). Washington, DC: American Psychological Association.

Perry, B. (1995). Childhood trauma, the neurobiology of adaptation, and "use-dependent" development of the brain: How "states" become "traits." *Infant Mental Health Journal, 16*(4), 271-291.

Perry, B. (1997). Incubated in terror: Neurodevelopmental factors in the "Cycle of Violence." In J. Osofsky (Ed.), *Children in a violent society* (pp. 124-148). New York: Guilford.

Perry, B. (2001). Violence and childhood: How persisting fear can alter the developing child's brain. (October 25, 2001). Retrieved from: www.ChildTrauma.org

Perry, B. (2009). Examining child maltreatment through a neurodevelopmental lens: clinical applications of the neurosequential model of therapeutics. *Journal of Loss & Trauma, 14*(4), 240-255. doi:10.1080/15325020903004350

Rauch, S., van der Kolk, B., Fisler, R., Alpert, N., Orr, S., Savage, C., … & Pittman, R. (1996). A symptom provocation study of postraumatic stress disorder using positron emission tomography and script-driven imagery. *Archives of General Psychiatry, 53*(5), 380-387. doi:10.1001/archpsyc.1996.01830050014003

Rutter, M., & O'Connor, T. (2004). Are there biological programming effects for psychological development? Findings from a study of Romanian orphans. *Developmental Psychology, 40*(1), 81-94. doi:10.1037/0012-1649.40.1.81

Schiffer, F. (2000). Can the different cerebral hemispheres have distinct personalities? Evidence and its implications for theory and treatment of PTSD and other disorders. *Journal of Trauma and Dissociation, 1*(2), 83-104.

Schiffer, F., Teicher, M., & Papanicolaou, A. (1995). Evoked potential evidence for right brain activity during the recall of traumatic memories. *Journal of Neuropsychiatry and Clinical Neurosciences, 7*(2), 169-175.

Schore, A. (2001). The effects of a secure attachment relationship on right brain development, affect regulation, and infant mental health. *Infant Mental Health Journal, 22*(1/2), 7-66. doi:10.1002/1097-0355(200101

Schore, A. (2002). Dysregulation of the right brain: A fundamental mechanism of traumatic attachment and the psychopathogenesis of post-traumatic stress disorder. *Australian and New Zealand Journal of Psychiatry, 36*(1), 9-30.

Schore, A. (2012). *The science of the art of psychotherapy*. New York: W.W. Norton.

Seinfeld, J. (1989). Therapy with severely abused child: An object-relations perspective. *Clinical Social Work Journal, 17*(1), 40-49.

St. Clair, M. (1986). *Object Relations and Self Psychology: An Introduction*. Belmont, CA: Brooks/Cole Publishing.

van der Kolk, B. (1989). The compulsion to repeat the trauma. *Psychiatric Clinics of North America, 12*(2), 389-411.

제7장 미술치료에서 신경과학의 실제 적용 사례: 외상을 겪은 아동을 다루는 전체론적 접근법

– 크리스토퍼 벨코퍼, 에밀리 놀란(Christopher M. Belkofer and Emily Nolan)

외상을 겪은 아동과 작업하는 경우 거절을 인지하거나, 권위 있는 사람이 '아니요'라고 말하거나 또는 행동을 재조정하는 것과 같은 비교적 작은 자극이 반항, 분노, 슬픔, 절망 내지 공격성의 분출로 초래되는 것은 일반적인 일이다. 이러한 극단적인 반작용은 저입력–고출력 반응으로 설명할 수 있다. 가벼운 자극(저입력)은 극단적인 반응(고출력)을 유발하는 경우가 많다. 이러한 '붕괴 상태'를 맞닥뜨리는 것은 치료사, 보조 직원 또는 주된 보호자에게 일련의 도전 과제 내지 복잡한 문제를 제시한다. 게다가 신경 발달상 아이들은 정신적 외상을 입었는지 여부와 관계없이 감정과 정서를 논하는 데 필요한 언어 처리 능력이 부족하다(Siegel & Bryson, 2012). 이 장에서는 미술치료가 실제로 어떻게 이러한 과제를 다룰 수 있는 독특한 특성을 갖고 있는지 탐구한다. 다음 장에서는 치료에 있어 과정 중심의 접근법이 내담자 스스로에 대한 인식을 높임으로써 어떻게 자기조절을 실천하는 데 도움이 될 수 있는지 살펴볼 것이다(Hass–Cohen, 2008). 미술치료 매체의 물리적인 성질의 탐구를 통해 언어로 할 수 없는 방식으로 외상의 근본적인 요소들에 집중할 수 있다.

신경과학 연구는 심각한 외상을 겪은 아이들에게서 흔히 볼 수 있는 고출력 반응이 뇌의 각성 수준 및 기능장애 시스템과 관련이 있다는 것을 보여 준다(Glaser, 2000; Klorer, 2005; Perry, 2009). 본질적으로 외상은 그 특질상 고반응성을 띠는 고조된 형태로 사람의 감정 체계와 연결되어 있다. 심리적 · 물리적 외상과 관련된 실질적 혹은 인지적 위협에 반복적으로 노출되면 호르몬, 호흡 패턴, 기초 각성 수준의 변화와 같은 신경생리학적 변화를 초래할 수 있다(Siegel, 1999). 이렇게 만성적으로 고양된 상태의 내담자들은 대체로 정신적으로 피로한 상태에 있다. 만성적인 불안은 신체 시스템을 무너뜨리고 결국엔 멈추게 함으로써 우울증으로 이어질 수 있다.

외상과 신체

외상을 경험한 사람들은 여러 형태로 종종 자신의 신체와 투쟁한다(van der Kolk, 2006). 이러한 침습적 사고 외에도 그들은 수면장애뿐만 아니라 무수한 통증, 고통, 근육 경련도 겪을 수 있다. 외상의 잔영 효과가 너무 고통스러워지면 내담자들은 자신의 몸을 전혀 의식하지 않는 것이 더 낫다고 느낄 수도 있다. 외상 생존자들이 점점 더 자신의 신체와 내면과의 접촉을 잃어 가면서 자아감과의 연계로부터 점점 멀어지게 되어 자신이 마치 몸 밖에 존재한다는 느낌을 갖게 된다. 이러한 이미지를 개념화하기 위해 한 사람이 강 건너편에서 자신을 관찰한다고 상상해 보자. 그녀가 바라보는 것은 그녀가 느끼는 것과 단절되어 있다. 외상의 파문으로 인해 자아가 파멸된다.

우리의 현실 지각과 세상에 대한 인식은 신경생리학의 영향을 받는다(Siegel, 1999). 뇌의 시스템 및 이와 관련된 신체의 다른 부분의 변화는 우리의 생각과 감정뿐만 아니라 우리의 지각과 기분에도 영향을 미친다. 체내 세포 간 교류, 혈액과 산소의 순환, 호르몬의 분비는 직접적으로 우리가 현실을 경험하는 방법이 된다. 외상은 이러한 신체 체계를 교란시키는데, 이는 사람들이 세상을 경험하는 방식의 해체와 관련되어 있다. 이와 같이 사람이 세상에 대해 생각하는 방식상의 괴리감은 자아에 영향을 미친다. 외상이 어떻게 정신(혹은 우리가 원한다면 자아)을 교란시키는지 이해하기 위해 우리는 외상이 어떻게 신체에 영향을 미치는지에 대해 알아보아야 한다.

과학자 및 연구자들은 언어 폭력과 정서적 방치로 인한 심리적 외상의 영향이 그 사건이 일어났던 기간을 훨씬 초과하여 지속된다는 증거를 수집해 왔다(Glaser, 2000). 연구자들은 유년기에 겪은 외상이 성년기까지 이어지는 우울증이나 자살 충동과 같은 장기간의 정신 건강 문제뿐만 아니라 암과 당뇨 같은 질병을 초래한다는 것을 보여 주었다(Anda et al., 2006). 심리학적 외상이 심신에 미치는 영향에 대한 문헌을 전반적으로 살펴보는 것은 이 장의 범위를 벗어나지만, 정신 건강을 위한 이러한 발견에 담긴 일련의 암시는 정신과적 증상의 발달이 '스트레스로 인한 신경생물학적 변화'와 관련이 있다는 것을 더 잘 이해할 필요가 있다는 것이다(Bremner & Vermetten, 2001, p. 481). 정신을 구성하는 신경생물학적 변화 역시 신체의 변화이다.

한때 정신은 신체로부터 분리되어 있다고 보기도 했지만, 최근 정신 건강을 다루는 신경과학적 접근 방식은 분리된 정신과 신체를 연결하는 데 도움이 되고 있다(Damasio,

1994, 1999). 종래의 정신 건강 모델은 종종 신체로부터 인지 능력을 분리하지만, 우리는 이제 신체가 어떻게 우리의 생각과 고차원의 인지 기능을 일깨워 주고 영향을 미치는지에 대해 더욱 깊이 이해할 수 있게 되었다(Damasio, 1999). 여러 방면에서 뇌를 이해하기 위한 최근의 체계는 정신 건강 임상의들의 관심을 신체로 돌려놓았다. 20세기 초, 아들러는 전체론을 통해 뇌와 신체는 분리될 수 없다고 주장하였다(Mosak & Maniacci, 1999에서 인용). 프로이트의 무의식 이론과 유사하게 화학 반응과 교차 체계의 생생한 현실은 우리의 두뇌와 의식 외부에 존재하면서 계속해서 중요한 역할을 하는 것으로 확인되었다. 이것을 현재 암묵적 의사소통이라 일컫는다(Siegel, 1999). 다마시오(1999)는 언어란 이미 체내에서 접하게 된 개념을 해석하는 것이라고 주장했다. 블라스(Bollas, 1987)는 이 아이디어를 '생각하지 않고도 아는 것'이라고 말했다. 문(Moon, 2010)은 미술치료 작업이란 행동과 비언어적 소통에 해당한다고 언급했다. 작업에 대한 언어적 소통은 미술치료에 있어서 '금상첨화'이다.

뇌의 이해에 관한 진보는 대인관계를 이해하는 것뿐만 아니라 정신 건강에도 폭넓게 적용되고 있다. 임상 신경과학과 대인 신경생물학은 독창적인 애착이론(Schore, 2001)에 기초하여 심신의 전체론적 경험에 영향을 미치는 것으로서의 정신 건강을 다루고 있다. 관계는 두뇌를 바꿀 수 있다(Siegel, 1999). 예를 들어, 우리는 엄마와 아이, 또는 내담자와 치료사의 관계적 유대가 구조 단계에서 두뇌 발달에 어떤 영향을 미치는지 이해할 수 있다(Chapman, 2014; Kravits, 2008). 뇌의 신경가소성에 대한 공감이 높아진 이 시대는 인간관계가 개념화되는 방식에 관한 패러다임의 변화를 이끌었다. 가령, 생애 동안 맺어진 대인관계가 뇌의 시스템과 구조에 영향을 미친다는 지겔의 주장(1999)이 그중 하나이다. 코졸리노(2002), 다마시오(1994, 1999), 페리(1996), 쇼어(1994, 2001), 지겔과 브라이슨(2012), 반 더 콜크(2003, 2006) 등이 심리치료의 신경과학에 대한 우리의 이해를 재정립하는 데 일조함으로써 정신 건강 분야의 혁명을 일으켰다. 우리가 행동하는 것과 그것을 누군가와 함께 하는 것은 뇌의 구조에 영향을 미친다. 관계는 두뇌를 형성한다. 저자들은 이 장의 범위를 훨씬 벗어난 광범위한 주제, 연구, 이론, 두뇌 메커니즘을 다루고 있다. 단순화 및 축약의 가능성을 염두에 둔다면 이러한 변화의 집단적 영향은 우리의 글과 관련이 있을 수 있으므로 다음과 같이 요약할 수 있다.

• 대인관계가 뇌의 구조와 시스템의 발달 및 성능에 직접적인 영향을 미치는 방법에

대한 깊이 있는 이해와 강조

- 우리의 생각, 감정 및 행동은 자아 전체와 직접 관련된 동적 과정으로 구성됨
- 외상성 기억은 언어만으로 접근하여 처리하기 어려움
- 외상과 관련된 정신 건강 장애는 과각성 및 저각성 수준과 같은 생리학적 과정과 직접적으로 관련되어 있음

이러한 작용들이 담고 있는 의미는 효과적인 정신 건강 모델은 더 이상 뇌를 신체와 구별하여 개념화하지 않는다는 것이다. 뇌와 신체는 정신의 형성에 있어서 "밀접하게 연결되어 있다."(Newberg & d'Aquili, 2000, p. 54.) 뉴버그와 다퀼리(2000)는 다음과 같이 말했다.

> 아마도 정신과 뇌의 관계를 이해하는 가장 쉬운 방법은 뇌를 모든 기능을 수행하는 구조로 간주하고 정신을 이러한 기능의 산물로 보는 것이다. 따라서 정신과 뇌는 동일한 사물을 바라보는 두 가지 방법이 될 수 있다. 뇌는 구조적인 요소들을 더 많이 참조하고, 정신은 기능적인 요소들을 더 많이 참조한다.

이러한 주장이 시사하는 바는 미술치료에 널리 적용되고 있다. 한때 과학 패러다임(Kaplan, 2000)에 양가적이었던 분야가 깊이 있는 이해 혹은 이를 정당화하기 위해 신경과학에 열광하는 것은 놀라운 일이 아니다(Johnson, 2009). 뇌 기반의 미술치료 임상 모델의 발달(Buk, 2009; Chapman, 2014; Collie, Backos, Malchiodi, & Spiegel, 2006; Hass-Cohen, 2008)과 매체가 뇌에 어떤 영향을 미치는지 고려하는 분석적 뇌 영상 연구(Belkofer & Konopka, 2008; Belkofer, Vaughn Van Hecke, & Konopka, 2014; Kruk, Aravich, Deaver, & deBeus, 2014) 외에도 『미술치료: 미국 미술치료저널』 특별판은 미술치료와 신경과학에 관한 주제를 특집으로 다루었다(Kapitan, 2014). 존슨(2009)은 '뇌가 관여한다는 사실은 창조적 미술치료가 효과적이라는 증거가 아니다.'라며 미술치료에서 신경과학은 주로 '은유적으로' 적용되고 있음을 주장했다(pp. 116-117). 이러한 관찰은 우리를 우뇌의 영역으로서 미술치료의 개념화를 거쳐 의미 있는 진보로 이끈 것으로부터 벗어나지 않고, 작품 활동은 두뇌 전역에서 일어난다는 사실에 대한 인식을 증대시키는 방향으로 나아간다.

이 장의 강조점은 앞서 언급한 뇌에 기반을 둔 지식이 어떤 방식으로 미술치료사로서 우리의 작업을 알려 왔는지에 관한 것이다. 우리는 시각예술을 치료적으로 활용하는 방법이 전통적인 언어 서술로 자신을 표현할 수 없거나 표현하지 않는 아이들과 작업하는 데 효과적인 수단인지를 두 가지 짤막한 사례를 통해 보여 주려고 한다. 이를 설명하기 위해 우리는 모든 예술이 신체와 연관되어 있다는 근본적 개념으로부터 시작한다(Kossak, 2009). 비록 이것이 반드시 혁명적인 개념이나 새로운 아이디어라고 할 수는 없지만, 예술의 신체적 요소들은 인지 처리에 대한 강조와 비교했을 때 대체로 과소평가되어 있다. 일각에서는 신체(감정과 경험)에 반하여 정신(사고와 설명)에 대한 지나친 강조가 정신 건강의 일반적인 균형에서 벗어난 것이라고 주장할 수 있다(Belkofer, 2014).

우리의 목적을 위해 춤 동작치료, 드라마치료, 음악치료와 같은 표현치료가 신체를 대상으로 한다는 오래 된 특징이 있으나(Pearson & Wilson, 2009), 미술치료의 신체적 특성은 분명하지 않다고 주장한다. 우리는 미술치료에 대한 예술 기반 접근 방식의 물리적 요소에 대한 강조를 줄일 생각은 없다(McNiff, 1992; Moon, 2009; B. L. Moon & Belkofer, 2014). 그러나 전통적으로 이러한 이론들은 미술치료를 종래의 과학 모델과 차별화하는 것을 공공연히 시도해 왔다. 이러한 차이와 무관하게, 현대에는 미술치료에 대해 더 이상 '미술 심리치료'(Naumburg, 1987) 대 '치료로서의 미술'(Cane, 1983; Kramer, 1958)이라는 구 모델에 얽매이지 않고 작업이 연속체로 존재하는 것으로 본다. 적절한 설정뿐만 아니라 내담자의 필요에 의해 결정되는 다양한 접근 방식을 통해 작업을 할 수 있는 미술치료사의 능력은 오늘날 미술치료 수련에서 가장 기초적으로 요구되는 것이다.

이러한 유연성을 위한 개념화를 제공하는 데 도움을 준 것은 루즈브링크(2004, 2010)의 신경과학에 정통한 표현치료 연속체(ETC) 탐구이다. 루즈브링크(2010)는 ETC에 의해 밝혀진 여러 단계에서 뇌의 다양한 영역과 시스템이 작동하고 있다는 가설을 세웠다. ETC는 매체에 대한 개인의 반응을 운동감각/감각(K/S), 지각/정서(P/A), 인지/상징(C/Sy)의 세 가지 단계로 분류한다. 루즈브링크(2010)는 연속체의 각 단계가 뇌의 다른 요소들을 이용한다는 이론을 세웠다. 예를 들어, K/S 단계는 움직임과 관련되어 있고 진화적으로 하위의 뇌 기능을 포함한다. 이와는 대조적으로 C/Sy 단계에 대한 작업은 추상화, 은유, '개념 형성'과 같은 보다 진보된 사고 과정에 의존하는 높은 수준의 인지 기능을 수반한다(Lusebrink, 2010, p. 171). 미술치료가 반드시 순차적이거나 하나의 단계 또는 다른 단계에 구속되어 있는 것은 아니지만, 미술치료사들은 시각적 이미지 생성을 치료에 적용하고 광범위하게 연관된 동적 뇌 구조와 처리 과정을 평가하기 위해 ETC를 살펴볼 수 있다. 좀 더 실증적인 지원이 필요하지만 ETC 모델에 의해 제공되는 작품 제작에서 나타나는 다양한 반응은 미술치료사로서 작업하는 다양한 방법이 뇌 속의 다양한 과정에 어떻게 대응하는지에 대한 근거를 개념화하는 데 매우 적합하다.

표현치료 연속체와 관련된 신체와 지각 및 감각 처리의 행동 지향적 활용은 안전한 방법으로 감정을 느끼는 방법을 배우는 것과 동시에 자기조절의 실행을 강조하는 신경과학에 정통한 외상에 대한 접근 방식의 개념적 모델과 미술치료를 일치시킨다(Perry, 2009; Van der Kolk, 2006). 연속체의 K/S 및 P/A 단계가 제공하는 신체 인식은 복잡한 외상를 경험한 내담자와 효과적으로 작업하여 자신의 감정을 은유적이고 통찰력 있는 방식으로 개념화하기 위한 기초 단계이다. 미술치료의 비언어적, 운동 및 감각적 요소에 대한 경험적 연구에 바탕을 둔 탄탄한 이론적 근거는 치료사에게 도움이 될 뿐만 아니라 내담자에게도 도움이 된다. 신경과학에 정통한 ETC 모델은 임상적으로 근거가 있지만 다양한 미술치료 기법뿐만 아니라 내담자가 보여 주는 다양한 형태를 포함하는 접근 방식을 허용한다. 피어슨과 윌슨(2009)이 지적한 바와 같이, “포용적 정서 치유 과정은 인지적 · 신체적 · 운동 감각적인 과거와 현재 경험의 원천과 대인관계의 재연결을 함께 제공한다.”(p. 49). 우리는 미술치료 작업의 과정에서 내담자들이 우리가 설정한 임상적 의제로 세상을 경험하는 방법을 포함시키는 것의 중요성을 확인했다.

화산과 아이스크림 콘: 크리스토퍼의 짤막한 사례

나, 크리스토퍼(첫 번째 저자)는 이전에 문제가 있는 청소년들을 위한 입주 치료소에서 미술치료사로 일했다. 어느 날 저녁, 크리스티(가명)라는 어린 소녀가 치료소 입주자를 위한 저녁 프로그램 중 일부인 영화 모임에 가고 있었다. 영화 모임에 가기 위해 그녀는 체육관을 지나야만 했다. 흥분한 아이들이 흔히 그렇듯, 그녀는 규칙대로 문 앞에 잠시 멈춰 있지 않고 그대로 체육관에 들어섰다. 그녀는 규칙대로 체육관을 다시 지나가도록 지시를 받았다. 순간적으로 화가 나고 거절당하자 그녀는 직원들에게 폭력적인 언어를 사용했고, 이는 곧 물리적인 공격으로 확대되었다. 그러자 직원들은 그녀에게 치료용 고정 장치에 있을 것을 요구했고, 그녀는 체육관 바닥에 엎드렸다. 그녀는 딱딱한 타일에 머리를 부딪치려 했고 울부짖었다. 이러한 행동은 45분 동안 지속되었고, 그녀의 감정 수준은 다시 머리를 부딪치려고 시도했을 때(이때 직원들은 베개, 매트, 치료용 고정 장치로 이를 저지했다)에만 가라앉았다. 크리스티는 학대받은 전력이 있다. 양육과 보살핌을 위한 접촉이라 하더라도 그녀의 관점에서는 그것이 혼란스럽고 고통스러웠으며 두려웠다.

그녀의 격한 감정이 가라앉고 숙소로 돌아온 후, 나는 상담실에서 크리스티를 만났다. 나는 종이와 오일 파스텔을 가지고 와서 아무런 지시 없이 그녀에게 주었다.

"와우." 하고 나는 말했다. "나는 조금 전 정말로 네 걱정을 많이 했어." 나는 파스텔을 집어 들고 낙서를 시작했다. "그 행동은 꽤 무서웠어." 나는 깊이 숨을 들이마시고 한숨을 내쉬었다.

그녀는 오일 파스텔을 집어 들고 그림을 그리기 시작했다.

"그런 일이 생기면 어떨 것 같아?" 하고 내가 물었다.

"아무것도 아니에요."라고 그녀가 말했다. "사실 그런 일이 있었는지 기억도 나지 않아요."

"그때 네 기분이 어떨지 궁금하네."

"이렇게요." 그녀가 그림을 보여 주며 말했다. "화가 나면 제가 화산이 된 것 같아요."

"그렇구나."라고 나는 말했다. "화산은 강력해. 네가 화산이 폭발하는 것을 막을 수 있는 방법이 있을지 궁금하네."

"모르겠어요."라고 그녀가 말했다.

"내가 화산이 된 것 같은 기분일 때 가끔 이렇게 숨을 쉬기도 한단다."라고 나는 크게 숨을 들이쉬며 말했다. "너도 이렇게 할 수 있겠니?" 하고 나는 물었다.

"아, 요가처럼 하는 것이군요!"

"그래, 요가처럼." 하고 나는 말했다. 우리는 함께 심호흡을 했다.

몇 번 심호흡을 한 뒤 크리스티는 그림을 뒤집어 한때 화산의 밑 부분이 되었던 부분에 분홍빛 뭉게구름을 그렸다.

"그 색깔이 마음에 드는구나."라고 나는 말했다.

"이건 아이스크림 콘이에요."라고 그녀가 대답했다. "화산처럼 될 수도 있지만, 저는 역시 다정한 여자아이도 될 수 있어요."

"그래, 그게 바로 너야."라고 내가 말했다.

"이제 제 방으로 돌아가도 되나요?" 내가 상담이 끝났음을 알려 주자 그녀가 물었다.

"그렇게 해도 돼."라고 나는 말했다. "하지만 먼저 다음에 화산이 될 거 같을 때 어떻게 해야 할지 알겠니?"

"심호흡을 해요."라며 그녀는 과장되게 말했다.

"남은 시간을 어떻게 보낼 예정이니?" 하고 나는 물었다. "네가 다시 화산으로 변했다는 얘기는 듣고 싶지 않아. 아이스크림 콘이 될 수 있겠니?"

"네, 저는 아이스크림 콘이 될 수 있어요." 크리스티가 말했다.

이 짤막한 사례는 직원들의 사소한 지시사항(달려가는 대신 체육관을 걸어서 지나가도록 지시받음)이 어떻게 강력한 감정적 · 육체적 반응을 유발했는지를 예시로 보여 준다. 나중에 물었을 때, 내담자는 거의 한 시간 동안 울거나 발버둥치거나 자해하는 등의 퇴행을 기억하지 못했다. 조그마한 자극이 한 순간 그녀에게 이전의 외상을 다시 떠올리게 했다. 다행히도, 크리스티는 PTSD의 산물로서의 이러한 퇴행을 확인할 수 있는 훈련된 전문가들에 의해 지원을 받았다. 치료 팀의 일원으로서, 나는 그녀의 현재 심리 상태를 평가하는 데 도움을 주기 위해 미술치료를 이용할 수 있었다. 시각적 이미지의 사용을 통해 우리는 의사소통 수단을 확인할 수 있었다. 주로 시각적 이미지를 통해 드러난 의사소통 방식은 본질적으로 뇌와 관련된다. 예를 들어, 한 물체를 화산으로 인식하고 다른 물체를 아이스크림으로 인식하는 과정뿐만 아니라 이미지의 색상에 관한 경험은 시각 시스템의 구조, 세포 및 시냅스 전달에 의존한다(시각예술이 뇌에서 어떻게 처리되는지에 대한 자세한 설명은 Livingstone, 2002; Lusebrink, 2004; Zeki, 1999 참조). 예술의 언어에서 우리는 아이스크림 콘과 화산의 은유를 발견했다. 그러나 시각예술의 언어는 '뇌의 문법'을 참조한다(Belkofer & Konopka, 2008, p. 57).

아이스크림 콘은 시원하고 달콤하다. 화산은 뜨겁고 폭발적이다. 크리스티가 그 장면에서 만들어 낸 시각적 물체의 감각적 특성을 통해 자신의 감각적 특성을 설명할 수 있었다. 내담자와 치료사가 언어의 한계를 메우고 달리 표현하기 어려운 개념을 전달하는 것은 예술적 표현의 감각적 특성이다. 비록 우리의 만남이 10분 이상 지속되지는 않았지만, 이미지의 은유는 크리스티에게 우리 만남의 시간을 넘어 그녀 자신과 행동을 표현하고 이해하는 데 참고가 되었다. 그 참고는 시각적이고 신체적이었다. 그녀는 머릿속에서 화산을 볼 수 있었고 위에서 녹아내린 용암이 끓어오르는 것을 느낄 수 있었다.

남은 시간 동안 나는 "아이스크림 콘이니, 아니면 화산이니?"라는 간단한 질문을 가지고 숙소에 있는 그녀의 상태를 확인할 수 있었다. 나중에 그녀를 만났을 때 나는 같은 이미지를 통해 그녀의 감정을 평가할 수 있었다.

이 짤막한 사례에서 나는 내담자와 함께 작품을 만들었다. 우리 둘 다 종이와 오일 파스텔을 가지고 있었다. 내가 낙서를 하자 그녀도 낙서를 했다. 이러한 행동을 통해 동시성이 나타났다. 내가 표시를 하자 그녀도 표시를 했다. 이와 같이 동기화된 운동 신경 작용에서 리듬이 나타났다. 이렇게 공유된 시각적 작품 제작의 리듬 속에서 크리스티와 나는 '치료적 조율'이라고 불리는 대인관계의 연결 상태에 도달했을 가능성이 있다(Kossak, 2009, p. 14). 이러한 감각 기반의 에너지 교환은 우리 주위에서 떠다니는 일종의 추상적인 우주적 '요소'로 이루어져 있어 개념화할 필요가 없다. 오히려 지겔(1999)에 의해 개념화된 것처럼 공유된 에너지는 우리의 뇌와 정신에서 일어나는 공명이었다. 헤스-코헨(2008)이 지적한 바와 같이, 미술치료는 '미술치료 활동과 관련된 감각 통합 활동 및 운동 감각의 움직임을 통해 감정 조절을 표현, 경험 및 학습하는 방법'과 관련된 대인 관계의 공명을 촉진할 수 있다(p. 35).

이러한 연결을 개념화하는 한 가지 방법은 '깊숙이 공유된 연결성 또는 순간의 융합에 대한 내적 감각'인 유인 활동을 이용하는 것이다(Kossak, 2009, p. 16). 예술의 치료적 이용(미술치료, 무용/동작 치료, 시치료, 드라마치료, 음악치료 등)은 치료사들이 창의적 표현, 즉흥적 표현, 움직임, 리듬을 통해 내담자가 내적 현실에 적응할 수 있도록 돕는다(Kossak, 2009). 유인과 관련된 대인관계의 연결성에 대한 느낌은 뇌와 신체의 다른 부분의 역동적인 변화를 포함한다. 종종 예술을 목격하고 표시하는 것과 관련된 '신체적 공명'(Freedberg & Gallese, 2007, p. 197)은 이탈리아 연구진(Gallese, Fadiga, Fogassi, & Rizzolati, 1996)이 거울신경 세포라고 부르는 세포의 활성화와 관련이 있을 수 있다.

미술치료사들은 뇌의 운동 피질에서 발견되는 이러한 세포의 역할을 공감의 신체적 경험과 예술의 치료적 적용과 관련된 미적 반응을 느끼는 중요한 역할을 하는 것으로 연구해 왔다(Belkofer, 2014; Buk, 2009; Franklin, 2010).

공유된 작품 제작 활동은 강력한 대인 간 상호 연결의 기회를 제공한다(B. L. Moon, 2010). 나란히 또는 같은 작품을 제작하면 유인을 위한 문이 열린다. 내가 표시를 통해 비객관적인 이미지를 만들어 내자 내담자는 작품을 통해 화산과 아이스크림 콘의 이미지를 표현하였다. 나는 크리스티가 특정한 사물이나 이미지를 그리도록 지시하지 않았다.

아른하임(Arnheim, 2004)에 따르면, "모든 시각적 물체는 대단히 역동적인 것으로 판명되었다."(p. 412). 페인트, 점토, 파스텔 등 관련 미술 매체도 역동적이다. 세이덴(Seiden, 2001)이 지적한 바와 같이, "미술치료사는 재료에 접근함에 있어 우선 무생물의 중요성을 받아들여야 한다. 그들 각각은 연상 작용을 하고 있다."(p. 20). 매체의 물리적 · 은유적 특성은 외상을 경험한 아이들과 함께 작업할 때 중요한 역할을 한다. 치료사에게는 다양한 매체의 고유한 물리적 특성을 이해하는 것이 필수적이다. 이 접근 방식에서 재료는 내담자가 매력을 느끼거나 기피하는 특성을 지닌 것으로 생각할 수 있다. 매체의 특성은 유동성, 저항성, 견고함, 지연성, 즉시성 등의 물리적 특성으로 구성된다. 이러한 신체적 · 상징적 특성은 제작자에게 영향을 미치고 또한 다양한 단계에서 예술에 영향을 미치며, 본질적으로 뇌와 관련되어 있다(C. H. Moon, 2009).

네이트의 이야기: 에밀리의 사례

크리스토퍼의 크리스티와의 경험과 마찬가지로, 나(두 번째 저자) 에밀리 역시 미술치료의 통합적 잠재력에 눈을 뜬 네이트(가명)라는 어린 소년과 함께 작업할 때 새로운 경험을 했다. 네이트는 위탁 가정에서 입양된 형에게 심한 성적 학대를 당한 후 치료를 시작했다. 성적 학대는 생후 6주부터 8세까지 거의 매일 발생했다. 다음의 짤막한 사례는 네이트가 어떻게 작품 제작을 통하여 비언어적 자기위로 방식을 발달시킬 수 있었는지를 보여 준다.

네이트가 처음 나와 함께 치료를 시작했을 때, 우리 사이에 신뢰를 쌓는 데 오랜 시간이 걸렸다. 처음 3년 동안 그는 보드 게임만 했다. 그에게 미술은 중요하거나 흥미로워 보이지 않았다. 네이트가 서서히 나를 신뢰하는 기색을 보이기 시작하자, 그는 내가 제공한 미술 재료들을 실험해 보곤 했다. 네이트는 거의 말이 없었다. 내 이야기를 들어줄 것 같은데 거의 말로 답하지 않았고, 눈도 마주치지 않았다. 나는 그의 양모와 선생님들의 보고에 의존했고, 그의 경험을 이해하기 위해 습성과 행동을 해석하려고 노력했다.

네이트는 미술치료실에서 매체와 재료를 독특하게 치료 가능한 방식으로 사용했다. 나는 보통 그에게 지시를 내리지 않았다. 나는 의도적으로 그에게 한정된 선택권을 주었고, 그는 일단 작업하기에 어떤 재료가 좋은지 발견한 뒤, 그 매체를 가지고 실험을 계속했다. 이것이 네이트의 통제와 관련된 복잡한 감정과 권위적인 인물에 대한 그의 인식을 다루는 나의 방식이었다. 통제할 수 없는 성적 학대를 경험한 그는 종종 그의 삶에서 중요한 어른들과 힘겨루기를 했다. 미술치료는 네이트에게 다른 경험을 제공했다. 이는 무력감에서 비롯되는 이전의 감정과 행동 패턴을 재정립하는 새로운 방법에 관한 것이었다.

거의 4년간의 세션이 끝난 후, 네이트는 미술치료실에서 규칙적인 일과를 만들었다. 그는 자신의 물감과 붓을 모아 그림을 그리기 시작했으며, 각 세션 동안 여러 작품에 대해 상당한 진전을 이루곤 했다. 나는 그가 캔버스 표면에 물감을 덧칠해 봉우리와 질감을 만들어 내면서 매우 운동 감각적인 방식으로 작업했다는 것을 알아차렸다. 그는 거의 3년 동안 계속해서 그림 한 점을 완성시키기 위해 작업했다([그림 7-1] 참조). 대부분의 기간 동안 그는 단순히 표면의 질감을 계속 쌓기 위해 새로운 층을 덧칠했다. 나는 그에게 뾰족한 봉우리들이 자신을 보호하는 데 사용될 수 있는 갑옷을 생각나게 한다고 말했는데, 아마도 그가 어머니와 함께 있는 집에서 그리고 선생님들과 함께 있는 학교에서 화를 분출하거나 방어적인 행동을 하는 것과 비슷할 것이다. 그는 열심히 귀를 기울였고, 내가 그에게 못이 달린 사람이 그려진 응답화를 공유할 때 눈을 마주쳤다([그림 7-2] 참조).

[그림 7-1] 내담자가 그린 그림

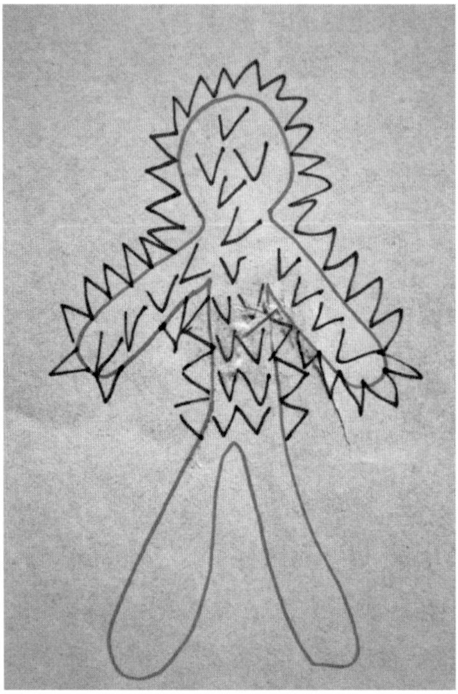

[그림 7-2] 치료사의 응답화

우리의 작업은 이런 식으로 계속되었다. 네이트는 치료실에 있는 재료들을 사용하여 그림을 그렸고, 나는 그의 작품 제작 활동이 그에게 일어났던 일과 어떻게 관련이 있는지, 그리고 이러한 경험들이 현재 그에게 어떤 영향을 미치고 있는지 연결시켰다. 어느 순간 나는 그에게 내가 다른 내담자들에게 종종 요청했던 치료를 시작하는 것과 밀접한 경험적인 작업을 해 달라고 부탁했다. 나는 그의 감정 목록을 종이에 적어 달라고 부탁했다. 나는 보통 그의 연령대의 전형적인 감정 조절이 가능한 아이라면 적어도 여섯 가지의 감정을 말할 수 있을 것이라 예상한다. 네이트는 감정적인 단어의 이름을 짓는 데 어려움을 겪었기 때문에 나는 조금씩 그를 도왔다. 내가 그에게 자신의 내면에 있는 각각의 감정을 떠올려 보고, 그것이 감정을 확장시켜 줌으로써 그의 팔을 지나 종이로 내려가는 것이라고 상상해 보라고 했다. 그러자 그는 모든 색을 사용하여 감정에 대해 휘갈겨 썼다. 그는 종이 전체를 채웠고 거기에서 하나의 흔적이나 색깔도 두드러지지 않았다.

처음에 나는 그가 내 지시를 따르지 않는 것 같아 답답했다. 나는 잠시 시간을 내어 그가 예술적 행동을 통해 진정으로 소통하고자 하는 것이 무엇인지를 생각해 보았다.

그때 나는 이것이 운동 신경이면서 감각적인 작업 방식이라는 것을 깨달았다. 네이트는 물감과 그림뿐만 아니라 낙서로도 스스로를 위로하는 능력을 연습하고 있었다. 나는 그가 감정을 분별하지 못하는 것은 아닌가 하는 생각도 들었다. 어떤 감정이 일어났을 때, 그가 종종 복잡하고 뒤섞인 감정들을 느끼고 있을 수도 있다는 가설을 세웠다. 만약 이것이 사실이라면, 네이트가 기분이 나쁘다는 전반적인 감각을 제외하고 그가 느끼고 있는 것을 분별하기가 매우 힘들 것이라고 상상했다. 모든 감정 상태가 그저 똑같이 느껴졌을까? 다음 회기에서 나는 가설을 시험해 보기 위해 네이트에게 그것에 대해 물었다. 내가 "감정을 한 번에 다 느꼈거나 그것이 온몸으로 느껴졌니?"라고 묻자 그는 "네." 하고 고개를 끄덕였다.

네이트는 규칙적으로 그림 그리기를 계속했지만, 나는 그가 미술실을 정리하기 위해 매 회기가 끝날 때마다 시간을 남겨 두기 시작했다는 것을 알아차렸다. 그는 우표나 다른 잡동사니들과 같은 재료들을 꺼내고 그것들을 정돈하곤 했다. 그 후 몇 달 동안, 그가 미술실에서 그림을 그리고 재료를 정리하면서도 새로운 형태의 그림들이 나오기 시작했다는 것을 알아챘다. 그는 모형 반죽을 이용하여 파도와 해변을 그리기 시작했다. 그림에는 삼차원적 형태와 같은 조각적 요소가 결합되었다. 네이트는 또한 계란 포장상자 팔레트를 그리기 시작했다. 그는 색깔들을 섞고 각각의 색을 이어지는 무지개에 칠했다. 그는 무지개의 각 색깔이 가야 할 곳에 각각 한 가지 색깔인 팔레트([그림 7-3])를 정리하고 있는 것 같았다. 그는 잠시 그림을 멈추었고 매주 팔레트를 그렸다. 나는 네이트가 계란 포장상자를 만들어 내는 패턴이 그의 감정을 어느 정도 구별할 수 있는 능력을 키웠다는 것을 의미하는지 궁금했다. 나는 그가 스스로 정리하기 시작하고 있는 것을 알 수 있었고, 이를 통해 그에 대한 임상적 이해가 확인되었다.

특히 한 회기에서는 네이트의 어머니가 격분하여 그가 이모에게서 영화 한 편과 돈을 훔쳤다고 보고하였다. 네이트에게 도둑질은 흔히 나타나는 행동이었다. 그동안 참아 왔던 복잡한 외상으로 인한 주의력 결핍과 과잉행동 증상이 나타났고, 네이트는 충동조절에 애를 먹었다. 우리는 감정을 이해하고 표현하는 기초에 대해 연구해 왔기 때문에, 나

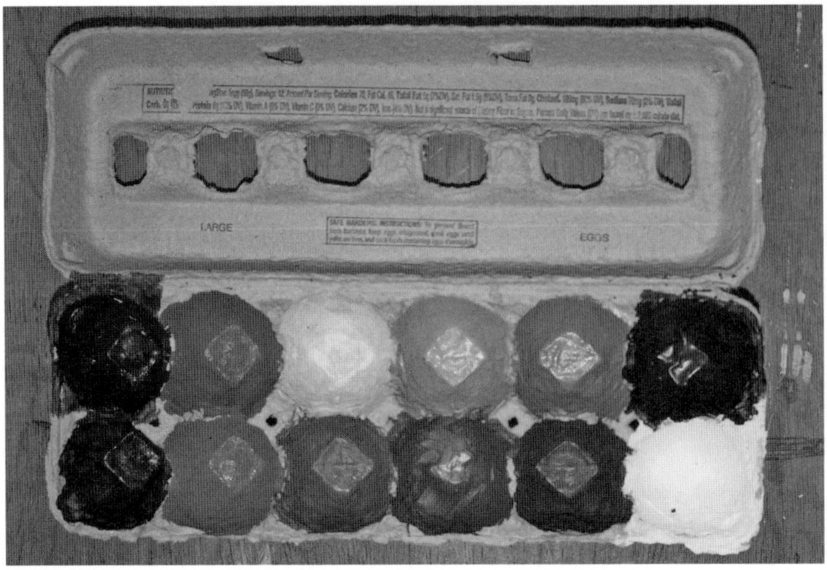

[그림 7-3] 계란 포장상자 팔레트

는 직접적인 언어적 접근법을 사용하여 도둑질한 행위 기저의 감정을 다루었다. 네이트가 그림을 그리는 동안 나는 그의 감정과 생각, 그리고 도둑질을 하게 된 상황에 대해 여러 가지 질문을 했다. 네이트는 결국 이모네 집에 가기 직전 학교에서 내준 숙제를 하지 못한 것에 대한 불안감이 컸다고 고백했다. 불안감이 그의 몸속에서 소용돌이치자 네이트는 영화 한 편과 돈을 훔친 것이다. 나는 네이트에게 그 주에 집에 가서 그의 몸 안에서 불안감을 느끼는 부분을 생각해 보라고 했고, 충동을 느꼈을 때 도둑질을 막을 수 있는 방법을 다음 주에 만들어 볼 것을 제안했다.

다음 주에 네이트가 돌아왔을 때, 그는 뱃속에서 불안감을 느꼈다고 말했다. 그는 평소 자신의 불안을 재촉하는 무언가가 있다는 것을 인정했다. 불안감이 엄습하자 네이트는 뱃속에 있는 불편하고 팽팽하며 소용돌이치는 감정을 완화시키고 싶은 절박함을 느꼈다. 그의 첫 번째 방법은 무언가를 훔치는 것이었지만, 즉시 죄책감과 부끄러움을 느끼곤 했다. 그것은 고통스러운 순환이었다. 하나의 나쁜 감정이 다시 나쁜 감정을 불러일으키는 행동으로 이어졌다. 그러나 네이트는 이제 그의 감정을 더 잘 이해할 수 있게 되었고, 이 감정이 그의 뱃속에서 다시 나타났을 때 이를 방지할 계획을 세웠다. 나쁜 감정을 바로 달래고 싶은 충동에 따라 행동하는 대신 신뢰받는 누이와 대화를 하거나 작품을 만들면서 네이트는 도둑질을 자제했다.

아이들이 흥분했을 때 그들의 감정을 확인하는 보호자들은 아이들이 자신의 감정을 스스로 조절하는 연습을 하는 데 도움을 줄 수 있다(Siegel & Bryson, 2012). 부모와 보호자에게는 이러한 확인이 어려울 수 있으며, 특히 아이가 이러한 행동으로 어른을 성가시게 하거나 실망시킬 경우 더욱 그러하다. 아이들은 또한 종종 삶에서 나타나는 모호함을 참는 법을 배운다. 그들은 정확한 정답이 없다는 것을 수차례 배운다. 자기조절 과정은 아이와 보호자 모두가 배우고 실천할 필요가 있다. 미술치료는 아이들이 자기조절을 돕는 감각, 지각, 행동 지향적인 수단을 통해 자신의 신체와 뇌에 대해 알게 되는 효과적인 방법이 될 수 있다. 앞의 사례에서 두 내담자 모두 스트레스를 받을 경우, 의사소통하고 그들의 신체적 감각을 이해하며, 긍정적인 행동 계획을 만들어 내기 위해 미술치료를 활용할 수 있었다.

요약

이 장에서는 심리적 외상의 부정적인 신체적 영향이 어떻게 감정의 연결 능력을 방해할 수 있는지 검토했다(van der Kolk, 2006). 이러한 신체적 자각의 상실은 자아에 대한 감각의 상실과 관련될 수 있다. 이러한 단절로 인해 외상에 시달리는 내담자들은 종종 자신의 내적 현실에서 벗어나게 된다. 그들은 감정과의 접촉을 잃게 됨으로써 활기차고 긍정적인 방법으로 세상 및 주변 사람들과 소통하는 것에 어려움을 겪는다. 이러한 영향의 누적 효과는 언어 및 통찰력 기반 접근 방식을 효과적이지 못하게 할 수 있다. 내담자들은 먼저 "감정과 감각을 갖는 것이 안전하다는 것을 알아야 한다."(van der Kolk, 2006, p. 287). 치료의 목표는 신체의 정서적 조절을 목표로 하는 보다 경험적인 기초로 변화한다. 이러한 기본적인 축적 과정이 없다면 내담자들은 반동적인 무기력 상태에 빠질 수 있다. 감정을 정리할 수 없는 이들은 만성적인 '신체적 부동화' 상태로 살고 있다(van der Kolk, 2006, p. 283). 그들은 화산처럼 분출되는 놈속에 갇히거나 뒤섞인 색상들과 같은 감정을 느끼게 된다.

반 더 콜크(2006)에 따르면 다음과 같다.

과거의 경험이 현재의 생리적 상태와 행동 경향에서 구체화되고, 외상이 호흡, 몸짓, 감각 지각,

> 움직임, 감정과 생각에서 재연된다면, 자각과 자기조절을 촉진시키는 치료법이 가장 효과적일 수 있다. 일단 환자들이 그들의 감각과 행동 경향을 인식하게 되면, 자신을 주변 환경에 적응시키는 새로운 방법들을 발견하고, 숙달 및 즐거움의 잠재적인 원천들과 어울리는 새로운 방법들을 탐구하는 것에 착수할 수 있다(p. 289).

미술치료는 전문가의 본질적인 감각과 신체 지향적 특성 때문에 PTSD의 '효과적인' 치료법에 관한 반 더 콜크의 설명과 일치한다. 외상의 영향에 대한 연구는 내담자들의 신체와 비언어적이며 신체적인 현상학적 반응을 치료의 중심에 두었다. 예술은 느낌과 감성을 활용하는 능력이 뛰어나다. 미술치료는 모든 창조적인 예술과 마찬가지며 이에 덧붙여 "심리치료와 상담에 고유한 차원이자 엄밀한 언어치료에서 항상 발견되지 않는 ① 자기표현, ② 능동적 참여, ③ 상상력, ④ 정신과 신체의 연결 등을 포함하지만 여기에 한정되지 않는다."(Malchiodi, 2006, pp. 8-9). 이러한 특성은 뇌와 신체에 외상이 축적되는 방법에 대한 현재의 이해와 일치하며, 과각성과 자기조절 능력에 영향을 미친다.

우리가 미술치료를 치료 과정에 대한 감각적 · 지각적 접근법으로 개념화한다면, 이를 창조하는 데 사용된 매체뿐만 아니라 시각적 이미지도 종래의 치료적 양자 관계 내에서 생활요인으로 개념화할 수 있다. 시각예술은 시각계에 살아 있으며(Zeki & Lamb, 1994), 그것이 신체에서 불러일으키는 감각과 인식은 작품에 대한 언어적 해석에 얽매이지 않는다. 시각예술의 현상학적 경험은 경험 의존적 인식과 아른하임(2004)이 예술의 척도로 언급했던 것을 모두 혼합한 것임을 강조한다면 미술치료와 뇌의 처리 과정 사이의 연관성을 이해하는 것에 대한 환원주의자가 될 필요는 없다.

> 빨강과 주황이 캔버스 위에서 만난다는 것은 무엇인가? 700 및 610밀리마이크론의 파장. 실용적이고 과학적인 목적을 위해 유용하지만, 그러한 미터법 서술은 모든 지각의 일차적 특성, 삼각형의 날카로운 꼭짓점, 색조의 불협화음 충돌, 급격한 움직임 등을 간과하고 있다(p. 412).

미술치료사가 이미지의 은유적 · 감각적 특성(예를 들어, 위쪽 구석에 있는 검고 불결한 선은 나에게 공격적이고 외로워 보인다)과 마주할 때, 이는 형태의 특성을 인지하고 의미를 부여해 주는 뇌 속의 복잡한 시스템과 관련되어 있다. 따라서 서사와 정서적 의의가 부여된 단어처럼 물체, 모양, 색, 형태는 암시적인 특징을 지니고 있다. 이러한 영향의 결과는 상당한 치료적인 잠재력을 가지고 있다. 매체의 감각적인 성격과 이미지의 내용 모두 치료의 방향을 형성하는 요인이다(Moon, 2010). 매체와 이미지의 특성, 내담자에 대한 복합적인 이해, 어떻게 혹은 무엇에 대해 이야기하는지, 그리고 내담자와의 관계는 모두 치료 과정에 영향을 미친다. 이 장에서는 저자들이 실제 신경과학에 정통한 미술치료의 관점에서 작업하고 어린 내담자들과 함께 진행하는 한 가지 방법을 개략적으로 설명했다.

참고문헌

Anda, R. F., Vincent, F. J., Bremner, J. D., Walker, J. D., Whitfield, C., Perry, B. D., … Giles, W. H. (2006). The enduring effects of abuse and related adverse experiences in childhood: A convergence of evidence from neurobiology and epidemiology. *European Archives of Psychiatry and Clinical Neuroscience, 256*(3), 174-186. doi:10.1007/s00406-005-0624-4

Arnheim, R. (2004). *Art and visual perception: A psychology of the creative eye fiftieth anniversary printing*. Los Angeles, CA: University of California Press.

Belkofer, C. M. (2014). Mind, body, brain, and art: A rationale for the therapeutic use of the arts. *Yellowbrick Journal of Emerging Adulthood, 4*, 20-22.

Belkofer, C. M., & Konopka, L. M. (2008). Conducting art therapy research using quantitative EEG measures. *Art Therapy: Journal of the American Art Therapy Association, 25*(2), 56-63. doi:10.1080/07421656.2008.10129412

Belkofer, C. M., Vaughan Van Hecke, A., & Konopka, L. M. (2014). Effects of drawing on alpha activity: A quantitative EEG study with implications for art therapy. *Art Therapy: Journal of the American Art Therapy Association, 31*(2), 61-68.

Bollas, C. (1987). *The shadow of the object: Psychoanalysis of the unthought known*. London, England: Free Association Books.

Bremner, J. D., & Vermetten, E., (2001). Stress and development: Behavioral and biological consequences. *Development and Psychopathology, 13*, 473-489.

Buk, A. (2009). The mirror neuron system and embodied simulation: Clinical implications for art therapists working with trauma survivors. *The Arts in Psychotherapy, 36*(2), 61-74. doi: 10.1016/j.aip.2009.01.008.

Cane, F. (1983). *The artist in each of us* (2nd ed.). Craftsbury Common, VT: Art Therapy Publications.

Chapman, L. (2014). Neurobiologically informed trauma therapy with children and adolescents: Understanding mechanisms of change. New York: Norton & Company.

Collie, K., Backos, A., Malchiodi, C., & Spiegel, D. (2006). Art therapy for combat-related PTSD: Recommendations for research and practice. *Art Therapy: Journal of the American Art Therapy Association, 23*(4), 157-164.

Cozolino, L. (2002). *The neuroscience of psychotherapy: Building and rebuilding the human brain*. New York: W. W. Norton.

Damasio, A. R. (1994). *Descarte's error: Emotion, reason, and the human brain*. New York: Putnam.

Damasio, A. R. (1999). *The feeling of what happens: Body and emotion in the making of consciousness*. New York: Harcourt Brace.

Franklin, M. (2010). Affect regulation, mirror neurons, and the third hand: Formulating mindful empathic art interventions. *Art Therapy: Journal of the American Art Therapy Association, 27*(4), 160-167.

Freedberg, D. & Gallese, V. (2007). Motion, emotion, and empathy in esthetic experience. *Trends in Cognitive Sciences, 11*(5), 197-203.

Gallese, V., Fadiga, L., Fogassi, L., & Rizzolatti, G. (1996). Action recognition in the premotor cortex. *Brain, 119*(2), 593-609.

Glaser, D. (2000). Child abuse and neglect and the brain—A review. *Journal of Child Psychology and Psychiatry, 41*(1), 99-116.

Hass-Cohen, N. (2008). CREATE: Art therapy relational neuroscience principles. In N. Hass-Cohen & R. Carr (Eds.), *Art therapy and clinical neuroscience* (pp. 283-309). London, England: Jessica Kingsley.

Johnson, D. R. (2009). Commentary: Examining the underlying paradigms in the creative arts therapies of trauma. *The Arts in Psychotherapy, 36*(2), 114-120. doi:10.1016/

j.aip.2009.01.011

Kapitan, L. (Ed.). (2014). The neuroscience of art therapy and trauma. [Special Issue]. *Art Therapy: Journal of the American Art Therapy Association, 31*(2).

Kaplan, F. F. (2000). *Art, science and art therapy: Repainting the picture*. London, England: Jessica Kingsley.

Klorer, G. P. (2005). Expressive therapy with severely maltreated children: Neuroscience contributions. *Art Therapy: Journal of the American Art Therapy Association, 22*(4), 213-219.

Kossak, M. (2009). Therapeutic attunement: A transpersonal view of expressive arts therapy. *The Arts in Psychotherapy, 36*(1), 13-18. doi:10.1016/j.aip.2008.09.00

Kramer, E. (1958). *Art in a children's community*. New York: Charles C Thomas.

Kravits, K. (2008). The Neurobiology of Relatedness: Attachment. In N. Hass-Cohen & R. Carr (Eds.), *Art therapy and clinical neuroscience* (pp. 131-146). London, England, Jessica Kingsley.

Kruk, K. A., Aravich, P. F., Deaver, S. P., & deBeus, R. (2014). Comparison of brain activity during drawing and clay sculpture: A preliminary qEEG study. *Art Therapy: Journal of the American Art Therapy Association, 31*(2), 52-60.

Livingstone, M. (2002). *Vision and art: The biology of seeing*. New York: Harry N. Abrams.

Lusebrink, V. B. (2004). Art therapy and the brain: An attempt to understand the underlying processes of art expression in therapy. *Art Therapy: Journal of the American Art Therapy Association, 21*(3), 125-135.

Lusebrink, V. B. (2010). Assessment and therapeutic application of the expressive therapies continuum: Implications for brain structures and functions. *Art Therapy: Journal of the American Art Therapy Association, 27*(4), 168-177.

Malchiodi, C. A. (2006). Expressive therapies: History, theory, and practice. In C. A. Malchiodi (Ed.), *Expressive therapies* (pp. 1-15). New York: Guilford Press.

McNiff, S. (1992). *Art as medicine: Creating a therapy of the imagination*. Boston, MA: Shambhala.

Moon, B. L. (2009). *Existential art therapy: The canvas mirror* (3rd ed.). Springfield, IL: Charles

C Thomas.

Moon, B. L. (2010). *Art-based group therapy: Theory and practice*. Springfield, IL: Charles C Thomas.

Moon, B. L., & Belkofer, C. (2014). *Artist, therapist, and teacher: Selected writings by Bruce L. Moon*. Springfield, IL: Charles C Thomas.

Moon, C. H. (2009). *Materials and media in art therapy: Critical understandings of diverse artistic vocabularies*. New York: Routledge.

Mosak, H., & Maniacci, M. (1999). *Primer of Adlerian psychology: The analytic-behavioural-cognitive psychology of Alfred Adler*. New York: Routledge.

Naumburg, M. (1987). *Dynamically oriented art therapy: Its principals and practice*. Chicago, IL: Magnolia Street.

Newberg, A. B., & d'Aquili, E. G. (2000). The creative brain/the creative mind. *Zygon*, *35*(1), 53-68.

Pearson, M., & Wilson, H. (2009). *Using expressive arts to work with mind, body and emotions: Theory and practice*. London, England: Jessica Kingsley.

Perry, B. D. (1996). *Maltreated children: Experience, brain development and the next generation*. New York: W.W. Norton.

Perry, B. D. (2009). Examining child maltreatment through a neurodevelopmental lens: Clinical applications of the neurosequential model of therapeutics. *Journal of Loss and Trauma*, *14*(240), 240-255.

Schore, A. N. (1994). *Affect regulation and the origin of the self: The neurobiology of emotional development*. Hillsdale, NJ: Erlbaum.

Schore, A. N. (2001). Effects of secure attachment relationships on right brain development, affect regulation, and infant mental health. *Infant Mental Health Journal*, *22*(1-2), 7-66.

Seiden, D. (2001). *Mind over matter: The use of materials in art, education, and therapy*. Chicago, IL: Magnolia Street.

Siegel, D. J. (1999). *The developing mind: How relationships and the brain interact to shape who we are*. New York: Guilford Press.

Siegel, D., & Bryson, T. (2012). *The whole brain child: 12 revolutionary strategies to nurture your child's developing mind*. New York: Bantam.

van der Kolk, B. A. (2003). The neurobiology of childhood trauma and abuse. *Child and Adolescent Psychiatric Clinics of North America, 12*(2), 293-317.

van der Kolk, B. A. (2006). Clinical implications of neuroscience research in PTSD. *Annals of the New York Academy of Sciences, 1071*(1), 277-293.

Zeki, S., & Lamb, M. (1994). The neurology of kinetic art. *Brain, 117*(3), 607-636.

Zeki, S. (1999). *Inner vision: An exploration of art and the brain*. New York: Oxford University Press.

제8장

외상 재처리를 위한 신체 기반 양방향 미술 프로토콜

– 텔리 트립 (Tally Tripp)

신경과학 연구자들은 주로 뇌의 우반구에 저장되는, 서사 구성과 인지적 관점이 부족한 날 것의 외상 기억을 널리 수용한다(LeDoux, 1996; Schore, 2009, 2012). 외상에 대한 언어 이전의 암묵적 기억은 부분적으로 나타나고 일상적인 서사적 기억과 자아(self)에서 분리된 신체적 감각과 습관적 행동으로 나타나는 것 같다(Chu, 1998; van der Kolk & Fisler, 1995). 플래시백, 침습적 사고와 이미지 그리고 무의식적인 신체 감각들은 대체적으로 의식적으로 회상하거나 통제할 수 없는 과거의 외상들이 마치 현재 일어나는 것처럼 떠오른다(Caruth, 1995; Chu, 1998).

외상후 스트레스 장애(PTSD)가 있는 내담자의 경우, 이러한 정서적 기억은 종종 압도적이며 너무 강력하여 사람들은 현실과의 접촉을 잃어버릴 수 있다. 포드(Ford, 2009)는 어린 시절 극심한 외상을 입었을 때, 환경에 개방적이며 환경을 탐색할 수 있는 학습 두뇌에서 잠재적 위험과 위협으로부터 방어에 초점이 맞춰진 생존 두뇌로의 자동 전환이 나타난다고 주장했다. 인지 기능과 경험을 평가하거나 분류하는 능력은 외상 스트레스에 의해 크게 손상될 수 있다. 외상 생존자들은 회피, 마비, 해리, 플래시백, 침습적 사고, 각성, 부정적 또는 왜곡된 자기 믿음 또는 만성적인 조절장애와 같은 다양한 외상후 증상을 보이는 방어적 반응 패턴에 완전히 갇혀 있다. 이러한 극단적인 행동은 과거의 외상 사건 당시에는 적응적일 수 있지만, 일반적으로 현재 위협적이지 않은 상황에서 부적응적인 것으로 간주된다. 자율 생존 방어를 유발하는 잘못된 정보 체계에 동기화된 내담자는 마치 과거가 현재에도 나타나는 것처럼 외부 자극에 반응할 수 있다. 과각성 또는 저각성의 상태에 갇힌 외상 생존자는 정보를 효과적으로 처리하거나 경험을 통한 학습을 할 수 없다(Ogden, Minton, & Pain, 2006; Ford, 2009).

외상치료의 목표는 생존자가 형언할 수 없는 과거에 사로잡혀 갇힌 상태에서 벗어나 현재에 더 온전히 몰입하게 하는 것이다(van der Kolk, 2014). 이를 위해 내담자와 치료사는 조절되지 않는 반응에 대한 통제력을 회복할 수 있는 도구를 개발할 필요가 있다. 이것은 쉬운 일이 아니다. 정서 기억은 강하고 생생하며 오래 지속된다. 르두(LeDoux, 1996)는 외상은 정서적 학습이 인지적 통찰보다 우선시되면서 하부 대뇌 변연계 영역이 상위 대뇌 피질 영역보다 우세해지는 방식으로 뇌를 편향시킬 수 있다고 제시한다. 또한 PTSD를 가진 사람들의 뇌 영상 연구에서 언어, 분석 및 맥락을 담당하는 뇌의 인지 부분은 외상을 떠올리는 동안 기본적으로 폐쇄되는 것으로 나타난다(van der Kolk, 2006). 치료되기 위해서 외상 기억들은 변형되고, 맥락화되고, 의미가 부여되어야 할 필요가 있지만, 단어들만으로는 정서적이고, 우뇌에 잠복되어 있는 외상의 부정적 각인을 다루기에 불충분하다(van der Kolk, 2006, 2014). 외상은 새로운 비언어적 표현과 신체 기반 요법을 통해 식별되고, 둔감화되며, 해결되는 것이 최선일 수 있다. 요가, 안구운동 둔감화 및 재처리(Eye Movement Deseasitization and Reprocessing: EMDR), 신체 기반 요법, 신경 피드백 및 마음챙김 명상은 마음, 뇌, 신체가 외상적인 과거에 갇혀 있기보다 현재에 충분히 몰입할 수 있도록 하기 위해 현재 활용되고 있는 치료법 중 하나이다.

미술치료 또는 미술치료사들 사이에서 미술작품을 창작하는 것은 외상 관련 장애를 치료하기 위한 가치 있는 도구들로 점점 더 인식되고 있다(Avrahmi, 2006; Crenshaw, 2006; Gantt & Tinnin, 2009; Johnson, 1987; Talwar, 2007; Tripp, 2007). 미술치료에서는 마음과 신체 모두 활용함으로써, 미술치료를 받는 개인은 암묵적으로 저장된 외상 기억에 빠르게 접근하고 현재에 주의 깊게 집중할 수 있다. 미술치료 과정은 다양한 감각을 제공하고 단어들과 언어로 충분하지 않은 어려운 표현을 특별하게 할 수 있는 수단을 제공해 준다. 미술치료는 뇌의 양쪽 모두를 활용하여, 무의식적이고 정서적인 우뇌의 감각과 합리적이고 언어적인 좌뇌 사고 과정을 연결한다(Chapman, 2014). 미술을 이용한 표현은 암묵적 기억에서 명시적 기억으로 외상 요소들의 이동을 촉진한다. 궁극적으로 외상에 대한 일관된 회화적 서사의 생성은 상징적 처리와 외상 해결이 일어나기 위해 필요할 수 있다(Collie, Backos, Malchiodi, & Spiegel, 2006).

이 장에서는 단일 사건과 복합 외상에 모두 효과적일 수 있는 외상치료를 위한 신체적 인지에 기반한 독창적인 양방향 미술치료에 대해 설명할 것이다. 미술치료, 감각 운동 심리치료 EMDR, 대인관계 신경과학 이론에서 도출된 이 고유한 외상 인지 프로토콜은 감각 운동 과정과 양방향 자극을 활용하여 기억에 접근하고 그 해결을 촉진한다. 이는 저자가 이전에 사용하던 양방향 미술치료 외상 처리 도구(Tripp, 2007)를 적용한 것으로, 신체에 초점을 맞춘 것이 주된 추가사항이다. 최근 외상치료법들은 외상 서사를 언어로만 말하는 것 자체로는 충분치 않다는 생각에 기반을 두고 있다. 이 프로토콜에서 치료사는 내담자가 외상 기억을 동반하고 해결로 이어지는 신체 상태의 변화를 반영하는 미술작품을 만드는 감각 운동 과정에 적응하도록 돕는다. 내담자와 치료사는 신체에 대한 지식을 신뢰하고 간단한 그림을 통해 생각을 분명히 표현하며 협력적으로 상호작용하는 방식으로 작업한다. 현재 이 부분에서의 초점은 내담자의 해리를 다루고 과각성 및 저각성 상태를 조절하는 능력을 향상시키는 것이다. 이 프로토콜은 내담자의 창의적 강점과 내재된 치유 가능성에의 접근을 촉진시키기 때문에 긍정적인 결과가 빠르고 극적으로 나타날 수 있다(Tripp, 2007, 2012). 회기가 끝나면 내담자들은 신체에 기반한 것을 더 많이 느끼고 외상이 끝났다는 것, 즉 이미 지나간 과거라는 것을 인식할 수 있다.

외상 스트레스 다루기

허만(Herman, 1992)에 따르면, 심리적 외상은 무력함의 고통이다. 외상의 가장 파괴적인 측면은 외상 그 자체가 아니라, 스스로가 그 부정적 효과를 다루기 위해 어떤 것도 할 수 없게 되었을 때 뒤따르는 무력감의 결과일 수 있다. 정신 질환과 달리, 외상 스트레스는 실제 사건, 사고, 경험, 상호작용에 대한 정서적이며 생리적인 반응에서 비롯된다. 외상은 개인의 생물학적 · 심리적 · 사회적 평형을 파괴하고, 결과적으로 "자신의 삶을 (살아가는) 자원에서 분리된" 것 같은 폭넓은 증상들이 나타난다(Herman, 1992, p. 34).

외상 생존자들은 '너무 많이 느끼거나, 너무 적게 느끼는' 것으로 묘사되고 있다(van der Kolk, 1994). 허만에 따르면, 외상 장애를 가진 사람들은 "마치 신경체계가 현재와 단절된 것처럼" 행동한다(Herman, 1992. p. 35). 외상은 시간을 초월하기 때문에 생존자들은 정기적으로 과거가 현재와 동일한 것처럼 느끼고 행동하고, 마치 그들이 또다시 외상을 겪고 있는 것처럼 강하게 반응한다(Scaer, 2005). 과거 외상의 신체적 잔재들은 침습적 사고, 이미지와 신체 감각, 신체적 고통, 각성 조절의 어려움, 예상 밖의 행동, 빠른 심장 박동, 호흡 곤란, 근육 긴장과 같은 불안정한 증상들을 포함할 수 있다(Fisher &

Ogden, 2009). 더 나아가 마비 및 회피와 관련된 증상에는 신체가 분리된 느낌, 이인화 및 현실감 상실, 기억상실, 해리, 지속적인 관계 및 애착 문제들이 포함될 수 있다(Fisher & Ogden, 2009; Ford, Courtois, Steele, Hart, & Nijenhuis, 2005). 압도적인 두려움, 불안, 분노, 수치심, 배신감과 절망을 포함하는 감정들은 반 더 콜크(van der Kolk, 1996a)가 적절하게 '말할 수 없는 테러'라고 부른 것처럼 생존자들을 무기력하고 얼어붙어 있는 것처럼 만들 수 있다.

이 복잡한 심리적 · 신체적 증상들은 혼란스럽고 극도로 내담자와 치료사 모두 다루기 어려운 문제일 수 있다. 지겔(Siegel, 1999, 2001, 2003)이 지지한 신경생물학은 마음, 두뇌와 평생 동안의 대인관계 간의 상호관계를 개념화한다. 건강한 사람의 경우 유연하고 적응력이 있으며, 좌반구와 우반구 처리 과정 간의 통합의 산물인 일관성 있는 이야기들 모두 안정 애착에 기반을 두고 있다(Siegel, 2001). 그러나 미해결된 외상은 뇌의 통합과 표상 과정을 손상시키고, 그 결과로 일련의 감정 고조와 자기반성 부족의 증상들을 유발할 수 있다(Siegel, 2003).

외상치료에 대한 전뇌 접근 방식은 좌뇌(탐색적 · 언어적 · 논리적) 및 우뇌(감정적 · 신체 기반 · 사회적)의 활동 모두를 요구한다. 신경통합과 협업적 반구 간 기능은 외상 상태를 해결하는 전뇌를 활성화시키는 치료를 통해 강화될 수 있다(Shapiro, 2001; Siegel, 2003). 지겔은 효과적인 치료의 핵심은 감정을 말로 표현하는 것이 아니라, 환자와 치료사 간 간헐적 의사소통 및 이에 따른 안정감 형성이라고 제안한다. 반 더 콜크(van der Kolk, 2002, 2006)도 마찬가지로 외상치료 목표는 그들의 경험을 온전히 구두로 재현해 내는 대신 내담자를 둔감하게 만드는 치료적 기술을 찾는 것이라고 말한다.

미술치료는 외상 기억에의 접근 혹은 처리를 위해 언어화에 의존하지 않는다. 경험에 대한 자연스러운 은유와 같은 상징을 사용한 미술작품으로 어려운 감정을 담아내고 표현할 수 있다. 미술치료에서 복합감각에 초점을 맞추는 것은 내담자가 현재 순간에 마음챙김할 수 있도록 안전하고 창의적인 환경을 제공해 준다. 매체를 다룸으로써 내담자는 인지적 · 정서적 · 생리적 반응 범위의 통제를 연습할 수 있다. 새로운 강점, 통찰, 자원을 발견하는 동안 재료 탐색은 문제를 통한 작업에 길잡이가 되어 준다. 이러한 이유로 미술치료는 외상 관련 장애 치료로 간주될 수 있다.

미술치료와 외상치료

미술치료는 외상을 경험한 성인들뿐 아니라 아동들과 함께 작업할 수 있는 유망한 치료법이다(Goodman, Chapman, & Gantt, 2009; Johnson, Lahad, & Gray, 2009). 미술치료가 역사적으로 정신분석적 사고에 근거하고 있는 반면, 최근에 표현치료들은 특별히 외상 관련 장애를 다루는 데 유용한 인지-행동치료들과 연관되어 있다(Johnson et al., 2009). 미술 자체는 종종 외상적 사건의 일부 측면과 가장 동일하기 때문에, 치료에서 미술작품을 창조하는 것은 상상적 노출의 형태라고 주장될 수 있다(Johnson et al., 2009). 신경과학의 최근 발견은 외상성 기억이 대체로 언어적 회상이 불가능한 우뇌에 저장된다는 것을 증명하고 있다(Schore, 2009, 2011, 2012). 미술 기반의 개입은 암묵적 · 외상적 기억에 대한 연결을 촉진하고 무의식적 상태에서 의식적 지각에 이르는 통로를 만들 수 있다(Talwar, 2007; Tripp, 2007). 또한 미술작품은 개인 내면의 생각과 느낌을 외면화하고 만질 수 있는 가시적인 형태로 만들고, 이러한 생각과 느낌을 피하거나 부인하기 어렵게 만든다. 이미지는 종종 좌뇌의 방어적인 설명 혹은 해석이 결여된 검열되지 않은 '우뇌의 진실'을 표현할 것이다(McNamee, 2004).

외상과 기억: 이야기가 아니다

외상 기억은 일상적 기억과 다르다(Chu, 1998; Rothschild, 2000; van der Kolk, 2006). 의식적으로 부호화되고 언어적 회상이 가능한 일상적 또는 명시적 기억과 달리, 외상 기억은 감정적이고 상응하는 이야기가 없는 느낌과 같이 대체로 무의식적이고 절차적이다. "해결되지 않은 외상은 다른 기억 체계와 별도로 저장되고 유연하지 않고 비서사적이며 일상적 경험과 분리되는 경향이 있다."(Chu, 1998, p. 57) 지겔(Siegel, 2007)에 따르면, 신경통합과정에서의 손상은 해결되지 않은 외상의 핵심이다. 통합의 결여는 침입적 상상, 예상치 못한 신체 감각, 행동 규범을 동반하는 외상 생존자들의 혼란과 혼돈의 기저로 작용할 수 있다(Chu, 1998; van der Kolk & Fisler, 1995). 외상 기억은 동화되지 않기 때문에 원래 지울 수 없는 힘을 상당 부분 유지한다(LeDoux, 1996). 외상 생존자들은 종종 혼란스러운 다수의 생각, 감정, 신체 감각과 인식을 경험하게 되는데, 이는 그 체계를 압도하고 생존자로 하여금 이야기를 말하거나 일어난 일에 대한 감정을 전달할 말이 없게 만든다(Damasio, 1999).

지속적인 발달적 또는 대인관계에 관련된 외상에 노출된 사람들은 관계맺기를 위험한 것으로 인식할 수 있다. 이러한 개인은 이후 상호작용을 피하고 두려움에 움직이지 않거나 얼어붙은 것처럼 꼼짝 못할 수 있다. 포게스(Porges, 2011)는 인간이 지속적으로 타인으로부터의 비언어적 단서를 처리하고, 목소리 톤과 얼굴 근육의 활동, 표현, 눈 맞춤을 평가하며, 환경이 "안전한지, 위험한지 혹은 삶에 위협적인지" 결정하는 방식을 설명하기 위해 '신경수용성'이라는 용어를 만들었다(p. 13). 그는 상호적이고 사람들과 함께 하는 장난스러운 활동은 사람이 사회적 활동 체계에 참여하는 데 도움이 될 수 있다고 제안한다. 마찬가지로 활동적이 되고 안전한 느낌을 얻기 위해 반 더 콜크는 외상 생존자들에게 "……수동성과 무기력감의 문제를 처리하는 데 도움이 될 수 있는 과제, 즉 놀이와 탐험, 예술적이며 창조적인 추구, 다른 사람들과 관계 맺을 수 있는 일에 참여해 볼 것을 권유한다."(van der Kolk, 1996b, p. 18).

미술치료는 역동적이고 능동적이며 현재에 초점을 맞춘 치료로서, 미술치료사와 함께라면 강력하면서도 즐거운 경험을 할 수 있다. 외상성 기억은 주로 비언어적 감각 방식으로 저장되므로, 미술작품을 만드는 것은 외상의 핵심 각인에 대한 신속한 접근을 촉진할 수 있다. 외상에 민감한 미술치료사는 내담자의 창의적 표현을 용이하게 하고 예술적인 형태로 변형되면서 전개되는 외상 이야기를 지켜보는 데 필요한 자아를 지지할 수 있다. 미술치료 과정에서 내포된 것은 문제 표현의 공동 창작과 적응적인 해결을 위한 수단, 외상적 자료들을 다루는 데 매우 적합한 강점 기반, 경험적 접근을 만드는 것이다.

외상치료에서의 신체

본능적인 외상 반응(투쟁 또는 도피)은 동물 왕국의 생존을 보장한다(Gantt & Tinnin, 2009; Scaer, 2001). 하지만 많은 학대 피해자에게 투쟁/도피 체계는 통제 혹은 힘의 부족, 꼼짝 못하는 것 혹은 굴복하는 것 외에 다른 선택권이 없는 사람으로 남겨지는 것 때문에 위협받을 수 있다. 레빈(Levine, 1997)은 사람이 자원을 활성화하고 외부 위협에 대한 적절한 대응을 할 수 없을 때 에너지가 신체에 쌓이고, 신경계는 높은 수준의 각성으로 반응하며 만성 조절장애 상태에 이른다고 제안한다. 스카어(Scaer, 2001)는 차단된 감각 운동 에너지의 방출은 PTSD 및 해리 증상을 포함한 고통 상태를 유발하는 뇌의 변화를 초래한다고 주장한다. 스카어는 과거의 외상에서 학습된 절차적 기억이 현재의 신체적 증상을 통해 구현되는 기억의 손상으로 외상 스트레스를 설명한다(Scaer, 2005, 2007). 신체 기억은 위장장애, 수면 문제, 손상된 면역 체계, 편두통, 근육의 활성화 또는 긴장, 만성 스트레스, 또는 공황과 같은 다양한 신체 증상을 통해 표현될 수 있다. 로스차일드(Rothschild, 2000)는 치료의 목표란 신체 감각과 과거 외상 간의 연관을 명확히 하기 위해 느껴지고, 묘사되고, 서술되어야 하는 신체적인 감각에 대한 이해를 촉진시키는 것이 되어야 한다고 생각한다.

PTSD의 효과적인 치료에 신체 및 관련 신체 상태에 주의를 기울이는 것이 포함되어야 한다는 점은 현재 널리 수용되고 있다. 자신의 내면 상태를 회피하는 것보다 인식하는 것은 감정을 자각하고 감각 운동 경험이 동화되게끔 한다. 감각 운동 심리치료사들은 내담자들이 '실험'으로 불리는 공동 생성된 치료적 참여를 통해 압도적이고 조절되지 않는 신체 기반 증상을 신체적으로 인식하게 돕는다(Ogden et al., 2006). 내담자를 물리적으로 일어서게 하거나 밀어내고, 손을 내밀거나 "아니요."라고 말하도록 요청하는 것은 사건이 일어났을 당시 차단시켰거나 혹은 얼어붙게 할 수 있었던 신체의 자연스러운 행동 경향의 작용에 의한 외상적 기억을 변형시킬 수 있다. 치료의 목표는 좌절되었을 수 있는 행동을 몸으로 만들어 내도록 촉진하고 수용 가능한 이야기를 만들거나 혹은 새로운 이야기를 찾도록 촉진하는 것이다.

미술과 외상 이야기의 창조

외상 생존자에게 강한 목소리를 찾는 것은 최선을 다해야 하는 복잡한 작업이다. 외상은 감정을 방해할 수 있는 압도적인 감정 상태와 궁극적으로 의미 형성과 서사 과정을 방해하는 경험의 평가와 처리를 유발한다(Fosha, 2003). 두려움과 수치심은 개인이 정서적 자원에 접근할 수 없게 만드는 대신 회피, 마비 또는 부인과 같은 방어기제에 의존하게 만든다(Fosha, 2003). 생존자들은 구두로 형언할 수 없는 공포를 표현하는 것이 불가능하다고 느끼며, 복합적인 학대, 외상, 방치에 대해 명시적 · 암묵적으로 침묵을 유지하도록 강요당했을 수 있다.

미술치료에서는 언어보다 외상에 대한 이미지를 중심으로 생존자가 자신의 경험을 암묵적인 이야기와 연결하도록 도울 수 있다(Gantt & Tinnin, 2009). 미술치료의 장점은 감정표현 상실 문제뿐 아니라 두려움과 수치심의 문제를 피해 갈 수 있는 "말을 하지 않고 표현하는 것"의 수단을 제공한다는 것이다(Cohen & Cox, 1995, p. xix).

헤스-코헨(Hass-Cohen, 2008)은 미술 활동의 감각적 요소가 '통합되고 조율된 마음 상태'를 만드는 방법을 설명하는 신경과학 관련 미술치료(ATR-N) 모델에 대해 설명한다(p. 305). 그녀는 미술 활동의 긍정적인 측면은 외상 작업에서 문제가 되는 회피할 수 있는 감정과 두려움에 대응할 수 있는 것이라 제안한다. 맥나미(MCNamee, 2004)는 우뇌는 주석이 달린 낙서 그림을 이미지가 만들어지는 우뇌 개입으로 사용하고, 이후 은유에 대한 좌뇌의 언어적 토의를 통해 이미지를 탐색한다. 집중적인 외상치료(ITT) 모델에서 가넷과 티닌(Gantt & Tinnin, 2007, 2009)은 내담자들에게 본능적 외상 반응(ITR)에 기반한 본질적으로 외상에 대해 구조화시켜 설명하는 '그래픽 내러티브' 이야기를 만들 것을 요청한다. 이들의 접근 방식은 "언어와 비언어적 마음 간의 대화"를 열어 우뇌를 좌뇌로 연결시켜 이야기를 복원할 수 있도록 돕는다(Gantt & Tinnin, 2009, p. 150). 랭킨(Rankin)과 타우커(Taucher)(Rankin & Taucher, 2003)도 치료가 한 번에 하나의 작업에 초점을 맞추고 내담자의 통제와 숙달 감각에 기초한 외상에 잘 알려진 미술치료를 위한 구조화되고 작업 지향적인 접근을 제안한다.

안구 운동 둔감화 및 재처리(EMDR)

1987년, 심리학자 프라신 샤피로(Francine Shapiro)는 공원을 산책하면서 화가 난 문제를 상상하자 저절로 눈이 머리에서 대각선으로 앞뒤로 움직이기 시작하고 고통의 음전하가 크게 줄어든 것을 관찰했다(Shapiro, 2001). 그녀는 이 반응을 실험한 후 기본 치료 절차를 개발했다. 이 절차는 내담자에게 불안한 기억, 상황 또는 생각을 떠올리게 하고, 초점면을 가로질러 측면 안구 운동에서 눈동자가 그녀의 손가락을 따라가도록 지시하는 것이다. 불안과 고통이 줄어들 수 있다는 압도적인 긍정적인 반응들이 많았으며, EMDR

치료법은 이러한 경험을 토대로 만들어졌다. 샤피로의 적응형 정보 처리(Adaptive Information Processing: AIP) 모델은 EMDR의 양방향 자극은 음으로 저장된 외상성 기억과 적응적 해결이 발견될 때까지 신경을 따라 정보를 방해하는 움직임을 사용한다고 가정한다. 이 모델에는 외상이 건강을 향한 뇌의 자연스러운 정보 처리 경향을 방해할 수 있다는 개념이 내재되어 있다. EMDR은 이러한 치료의 방해들에 초점을 두고, 어떤 의미에서는 이런 방해들을 이해 또는 수용하게 하여 궁극적으로 더 긍정적이고 유연한 이미지, 감정 그리고 인식이 나타나게 하는 것을 목표로 하고 있다(Shapiro, 2001).

외상치료의 양방향 처리과정

'양방향'이라는 단어는 단순히 양쪽과 관련되거나 관련되어 있음을 의미한다. 이 장의 목적에서 양방향은 신체의 양면을 의미하며, 결과적으로 뇌의 두 반구를 의미하는 것이다. 양방향 자극은 양손과 뇌의 양쪽을 사용하는 것이 포함된 미술작품을 만드는 활동을 통해서 뿐만 아니라 걷기, 달리기, 춤추기, 북을 치거나 흔드는 것과 같은 활동을 통해서도 만들어질 수 있다. 대부분의 육상선수, 드러머, 댄서와 예술가는 이러한 활동이 긍정적인 감정과 행복감으로 이어질 수 있음을 증명할 것이다. 양방향 활동은 눈의 움직임을 추적하기 위한 가벼운 막대(EMDR용으로 설계된), 교류 진동을 생성하는 테이퍼 또는 양방향 톤을 전달하는 헤드폰과 같은 구체적인 장비를 사용하여 치료에서 시작될 수 있다. 치료사는 수평으로 획을 그으며 내담자의 시야에서 손가락을 좌우로 움직여서 혹은 말 그대로 신체의 반대편을 두드리는 것으로 (일반적으로 손, 무릎 또는 발을 부드럽게 터치하여) 쉽게 양방향 자극을 유도할 수 있다.

외상치료에서 양방향 자극은 논리적 사고와 표현적 감정 간의 통합을 증진하여, 뇌의 좌반구와 우반구 모두에 걸쳐 전반적인 소통을 향상시킬 수 있는 효과적인 도구로 보인다(Shapiro, 2001). 신경과학의 용어에서 변연계와 특히 충격적인 상황이나 사건을 기억할 때 과도하게 활성화되는 우반구는 양방향 자극, 결국 전전두엽 피질(PFC)의 좌측의 활성화를 통해 인지가 다시 생생히 되살아나게 한다. 감정적 뇌의 높아진 반응 상태가 감소하면 PFC의 사고하는 뇌는 자기성찰에 더 쉽게 접근할 수 있다. 양방향 자극은 전두엽을 활성화시키고, 반구 사이 상호작용과 일상 기억의 회상을 증가시키는 것으로 추정된다(Christman, Propper, & Brown, 2006).

양방향 활동의 기제와 관련된 또 다른 가설은 외상을 치유하는 것은 진정 효과(인간의 심장과 유사박동 또는 호흡의 리듬)를 불러일으킴으로써 부교감 및 이완 반응을 증가시킨다는 것이다. 스티클골드(Stickgold, 2002)는 EMDR의 교류성 양방향 자극으로 기억이 꿈처럼 처리되고 통합되는 REM 수면과 유사한 뇌 회로에 근본적인 변화를 가져온다는 이론을 제시한다. 그는 양방향 자극에서 필수적인 주의의 재정향이 기억 처리 모드를 촉진하는 뇌 활성화의 변화를 만든다고 가정한다(Stickgold, 2002). 또한 이중 주의(Cdual attention) 집중(충격적인 기억과 양방향 운동 모두 동시에 초점을 맞추는 것)은 기억이 작동하고, 오래된 신경 연결을 교란시키며, 외상 기억을 변화시키는 새로운 적응적 연관성을 생성하는 것을 방해한다(Gunter & Bodner, 2009; Solomon & Shapiro, 2008). 이중 주의는 또한 내담자가 관찰자의 역할을 맡도록 멀리서 자신의 외상을 바라보게 함으로써 감정과 지나치게 동일시하지 않고 단순히 그것을 지나가는 생각이나 느낌으로 알아차리게 한다(Lee, 2008; Solomon & Shapiro, 2008). 이중 집중으로 인해 기억이 부담받게 되고, 감정은 덜 생생해짐에 따라 덜 불안해지는 것처럼 보인다(Gunter & Bodner, 2009; Solomon & Shapiro, 2008).

양방향 미술치료 접근

지난 10년 동안 외상 관련 장애의 치료에 일종의 양방향 자극과 그림을 의도적으로 통합하는 접근 방식에 대한 관심이 증가했다(Chapman, Morbiato, Ladakakos, Schreier, & Knudson, 2001; Talwar, 2007; Tripp, 2007). 맥나미(McNamee, 2006)는 주로 사용하는 손과 그렇지 않은 손 모두를 사용하여 통합과 균형을 위해 뇌의 좌우 반구에서 반응을 이끌어 내는 다양한 상황에 적용해 온 양방향 미술 프로토콜에 대해 설명했다. 그녀는 "긍정적이고 부정적인 생각의 통합을 촉진하고 긍정적인 생각에 대한 내담자의 믿음을 강화하기" 위해 내담자가 양면에 그려진 상충되는 이미지에 반대 손으로 응답하도록 요청한다(2006, p. 7). 채프먼과 동료들(Chapman et al., 2001) 및 채프먼(Chapman, 2014)은 소아 환자의 사건별 의학적 외상을 위한 드로잉 치료 도구를 개발했다. 그녀의 개입은 언어로 바뀌는 '그래픽 내러티브'를 생성하는 시각 및 언어 신경 경로를 따라 뇌의 좌 · 우반구를 활성화시킨다. 그녀는 감정적 표현 뒤에는 종종 언어와 인지의 급격한 변화가 따르고, 이것은 아동이 외상적 자료에 대한 통제력을 유지하는 데 도움이 된다고 언급했다. 탈워(Talwar, 2007)는 그림 그리는 과정을 그리기 위해 내담자에게 테이블에서 벽으로 움직이게 요청하고, 이를 통해 신체적 움직임과 그림 그리는 것을 활성화시킴으로써 신체적 움직임을 미술치료 외상 프로토콜(ATTP)에 통합시켰다. 이러한 환경에서 그림을 그리는 것에는 시각적 · 공간적 · 감정적 · 감각적 과정에 참여하며 색상을 고르는 것과 같은 분석적 작업이 포함된다.

트립(Tripp, 2007)의 기법에서 미술치료는 일련의 드로잉을 통한 표현과 함께 양방향 자극을 번갈아 통합함으로써 외상성 기억의 변형으로 이어지는 표준 EMDR에 통합되었다. 그녀는 그림을 그리는 것이 내담자를 편안하게 만들면서 고통스러운 기억 네트워크를 통해 움직이며 양방향 자극이 정서적 자료에의 접근을 촉진한다고 가정했다. 마찬가지로 콜로드니(Kolodny)는 외상 자료를 처리하는 내담자와 함께 작업하는 동안 양방향 활성화를 통합했다(Tripp & Kolodny, 2013, 2014). 충격적인 이미지를 회기의 초점으로 활용함으로써 내담자는 기억에서 주목할 만한 변화와 새로운 통찰력이 얻어질 때까지 양방향 타격으로 그 이미지 옆에 그림을 그리도록 지시받았다(Kolodny, personal communication, 2014. 6. 8). 토빈(Tobin, 2006)은 미술치료와 EMDR은 우리가 이미지를 해석하기보다는 이미지가 스스로 변형되어 치유가 일어나도록 내버려 둠으로써 그림에 '머무른다'는 생각을 포함한 몇 가지 근본적인 특징들을 공유하고 있다고 이야기하였다.

스트레스 감소법을 연습하고 부정적이거나 위협적인 자극에 직면했을 때 생리학적 각성을 통제하기 위해 내담자가 사용하는 다양한 치료 카드인 인지-행동 정보에 입각한 외상 접근법은 라하드(Lahad)와 동료들(Lahad, Farhi, Leykin, & Kaplansky, 2010)에 의해 개발되었다. 내담자는 이야기를 통제할 수 있을 때까지 기본적으로 카드를 이용하여 외상적 사건을 다시 서술한다. 스트레스가 많은 카드와 자원이 풍부한 카드 간의 움직임 또한 양방향 처리과정이다.

외상 재처리를 위한 양방향 미술치료

외상은 신체, 뇌와 신경계에 중대한 영향을 미친다. 내포된 외상에 대한 신체적 기억은 외상 경험을 날카롭게 상기시키고 그 자체로 압도적일 수 있어 생리적 고통과 다양한 심리적 증상들을 낳는다. 해결되지 않은 외상으로 고통받는 내담자들은 종종 처리하기 어려울 수 있는 강한 감정과 신체적 감각의 연쇄 반응과 함께 조절되지 않는 신체적 감각을 경험한다(Ogden et al., 2006). 신경 영상 연구(Rausch et al., 1996)는 외상 중에 집행 기능과 소통을 담당하는 영역인 내측 전전두엽 피질과 브로카 영역의 활성화 감소가 수반되면서 들어오는 자극에 대한 정서적 반응이 처음 나타나도록 만드는 편도체 영역의 활성화가 증가하는 것을 증명하고 있다. 이러한 결과는 외상 정보 치료에 중요한 함의점을 가지며 외상의 해결을 위해 언어와 언어화에 의존하는 전통적인 '하향식' 접근법이 외상 해결에 적절하지 않을 수 있음을 시사한다. 최근 몇 년 동안 내담자의 현재 경험을 이야기하기 위해 '하향식' 체계가 시작되는 경험적 및 신체 기반 요법이 급증하고 있다. 신체와 관련된 감각에 주의 깊게 초점을 맞추는 것은 내담자가 자신의 내부 상태를 관찰하고 모니터링하는 것을 배우는 데 도움을 줌으로써 궁극적으로 내측 전전두엽 피질의 활성화 및 자기성찰과 내성 능력을 증가시킨다.

미술치료와 EMDR을 통합시킨 사례를 묘사한 저자의 원논문에서, 그리기는 내담자가 이전의 외상적 기억이 다시 재처리되는 것처럼 추적하는 수단을 제공했고, 보다 적응적인 인지의 표현을 용이하게 하였다. 이 치료 프로토콜의 최근 변화는 이야기에서 벗어난 대신 내담자의 신체적 기억과 관련된 정서에 초점을 맞추는 것으로 변화하였다. 양방향 자극을 사용함으로써 내담자는 신체 감각에 주의를 기울이고 떠오르는 사고와 느낌에 상응하는 것에 참여하도록 요청받는다. 템플릿에 간단한 신체 윤곽 표시를 통해 내담자와 치료자는 점차적으로 관리가능한 외상 파편에 관한 이야기를 발전시켜 나간다. 신체를 기반으로 한 시각적 외상 서사를 만드는 과정은 내담자가 이야기를 하는 동안 정서를 다루고 잠재적으로 압도적인 외상적 자료들을 담아낼 수 있도록 돕는다.

신체 정보에 기반한 양방향 미술치료는 두뇌 모두 사용하게 하며 외상 스트레스를 해결하는 적응적인 처리 과정을 활성화시킨다. 애착으로 인한 상처와 초기 외상을 치료할 때 말 혹은 언어는 쉽게 사용하기 어려울 수 있으로 외상에 관해 이야기하는 것 혹은 회기에 집중할 것을 결정하는 것조차 어려울 수 있다. 신체가 자연스럽게 외상에 대한 암묵적 기억을 담아내기 때문에 '상향식' 접근이 어려움에 효과적으로 접근하게 하여 변화를 가져올 수 있다. 숙련된 치료사의 지도를 받아 내담자는 신체 감각에 대해 호기심을 갖게 될 것이며 마음챙김, 인지 그리고 정서 조절에 도움을 줄 수 있는 신체에 외상을 담아내는 방법에 주목하기 시작할 것이다.

외상에 민감한 다른 치료와 마찬가지로, 외상 처리 과정은 평가를 하고 안전 및 안정화를 충분히 제공하는 단계를 거친다(Herman, 1992). 자원 계획, 안전하고 힐링이 되는 공간을 만드는 것, 담아낼 수 있는 것을 만들거나 상상하는 것, 견고한 치료적 관계를 유지하는 것은 어떤 외상 처리 과정이든 시작하기 전에 준비되어 있어야 하는 근본적인 도구이다.

이 프로토콜은 내담자에게 주의 깊게 신체를 스캔하여 스트레스, 긴장 또는 불편함을 감지하고, 제공된 신체 윤곽 템플릿에 선, 모양, 색상을 사용하여 이러한 감정들을 그림으로 그리는 것을 요청하는 것부터 시작된다. 내담자는 부정적인 감정과 대조될 수 있는 긍정적 신념뿐 아니라 신체에 집중할 때 마음에 떠오르는 부정적인 자기신념에 해당하는 것을 인식하도록 요청받는다. 예를 들어, 긍정적인 믿음은 '나는 어느 정도 통제할 수 있다.'라는 생각일 수 있지만, 부정적인 믿음은 아마도 '나는 무력하다.'라는 생각이 될 수 있을 것이다. EMDR과 달리 이 프로토콜에 중점을 둔 특정 표적 외상 기억을 가질 필요는 없다. 근본적인 역기능적 믿음이나 기억은 체내에서 이동하는 동안 분명해질 것이다.

내담자가 초기 그림과 이에 따른 부정적 신념을 완성한 후에 두드리기, 톤 또는 눈 움직임을 사용하여 양방향 자극이 시작되는 동안 내담자는 이미지와 신념에 집중하도록 요청받는다. 교대로 몇 번의 짧은 양방향 자극이 교대로 이루어진 후에 내담자는 신체에 다시 집중하고, 신체 윤곽 템플릿을 사용하여 그림에서 신체적 · 인지적 또는 감정적으로 변한 것들을 표현하도록 지시받는다. 한 회기에서 기본적으로 경험과 매핑되는 일련의 4~8개의 그림이 만들어질 수 있다. 치료의 목표는 신체 감각과 동시에 발생하는 인식, 감정 또는 인지의 변화를 통해 외상성 기억을 재처리하기 위한 뇌 속의 새로운 신경 연결의 촉진을 추적하는 것이다. 회기는 최종 신체 스캔과 새로운 적응 정보를 확인하고, 처리과정을 통해 얻어질 수 있는 긍정적 믿음을 강조하는 마무리로 끝난다. 마지막으로 치료사와 내담자는 일련의 그림들을 함께 검토할 수 있고 그림 및 이와 관련된 정보에 대한 좌뇌 분석에 참여할 수 있다.

이 프로토콜은 스트레스가 신경계를 통해 이동할 때 내담자가 스트레스의 증가 및 감소에 주목하는 신체적 지표를 추적하도록 가르친다. 내담자는 언어를 최소한으로 사용하며 간단한 그림을 통해 상태의 변화 또는 기타 반응을 설명한다. 이것은 또한 처리과정에서 사용할 수 있는 새로운 인지에 접근하는 위협적이지 않은 방법을 제공한다. 내담자는 치료를 위해 몸과 마음의 자연스러운 경향을 '그냥 알아차리도록' 권유받는다. 대부분의 경우 회기는 내담자가 내적 강점, 선택 및 자원에 대해 새롭게 인식함을 느끼면서 종료된다.

이 접근 방식은 체계적이고 이야기보다 신체에 집중하여 현재에 초점을 맞춘다. 이 프로토콜의 중요한 특징은 이야기에 집중하지 않음으로써 정서가 알맞은 정도로 유지되고 경험이 통제 가능한 정보 몇 가지로 나누어진다. 내담자를 '관용의 창(window of tolerance)' 안에 있게 하며(Ogden et al., 2006; Siegel, 1999, 2007), 치료 과정은 인지적·정서적 혹은 신체적 상태의 변화를 주의 깊게 인식할 수 있도록 권장한다. 외상성 기억들은 내담자를 압도하거나 몰아세우지 않고 신체 그리기를 통해 체계적으로 처리될 수 있다. 이 경험적 접근은 외상적 기억을 제공된 방법으로 재작업하고 오래된 문제에 대한 새로운 해결책을 찾을 수 있는 기회를 제공한다. 경험을 치료하는 동안 자원을 풍부하게 유지하는 것은 특별히 다른 사람에 의해 반복적으로 무력감을 경험한 내담자에게 중요할 수 있다.

다음 사례는 신체를 기반으로 한 양방향 미술치료 프로토콜이 부정적 정서에 접근하여 이를 변화시키고 보다 적응적인 해결책을 찾는 데 성공적이었던 치료 회기를 묘사한 것이다.

임상 사례: 체중으로부터 자유

캐시(가명)는 그녀의 내과의의 추천으로 미술치료에 온 46세 직업여성이다. 캐시는 폭식 증상과 함께 불안하고 우울한 느낌, 낮은 에너지, 사회적 위축을 이야기했다. 회기 오기 전 주에 캐시와 그녀의 가족은 고등학교를 중퇴한 뒤 변변찮은 직업을 갖고 서부 해안에서 일하기 시작한 17세 아들 팀을 만나기 위해 비행기를 타고 국토를 횡단했다. 캐시는 아들의 복지에 대해 상당히 걱정하고 있지만, 동시에 그가 교육을 포기하고 평범한 진로를 따르지 않는 것에 화가 난다고 말했다. 캐시의 남편 피트도 이직 중이었다. 그는 사업을 공고히 하는 데 20년을 보낸 후, 중요한 경력 변곡점을 만들기 위해 학교로 돌아가야겠다는 결정을 하였다. 이 결정으로 가족과 떨어져 시간을 보내야 했고 재정적 스트레스 또한 받게 되었다. 캐시는 석사 학위를 취득하고 집에서 자신의 사업을 하고 있다. 그녀는 성공했지만 자신이 가정생활을 돌볼 수 있는 유일한 부모라는 것 뿐 아니라 중요한 생계를 책임지는 가장이 된다는 것으로 인해 스트레스를 받고 있다고 이야기했다. 15세 딸은 전 과목에서 우수한 성적을 받고 학교생활을 잘하고 있지만, 그녀는 수줍어하는 경향이 있으며 종종 자신과 매우 가까운 어머니로부터 추가 지원을 받기를 요구한다.

외상 분야의 용어로, 이 회기의 초점은 작은 t 외상(반대되는 것은 큰 T 외상, 중대한 외상 사건 또는 생명을 위협하는 사건)이지만 나는 폭식의 신체 증상과 낮은 에너지, 그리고 아마도 다른 작은 외상 사건에도 영향을 미칠 수 있는 것이 있지 않을까 의심하고 있다. 나는 캐시에게 머리부터 발끝까지 스캔할 때 떠오른 어떤 긴장 또는 스트레스 영역과 관련된 감각, 생각 또는 느낌을 '단순히 주목하도록' 가르치면서, 그녀에게 신체 스캔으로 회기를 시작하도록 요청하였다. 나는 그녀에게 신체 윤곽 템플릿을 주고 그녀에게 발견한 모든 것을 선, 모양 및 그림물감을 통해 묘사하도록 요청했다([그림 8-1] 참조).

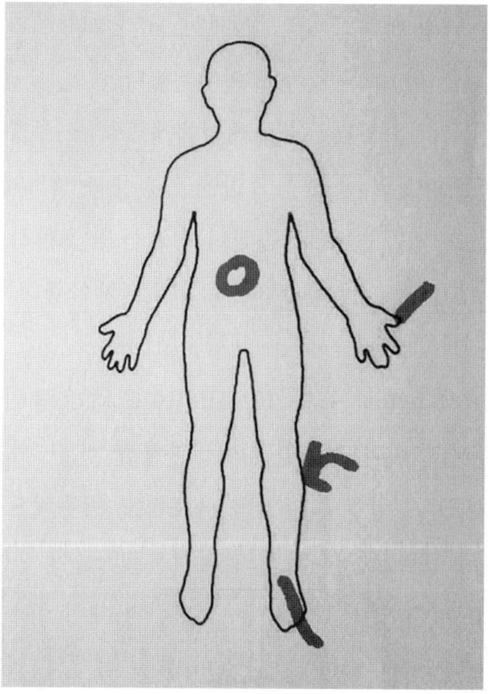

[그림 8-1] "나는 부담스럽다. 나는 무기력하다."

첫 번째 신체 그림은 캐시가 처음 긴장을 인식한 것을 나타낸다. 그녀는 왼쪽에 긴 국토 횡단 여행 후에 아프고 불편했던 곳을 일련의 빨간색 표시로 그렸다. 그녀는 또한 복부에 "여기가 내가 뚱뚱한 느낌이 드는 곳입니다!"라고 말하며, 눈에 띄는 빨간색 원을 그렸다. 그녀는 작년보다 늘어난 체중과 신체 이미지에 대한 불편함을 계속 설명했다.

내가 캐시에게 신체 그림과 일치하는 부정적인 자기신념을 설명하도록 요청했을 때, 그녀는 자신을 '역겹고 식탐이 많은 사람'으로 보는 데 집중하며 '나는 뚱뚱하다.'고 이야기했다. 나는 우리가 한발 물러설 필요가 있다고 판단한 뒤 캐시가 지방의 의미를 부정적인 신념으로 바라본다고 느꼈고, 따라서 캐시에게 더 많은 자기 진술을 반영하는 부정적인 판단을 다시 작업할 것을 제안했다. 캐시는 그제서야 그녀의 과체중의 의미를 더 깊이 바라볼 수 있었고 그녀가 자신에 대해 어떻게 느꼈는지 성찰해 볼 수 있었다. 그녀는 체중이 중압감과 '무게감 또는 부담감'을 불러일으켰다고 이야기했다. 그녀는 내적 신념을 언급하면서 체중 증가는 '무력감'이라는 감정을 불러일으켰다며 그녀 자신의 내적 상태를 더 잘 묘사하였다. 그녀가 이야기한 새로운 부정적 신념은 '나는 부담스럽다.' '나는 무력하다.'였다. 그녀가 느끼고 싶어 하는 것으로 확인된 긍정적인 신념은 다음과 같다. '나는 부담스럽지 않다.' '나는 강하다.' 내가 캐시에게 그녀가 주목한 정서가 무엇인지 물어보자, 그녀는 바로 '분노'라고 이야기했다.

우리는 양방향 자극을 시작하였다. 나는 캐시에게 교대로 무릎을 두드리거나 가슴 위로 팔을 교차하는 것으로 자신의 몸을 두드리는 기법을 선택하게 했다. 나는 또한 그녀가 내 손가락을 따라할 수 있게 앞뒤로 움직이는 리듬을 포함하여 내가 그녀의 눈높이에서 손가락을 움직일 수 있는 방법을 보여 주겠다고 제안했다. 그녀는 눈의 움직임을 선택하였다.

나는 그녀의 눈높이에서 손가락을 약 10~12번 부드럽게 움직였다가 멈추고, 그녀에게 깊게 호흡을 들이마시고 내쉬도록 한 다음, 관찰한 것, 느낌 또는 인식이나 감각의 변화를 이야기하도록 하였다. 양방향 자극을 유도하고 필수적으로 반응을 요구하는 과정은 EMDR의 표준 치료 프로토콜의 재처리 과정을 잘 보여 주는 것이다. 나는 캐시에게 단순히 주의집중하고 무슨 일이 발생하든 호기심과 개방적인 태도를 가질 것을 부탁하면서 예단하지 말 것을 상기시켰다. 보고된 어떤 이미지, 생각이나 연상은 꿈의 조각들과 비슷하므로, 내가 그녀에게 이런 것들을 단순히 기술하도록 격려하자 그녀는 편안함을 느꼈다. 나는 언어적 표현을 최소화하고 판단을 피하기 위해 그녀가 보고하는 내용에 대해 질문을 하거나, 의미 혹은 맥락에 대해서 묻지 않았다.

몇 차례의 교차 양방향 자극(ABS) 후에, 캐시는 몸의 변화를 감지했다고 이야기했다. 그녀는 자궁의 감각과 그녀의 어깨를 짓누르는 무게를 인식했다. 그녀는 아들을 임신했던 생생한 기억을 이야기하면서 놀란 것처럼 보였다. 그녀는 신체 스캔 템플릿에 녹색 마커를 가지고, 어깨를 가리키는 화살표를 그리거나 자궁 위에 원을 그렸다. 나는 그녀가 선택한 색상이 따뜻한 붉은 색에서 더 차가운 색으로 변한 것을 관찰했고, 그녀는 자신의 자궁에서 새롭고 따끔거리는 감각을 알아차린 후, 뱃속의 무거움이 사라졌다는 것을 인정했다. 또한 그녀는 왼발이 지난 주말의 하이킹으로 인해 고통받고 있음을 주목하였다([그림 8-2] 참조).

다시 어떤 방법으로든 분석하지 않고, 나는 캐시에게 그녀의 어깨 무게와 임신했을 때의 기억과 함께 자궁에서 느껴지는 감각에 다시 집중해 볼 것을 지시했다. 여러 차례 ABS를 한 뒤 캐시는 서해안에 있는 아들에 대해 더 많이 생각하고 있음을 발견했다고 보고했다. 실제로 나는 캐시의 턱에 약간의 긴장뿐만 아니라 가볍게 땀을 흘리고 얼굴이 약간 붉어진 것을 보고 캐시의 얼굴에 약간의 스트레스가 있음을 알아차렸다. 또한 나는 그녀의 호흡이 점점 얕아지고 있음을 발견하였다([그림 8-3] 참조).

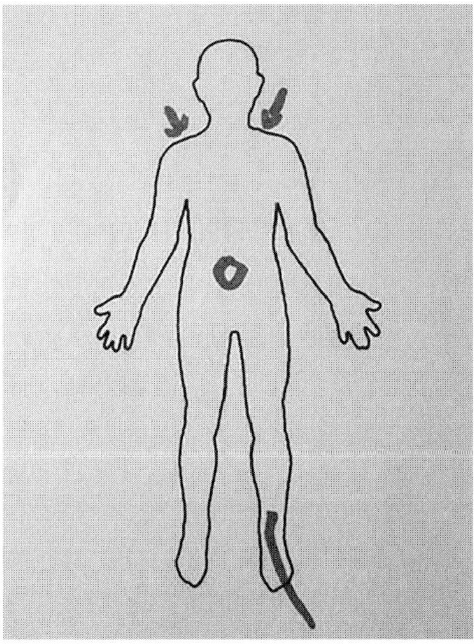

[그림 8-2] '자궁의 감각과 어깨의 긴장감에 주목함'

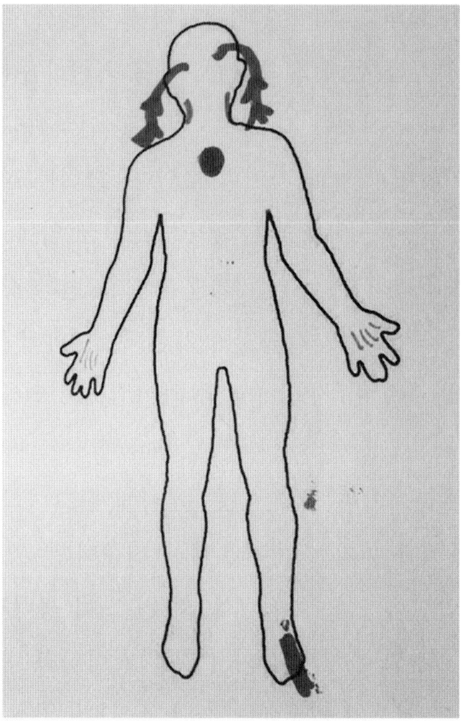

[그림 8-3] '심장과 머리로 움직이는 감정'

이 그림은 자궁의 녹색 느낌이 심장과 목 부분의 단단한 공으로 이동한 것을 보여 준다. 또한 양어깨에서의 화살표가 머리를 향하는 화살표로 표시된 것처럼 어깨의 무게가 얼굴로 이동하였는데, 전체적으로 울고 있는 눈의 인상을 준다. 캐시는 손의 약간의 따끔거림뿐 아니라 목과 턱의 수축된 파란색 느낌을 언급했고, 이는 감정에 대한 일부 활성화를 나타낸다. 파란색은 차갑고 짙은 음영이 아니어서 감정이 강하지 않음을 나타낸다. 흥미롭게 볼 것은 그림의 초점이 얼굴에 있다는 것이다. 그림은 표정과 행동이 일어날 수 있는 몸과 얼굴과 손으로의 움직임을 보여 주는 것 같다. 또한 이 일련의 양방향 자극 동안 나는 처리되지 않은 신체 지표를 암시하는 그녀의 얼굴에 나타난 보다 실제적인 감정을 알아차렸다. 캐시가 눈에 띄게 더 붉어지고 눈에서 눈물이 흐르자, 우리는 느낌이 신체를 통해 처리되도록 하면서, 계속해서 몇 분 동안 ABS를 사용하였다. 몇 분 뒤, 캐시는 이 감정의 파도를 타는 것 같았다. 그녀의 신체는 더 이완되는 것처럼 보였다. 나는 그녀의 호흡이 다시 깊어지고 더 리드미컬해지고 있음을 알아차렸다. 그녀는 잠시 멈추고는 말하였다. "나는 그에게 사랑과 분노를 동시에 느껴요……. 이것은 복잡한 감정이에요. 감정들이 너무 섞여 있어요!" 나는 그녀에게 감각에 집중하고 다음 템플릿에 그녀의 신체에서 주목한 것을 그려 보도록 요청했다([그림 8-4] 참조).

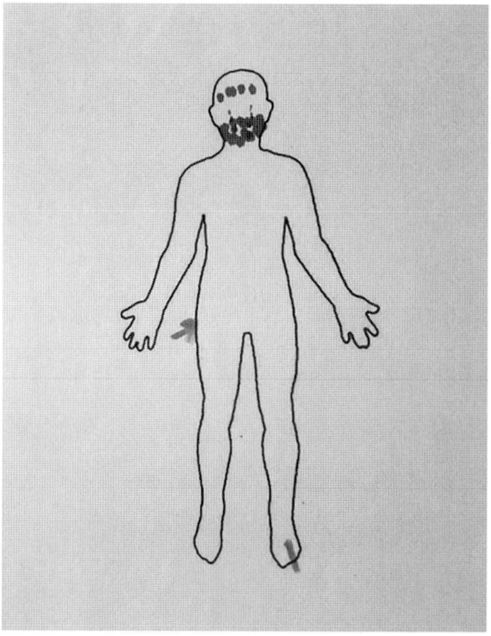

[그림 8-4] '분노와 슬픔이 뒤섞인 것을 알아차림'

이 그림은 하체에 덜 초점을 맞추고 복합적인 감정을 전달하는 얼굴에 더 많은 관심을 불러일으킨다. 짙은 붉은 점이 입가를 둘러싸고 눈에서 희미한 푸른 눈물이 흐르면서 이마를 가로지른다. 이렇게 그린 그림은 울고 있는 입이 큰 광대처럼 약간 무서워 보인다. 몸의 나머지 부분은 대부분 비어 있어서, 얼굴의 감정 강조가 더 분명해 보인다. 또한 캐시는 우리가 시작할 때 의식하지 못했던 오른쪽 엉덩이의 통증을 느끼고 있다고 표시했다. 그녀는 울퉁불퉁한 서해안 해변을 따라 아들과 함께 당일 하이킹을 가기 며칠 전에 처음으로 통증이 시작됐다고 말했다. 그녀는 '하이킹을 망치고' 싶지 않았기 때문에 아들에게 육체적 고통을 겪었다는 사실을 공유하지 않았다. 그녀는 묵묵히 그 고통을 안고 있었다. 이 고통은 이전에 그녀의 발에서 나타났던 고통과 어깨에서 알아차렸던 무게처럼 회기에서 나중에 탐색할 수 있는 또 다른 신체 기반 은유이다.

잠시 뒤로 물러서서 이미지에 참여하면서 캐시는 그녀의 아들에 대해 "안아 주고 싶지만 목을 졸라매고 싶어요."고 이야기했다. 이러한 진실을 이야기한 후에, 그녀는 깊게 숨을 내쉬고 눈에 보이는 안도의 한숨을 쉬었다. 그녀는 마침내 그녀의 목소리를 찾고 상충되는 감정을 깊게 표현할 수 있도록 스스로를 허락한 것처럼 보였다. 이어 그녀는 이야기했다. "저는 지금 몸이 가벼워진 것 같아요. 왠지 저는 더 많은 힘을 가진 것처럼 느껴요. 마치 제가 그를 공중으로 들어 올려 저로부터 떠나게 할 수 있는 것 같아요." 나는 캐시에게 이런 생각을 그림으로 그리고 마지막 신체 윤곽을 그리게 하였다([그림 8-5] 참조).

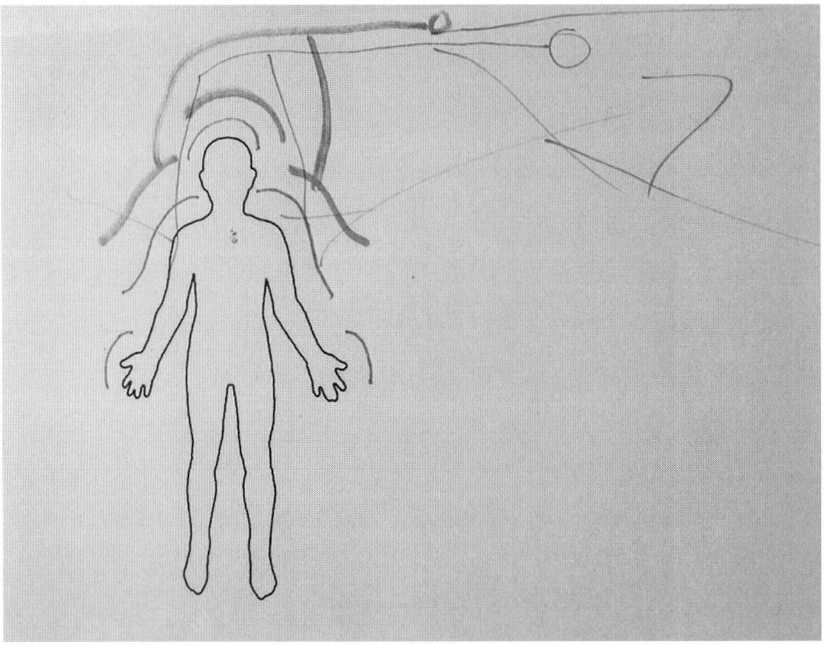

[그림 8-5] '자유로운 느낌'

캐시는 신속하게 파란색 마커를 집어 상체를 보호하는 일종의 파란색 방패처럼 상체 주변에 '공간'을 분명히 나타냈다. 몸은 지금 (가볍게) 비어 있고 그녀는 그것을 '자유로운 느낌'이라고 불렀다. 그녀는 어깨에서 날아가는 것처럼 보이는 아들 팀을 나타내기 위해 신체 윤곽의 위에 길고 가벼운 파란색 막대기 모양 그림을 그렸고, 정말로 종이 밖으로 벗어나 있었다. 그녀는 웃으며 말했다. "이렇게 그리는 게 부담스럽지 않아요." 그녀는 미소 짓고 눈에 띄게 안도한 채 웃으며 "이제 많이 편안해진 것 같아요!"라고 말했다. 그녀의 몸에서도 이완된 감각이 분명히 나타났고, 우리는 함께 팔을 머리 위로 들어 육체적으로 움직여 안도감을 부여하고 신체를 자유롭게 하는 것을 적극적으로 표현하였다.

우리가 일련의 그림을 함께 보면서, 캐시는 나에게 팀을 임신했을 때의 힘듦과 대부분 홀로 지내야 했던 것 그리고 당시 남편의 지지를 받지 못했던 것에 대해 이야기했다. 캐시는 산후우울증으로 고생했고, 팀이 잦은 경련을 일으키는 유아였기 때문에 우울증은 더 악화되었다. 그녀는 최근 체중이 증가한 것에 대해 이야기하면서, 팀이 집에 있었던 작년 한 해 동안 온 가족이 힘들었던 그 시기에 체중의 대부분이 늘었다는 점을 흥미로워 했다. 그녀는 임신으로 인한 체중 증가와 과도기에 있는 청소년의 엄마가 되는 것 사이에 인지적 연결을 만들었다.

캐시는 체내 느낌의 움직임을 기록한 이미지의 진행 상황을 관찰하게 되어 기뻤다. 결국 그녀는 분노가 몸을 완전히 떠날 때까지 신체를 통해 자연스럽게 어떻게 위쪽을 향해 자궁, 가슴, 심장, 어깨, 손, 얼굴로 흐르는지 볼 수 있었다. 간단한 회기에서 언어를 최소화 한 채 많은 감정이 표현되고 풀어졌다. "이것은 믿을 수 없을 정도로 자유로운 과정이었어요."라고 그녀는 말했다. 그런 다음 그녀는 녹색 마커로 눈을 깜박이며 머리 위로 또 다른 막대기 모양을 그리고, "이 사람은 제 남편이에요. 그도 역시 저에게 공간을 내어줄 수 있어요!"라고 이어 말했다.

회기를 종료하기 위해 긍정적인 자기신념(이 경우 '나는 부담되지 않는다.')은 짧은 세트의 양방향 자극과 연결된다. 캐시는 부담스럽지 않다는 단어를 그녀의 현재 상태를 '완벽히' 묘사한 단어로 느꼈다. 회기가 종료되면서 캐시는 '강하고 자유롭다.'는 느낌이 든다고 이야기했다. 나는 그녀가 원래 희망했던 긍정적인 신념을 갖게 되었다는 것에 주목했다. 우리가 다음 회기에서 만났을 때 그녀는 자신의 고통 수준이 상당히 줄어들었고, 가족들과 친구들과의 상호작용에서 계속해서 힘을 얻었다고 이야기했다. 그녀의 짐은 사라졌다.

논의

신체 정보를 기반으로 하는 양방향 미술치료 프로토콜은 비특정 대상, 신체를 통해 현재에 집중하는 상태에서 시작된다. 이번 회기에서 캐시가 발견한 작은 t 외상—그녀의 아들이 좋지 않은 방식으로 집을 떠난 것—은 이전의 외상 경험, 산후우울증과의 무의식적인 연관을 불러일으켰다. 체중, 부담, 무기력과 관련된 신체적 증상이 오랫동안 유지되어 해결할 수 없는 외상 반응의 지표로 이해되었다. 이러한 감각들이 신체를 통해 움직일 때 그것에 접근하고 묘사하는 것은 아내와 어머니로서 그녀의 역할과 관련된 느낌을 캐시가 잘 표현하도록 촉진하였다. 그림들은 부담에 압도된 상태에서 부담을 덜어내고 안도감을 느낀 것으로 강한 감정이 밀려온 것을 반영한다. 이러한 과정을 통해 캐시는 통제력을 얻고 관점이 바뀌었다. 그녀가 자유롭고 짐이 덜어진 것을 느낀 회기를 마쳤을 때, 더 이상 그녀는 외상의 무거운 감각으로 인한 옴짝달싹 못하는 느낌을 느끼지 못했다.

신체 감각을 주의 깊게 쫓아가는 것을 통해 이러한 치료 프로토콜은 정서, 이미지, 감각들이 저장되는 우뇌에 접근한다. 내담자는 과정을 방해하는 질문 없이, 단어 혹은 해석에 거의 집중하지 않는다. 오히려 초점은 현재의 순간, 심상과 신체 감각에 머물며, 자연스럽게 무엇이 일어나는지 혹은 무엇이 요구되는지를 보는 것이다. 그림을 그리는 것은 직접적으로 정서, 인식, 인지뿐 아니라 신체에서 관찰된 움직임과 연결된다. 색의 사용, 선 압력의 변화, 패턴과 모양의 선택은 무의식적일 수 있으며 원래의 감정과 관련될 수 있는 많은 미묘함을 표현할 수 있다. 좌뇌 분석은 내담자와 치료자가 뒤로 물러서서 일련의 반응을 바라볼 때 뒤따른다.

이 프로토콜은 다년간의 복합 외상에 대한 작업과 미술치료, EMDR 및 감각 운동 심리치료를 포함한 외상치료의 모범 사례를 통합한 것이다. 그것은 신체 지표를 적극적으로 추적하는 이전의 양방향 미술치료 프로토콜을 확장하는 것이며, 치료 회기 안에서 신체 감각에 대한 인식을 불러일으키는 것이다. 미술치료사는 자연스럽게 내담자를 양방향 치료 과정에 참여시킬 수 있으며 외상 회복에 있어 신체의 지혜를 받아들이게 한다.

참고문헌

Avrahmi, D. (2006). Visual art therapy's unique contribution in the treatment of posttraumatic stress disorders. *Journal of Trauma and Dissociation, 6*(4), 5-38.

Caruth, C. (1995). *Trauma: Explorations in memory*. Baltimore, MD: John Hopkins University Press.

Chapman, L. (2014). *Neurobiologically informed trauma therapy with children and adolescents: Understanding mechanisms of change*. New York: W. W. Norton.

Chapman, L., Moranito, D., Ladakakos, C., & Schreier, H. (2001). The effectiveness of art therapy interventions in reducing post-traumatic stress disorder (PTSD) symptoms in pediatric trauma patients. *Art Therapy: Journal of the American Art Therapy Association, 18*(2), 100-104.

Christman, S., Propper, R., & Brown, T. (2006). Increased interhemispheric interaction is associated with earlier offset of childhood amnesia. *Neuropsychology, 20*(3), 336-345.

Chu, J. (1998). *Rebuilding shattered lives: The responsible treatment of post-traumatic dissociative disorders*. New York: John Wiley.

Cohen, B. M., & Cox, C. T. (1995). *Telling without talking: Art as a window into the world of multiple personality*. New York: W. W. Norton.

Collie, K., Backos, A., Malchiodi, C., & Spiegel, D. (2006). Art therapy for combat-related PTSD: Recommendations for research and practice. *Art Therapy, 23*(4), 157-164.

Crenshaw, D. (2006). Neuroscience and trauma treatment: Implications for creative arts therapists. In L. Carey (Ed.), *Expressive and creative arts methods for trauma survivors* (pp. 21-38). Philadelphia: Jessica Kingsley.

Damasio, A. (1999). *The feeling of what happens: Body and emotion in the making of consciousness*. New York: Harcourt Brace.

Fisher, J., & Ogden, P. (2009). Sensorimotor psychotherapy. In C. Courtois & J. Ford (Eds.), *Treating complex traumatic stress disorders: An evidence-based guide* (pp. 312-328). New York: W. W. Norton.

Ford, J. (2009). Neurobiological and developmental research: Clinical implications. In C. Courtois & J. Ford (Eds.), *Treating complex traumatic stress disorders: An evidence-based guide* (pp. 31-58). New York: W. W. Norton.

Ford, J. D., Courtois, C. A., Steele, K., Hart, O., & Nijenhuis, E. R. (2005). Treatment of complex postratumatic self-dysregulation. *Journal of Traumatic Stress, 18*(5), 437-443.

Fosha, D. (2003). Dyadic regulation and experiential work with emotion and relatedness in trauma and disorganized attachment. In M. F. Solomon & D. J. Siegel (Eds.), *Healing trauma: Attachment, mind, body, and brain* (pp. 221-282). New York: W. W. Norton.

Gantt, L., & Tinnin, L. W. (2007). Intensive trauma therapy of PTSD and dissociation: An outcome study. *The Arts in Psychotherapy, 34*(1), 69-80.

Gantt, L., & Tinnin, L. W. (2009). Support for a neurobiological view of trauma with implications for art therapy. *The Arts in Psychotherapy, 36*(3), 148-153.

Goodman, R. F., Chapman, L. M., & Gantt, L. (2009). Creative arts therapies for children. In E. B. Foa, T. M. Keane, M. J. Friedman, & J. A. Cohen (Eds.), *Effective treatments of PTSD: Practice guidelines from the international society for traumatic stress studies* (2nd ed., pp. 491-508). New York: Guilford Press.

Gunter, R. W., & Bodner, G. E. (2009). EMDR works … but how? Recent progress in the search for treatment mechanisms. *Journal of EMDR Practice and Research, 3*(3), 161-169.

Hass-Cohen, N. (2008). CREATE: Art therapy relational neuroscience principals (ATR-N). In N. Hass-Cohen & R. Carr (Eds.), *Art therapy and clinical neuroscience* (pp. 283-309). Philadelphia, PA: Jessica Kingsley.

Herman, J. L. (1992). *Trauma and recovery*. New York: Basic Books.

Johnson, D. R. (1987). The role of the creative arts therapies in the diagnosis and treatment of psychological trauma. *The Arts in Psychotherapy, 14*(1), 7-13.

Johnson, D. R., Lahad, M., & Gray, A. (2009). Creative therapies for adults. In E. B. Foa, T. M. Keane, M. J. Friedman, & J. A. Cohen (Eds.), *Effective treatments of PTSD: Practice guidelines from the international society for traumatic stress studies* (pp. 479-491). New York: Guilford Press.

Lahad, M., Farhi, M., Leykin, B. A., Kaplansky, N. (2010). Preliminary study of a new integrative approach in treating post-traumatic stress disorder: SEE FAR CBT. *The Arts in Psychotherapy, 37*(5), 391-399. doi:10.1016/j.aip.2010.07.003

LeDoux, J. (1996). *The emotional brain: The mysterious underpinnings of emotional life*. New York: Simon Schuster.

Lee, C. W. (2008). Crucial processes in EMDR: More than imaginal exposure. *Journal of EMDR Practice and Research, 2*(4), 262-268.

Levine, P. (1997). *Waking the tiger: Healing trauma*. Berkley: North Atlantic Books.

McNamee, C. (2004). Using both sides of the brain: Experiences that integrate art and talk therapy through scribble drawings. *Art Therapy: Journal of the American Art Therapy*

Association, 21(3), 136-142.

McNamee, C. (2006). Experiences with bilateral art: A retrospective study. *Art Therapy: Journal of the American Art Therapy Association, 23*(1), 7-13.

Ogden, P., Minton, K., & Pain, C. (2006). *Trauma and the body: A sensorimotor approach to psychotherapy*. New York: W. W.Norton.

Porges, S. W. (2011). The polyvagal theory: *Neurophysiological foundations of emotions, attachment, communication and self-regulation*. New York: W. W. Norton.

Rankin, A. B., & Taucher, L. C. (2003). A task-oriented approach to art therapy in trauma treatment. *Art Therapy: Journal of the American Art Therapy Association, 20*(3), 138-147.

Rausch, S., van der Kolk, B., A., Fisler, R., Orr, S. P., Alpert, N. M., Savage, C. R., … Pittman, R. K. (1996). A symptom provocation study of post-traumatic stress disorder using positron emission tomography and script-driven imagery. *Archives of General Psychiatry, 53*, 380-387.

Rothschild, B. (2000). *The body remembers: The psychophysiology of trauma and trauma treatment*. New York: W. W. Norton.

Scaer, R. (2001). *The body bears the burden: Trauma, dissociation, and disease*. New York: Haworth Press.

Scaer, R. (2005). *The trauma spectrum: Hidden wounds and human resiliency*. New York: W. W. Norton.

Scaer, R. (2007). *The body bears the burden: Trauma, dissociation and disease*. New York: Routledge, Taylor & Francis.

Schore, A. N. (2009). Right-brain affect regulation: An essential mechanism of development, trauma, dissociation, and psychotherapy. In D. Fosha, D. Siegel, & M. Solomon (Eds.), *The healing power of emotion: Affective neuroscience, development & clinical practice* (pp. 112-144). New York: W. W. Norton.

Schore, A. N. (2011). Attachment trauma and the developing right brain: Origins of pathological dissociation. In P. Dell & J. O'Neill (Eds.), *Dissociation and the dissociative disorders: DSM-V and beyond*. (pp. 107-141). New York: Routledge, Taylor & Francis.

Schore, A. N. (2012). *The science of the art of psychotherapy*. New York: W.W. Norton.

Shapiro, F. (2001). *Eye movement desensitization and reprocessing: Basic principles, protocols and procedures*. New York: Guilford Press.

Siegel, D. J. (1999). *The developing mind: Toward a neurobiology of interpersonal experience*. New York: Guilford Press.

Siegel, D. J. (2001). Toward an interpersonal neurobiology of the developing mind: Attachment, "mindsight" and neural integration. *Infant Mental Health Journal, 22*(1-2), 67-94.

Siegel D. J. (2003). An interpersonal neurobiology of psychotherapy: The developing mind and the resolution of trauma. In M. F. Solomon & D. J. Siegel (Eds.), *Healing trauma: Attachment, mind, body, and brain* (pp. 1-56). New York: W. W. Norton.

Siegel, D. J. (2007). *The mindful brain: Reflection and attunement in the cultivation of wellbeing*. New York: W. W. Norton.

Solomon, R. M., & Shapiro, F. (2008). EMDR and the adaptive information processing model: Potential mechanisms of change. *Journal of EMDR Practice and Research, 2*(4), 315-325.

Stickgold, R. (2002). EMDR: A putative neurobiological mechanism of action. *Journal of Clinical Psychology, 58*(1), 61-75.

Talwar, S. (2007). Accessing traumatic memory through art making: An art therapy trauma protocol (ATTP). *The Arts in Psychotherapy, 34*(1), 22-35. doi:10.1016/j.aip.2006.09.001

Tobin, B. (2006). Art therapy meets EMDR: Processing the paper-based image with eye movement. *Canadian Art Therapy Association Journal, 19*(2), 27-38.

Tripp, T. (2007). A short-term approach to processing trauma: Art therapy and bilateral stimulation. *Art Therapy: Journal of the American Art Therapy Association, 24*(4), 176-183.

Tripp, T. (2012). Bilateral transformation of trauma: Integrating EMDR and art therapy. Paper presented at the *Expressive Therapies Summit*, New York.

Tripp, T., & Kolodny, P. (2013). Integrating EMDR and art therapy for bilateral transformation of trauma. Workshop presented at the *Expressive Therapies Summit*. New York.

Tripp, T., & Kolodny, P. (2014). Change the Brain: Using bilateral methods to reduce anxiety and relieve traumatic stress. Workshop presented at the *Expressive Therapies Summit*, New York.

van der Kolk, B. A. (1994). The body keeps the score: Memory and the evolving psychobiology of PTSD. *Harvard Review of Psychiatry, 1*(5), 253-265.

van der Kolk, B. A. (1996a). The complexity of adaptation to trauma: Self-regulation, stimulus discrimination, and characterological development. In B. A. van der Kolk, A. C. McFarlane, & L. Weisaeth, (Eds.), *Traumatic Stress: The overwhelming experience on mind, body, and society* (pp.182-213). New York: Guilford Press.

van der Kolk, B. A. (1996b). The body keeps the score: Approaches to the psychobiology of post-traumatic stress disorder. In B. A. van der Kolk, A. C. McFarlane, & L. Weisaeth (Eds.), *Traumatic stress: The overwhelming experience on mind, body, and society* (pp. 214-241). New York: Guilford Press.

van der Kolk, B. A. (2002). Beyond the talking cure: Somatic experience and subcortical imprints in the treatment of trauma. In F. Shapiro (Ed.), *EMDR as an integrative psychotherapy approach: Experts of diverse orientations explore the paradigm prism*. (pp. 57-83). Washington, DC: American Psychological Association.

van der Kolk, B. A. (2006). Post-traumatic stress disorder and the nature of trauma. In M. Solomon & D. Siegel (Eds.), *Healing trauma: Attachment, mind, body and brain* (pp. 168-195). New York: W.W. Norton.

van der Kolk, B. A. (2014). *The body keeps the score: Brain, mind and body in the healing of trauma*. New York: Viking Penguin.

van der Kolk, B. A., & Fisler, R. (1995). Dissociation and the fragmentary nature of traumatic memories: Background and experimental evidence. *Journal of Traumatic Stress, 8*(4), 505-525.

제9장

파킨슨병 환자가 겪은 외상에 적용된 의학 미술치료

–드보라 엘키스–아부호프(Deborah Elkis–Abuhoff) & 모건 게이도스(Morgan Gaydos)

특별히 파킨슨병과 같은 신경퇴행성 질병의 치료에서 신경과학 분야의 발전은 심리적 외상이 생리적 결과를 일으킬 수 있다는 인식을 지지해 왔다. 외상에 대한 정서적 · 행동적 반응은 뇌 안의 감각 정보, 기억, 운동 자극에 직접적으로 영향을 미치는 것으로 알려져 왔다(Högberg, Nardo, Hällstrom, & Pagani, 2011). 점토 만들기를 통한 운동 감각 미술치료와 같은 상호보완치료는 외상을 경험한 개인에게 정서적 지지를 제공하고 감각 및 촉각 경험을 통한 뇌 자극 활성화 가능성을 증대시키는 것으로 알려져 있다.

파킨슨병은 무엇인가

뇌 내 도파민 생성 세포의 부족으로 인해 유발되는 파킨슨병(Parkinson's Disease: PD)은 현실적으로 만성적이고 진행성 있는 신경퇴행성 장애로 특징지어진다. 이 질병은 거의 전 세계의 약 700~1,000만 명이 보유하고 있다(Parkinson's Disease Foundation, 2014a). 무려 미국에서 연간 100만 명이 PD 진단을 받고 있으며, 여성에 비해 남성의 유병률이 1.5배 더 높다(Parkinson's Disease Foundation, 2014a). PD는 알츠하이머병에 미치지는 못하지만, 사람들에게 두 번째로 흔한 신경퇴행성 장애이다(Yoritaka et al., 2013). 진행성 질환이기 때문에 PD의 발병 위험은 연령에 따라 증가하지만, 이 질병은 초기 중년기에도 발생할 수 있다.

신경퇴행성 장애들은 뇌 안의 기능성 뉴런의 상실로 정의되는데, 이 상실은 건강한 수준에서 신체가 반응하고 수행하는 능력에 영향을 미친다. 따라서 인지적 증상 뿐 아니라 다양한 신체적 증상, 흔히 운동 증상으로 여겨지는 증상들이 PD 경과 중에 발생한다(Shulman, De Jager, & Feany, 2011). 여러 의사는 질병을 임상적으로 진단하기 위해 특정 운동 기능을 신뢰할 만한 정보로 진단한다(Shulman, De Jager, & Feany, 2011). 운동 기능 손상 가운데 근육 움직임 조절의 어려움, 팔다리의 경직, 균형과 관련된 신체적 불안정, 떨림, 서맥, 경직된 걸음걸이, 감정의 변화, 피로발생은 가장 주목할 만한 현상이다(Chen et al., 2013; Elkis-Abuhoff, Goldblatt, Gaydos, & Convery, 2013a; Zwartjes et al., 2010). 팔다리 혹은 신체 부분에 영향을 미칠 수 있는 리드미컬하고 비자발적인 움직임으로 분류되는 떨림은 가장 많이 알려진 파킨슨병의 운동 증상이다(Helmich, Toni, Deuschl, & Bloem, 2013). 이러한 운동 증상은 일상 활동 중 움직임을 더디게 할 수 있으며, 발을 끌며 느릿느릿 걷고 앞으로 기대는 것과 같은 자세 및 자세 조절의 변화로 나타난다([그림 9-1] 참조). 질병이 진행됨에 따라 운동 증상의 심각성과 빈도는 증가한다.

운동 증상과 함께 주의집중 시간, 문제 해결 및 계획 능력의 감퇴와 같은 인지 증상이 나타난다. 이러한 증상들은 좌반구 내 신경 세포 손상으로 인한 것으로 추정된다(Bogdanova & Cronin-Golomb, 2012). 더욱이 우울증, 공포증, 스트레스/불안, 강박증과 같은 심리적 증상들은 파킨슨병으로 진단된 개인에서 나타나는 것으로 보고되어 왔다

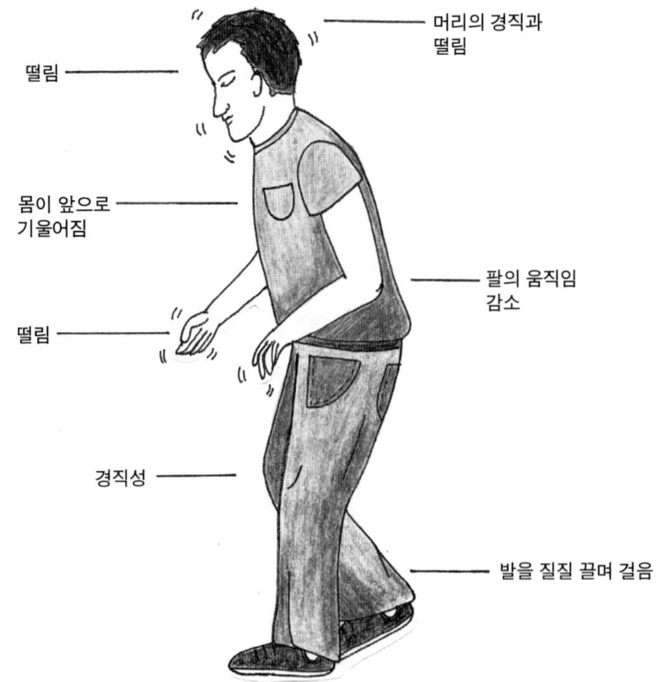

[그림 9-1] 자세 및 자세 제어의 변화

(Chen et al., 2013; Elkis-Abuhoff et al., 2013a; Yoritaka et al., 2013). 또한 수면장애를 포함한 인지적 특성의 감퇴는 파킨슨병 진단을 받은 개인들의 삶에 장애와 외상의 원인으로 작용한다(Brichta, Greengard, & Flajolet, 2013). 의학적 진단을 받을 때의 정서적 결과를 조사한 연구는 거의 없지만, 개인이 경험하는 외상은 진단에서 시작된다(Thompson et al., 2009). 파킨슨병을 진단받을 때 사람들은 종종 광범위한 감정변화를 경험한다. 이런 감정들은 충격에서 진단에 적응하는 데 필요한 분노, 좌절감에 이르기까지 다양하다(Parkinson's Disease Foundation, 2014c). 파킨슨병 진단을 받은 환자들은 낙상의 위험, 경직된 걸음걸이, 의존성 증가, 환경의 조절 등과 같은 생활방식의 변화를 인정해야 할 때 외상이 발생할 수 있다. 질병과 직접적으로 관련된 외상은 전반적인 외상의 경험을 더 증가시키고 신경학적 기능에 영향을 미치며, 신체적 손상을 높이고 파킨슨병 진단을 받은 사람들에게 조절장애를 일으킬 수 있다(Naff, 2014).

많은 의학적 · 치료적 개입에도 불구하고 현재 파킨슨병에 대한 치료법은 없다. 정확한 원인 규명을 위한 연구에는 환경적 요인과 유전적 돌연변이에 대한 이론이 포함되어 있다(Parkinson's Disease Foundation, 2014b). 연구자들은 계속 파킨슨병의 원인, 증상 및 발달과 뇌 기능에 미치는 영향에 대한 연구를 계속해야 한다. 질병과 관련된 신체적 · 인지적 증상을 더 잘 이해하기 위해 파킨슨병을 신경퇴행성 장애로 분류하여 뇌 내 신경학적 변화를 검사하는 것이 중요하다.

파킨슨병 진행 경과 중 뇌의 변화

신경학적으로 파킨슨병은 일반적으로 뇌와 척수로 구성된 중추신경계에 영향을 미친다. 뇌의 흑색질 구조로 구성된 기저핵은 물리적 움직임을 촉진시킨다([그림 9-2] 참조). 뇌의 이 영역은 질병의 발달 및 진행 중 손상의 대부분을 흡수한다.

파킨슨병은 기저핵의 가장 흔한 질병이다. 도파민성 흑색질의 뉴런은 점차적으로 고갈된다(Rothwell, 2011). 이런 신경 세포들은 신경전달물질인 도파민을 생성하고 뇌의 구조와 기능에 중추적 역할을 하기 때문에 중요하다. 도파민의 주요 공급원인 도파민성 뉴런과 가장 두드러진 신경전달물질로 간주되는 글루타메이트성 신경전달물질 간의 상호작용은 기저핵이 건강하게 기능하고 소통하는 데 필요하다(Petzinger et al., 2010). 파

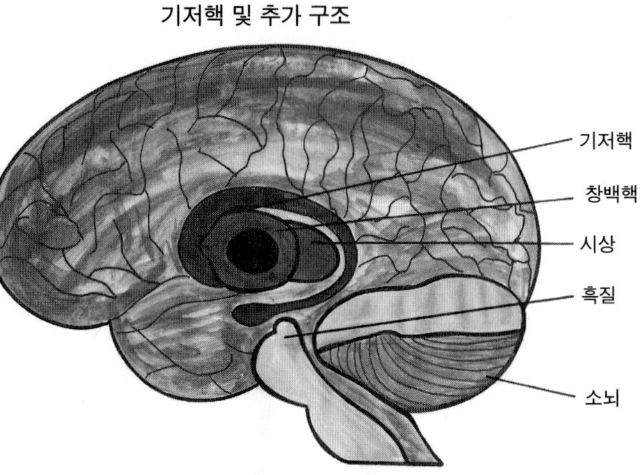

[그림 9-2] 기저신경절 및 추가 구조

킨슨병으로 진단받은 개인의 뇌에서 기저핵의 기능장애 발생 중 신경절, 신체 움직임을 실행하는 신체 능력을 제한하는 신경학적 결손이 발생한다(Shulman, De Jager, & Feany, 2011). [그림 9-3]은 화가가 양전자 방사 단층 촬영(PET)을 그린 것이며, 이 그림은 파킨슨병 환자와 정상인의 뇌를 붉은색으로 표시하여 도파민 신경 세포의 비교를 보여 주는 것이다. 신경전달물질 수용체의 발현 수준을 포함하여 뇌 내 조절 경로의 변화는 파킨슨병이 진행됨에 따라 도파민성 뉴런을 변경시키고 제거하는 것으로 계속 나타난다

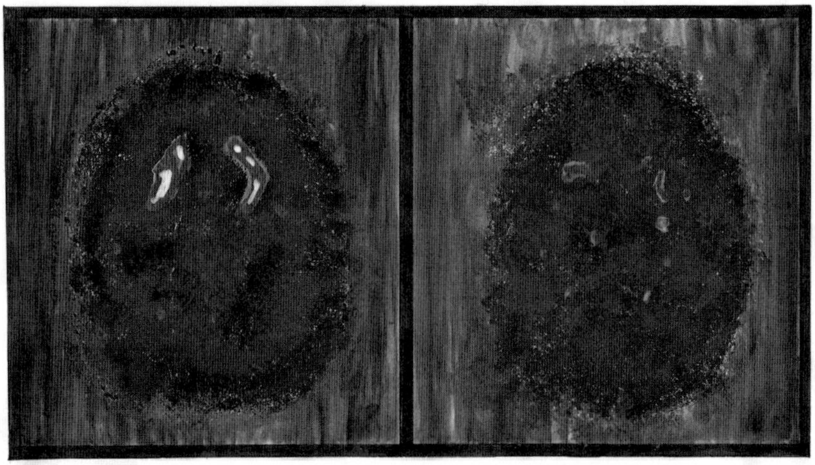

[그림 9-3] 정상인과 파킨슨병을 가진 환자의 양전자 방사 단층 촬용 검사 비교에 대한 미술치료사의 설명

(Brichta, Greengard, & Flajolet, 2013).

뇌 내의 세포 고갈에 대한 이론은 프로테아좀과 리소좀 체계의 기능장애를 가리킨다. 건강한 프로테아좀 체계는 단백질의 농도를 더 잘 조절하는 데 도움이 되는 원치 않거나 손상된 단백질을 버리는 반면 리소좀 체계는 항상성 목적을 위해 단백질을 분해한다. 신경퇴행성장애, 미토콘드리아 활동 감소, 유전자 돌연변이를 유발하는 불필요하거나 손상된 단백질 세포와 효소를 무시하고 단절하는 신체의 무능력과 같은 이 두 체계의 기능장애는 세포 고갈을 초래할 수 있다(Obeso et al., 2010). 뇌 내 도파민 세포 고갈은 정신적 명령에 답하고 반응하는 신체 능력뿐 아니라 경직, 느린 움직임, 떨림과 같은 운동 증상을 유발한다.

현재 의학 연구에 따르면 기저핵 내 손상은 기억상실과 파킨슨병의 인지적 손상으로 인해 나타나는 새로운 습관을 형성하고 유지하는 것의 감퇴와도 관련될 수 있다(Foerde & Shohamy, 2011). 미래 계획 기억과 같은 특정 유형의 기억은 다른 기억들보다 뇌의 손상으로 인해 감퇴되는 것 같다(Kliegela, Altgassena, Heringa, & Rose, 2011). 미래 계획 기억은 약물 복용과 같은 특정 시간에 특정 일을 수행하도록 하는 기억의 형태라는 특징을 갖고 있다(Kliegela, Altgassena, Heringa, & Rose, 2011). 기억과 관련된 인지장애에는 산만하고 정리되지 않은 느낌, 선택하는 데 어려움을 겪고 사고 혹은 느낌을 전달할 올바른 언어를 찾는 것의 지연 또한 포함하고 있다(Parkinson's Disease Foundation, 2014b). 신체적이며 인지적인 결함이 모두 파킨슨병이 뇌에 미치는 영향에서 비롯되기 때문에 연구자들은 다양한 수준의 뇌 기능을 회복시키는 데 효과적인 방법, 증상과 삶의 질을 개선할 수 있는 것이 무엇인지 궁금해한다.

파킨슨병 환자의 뇌에 대한 의학적 방법 및 치료

도파민 대체요법(Dopamine Replacement Therapy: DRT) 및 도파민 작용제와 같은 증상 치료들은 어느 정도 도파민 수용체를 활성화시킴으로써 뇌 기능을 향상시킬 수 있다(Obeso et al., 2010; Vedam-Mai et al., 2014). 이런 치료들은 뇌 흑질 영역 내의 도파민성 세포의 손실로 인한 파킨슨병의 운동 증상을 표적으로 한다. DRT 치료는 지난 수십 년 동안 운동 증상을 개선하는 데 사용되어 왔으며 도파민 세포를 생산하는 것을 직접적인 목표로 삼는다(Shulman et al., 2011). 레보도파(levodopa)와 같은 DRT에 사용되는 약물은 체내의 도파민 화학 물질을 증가시킴으로써 파킨슨병으로 진단받은 사람의 인지와 주의 능력을 향상시키는 것으로 알려져 있다(Moustafa & Gluck, 2010). 도파민 작용제는 뇌 내 도파민의 효과를 만드는 것이 아니라, 모방하는 약물이며, DRT 약물과 함께 사용될 수 있다. 그러나 파킨슨병 약물을 사용하는 것은 이점이 있지만, 의학적 치료 개입은 파킨슨병의 진행을 늦추는 것보다는 오히려 증상의 심각성을 완화시키는 데 사용된다(Mehanna & Lai, 2013).

여러 화학요법과 마찬가지로 파킨슨병 치료에 사용되는 약물들은 부작용이 나타날 수 있다. 도파민 작용제로 나타날 수 있는 부작용은 강박 행동, 혼란, 편집증 및 환각이다(Evans & Sung, 2013). 파킨슨병 약물의 추가적인 단점은 복용량이 최고조에 달하거나 약의 효과가 떨어지는 동안 환자들에게 운동 합병증, 가장 흔하게는 레보도파에 의해 유발되는 운동 이상증 경향이 나타날 수 있다는 것이다(Mehanna & Lai, 2013). 파킨슨병 약물의 효과가 떨어져 가면서 환자는 움직임의 감소와 다음 약물 복용 전에 운동 증상의 심각성이 증가될 수 있다(Evans & Sung, 2013). 이러한 부작용은 좌절감과 약물에 대한 저항으로 이어질 수 있다.

사용 가능한 가장 침습적인 치료법으로 간주되는 심부뇌자극(DBS)은 일반적인 파킨슨병의 증상과 약물 필요성을 감소시키는 것으로 알려져 있다(Nilsson et al., 2013). DBS는 전형적으로 파킨슨병의 약물로 증상이 완화되지 않고 차도가 없는 환자들에게 사용된다(Péron et al., 2010). 간단히 말해서 DBS는 뇌의 목표 부위에 전기 충격을 가한다. DBS는 신경 신호를 조절하고 전반적인 혈류를 증가시키는 데 도움을 줌으로써, 뇌의 특정 영역에 있는 자극 발생기에 연결된 전극을 이식하는 것을 포함한다(Okun, 2012). 뇌의 특정 영역을 자극하는 데 필요한 매개변수의 크기와 모양에 따라 전류는 전압, 빈도, 지속시간이 다를 수 있다(Mehanna & Lai, 2013).

신경학 분야의 자산으로 간주되는 DBS는 또한 신경정신병을 진단받은 혹은 그 특징을 갖고 있는 개인의 중요한 치료 옵션으로 간주된다(Delaloye & Holtzheimer, 2014). DBS는 우울과 강박 충동과 같은 심리적 특징의 약물 표적화에 도움이 되는 것으로 알려져 있다. 하지만 DBS는 정신 건강을 중점으로 하는 연구에 사용되어 왔으며, 파킨슨병 진단에 있는 심리적 요인에도 적용될 수 있다(Delaloye & Holtzheimer, 2014). DBS는 또한 음성 변조를 통해서도 손상된 얼굴 혹은 감정 표현과 같은 파킨슨병의 경과로 인해 발생하는 정서적 손실을 개선하는 데 사용될 수 있다(Péron et al., 2010).

DBS를 받을 때의 신경학적 부작용으로 기억력 결핍, 언어 장애를 동반한 인지장애, 감각장애가 있으며 가장 흔한 부작용은 언어 유창성의 감소이다(Okun, 2012). DBS가 심리적 요인들을 개선할 수 있다는 연구 결과와 달리, 일부 사례에서는 DBS를 받는 사람들이 조증, 병에 걸리기 쉬운 체질이 되거나 심리적 우울을 경험하는 것으로 나타났다(Okun, 2012). 의학 영역의 치료 개입에서 진전이 계속 이루어짐에 따라 DBS와 약물 모두 파킨슨병의 전체적인 증상을 크게 개선할 수 있지만, 미술치료와 같은 전체론적 접근과 보완적 접근에 대한 꾸준한 관심의 증가는 비침습적이며 창의적인 활동을 통해 뇌를 자극함으로써 환자 치료에서의 개선을 이끌어 내고 있다. 이러한 발전은 의학적 치료에만 의존하지 않고 뇌가 어떻게 활성화되고 관련될 수 있을지에 대한 통찰력을 제공할 수 있다.

미술치료와 뇌

미술치료와 신경과학 간의 연관성은 뇌의 좌반구와 우반구의 역할을 간략히 분석하는 것을 통해 검증될 수 있다. 뇌의 두 반구는 종종 개인에게 다른 특징을 갖게 하며, 이런 이유로 "당신은 좌뇌형입니까 혹은 우뇌형입니까?"라는 표현을 할 수 있다. 우반구는 일반적으로 창의성, 시각적 이미지, 시각-공간 정보와 기억, 색 구별과 연관되어 있다(Lusebrink, 2004). 현재 연구에 따르면 복합적인 감각 자극을 받을 때 우반구 내 신경반응은 행동적 결과와 관련되었을 수 있다(Hoefer et al., 2013). 뇌의 좌반구는 종종 문제 해결, 언어, 정보 해석과 관련되어 있다(McNamee, 2004). 두 개의 뇌 반구가 분리되어 행동하는 것과는 대조적으로, 예술 활동을 하는 과정 중에는 우반구와 좌반구 모두 활성화된다(Malchiodi, 2012). 우반구는 창의성 단계에서 활성화되고 좌반구는 창의적 과정, 시각적 표현에 의미를 덧붙일 때 반응한다(McNamee, 2004). 미술치료와 신경과학 간의 관계는 현재 연구자들이 뇌 내 반구 결합뿐 아니라 미술작품을 만드는 과정 동안에 일어나는 뇌 활동 또한 변화시키기 때문에 강조되고 있다.

미술치료 연구자들은 뇌파(EEG)검사 및 정량적 뇌파검사(qEEG)와 같은 뇌파 활동과 관련된 검사를 활용함으로써 미술치료와 뇌 활동의 직접적인 효과를 연구하기 시작했다(Belkofer & Konopka, 2008; Kruk, Aravich, Deaver, & deBeus, 2014). 이러한 검사들은 뇌 안의 전기적 활동을 기록하고 전극이 두피에서 종종 백질로 나타나는 다른 부위들을 모니터할 수 있다. 가장 지배적인 뇌의 주파수 대역인 알파는 신경과학 분야에서 가장 많이 연구되고, 시각 기술, 예술적 기술과 예술적 관심과 관련되어 있다(Belkofer, Van Hecke, & Konopka, 2014).

뇌파검사를 활용하여 크룩과 동료들(Kruk et al, 2014)은 미술 활동을 하는 과정에서 뇌 활동이 증가한다는 것을 발견했다. 내담자가 쉬고 있는 상태일 때의 뇌 활동 기록을 비교하면 이러한 발견을 뒷받침 할 수 있다. 벨코퍼와 코놉카(Belkofer & Konopka, 2008)는 비슷한 결과를 발견하고 그림을 그린 직후의 뇌 활동이 내담자가 쉬고 있는 상태의 활동과 매우 다르다는 결론을 내렸다. 뇌파검사 사용 결과는 뇌의 전두엽 영역 내의 전기 활동을 봤을 때, 다양한 예술 매체가 다양한 뇌 자극을 생성시킬 수 있음을 시사한다(Kruk et al., 2014). 신경학적 관점에서 이러한 자료들은 미술작품을 만드는 것이 두뇌와 미술 이미지 간의 자연적 관계를 포함하고 있다는 이론에 신빙성을 부여하고 있다.

미술치료 및 신경과학의 연구자들은 뇌 기능과 관련된 시각적 표현을 연구하고, 미술 작품을 만드는 동안 이미지가 내담자의 정서, 사고, 기억, 생리적 반응에 영향을 미칠 수 있다는 것을 발견했다(Lusebrink, 2004; Malchiodi, 2011; Talwar, 2007). 시각적 이미지는 내담자가 경험을 이해하고, 내적 갈등을 해소하며, 미술치료 과정 중 단순히 참여하는 것에 의해서도 긍정적인 정체성을 유지하거나 재구성하게 할 수 있다(Stuckey & Nobel, 2010). 미술치료사는 창의적 과정에 내담자를 참여시키는 다양한 개입 전략을 사용한다. 일반적으로 사용되는 효과적인 기법은 손으로 직접 미술 매체를 만져 보는 것이다. 촉각 자극을 통해 미술치료사는 내담자 뇌의 다양한 영역에 관여할 수 있고, 다양한 신경장애 치료에 미술치료를 적용할 수 있다.

파킨슨병 치료 과정의 미술치료: 운동 감각 경험

미술치료사는 내담자에게 직접적인 매체 경험을 제공함으로써 파킨슨병 진단의 외상적 정서적 반응을 다루기 위해 창의적 과정을 사용한다. 미술 매체는 운동 활동과 기능을 통합한 감각적이고 촉각적인 참여를 통해 뇌의 일부를 자극할 수 있다(Lusebrink, 2004). 미술작품을 만드는 과정에 몰입하는 것은 신경장애를 가진 개인에게 매우 유용할 수 있는 운동 감각, 촉각 및 감각 경험을 제공한다. 그림을 그리는 과정 내의 정서적이고 생리적인 반응은 자연적으로 뇌 세포를 자극하고 미술 매체를 통해 뇌 활동을 강화시킨다(Ri, Jeong, & Jung, 2014). 운동 감각적 경험(운동 활동을 통한)과 감각적 경험(촉각 미술 재료의 사용을 통한) 둘 다 자연스럽게 자기진정을 도울 수 있으며 반복적인 움직임과 터치로 이완을 유도할 수 있다(Malchiodi, 2012). 루즈브링크(Lusebrink, 2010)는 감각 및 운동 감각 예술 경험이 신체 내의 긍정적인 신체적 · 정서적 · 적응적 반응을 촉진할 수 있음을 이야기하였다.

일반적으로 신경학적 장애는 종종 병의 진행을 통해 최초 진단시의 대처 능력, 생활양식, 생리, 삶의 질에서의 변화와 같은 외상적 경험들을 통해 신체에 중요한 정서적 · 생리적 영향을 미친다. 신경발달학적 접근에서 뇌의 우반구는 종종 외상적 기억들을 저장하는 곳으로 간주된다. 최적의 자극을 위한 촉각 매체를 사용하는 것은 뇌의 우반구를 활성화시킬 수 있으며 외상과 관련된 정서적 반응을 표출시킬 수 있다(Monti et al., 2006). 점토와 같은 촉각 매체를 사용하는 것은 운동 감각적 활동이 외상 중에서조차 정서적 반응의 카타르시스적인 방출을 통해 파킨슨병으로 진단받은 사람들의 뇌를 어떻게 자극시킬 수 있는지를 보여 준다.

점토는 파킨슨병으로 진단된 환자들을 위한 미술치료 개입에 점점 더 많이 사용되고 있다. 야레츠키, 레빈슨 그리고 키미히(Yaretzky, Levinson, & Kimchi, 1996)는 파킨슨병으로 진단된 내담자들의 재활 기간 동안 점토가 진정 요인과 감각 운동 해결을 위한 재료가 될 수 있음을 발견했다. 최근 연구는 파킨슨병 증상 및 이에 따른 생활양식 변화와 관련된 신체적 불편감을 표적으로 점토를 치료적 도구로 사용할 수 있음을 제안한다. 또한 점토의 사용은 파킨슨병의 진단 및 병의 진행으로 인한 정서적 스트레스와 외상을 다룰 수 있는 것으로 알려져 있으며, 정서적 표현을 촉진시킬 수 있다. 외상은 표현을 방해하지만 미술은 안전한 환경에서 감정이 표면화되고 방출될 수 있게 할 수 있다. 특히 점토의 사용과 함께 미술치료는 내담자들이 외상을 경험하고, 그들의 목소리를 내고, 창의적인 탐색과 치료적 미술의 힘을 통해 정서적 스트레스를 표현하게 도와줄 수 있다(Elkis-Abuhoff et al., 2013a; Goldblatt, Elkis-Abuhoff, Gaydos, & Napoli, 2010; Elkis-Abuhoff, Goldblatt, Gaydos, & Corrato, 2008; Kimport & Robbins, 2012).

점토의 사용은 자기표현의 비언어적 방출을 제공하기 위한 촉각적 의사소통과 관련되어 있다(Kimport & Robbins, 2012). 그만큼 점토의 촉각적이며 유연한 특성은 직접적인 접촉과 만드는 것을 통해 적극적인 참여를 유도한다. 파킨슨병으로 진단받은 환자들은 부드럽고 유연한 재료를 찾으며, 이러한 재료들은 어떤 손이나 잡는 방식에도 쉽게 적용될 수 있으며, 참여를 유도하는 매력적이고 고무적인 것들이다(Elkis-Abuhoff et al., 2013a). 점토를 다루면서 파킨슨병으로 진단받은 환자들은 종종 기능을 제한하는 것으로 알려진 강직, 떨림과 같은 신체적 증상을 빠르게 회복하며, 유연하고 가변적인 매체를 통해 적극적으로 참여하고 의사소통할 수 있게 된다. 곤경에 처하고 신체적 제약이 있는 사람들을 위해 점토를 잡고, 당기고, 합치는 신체적 활동은 성공적이고 치료적인 성과를 가져다준다. 촉각적인 참여 도구로서 점토의 사용은 편안하고 카타르시스적인 경험을 제공하고, 파킨슨병으로 진단받은 환자들에게 점토공을 의미 있는 상징으로 변형시키게 할 수 있다(Kimport & Robbins, 2012). 미술치료는 긴장을 완화하고, 행복한 느낌을 고양시키고, 정서적이며 신체생리적인 외상 반응을 줄일 수 있는 비침습적인 경험을 제공하는 것으로 알려져 있다.

파킨슨병으로 진단받은 사람들과 함께 하는 점토 만들기를 통한 미술치료 참여는 여러 연구에서 조사되었다(Elkis-Abuhoff et al., 2013a; Elkis-Abuhoff et al., 2008; Goldblatt et al., 2010). 연구의 3단계를 통해 참여자들은 점토와 같은 재료[반죽, 매직 모델(Model Magic, 점토 상표), 자체 건조 점토]로 만드는 기회에 직접 참여할 수 있었다. 연구자들은 파킨슨병으로 진단받은 사람들이 점토 만드는 것을 즐길 수 있는지 연구했다. 사전 · 사후 평가—간략 증상목록(Brief Symptom Inventory: BSI; Derogatis, 1993)—는 파킨슨병으로 진단받은 사람들을 위한 정서적 증상의 효과를 탐색한다.

53개 항목의 심리검사인 BSI는 환자의 증상에 대한 개요와 특정 기간 동안, 특히 전주에 항상 나타났던 증상의 강도에 대한 것을 제공한다. BSI는 5점 리커트 척도와 9개의 차원으로 평가된다. 9개의 차원은 신체화(SOM), 우울증(DEP), 강박(O-C), 대인관계 민감도(I-S), 공포 불안(PHOB), 불안(ANX), 적개심(HOS), 편집증적 관념(PAR), 정신병(PSY)이다. 각 참여자들에게 공 모양을 만들어 손에 쥐고 조각으로 떼어 낸 후, 재료를 다시 합쳐 원래 공이 아닌 다른 모양으로 바꾸도록 지시하였다.

그 결과 사전 · 사후 평가에서 큰 변화가 나타났으며, 전체적으로 점토 만들기 후 내담자들의 정서적 증상이 감소되는 것으로 나타났다(Elkis-Abuhoff et al., 2008).

2단계(Goldblatt et al., 2010)에서는 BSI의 구체적인 하위척도들을 계속 탐색했으며, 각 하위척도를 기반으로 결과를 추론한다. 연구자들은 세 가지 하위척도에서 유의미한 성과가 있음을 발견했다. 이 세 영역은 드로게티스(Derogatis, 1993)가 개발한 강박 사고(O-C), 공포불안(PHOB) 및 우울증(DEP)이다. 이 세 가지 하위척도의 점수가 감소했을 뿐 아니라 전반적으로 정상적인 성인 범위내로 점수들이 감소되었다. [그림 9-4]는 하위척도에서 사전-사후 점토 만들기를 한 파킨슨병 진단을 받은 80세 여성 참가자의 척도 점수의 예를 보여 주고 있다.

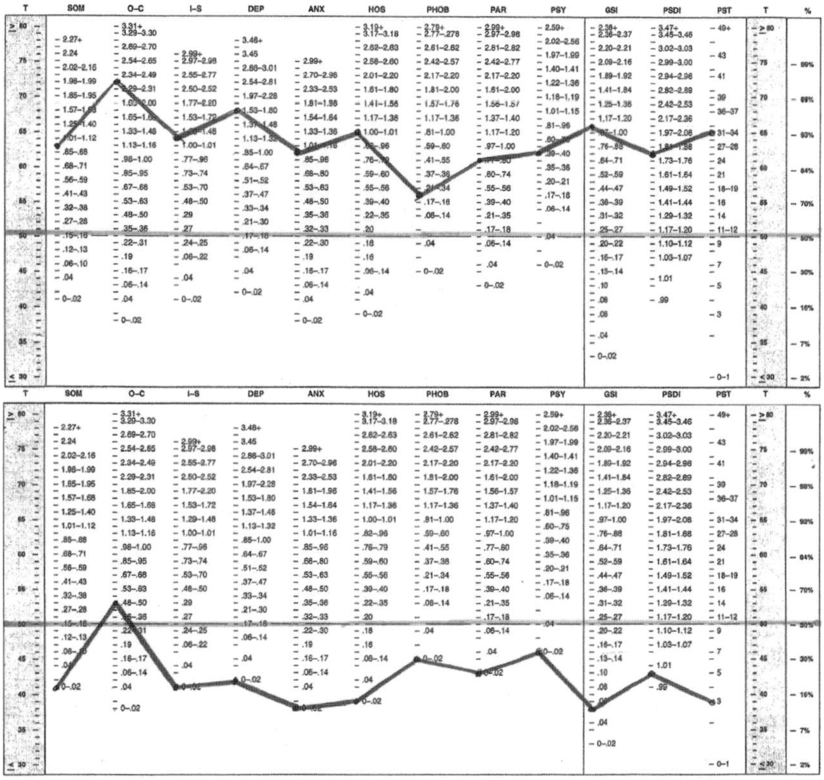

[그림 9-4] BSI 사전(상단) 및 사후(하단) 결과(선 아래가 정상 범위임)

마지막으로, 세 번째 단계(Elkis-Abuhoff et al., 2013a)는 6주간의 집단 미술치료 프로그램으로 구성되어 있다. 이 집단은 파킨슨병 환자들로 구성되어 있으며, 미술치료사와 심리학자 모두의 도움을 받았다. 매주 참가자들은 파킨슨병을 안고 사는 것, 걱정과 불안, 관계, 늙음/노화, 감정/통제 및 목표 설정을 포함한 서로 다른 회기별 주제를 탐색했으며, 점토 만들기에도 함께 참여했다. 언어 처리는 매주 주제 참여에 통합되었으며 만들기 후에 성과에 대한 논의가 이루어졌다. 참가자들은 프로그램 전체에 참여하였으며, 사전/사후에 세 가지 강박 사고(O–C), 공포불안(PHOB) 및 우울증(DEP)에 기반한 수정된 BSI 척도(DEP; Derogatis, 1993)와 지각된 스트레스 척도(Perceived Stress Scale: PSS; Cohen, Kamarck, & Mermeistein, 1983)를 작성하였다. 스트레스를 감지함으로써, 다시 한 번 강박 사고, 공포증 및 우울증 영역이 감소되었다. 언어 치료는 집단 응집력을 만들었고, 내담자들이 서로 공유하고 지지할 수 있는 장을 열어 주었다. 그러나 내담자들이 가장 즐거워 하고, 정서에 가장 큰 영향을 미친 것은 점토 만들기 활동이었다. [그림 9–5]에 참가자의 표현적 과정의 예시가 나타나 있다.

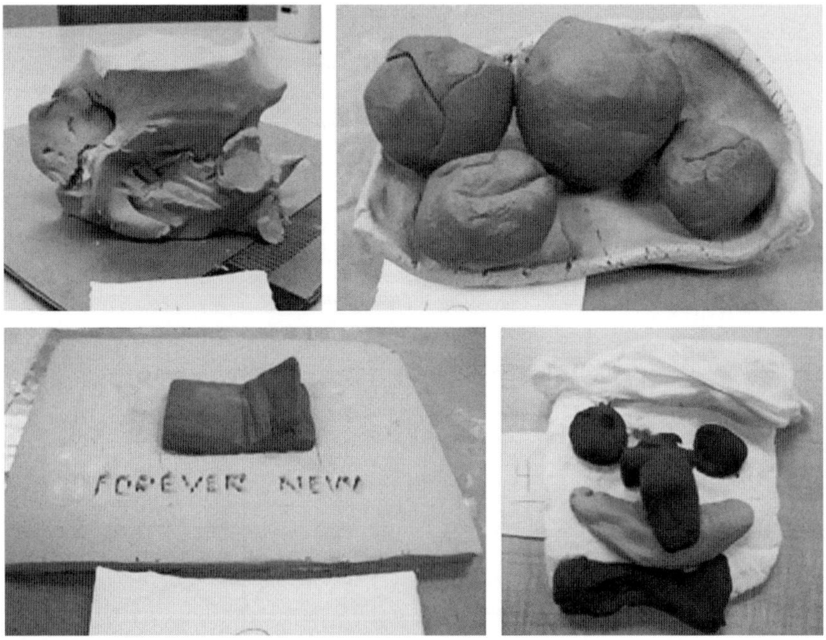

[그림 9–5] 점토공으로 만든 미술작품의 예

3단계 모두에서 참가자들은 촉각 활동을 통해 점토에 익숙해지도록 요청받았다. 표현 치료 학술대회 발표에서 연구자들은 연구의 모든 단계에 참여한 내담자를 관찰한 실제적인 변화를 보고했다(Elkis–Abuhoff, Goldblatt, Gaydos, & Convery, 2013b). 점토 만들기 활동에 참여하는 것은 참가자들에게 소근육 및 대근육 운동 기술을 직접 사용하게 하고 환경에 대한 통제감을 경험하게 하였다. 점토를 다루는 활동은 손 떨림과 '약을 쥐고 굴리는 것'과 같은 파킨슨병 환자들에게서 종종 나타나는 증상의 대체 활동이 되었다.

예를 들어 한 참가자는 눈에 띄게 구부정한 자세로 멍하니 지루해 보이는 눈에 둔감한 정서와 발을 질질 끌며 방에 들어갔다. 초기에 힘겨운 인내심이 요구되었고, 결국 점토 재료를 다루면서 그의 정서가 변화되기 시작했다. 그는 눈에 띄게 더 집중하게 되었고, 그의 눈은 더 선명해졌다. 단시간에 그의 말은 일관성 있게 변했고, 대화에 참여할 수 있게 되었다. 점토 활동에 참여한 후 그는 방을 나왔고, 그의 얼굴은 미소를 띠었으며, 걸음걸이도 훨씬 안정적으로 변했다. 아내를 본 그의 첫 마디는 "나 배고파. 우리 점심 뭐 먹을까?"였다. 아내는 그 말을 듣고 매우 놀랐는데, 그의 말은 평소보다 더 힘이 있고 명확했으며, 파킨슨병으로 진단받은 후 그는 이렇게 정상적으로 말한 적이 없었다고 이야기하였다.

연구자들은 파킨슨병과 관련된 많은 신경학적 증상이 의도적으로 점토 재료를 갖고 참여하는 활동하는 동안 그리고 활동 직후에 감소한 것을 관찰했다. 발표하는 동안 눈에 띄는 변화가 있었고, 자세와 언어가 좋아지고 떨림이 감소되었다. 더 큰 신경전달물질 방출 혹은 의사소통으로 이어지는 손끝에서부터 증대된 촉각 자극은 참가자들이 증상 및 감정적 필요에 더 명확하게 집중하는 능력과 관련될 수 있다. 앞으로 계속해서 촉각적 자극의 신경학적 반응을 평가하는 연구들이 파킨슨병으로 진단된 사람들의 기능 향상을 이끌어 낼 수 있을 것이다.

연구자들은 파킨슨병과 관련된 많은 신경학적 증상이 점토 만들기 활동을 하는 동안 그리고 활동한 직후 감소하는 것을 관찰했다. 발표하는 동안 눈에 띄는 변화가 있었고, 더 나은 자세와 의사표현을 할 수 있게 되었고 떨림이 감소하였다. 참가자들은 보다 쉽게 점토를 잡고 다룰 수 있었으며, 재료가 단단함에도 불구하고 점토를 손으로 부드럽게 잡을 수 있었다. 참가자들은 자신의 속도대로 점토를 다루며, 미술치료 과정이 끝날 때 손재주가 더 좋아지는 것이 관찰되었다. 신경학적 수준에서 직접적인 접촉을 통해 손가락과 손바닥의 증가된 촉각 자극은 신경전달물질 발화, 신경에서의 감각과 전반적인 뇌 활동이 증가했음을 시사한다. 파킨슨병의 진행으로 인한 뇌 활동의 감소에도 불구하고 미술치료 과정은 뇌의 우뇌와 좌뇌가 모두 활성화되고, 참가자들에게서 관찰된 긍정적인 경험에 기여하였다. 그만큼 뇌 내 자극 증가로 참가자의 증상에 대한 집중력과 더 명확하게 그들의 감정적 필요를 처리할 수 있는 능력이 형성되었다. 촉각 자극을 통해, 예를 들어 강한 촉각을 통한 자연 운동 반사를 통해 많은 참가자의 기능이 개선되고 증상을 충분히 극복할 수 있을 만큼 이완된 상태로 개선되는 것이 관찰되었다.

이 조사의 결과는 점토 만들기 활동에의 신체적 참여가 환자를 촉각적으로 세상과 연결시키고, 환자들이 종종 점토 활동을 통해 '세상에 대한 통제'를 되찾는 것으로 인식할 수 있음을 시사한다. 그만큼 이 연구 결과는 파킨슨병이 있는 환자 뇌의 신경학적 자극이 신체 증상 및 질병과 함께 살아가는 정서적 스트레스를 다루는 능력을 개선시킨다는 것을 증명한다. 이 연구의 결과는 앞에서 정량적 뇌파검사 지원자들에게서 볼 수 있듯이, 특정 뇌파를 모니터링하는 것을 통해 미술치료에 참여하는 것이 뇌 기능에 영향을 미친다는 것을 보여주었다(Belkofer et al., 2014; Belkofer & Konopka, 2008; Kruk et al., 2014). 결과적으로 점토 활동은 파킨슨병 진단을 받은 사람들의 신체적이고 정서적인 증상을 목표로 하여 이를 개선시킬 수 있다.

결론

미술치료는 구체적으로 점토 활동을 통해 파킨슨병과 같은 신경퇴행성 질환의 경과 중 경험한 심리적이고 신체생리학적인 외상에 도움이 될 수 있는 것으로 나타났다. 파킨슨병과 미술치료에 대한 경험적인 연구는 자세, 정서, 증가된 언어, 떨림의 감소와 같은 행동에서 관찰할 수 있는 변화뿐 아니라 우울, 강박 사고, 공포를 감소시킨다는 것을 보여 주었다(Elkis-Abuhoff et al., 2013b; Goldblatt et al., 2010; Elkis-Abuhoff et al., 2008). 뇌 기능 발생에 대한 통찰력이 더 추가된다면 미술치료에 대해 더 명확하고 구조화된 접근이 촉각적 자극과 운동 감각 경험으로 질병 관련 외상 환자들을 다룰 수 있을 것이다.

신경과학에 적용되는 뇌 기능의 발전에 대한 이해는 질병의 외상적 경험에 대한 통찰력을 제공한다. 뇌 활동의 변화를 기록하고 매핑할 수 있는 것은 임상가가 효과적이고 대안적인 치료 방법을 확립하는 데 도움이 된다. 뇌에서 정확히 무슨 일이 일어나고 어떻게 심리학적이며 신체생리학적인 증상이 일어나는지에 대한 더 나은 이해를 증진시키는 이 기능은 뇌 활동의 변화에서 비롯될 수 있다.

참고문헌

Belkofer, C. M., & Konopka, L. M. (2008). Conducting art therapy research using Quantitative EEG measures. *Art Therapy: Journal of the American Art Therapy Association, 25*(2), 56-63.

Belkofer, C. M., Van Hecke, A. V., & Konopka, L. M. (2014). Effects of drawing on alpha activity: A quantitative EEG study with implications for art therapy. *Art Therapy, 31*(2), 61-68.

Bogdanova, Y., & Cronin-Golomb, A. (2012). Neurocognitive correlates of apathy and anxiety in Parkinson's disease. *Parkinson's Disease, 2012*, 1-9.

Brichta, L., Greengard, P., & Flajolet, M. (2013). Advances in the pharmacological treatment of Parkinson's disease: Targeting neurotransmitter systems. *Trends in Neurosciences, 36*(9), 543-554.

Chen, H., Burton, E.A., Webster Ross, G., Huang, X., Savica, R., Abbott, R.D., … Zhang, J. (2013). Research on the premotor symptoms of Parkinson's disease: Clinical and etiological implications. Environmental Health Perspectives, *121*(11-12), 1245-1252.

Cohen, S., Kamarck, T., & Mermelstein, R. (1983). A global measure of perceived stress. *Journal of Health and Social Behavior, 24*(4), 385-396.

Delaloye, S., & Holtzheimer, P. E. (2014). Deep brain stimulation in the treatment of depression. *Dialogs in Clinical Neuroscience, 16*(1), 83-91.

Derogatis, L. R. (1993). *Brief symptom inventory: Administration, scoring, and procedures manual* (4th ed.). Minneapolis, MN: National Computer Systems.

Elkis-Abuhoff, D. L., Goldblatt, R. B., Gaydos, M., & Convery, C. (2013a). A pilot study to determine the psychological effects of manipulation of therapeutic art forms among patients with Parkinson's disease. *International Journal of Art Therapy, 18*(3), 113-121.

Elkis-Abuhoff, D. L., Goldblatt, R. B., Gaydos, M., & Convery, C. (2013b). Clay manipulation with those diagnosed with Parkinson's disease. Paper presented at the annual *Expressive Therapies Summit*, New York, NY.

Elkis-Abuhoff, D. L., Goldblatt, R. B., Gaydos, M., & Corrato, S. (2008). The effects of clay manipulation on somatic dysfunction and emotional distress in patients with Parkinson's disease. *Art Therapy: The Journal of the American Art Therapy Association*, *25*(3), 122-128.

Evans, A. H., & Sung, S. (2013). Therapeutic progress in Parkinson's disease. *Modern Medicine*, *38*(3), 29-31.

Foerde, K., & Shohamy, D. (2011). The role of the basal ganglia in learning and memory: Insight from Parkinson's disease. *Neurobiology of Learning and Memory*, *96*(4), 624-636.

Goldblatt, R., Elkis-Abuhoff, D., Gaydos, M., & Napoli, A. (2010). Understanding the clinical benefits of modeling clay exploration with patients diagnosed with Parkinson's disease. *Art & Health: An International Journal of Research, Policy and Practice*, *2*(2), 140-148 9p. doi:10.1080/17533010903495405

Helmich, R. C., Toni, I., Deuschl, G., & Bloem, B. R. (2013). The pathophysiology of essential tremor and Parkinson's tremor. *Current Neurology and Neuroscience Reports*, *13*(9), 1-10.

Hoefer, M., Tyll, S., Kanowski, M., Brosch, M., Schoenfeld, M. A., Heinze, H. J., & Noesselt, T. (2013). Tactile stimulation and hemispheric asymmetries modulate auditory perception and neural responses in primary auditory cortex. *NeuroImage*, *79*, 371-382. doi:10.1016/j.neuroimage.2013.04.119

Högberg, G., Nardo, D., Hällström, T., & Pagani, M. (2011). Affective psychotherapy in post-traumatic reactions guided by affective neuroscience: Memory reconsolidation and play. *Psychology Research and Behavior Management*, *4*, 87-96. doi:10.2147/PRBM.S10380

Kimport, E. R., & Robbins, S. J. (2012). Efficacy of creative clay work for reducing negative mood: A randomized controlled trial. *Art Therapy: Journal of the American Art Therapy Association*, *29*(2), 74-79.

Kliegela, M., Altgassena, M., Heringa, A., & Rose, N. S. (2011). A process-model based approach to prospective memory impairment in Parkinson's disease. *Neuropsychologia*, *49*(8), 2166-2177. doi:10.1016/j.neuropsychologia.2011.01.024

Kruk, K. A., Aravich, P. F., Deaver, S. P., & deBeus, R. (2014). Comparison of brain activity during drawing and clay sculpting. *Art Therapy: Journal of the American Art Therapy Association*, *31*(2), 52-60.

Lusebrink, V. B. (2004). Art therapy and the brain: An attempt to understand the *underlying* processes of art expression in therapy. *Art Therapy: Journal of the American Art Therapy Association*, *21*(3), 125-135.

Lusebrink, V. B. (2010). Assessment and Therapeutic Application of the Expressive Therapies Continuum: Implications for Brain Structures and Functions. *Art Therapy: Journal of the American Art Therapy Association*, *27*(4), 168-177.

Malchiodi, C. A. (Ed.). (2012). *Handbook of art therapy* (2nd ed.). New York: Guilford Press.

McNamee, C. M. (2004). Using both sides of the brain: Experiences that integrate art and talk therapy through scribble drawings. *Art Therapy: Journal of the American Art Therapy Association*, *21*(3), 136-142.

Mehanna, R., & Lai, E. C. (2013). Deep brain stimulation in Parkinson's disease. *Translational Neurodegeneration*, *2*(22), 1-10.

Monti, D. A., Peterson, C., Kunkel, E. J. S., Hauck, W. W., Pequignot, E., Rhodes, L. & Brainard, G. C. (2006). A randomized, controlled trial of mindfulness-based art therapy (MBAT) for women with cancer. *Psycho-Oncology*, *15*(5), 363-373, doi:10.1002/pon.988

Moustafa, A. A., & Gluck, M. A. (2010). A Neurocomputational model of dopamine and prefrontal-striatal interactions during multicue category learning by Parkinson patients. *Journal of Cognitive Neuroscience*, *23*(1), 151-167.

Naff, K. (2014). A framework for treating cumulative trauma with art therapy. *Art Therapy: Journal of the American Art Therapy Association*, *31*(2), 79-86.

Nilsson, M. H., Patel, M., Rehncrona, S., Magnusson, M., & Fransson, P. A. (2013). Subthalamic deep brain stimulation improves smooth pursuit and saccade performance in patients with Parkinson's disease. *Journal of NeuroEngineering and Rehabilitation*, *10*(33), 1-12.

Obeso, J. A., Rodriguez-Oroz, M. C., Goetz, C. G., Marin, C., Kordower, J. H., Rodriguez, M., & Halliday, G. (2010). Missing pieces in the Parkinson's disease puzzle. *Nature Medicine*, *16*(6), 653-661.

Okun, M. S. (2012). Deep Brain Stimulation for Parkinson's Disease. *The New England Journal of Medicine*, *367*(16), 1529-1538.

Parkinson's Disease Foundation. (2014a). *Statistics on Parkinson's*. Retrieved from www.pdf.org/en/parkinson_statistics.

Parkinson's Disease Foundation. (2014b). *Causes*. Retrieved from www.pdf.org/en/causes.

Parkinson's Disease Foundation. (2014c). *Coping with a diagnosis*. Retrieved from www.pdf.org/en/newly_diagnosed_pd.

Péron, J., Grandjean, D., Le Jeune, F., Sauleau, P., Haegelen, C., Drapier, D., & Vérin, M. (2010). Recognition of emotional prosody is altered after subthalamic nucleus deep brain stimulation in Parkinson's disease. *Neuropsychologia, 48*(4), 1053-1062. doi:10.1016/j.neuropsychologia.2009.12.003

Petzinger, G. M., Fisher, B. E., Van Leeuwen, J. E., Vukovic, M., Akopian, G., Meshul, C. K., Jakowec, M. W. (2010). Enhancing neuroplasticity in the basal ganglia: The role of exercise in Parkinson's disease. *Movement Disorders, 25*(1), S141-S145.

Ri, K. Y., Jeong, K. Y., & Jung, K. H. (2014). Effect of art therapy program on the physical, emotional, cognitive functions of the Korean elderly with Dementia. *Life Science Journal, 11*(7s), 489-493.

Rothwell, J. C. (2011). The moor functions of the basal ganglia. *Journal of Integrative Neuroscience, 10*(3), 303-315.

Shulman, J. M., De Jager, P. L., & Feany, M. B. (2011). Parkinson's disease: Genetics and pathogenesis. *Annual Review of Pathology: Mechanisms of Disease, 6*, 193-222. doi:10.1146/annurev-pathol-011110-130242

Stuckey, H. L., & Nobel, J. (2010). The connection between art, healing, and public health: A review of current literature. *American Journal of Public Health, 100*(2), 254-263.

Talwar, S. (2007). Accessing traumatic memory through art making: An art therapy trauma protocol (ATTP). *The Arts in Psychotherapy, 34*(1), 22-35. doi:10.1016/j.aip.2006.09.001

Thompson, R., Isaac, C. L., Rowse, G., Tooth, C. L., & Reuber, M. (2009). What is it like to receive a diagnosis. *Epilepsy & Behavior, 14*(3), 508-515. doi:10.1016/j.yebeh.2008.12.014

Vedam-Mai, V., Gardner, B., Okun, M. S., Siebzehnrubl, F. A., Kam, M., Aponso, P., & Curtis, M. A. (2014). Increased precursor cell proliferation after deep brain stimulation for Parkinson's disease: A human study. *PloS one, 9*(3), e88770

Yaretzky, A., Levinson, M., & Kimchi, O. L. (1996). Clay as a therapeutic tool in group processing with the elderly. *American Journal Of Art Therapy, 34*(3), 75-82.

Yoritaka, A., Shimo, Y., Takanashi, M., Fukae, J., Hatano, T., Nakahara, T., & Hattori, N. (2013). Motor and non-motor symptoms of 1453 patients with Parkinson's disease: Prevalence and risks. *Parkinsonism and Related Disorders*, *19*(8), 725-731. doi:10.1016/j.parkreldis.2013.04.001

Zwartjes, D. G. M., Heida, T., van Vugt, J. P. P., Geelen, J. A. G., & Veltink, P. H. (2010). Ambulatory monitoring of activities and motor symptoms in Parkinson's disease. *EEE Transactions on biomedical engineering*, *57*(11), 2778-2786.

제10장 결론

– 줄리엣 킹과 캐리 크룩(Juliet L. King with Kerry Kruk)

50년 넘게 미술치료사로 일해 온 사람으로서 미술치료사들이 다른 사람들의 치유를 돕기 위해 다른 직업을 가진 사람들과 협력해야 할 시기가 온 것은 매우 분명하다. 특별히 외상 생존자들은 그들의 고통이 너무 지속적이고 치료하기 어렵기 때문에, 가능한 다양한 표현 수단을 필요로 한다. 미술을 통해 그들은 '말하지 않고 이야기할 수 있음'을 실현하게 되며(Cohen & Cox, 1995), 이것은 이미지로 인코딩된 기억에 접근되고, 표현되고, 관찰되고, 궁극적으로 치료되는 과정—많은 창의적 접근 방식 중 하나를 사용하여—이 책에 나와 있다.

– 주디스 루빈(Judith Rubin), 미술치료사

나(Juliet)는 루틀리지 출판사의 의뢰로 미술치료와 신경과학에 관한 책을 쓰게 되었을 때 기뻤지만, 이 주제에 대한 나의 경험의 한계에 솔직해지는 것이 중요했다. 난 편집된 문서가 나의 학습 단계에 보다 적합할 것이라 제안하였다. 저자들에게 기고할 의향이 있느냐고 물었더니 뜻깊은 작품이 널리 퍼질 수 있도록 나를 믿어 준다는 사실이 영광스러웠다. 그다음에 일어난 것은 내가 일종의 은유적 참여 행동연구가 될 것이라 생각한 것이다. 이론과 실습에서 신경과학에 대한 지속적인 의도와 깊이 있는 이해에 통합되어 있는 노련한 미술치료사들 모두 외상을 겪은 사람들과 작업하는 데 집중했던 자료를 제시했다. 이 책은 임상 치료에서 외상의 관련성과 또한 환자 중심의 개인치료 시 생물 · 생리학 · 신경학의 복잡성을 나눌 때, 미술치료와 신경과학 사이에 발생하는 자연적 혼합물의 관련성에 관해 말해 주는 것이다.

이 책의 저자들은 환자와 함께 작업할 때 이론을 기술로 어떻게 바꾸는지를 보여 주며, 이 과정은 종종 병렬적 과정으로 나타난다. 이 과정은 미술치료가 실제로 무엇인지 '기본'을 정의하는 것만큼 직업 발전에 있어 중요하다(Rubin, 2001). 임상 실습은 우리가 함께 일하는 사람들의 필요를 진정으로 배우는 곳이며, 실습은 연구 아이디어와 질문이 발전하는 관계 안에서 종종 이루어진다. 모든 임상가는 연구자이며, 우리는 모두 다른 강점을 갖고 있으며, 이는 치료적 변화를 만드는 것을 결정하기 위해 함께 일하는 것이 왜 중요한지를 보여 주는 것이다(L. Konopka, personal communication, 2014. 6. 23.). 융(1963)이 우리에게 상기시켜 주듯이, 치료는 개인의 전체적인 이야기를 탐구하는 것에서 시작되며 치료사가 해야 할 일은 증상에만 국한된 것이 아닌, 내담자가 말하는 이야기를 통해 환자의 경험을 이해하는 것이다. 내담자가 제공한 이야기는 치료 잠재력을 여는 핵심이며, 과학은 이 과정에서 많은 것을 제공한다. "과학은…… 가치 증명을 확립하는 수단을 제공한다. 더 중요하게는 과학은 미술과 미술활동의 비밀을 밝힐 가능성을 부여하며, 그 결과로 미술치료의 진정한 이론이 발전될 수 있을 것이다."(Kaplan, 2000, p. 17)

임상에서 관찰과 경험을 통해 질적 데이터를 모으는 것은 구조화된 연구에 영향을 미치며 결국 검증되고 적용될 수 있는 실제 이론과 임상 추론을 만드는 데 도움이 된다. 관찰을 통해 만들어진 치료 프로토콜과 도구는 창의성, 활성화된 애착 패턴, 그리고 표현과 치료적 관계를 일으키는 과정에서의 매체 사용을 통한 치료의 결과를 구별하고 분류하는 객관적 도구를 개발하는 데 사용된다. 미술치료사들은 한 유형의 연구접근에만 국한되기보다, 그들의 세계관, 연구와 적절한 치료 방법으로 선택하기 원하는 주제에 대한 패러다임적 가정을 비판적으로 검토하도록 격려받아야 한다(N. Gerber, personal communication, 2015. 8. 6.). 미술치료에서 연구를 수행하는 방법은 "광범위하고 직업 자체로 풍부하다."(Deaver, 2011, p. 24).

미술치료사들은 미술치료의 효과를 검증하기 위한 특정한 프로토콜과 다양한 외상을 입은 사람들에 대한 치료적 개입을 발전시켜 왔으며(Chapman et al., 2001, 2014; Hass-Cohen, 2008; Hass-Cohen & Clyde Findlay, 2009, 2015; Malchiodi, 출간 중; McNamee, 2004, 2006; Talwar, 2007; Tripp, 2007), 외상을 경험한 환자들을 대상으로 한 대부분의 연구는 치료 과정에서 언어에만 의존하지 않는 미술 기반 전략들의 중요성을 인정하는 신경과학적 발견들을 지지한다(Collie, Backos, Malchiodi, & Spiegel, 2006; Malchiodi, 2006; Moon, 2009). 미술치료사들은 이전에 사용된 방법의 확장 및 적용에서 현존하는 치료적 접근을 지속적으로 개선해 나간다. 예를 들어 말치오디(Malchiodi, 2012)는 어떻게 외상 기반의 표현 미술치료 접근이 미술 표현의 외상에 대한 암시적(감각적) 및 명시적

(선언적) 기억을 재연결하는 데 도움이 된다는 생각에 기초해 있는지를, 『미술치료(Art Therapy)』와 『외상에 정통한 표현미술치료(Trauma-Informed Expressive Arts Therapy)』(출간 중)를 통해 어떻게 더욱 발달해 왔는지 보여 준다. 그 구성요소는 ① 신경발달을 증명하고 신경생물학은 표현미술과 외상에 근거한 개입의 놀이치료의 적용에 영향을 미친다는 것을 보여 주며, ② 지지적 자기조절과 스트레스 감소에 집중하며, ③ 신체의 고통 경험을 식별하고 개선하는 데 도움이 되고, ④ 안정감과 긍정적인 애착을 형성하고 지원하며, ⑤ 강점을 지원하고 회복력을 높이고, ⑥ 자기표현, 특히 외상 내러티브에 대한 개인의 선호도를 존중하며, ⑦ 표현미술과 놀이를 의미 형성 경험으로 파악하는 것이다.

미술치료사들은 사려 깊은 프로토콜을 확장할 수 있는 능력을 갖고 있으며, 그러한 성공적인 경험은 지금까지의 문헌에 나타나 있다. 실제적이며 확장적인 관점을 통해 외상을 가진 내담자들과 작업하는 신경과학적 접근은 미술치료가 ① 외상적 기억의 조직화와 통합을 촉진시키고, ② 긍정적인 정서를 재활성화하고 어려운 내용을 드러내고 외재화하는 수단으로 작용하며, ③ 고양된 각성 반응을 감소시키고, ④ 정서적 자기효능감을 향상시키고 자아인식과 초자연적 통합을 탐구할 수 있는 여지를 계속 만들어 주며, ⑤ 정체성 발달을 촉진한다는 것을 증명해 왔다(King, 2015). 트립(8장)과 헤스-코헨(제5장)은 신체적이며 신경생물학적으로 손상된 인간의 애착 체계에 대한 외상의 영향 및 어떻게 그것이 외상 기억의 정서적 과정에 영향을 미치는지를 다루는 구체적인 프로토콜을 제공한다. 모든 저자가 치료 과정의 핵심으로 관계의 중요성을 강조하지만, 벨코퍼와 놀란(Belkofer, Nolan 제7장)은 관계에서 일어나는 대인관계에서의 신경생물학적 경험을 토의함으로써 뇌 자체가 어떻게 변화하는지 세부적으로 보여 준다. 신경과학 연구에서 제안된 사전 지식(Hass-Cohen, 2008)은 미술치료에서 예술의 창조로 표현되는 심신 연결을 발전시키는 데 사용될 수 있다. 헤스-코헨(제5장)은 다른 치료 과정 중에서 미술 재료들의 사용과 치료적 관계의 상호 주관성과 관련되어 있는 거울신경 체계(Mirror Neuron System: MNS)의 역할을 포함하고 있다. 정신과 의사인 브루스 페리와 베셀 반 더 콜크와 함께, 다니엘 지겔과 신경발달정신분석가 앨런 쇼어와 같은 대인관계 신경생물학 분야의 지도자들의 중요한 작업이 이 책에 잘 나타나 있으며, 저자들은 외상이 뇌 발달, 애착 그리고 뇌 안에서 진행 중인 신경생물학적 결과에 영향을 미치는 다양한 방식을 다룰 때 독자들이 '뇌의 기능적 해부학이 아닌 주관적인 정신 경험'의 중요성에 초점을 맞추게 도와주고 있다(Siegel, 1999, Chapter 4, p. 28). 예를 들어, 치료적 과정 전반에 걸쳐 일어나는 비언어적이며 상징적인 의사소통으로 제공되는 자기조절 및 표현적 특성에 있어 상향식 및 하향식 정보 처리, 좌우 반구 기능과 변연계와 전두엽의 관련처럼 지도자들의 이론과 연구는 저자들이 잠재적으로 관련된 미술치료 영역을 이해하고 설명하는 데 도움을 준다.

어딘가에서 놀라운 일이 알려지기를 기다리고 있다.

– 칼 세이건(Carl Sagan)

알고 이해하는 방법에는 여러 가지가 있으며, 그중 많은 방법은 정의할 수 있는 근거가 활용되고 재생산될 수 있도록 객관화될 필요가 있다. 비단 임상 전반에 걸쳐 일반화될 수 있는 절대적인 진리로서 우리가 임상에서 관찰하고 보는 것에 대한 용기 있는 가정을 만드는 것은 쉽다. 벨코퍼(Belkofer, 2012)는 다음과 같이 통찰력 있게 이야기한다. "신경과학 이론을 근거로 흡수하는 방법이 한 가지 있으며, 뇌의 식별 가능한 시스템의 활성화와는 완전히 다른 것이다."(p. 38) 사용 가능한 기술과 도구들은 우리가 직관적인 지식과 과학적인 사실 간의 중요한 차이를 구별할 수 있게 만든다. 1990년대는 뇌와 개인의 경험 간의 복잡한 연결을 탐구하는 많은 연구로 인해 이 시기를 적절하게 이름 붙이자면 '뇌에 대한 10년'으로 볼 수 있다. 기능과 기능장애에 따라 뇌의 구조에 관한 정보를 파악하기 위해 많은 연구가 진행되었다. 추가적으로 다양한 분야에 깊이 영향을 미친 다양한 원리를 배우고 탐색했다. 신경가소성은 문헌에서 중요해졌으며, 학습, 적응 이론, 정서 의미에 대한 이해와 치료 전략을 탐구하는 데 영향을 미쳤다(Doidge, 2007). 신경가소성으로 인해 우리는 새로운 것을 창조하는 과학과의 관계를 재정의할 수 있고 편견 없이 미술치료와 신경과학의 원리를 통합할 수 있게 되었다.

PTSD 진단을 받은 환자들을 위한 신경 훈련에 가소성을 통합함으로써 암묵적 기억의 부정적인 영향을 줄이는 방법을 자세히 알아보는 외상의 영향에 대한 흥미로운 연구가 수행되었다(Bremner, 2007; Hull, 2002). PTSD와 뇌 손상의 함의점을 탐구하기 위해, 외상 기억과 관련된 뇌 기능과 이러한 기억을 종종 재경험하는 침입 사건들에 대한 중요한 데이터를 산출해 보는 메타분석이 수행되었다(Sartory et al., 2013). 영상 기술은 뇌가 다양한 경험에 어떻게 영향을 받는지, 사람의 뇌가 그들의 환경과 활동에 어떻게 영향을 받으며, 특정 훈련과 치료가 어떻게 영향을 주는지, 긍정적으로 변화시키는지 혹은 반대로 손상을 악화시키는 것을 개선하는지에 대한 새로운 탐구 분야를 발생시켰다. 현재 미술치료 분야는 신경학적 관점에 초점을 맞춘 연구뿐 아니라 뇌 처리과정에 대한 미술 창작 영향의 기본 원칙에 대한 연구가 증가하고 있다. 이 정보는 치료 및 미술치료의 기능과 과학을 이해하는 데 중요할 뿐 아니라 치료가 개인의 전체적인 경험과 인식을 어떻게 변화시키고 영향을 주는지에 대한 영향을 증명하는 데 있어서도 중요하다.

정량적 뇌파검사(qEEG) 기술은 다양한 조건에서, 특히 미술 창작과 관련된 조건하에서 활동을 기록하는 효과적인 방법으로 증명되어 왔다. 뇌파검사는 미술치료 분야의 몇몇 연구에서 활용되고 있으며, 신경학적 혹은 정신장애에 대한 임상에서도 정기적으로 사용되고 있다. 이 기술을 통해 연구자들은 다양한 조건—통제와 실험군의—에서 뇌파 활동을 측정할 수 있으며, 측정된 자료는 내담자의 전체적인 뇌를 이미지나 지도로 변환하는 기록 공간에서 수집된다. 이 지도는 실험 조건 대 통제 조건하의 뇌 활동의 현상을 이해하는 데 유용하다. 미술치료 문헌에서 미술작품에 반응하는 뇌파 활동을 측정하기 위한 정량적 뇌파검사 기술을 활용하는 동안의 예비 결과들을 보여 주는 몇 가지 연구가 있다(Belkofer & Konopka, 2008; Belkofer, Van Hecke, & Konopka, 2014; Kruk, Aravich, Deaver, & deBeus, 2014). 벨코퍼와 코놉카(Belkofer & Konopka, 2008)는 1시간의 미술 활동의 사전 · 사후 뇌파 활동을 측정함으로써 예술가에 대한 연구를 수행하였다. 그들은 드로잉과 색칠을 하는 동안 그 결과로 후두, 정수리, 측두엽에서 뇌파가 증가한 것으로 뇌파 활동의 변화를 발견하였다. 좌반구의 내측 측두엽, 좌측 전두엽 및 좌측 전전두엽에서 베타 활동이 증가할 때 더욱 활성화된 패턴을 보여주었다. 이러한 경험적 결과는 중요하지만 아직 미술치료에 대한 직접적인 시사점은 부족하다. 연구자들(2014)은 이전 연구를 뒷받침하는 중요한 결과를 도출한 여러 참가자들과 관련된 연구에서 정량적 뇌파검사 기술을 계속 활용해 왔다. 벨코퍼와 동료들(Belkofer et al, 2014)은 뇌 활동에 대한 그리기 활동의 잔류 효과를 측정했다. 기록 결과, 통계적으로 좌측 후방 측두엽, 정수리 및 후두 부위의 활동에서 알파파에 통계적으로 중요한 차이가 나타남을 보여 주었다. 참여자들에는 예술가와 비예술가가 포함되어 있었고, 비예술가들 중에서 우측 정수리와 우측 전두엽 영역에서 통계적으로 유의한 알파파 활동의 차이가 있었다. 집단들 간에 유의미한 차이 결과는 없었다. 알파파 활동은 깨어 있는 상태 및 이완 상태와 일반적으로 관련된 주의력 작업으로 정의되었고, 감각 정보가 들어오는 것을 방해하는 것과 관련되어 있다. 즉, 알파파 활동이 증가하는 곳, 혹은 동시에 발생한 경우 해당 영역은 처리를 억제하기 위해 작동하였으며, 반면 다른 영역에서 알파파 활동의 감소 혹은 비동시적으로 발생하는 곳에서는 높은 수준의 정보 처리 과정이 발생하고 있었다(Toscani, Marzi, Righi, Viggiano, & Baldassi, 2010).

벨코퍼와 동료들의 2014년 연구 또한 예술가와 비예술가의 뇌의 차이, 예술 창작 경험과 훈련의 부족으로 비예술가는 '더 열심히' 해야 하고 비예술가는 우뇌 전두엽 영역의 활성화 패턴에 반영된 것처럼 판단과 인식에 있어 더 높은 수준의 집행 기능을 사용한다는 이전 연구 결과를 뒷받침한다(Solso, 2000). 졸소(Solso, 2000)는 초상화를 완성하는 동안 비예술가와 초상화 예술가의 기능적 자기공명영상(fMRI)을 비교하였고, 두 개인에게 모두 우뇌 후두정엽이 활성화되었음을 발견하였다. 또한 그는 두 사람 간에 상당한 차이를 발견했다. 예술가의 두정엽에서 활성화가 나타났지만, 그것은 비예술가의 뇌에서 나타난 활성화보다 유의하게 낮았다. 게다가 비예술가는 우뇌 중간 전두엽 피질에서 더 높은 활성화가 나타났다. 졸소는 "수학, 음악, 사진, 시, 건축학 등과 같은 광범위한 분야의 전문가들에게 전문 지식과 관련된 대뇌 활동의 특수 패턴이 나타날 수 있다."는 점에서 반복과 적응에 관한 아이디어를 설명하였다(Solso 2000, p. 83). 더욱이 이런 특수 패턴은 효율성—반복되는 경험과 기능에 적응하는 뇌—으로 인해 발달되었을 수 있다.

드로잉 과정을 특별히 연구한 다른 자기공명영상들에 대한 연구(Harrington, Farias, & Davis, 2009; Harrington, Farias, Davis, & Buonocore, 2007; Makuuchi, Kaminaga, & Sugishita, 2003; Yuan & Brown, 2014)들도 있다. 이런 연구들은 전두엽, 정수리, 측두엽 구조 전반에 걸친 양측 두정엽의 활성화에 관한 중요한 정보를 도출하였다. 인식과 명명 과정은 드로잉과 다르게 감각 운동 피질을 포함하는 후두정류와 함께 좌엽의 처리 과정에 통합된다. 이러한 연구들은 드로잉에 운동 기술, 감각 운동 처리, 인식이 포함되고, 드로잉할 때의 특별한 공간 처리 과정과 옮겨 적는 것, 쓰는 것과 명명/인식 작업은 상당히 다르다는 것을 보여 준다. 궁극적으로, 드로잉과 이미지를 만드는 것은 후자의 작업보다 더 큰 우반구 활성화를 이끌어 내지만, 후두–두정엽, 측두엽 및 전두엽에서 처리 경로의 변형이 포함되어 있다. 이 정보는 부가적으로 미술 창조의 피질 패턴과 다른 유형의 정신적 과정을 더 구별할 정량 뇌파검사 매핑에 대해 고려할 수 있는 기회를 제공한다.

크룩과 동료들(Kruk et al., 2014)은 미술작품을 만드는 것, 드로잉의 한 종류부터 다른 종류, 점토 제작까지의 변화를 탐구하기 위해 다른 환경하에서 뇌 활동을 비교하는 정량적 뇌파검사를 수행하였다. 특정 예술 매체에 초점을 둔 방법론은 표현요법 연속 이론에서의 변화를 보여 줄 수 있는 여러 가지 예술 활동을 하는 것으로 도출되는 뇌 활동을 보여 준다(Lusebrink, 1990). 크룩과 동료들(Kruk et al., 2014)은 두 개의 예술 활동 조건간에 어느 정도의 유의한 차이가 있음을 발견했다. 예술 활동을 하는 조건들이 기저선 조건과 유의하게 다르고, 예술 활동은 일반적으로 우뇌 두정엽과 관련되어 있다. 알파파 활동, 일반적으로 감소하는 패턴이 포함된 결과는 벨코퍼, 반 헤케와 코놉카(Belkofer, Van Hecke & Konopka, 2014)의 연구 결과를 뒷받침한다. 특히, 이 연구는 이전 연구에서도 발견되었던 예술 활동과 관련된 전두 두정골 네트워크를 분명히 보여 주며(Belkofer & Konopka, 2008; Solso, 2000; Yuan & Brown, 2014), 뇌의 특정 영역을 다루는 프로토콜을 구현할 때 미술치료사에게 정보를 제공할 수 있는 매체의 속성을 어떻게 검증할 수 있는지에 관한 아이디어를 이끌어 낸다. 특정 미술치료에 대해 무사, 키부라, 카네코, 니시다와와 세키네(2000)는 연구자들이 특정한 정량적 뇌파검사 프로파일을 규명함으로써 분노, 슬픔, 기쁨과 이완을 분석하는 방법을 개발한 정량적 뇌파검사 연구를 통해 도출된 미술치료의 효과성을 연구해 왔다(정서 스펙트럼 분석 방법). 연구자들은 1년 동안의 미술치료 기간 동안 치매로 진단받은 내담자들의 기쁨이 커지고 간편 정신 상태 검사(Mini-Mental Status Exam) 점수가 다소 좋아지는 경험을 하였다. 이러한 경험은 신경가소성 이론과 인지에서 긍정적 변화를 유발하는 미술치료의 효과성을 통합하는 중요한 결과이다. 더욱이 미술치료의 효과는 양적 결과로도 증명되고 있다. 이 연구는 미술치료를 치매와 다른 신경장애에 대한 증거 기반 최선의 임상을 정립하기 위해 확산되며 반복되어야 할 중요한 연구이다. 이러한 연구들을 통해 확립된 것은 미술 활동, 미술 재료와 미술 과정을 연구하기 위해 정량적 뇌파검사를 사용한 방법의 효율성이다. 다양한 진단을 받은 내담자와 관련된 고도로 구조화되고 통제화된 연구들과 제한된 장애를 가진 내담자들에게 있는 기능적 장애는 효과를 입증하기 위한 미술치료 연구를 발전시키고, 효과성 혹은 개인에게 미치는 최소한의 미술치료의 영향성을 입증하기 위한 실제 결과들을 제공해 준다. 우리는 아직 치료를 검증할 수 있는 이상적인 방법론을 발견하지 못했다. 게다가 많은 미술치료사는 비록 방법론은 유용하지만, 치료에서 이러한 유형의 기술에 접근하는 것은 어렵다고 생각한다. 이것은 도구를 사용하고 데이터를 이해한 경험이 있는 임상가들과 협력하는 것의 중요성을 시사한다.

안구운동 둔감화 및 재처리요법(EMDR)과 같은 추가적인 통합적 심리치료 훈련과 신경 피드백(뇌파 피드백) 임상가, 바이오피드백 임상가와 연구하려는 노력의 결합은 개인의 임상과 치료적 기술을 향상시키는 접근 가능한 방법이다. 예를 들어, 트립(제8장)의 치료를 참고하라. 신경 피드백은 점점 더 정상적인 활성화, 주의 각성 상태, 그리고 ADHD의 증상을 개선시킴으로써 뇌를 효과적으로 훈련시키기 위해 개발되어 왔다(Baydala & Wikman, 2001; Fuchs, Birbaumer, Lutzenberger, Gruzelier, & Kaiser, 2003; Lubar, Swartwood, Swartwood, & O'Donnell, 1995; Null, 2013). 만약 정량적 뇌파검사가 사용될 때, 크룩과 동료들(Kruk, 2014)이 제안한 것처럼 예술 매체와 기술의 활성화를 매핑할 수 있다면, 더 많은 확장된 유사한 연구들을 통해 미술치료 개입이 외상장애, 우울과 다른 신경학적 그리고 심리적 장애의 증상을 개선하기 위해 다양한 인지적 패턴을 다시 나타내기 위한 신경 피드백과 매우 유사한 '훈련'을 유발할 수 있다는 것을 알려 줄 것이다. 심리치료 이론과 기법의 통합은 또한 내담자가 신경 피드백 훈련을 받는 동안 그들이 경험하는 변화를 이해하고 언어화시키는 데 도움을 줄 수 있는 미술치료의 사용과 신경학적 변화를 추적할 수 있는 그래픽 산출물에 대한 연구처럼 그 자체로 공동 연구에 적합하다.

예를 들어, 2000년에 나(Juliet)는 어떻게 신경 피드백이 ADHD 진단을 받은 아이들의 미술작품에서 변화를 이끌어 낼 수 있는지, 훈련의 6개월 전후 그리고 이러한 변화들이 특정한 행동적 변화와 관련될 수 있는지에 대한 예비 연구를 수행하였다. 나는 간단 미술치료 선별 평가(Brief Art Therapy Screening Evaluation: BATSE; Gerber, 1996)를 종속변인의 데이터(미술치료)로 사용했고, 신경 피드백은 6~15세 연령의 피험자 15명 대상의 독립변인이었다. 미술작품은 미술치료사들에 의해 블라인드 평가를 받았고, 비록 많은 흥미로운 결과가 있었지만 가장 통계적으로 유의했던 것은 동일한 행동적 증상의 감소와 관련되었던 그래픽에서 충동성이 감소한 것이었다. 이 예비 데이터는 미술치료와 신경 피드백의 효과를 실증적으로 입증하려는 추가적인 연구에 유용하며, 정상적이고 다양한 진단을 수반하는 손상된 뇌 상태와 관련된 뇌파 활동에 관한 의문을 제기한다.

나는 이 책의 저자들이 신경과학자들과의 협력이 좋은 시도였다는 것을 증명할 것이라 확신한다. 내가 경험한 바에 따르면 미술치료의 유용함을 협력적이며 과학에 초점을 맞춘 설명으로 직업적 차원에서 더 옹호할수록, 기존의 가능한 네트워크를 연결하고 확장시키는 것이 더 쉬워질 것이다. 예를 들어, 신경과학자 제인 입(Jane Yip) 박사와 그 당시 미술선생님이자 현재 미술치료 석사과정 지원자 칸디 제이미슨(Kandi Jamieson)이 자폐증을 가진 사람들을 치료하는 일을 함께 하기 위해 나에게 왔다. 그들은 제이미슨이 사랑하는 환자 중 한 명을 가르쳐 온 미술 수업에서 관찰한 것이 무엇인지 검증하기 위해 보다 구체적인 프로토콜을 만들기를 희망하였다. 과학자와 예술가는 개별 수업 후에 13세 내담자 아이의 증상이 개선되고 이러한 호전이 정량적 뇌파검사 결과와도 일치하는 것에 감탄하였다. 사례 연구를 통해 미술 수업의 긍정적인 결과를 엿볼 수 있었으며, 이 결과들은 정상적인 정량적 뇌파검사 프로파일에서 추적해 볼 수 있다. 이 결과들을 비교해 보면 뇌 회로 및 일관성과 자폐의 신경 표식이 개선되었다는 것을 알 수 있다. 이와 함께 내담자의 부적응 행동 사건은 더 차분하고 사회적으로 협력적인 것으로 바뀌었다. 정량적 뇌파검사 연구는 사례 연구 피험자의 개선된 기능, 보다 구체적인 연구 디자인의 개발을 위한 길을 만들 수 있는 것에 대한 실증적 증거를 제공하였다.

치료의 참여자 요인으로 인해 다양한 윤리적 고려사항과 제한사항이 있다. 잠재적으로 민감하고 어려운 문제에 대한 서비스를 찾는 개인과 관련된 치료적 개입과 위험을 언제 어떻게 측정하는지를 아는 것에 대한 내재된 어려움이 있다. 추진력 있게 정신 건강 서비스에서 증거 기반의 가장 모범적 임상 방법을 제공하기 위해, 미술치료사의 추후 연구 및 확장된 연구에서 반복할 수 있는 양적 결과를 촉진하기 위한 이미지 혹은 다른 신경학적 샘플링을 통합하는 방법을 찾는 것이 매우 중요하다. 뇌는 끊임없이 정보를 처리하고, 조절하고, 수신하고, 조직하기 때문에, 뇌 활동의 연구에 영향을 미칠 수 있는 중요한 세부 요소들의 다양성을 고려하는 것이 중요하다. 인간 피험자들은 그들의 삶에서 생각하고, 판단하고, 경험하고, 기억하는 것과 삶에서 경험을 인식하는 것을 조절할 수 없기 때문에 다른 자극에서 경험을 완전히 분리시킬 방법은 없다. 내담자들은 N=1이다. 사람들은 정서와 인지가 하루 종일 동요하는 정서적인 생명체이다. 이러한 현실 때문에 피험자들의 경험을 통제하는 것은 어렵다. 예비 미술치료사 연구자는 이러한 세부사항을 고려하는 것이 중요하다.

이 책의 기고자들은 그들이 외상을 가진 내담자들과 작업하면서 신경과학을 어떻게 통합시켰는지에 대한 이론적이며 실제적인 적용점을 제공하였고, 이 적용점들은 효과성

2) 역자 주: 2012년 12월 14일 샌디훅 초등학교에서 총기 난사 사건이 발생하여 어린이 20명과 성인 직원 6명이 포함된 26명이 총기에 살해됨.

을 검증할 수 있는 방법을 사용하는 공식적인 연구 프로토콜로 개발될 수 있는 것들이다. 미술치료 임상가들은 다양한 측면에서 신경과학을 통합하며, 자연적인 합성물과도 신경과학을 통합시킨다. 책임감 있게 치료하는 사람들은 광범위한 표본을 대상으로 한 임상 이론의 발전에서 전문가와 반드시 상의한다. 예를 들어, 미술치료사 니콜-윌콕스(Nicole Willcox)는 코네티컷 뉴턴의 샌디훅(Sandy Hook) 초등학교에서 발생한 비극적인 사건[2)]으로 인한 지역사회에서의 도움 요청에 응했다. 에머럴드 스케치(Emerald Sketch)의 창립이사로서, 그녀는 미술치료사 린다 채프먼, 노아 헤스-코헨과 함께 심리교육 발달 및 내담자들이 개인 및 지역사회 치유를 촉진하기 위한 치료에 참여할 때 심신 외상의 신경생물학적 영향을 이해하도록 돕기 위한 정신역동적 미술치료 접근법에 대해 상의했다. 에일린 미슬룩(Eileen Misluk) 교수는 다년간의 섭식장애 내담자들을 치료한 경험을 바탕으로, 거식증과 질병, 전기경련 요법(ETC)과 '영양 가설', 기아가 생물학적 및 호르몬 단계에서 어떻게 개념화되었고 미술치료 과정이 이런 체계를 어떻게 다룰 수 있는지에 대한 가설이 발전하는 과정에서의 창의성에 기인한 외상적 경험에 대한 신경과학 연구 이론과 미술치료 이론을 통합하였다.

2015년 미국미술치료협회(American Art Therapy Association)에서, 로렌 스미스(Lauren Smith)는 심도 있는 (신경) 섬유 기반의 서사적 미술치료 개입(FNAT)의 멤버십을 제공하였고, 사회문화적 체계—광범위한 정치적 · 문화적 · 심리적 외상에 맞서기 위한 노력에서 (신경) 섬유와 서사가 독특하게 짝을 이루는 구체적인 사회문화적 현상의 기원과 성과를 규명하려는—뿐 아니라 이론적 · 신경생물학적 체계에 참여하였다. 이러한 예들은 미술치료가 두뇌 기반 직업이며 치료와 연구를 개념화하는 방법이 마음 자체만큼 광범위하고 무한하다는 전형적인 지식을 뒷받침하는 것이다(King, 2015).

심리치료의 영역을 정량화하는 것에 대한 저항, 즉 치료적 관계에 대한 저항은 대부분의 이론적 접근에서 드문 일이 아니었으며 이는 신경가소성의 개념이 점점 더 이해되고 활용됨에 따라 빠르게 변화하고 있다. 실존주의 및 인본주의적 이론에 토대를 두고 있는 심리학 박사 훈련은 미국 전역 교육 프로그램(Row & Stone, 2011)에서 유의하게 감소하였다. 나(Juliet)는 우리 모두 인지 전략과 약물이 증상 관리에 중요하다는 점에서 이러한 전략 및 관리가 필요하지만, 이는 종종 유동적인 대처의 기제로 작용하며 개인의 경험을 해석하는 보다 깊은 작업은 이루어지지 않는다고 본다.

미술치료 프로그램 구현 가능성에 대해 논의해 보면, 인디애나 의과대학의 두경부학과 학과장 메리언 코치(Marion Couch) 박사는 "……안타깝게도 강철로 모든 사람을 치료할 수 없다……. 우리는 더 많은 정성이 필요하다."라고 이야기하였다. 코치 박사는 그녀의 안면마비 환자와 종종 의학적 외상을 동반하는 이차적 우울, 낮은 자존감, 정체성에 대한 우려를 언급했다. 또한 그녀는 건강관리에 대해 전반적으로 언급했는데, 코졸리노(Cozolino, 2010)가 언급한 '치료의 의료화'와 이디스 크리이머(Edith Kramer)가 이야기 한 '언제나 예술'의 위험을 이야기하였다(Anand & Gerity, 2015). 환자의 경험을 마비시키는 많은 임상가가 처음 현장에 들어갈 때 실습을 하는 이유에 대해 반직관적인 시간 제약과 행정 및 보험 관련 의무로 손상되는 체계 내에서 정성의 부족은 점점 더 우려사항이 되어 가고 있다. 나는 종종 의학을 잘 이해하고 있는 동료들과 불특정한 치료 효과에 대해 이야기하는데, 이 맥락에서 그 효과는 치료 결과뿐 아니라 의사와 환자가 경험하는 절차 혹은 개입을 더 편안하게 하는 데에도 영향을 미칠 수 있는 의사-환자 관계 내의 구성적 요소로 이해한다. 아마도 몇몇 의사는 그들이 그렇게 불특정한 치료 효과를 만들어 낼 시간이 없다고 인식하는 것 같지만, 그것은 자신과 타인에 대한 단순한 대인 인식을 통해 이루어질 수 있다. 만약 의사들이 공감과 친절을 반영하는 간단한 진술과 비언어적 제스처를 통해 더 나은 결과를 만들고 있다는 것을 알게 된다면, 그들은 덜 불안하고 더 자신감을 가질 수 있으며 어쩌면 그들의 에너지를 아낄 수도 있다.

미술치료사들은 미술 기반 교수 및 학습이 의대생 교육과 연구에 어떻게 기여하는지 보여 주는 사례로, 의대생들에게 공감 훈련을 제공함으로써 의료 전문가가 자신과 다른 사람의 경험을 이해하도록 도울 수 있다. 미술치료사들은 과거 이 주제에 대해 반응했는데(Beers Miller, 2010; Potash, Chen, Lam, & Chau, 2014), 이것은 연구 및 프로그램의 미개발 영역을 다루는 데 도움이 된다. 교육 포럼에서 자신이 창작한 미술작품과 성찰에 대한 객관적인 관점을 갖는 것은 자신의 행동과 타인의 행동을 더 쉽게 보고 이해할 수 있게 한다. 이러한 관점은 현재 의료 환경에서 24시간 '대기'하는 경향이 있는 의료 종사자와 건강 전문가들이 일하는 데 필요한 스트레스 완화 및 감소 기능을 제공할 뿐 아니라 유용한 교육 및 훈련 도구가 될 수 있다.

미국 미술치료협회에서 제시한 확장된 교육 지침에서 신경과학 및 외상의 역량 영역을 가르치기 위한 자료로서의 문서 외에도, 유용한 교육 및 슈퍼비전 도구들이 다양한 창의적 방법으로 사용될 수 있다. 예를 들어, 학생들에게 전기경련 요법(ETC) 템플릿과 이 텍스트에서 시각적 정보 처리를 개괄적으로 설명하는 관련 이론들을 제공하는 것은 흥미롭고, 실용적이며, 상호 훈련으로서 신경과학 체계 내의 임상적 사례 정보를 적용하는 유익한 방법이다. MNS와 다른 신경생물학적 과정의 역할을 탐구하는 것은 치료적 관계의 구성요소, 관계에서 매체의 영향, 치료자가 회기에서 환자와 함께 미술 작업을 할 때 공동으로 창작하는 것이 가져다주는 잠재적인 이점을 어떻게 더 개념화할 것인가에 대한 중요한 대화로 이어진다. 신경과학은 교실에서 미술에 기반한 학습을 포함하도록 지원하며, 대인 간 이해에 대한 추가적인 차원을 제공한다. 미술에 기반한 교육학적 접근법을 사용하여, 거버와 동료들(Gerber et al., 2012)은 미술이 어떻게 상호 주관적인 공간 내에서 나타나고 재구성되고 공동 창조되는 삶의 서사를 연상시키는지를 연구했다. 미술은 초기 애착 경험이 삶을 통해 관계에 어떤 영향을 미치는지 이해하는 데 기여한다. 이 연구는 미술 작업의 다양한 요소가 학생, 내담자 그리고 우리 자신에 의해 어떻게 처리되고 경험되는지뿐 아니라 의식, 기억, 인식의 여러 단계를 어떻게 나타내는지를 이해하기 위해 우리의 치료 작업에 신경생물학적 이론을 적용할 수 있는 많은 기회를 제공한다.

> 심포니 오케스트라 공연을 생각해 보라. 자기(self)는 최고의 재능으로부터 최고의 음악을 만들어 내기 위해 함께 노력하는 지휘자와 음악가로 볼 수 있다. 반면, 자아(ego)는 예약과 티켓, 호텔, 교통, 식사에 대해 필요하지만 사소한 결정을 내리는 오케스트라의 매니저와 같다. 매니저는 명백히 음악은 아니지만, 매니저의 역할과 지휘자의 역할을 혼동하는 것은 분명히 재앙이 될 것이다. 하지만 매니저의 서비스가 없다면 오케스트라는 연주할 수 없다.
>
> – 아이린 가드(Irene Gad), 융 분석가, 자기(self) 개념에 대한 설명에서

사람들은 그들의 기억을 완성해 나가지만, 저자들이 이 책에서 묘사한 것처럼 우리는 인생 경험에 좌우될 필요는 없다. 우리는 우리가 어떻게 만들어졌는지의 본질에 기초하여 이해하고, 표현하고, 진화하고, 치유할 수 있는 무한한 능력을 갖고 있다. 나의 목적은 독자들이 특정한 사고방식에 너무 집착하지 않는 유연한 진정성을 가지고 이 책을 읽어서 미술치료와 신경과학이 전체론적 그리고 질적 관리의 최선의 임상에 기여한다는 깨우친 생각을 갖도록 하는 것이다. 지휘자는 미술치료사이고, 음악가는 우리의 환자이며, 신경과학은 매니저라는 것을 생각해 보기 바란다. 이 비유 안에서 우리는 함께 희망과 변화의 고무적이고 보편적인 잔향을 만들어 낸다.

참고문헌

Anand, S. A., & Gerity, L., (2015, July 10). Friday plenary: The Kramer legacy—A curious and inclusive artist's world view. Conference *Bridging cultural terrains: Expanding the lens of art therapy*. Minneapolis, MN.

Baydala, L., & Wikman, E. (2001). The efficacy of neurofeedback in the management of children with attention deficit/hyperactivity disorder. *Paediatric Child Health*, *6*(7), 451-455.

Beers Miller, R. (2010). An art therapy in-service program model for medical students and residents. *Journal of Allied Health*, *39*(2) 49-54.

Belkofer, C. M. (2012). *The impact of visual art-making on the brain*. Unpublished doctoral dissertation. Lesley University. Cambridge, MA.

Belkofer, C. M., & Konopka, L. M. (2008). Conducting art therapy research using qualitiative EEG measures. *Art Therapy: Journal of the American Art Therapy Association*, *25*(2), 56-63. doi:10.1080/07421656.2008.10129412

Belkofer, C. M., Van Hecke, A. V., & Konopka, L. M. (2014). Effects of drawing on alpha activity: A quantitative EEG study with implications for art therapy. *Art Therapy: Journal of the American Art Therapy Association*, *31*(2), 61-68.

Bremner, J. D. (2007). Neuroimaging in post-traumatic stress disorder and other stress-related disorders. *Neuroimaging Clinics of North America*, *17*(4), 523-538. doi:10.1016/j.nic.2007.07.003

Chapman, L. (2014). *Neurobiologically informed trauma therapy with children and adolescents: Understanding the mechanisms of change*. New York, NY: W.W. Norton.

Chapman, L., Morabito, D., Ladakakos, C., Schreier, H., & Knudson, M. (2001). The effectiveness of art therapy interventions in reducing post-traumatic stress disorder (PTSD) symptoms in pediatric trauma patients. *Art Therapy: Journal of the American Art Therapy Association*, *18*(2), 100-104.

Cohen, B., & Cox, C. (1995). *Telling without talking: Art as a window into the world of multiple personality*. New York: WW Norton & Co.

Collie, K., Backos, A., Malchiodi, C., & Spiegel, D. (2006). Art therapy for combat-related

PTSD: Recommendations for research and practice. *Art Therapy: Journal of the American Art Therapy Association, 23*(4), 157-164.

Cozolino, L. (2010). *The Neuroscience of Psychotherapy*. New York, NY: WW Norton.

Deaver, S. P. (2011). What constitutes art therapy research? *Art Therapy: Journal of the American Art Therapy Association, 19*(1), 23-27. doi:10.1080/07421656.2002.10129721

Doidge, N. (2007). *The brain that changes itself: Stories of personal triumph from the frontiers of brain science*. New York, NY: Penguin Group.

Fuchs, T., Birbaumer, N., Lutzenberger, W., Gruzelier, J. H., & Kaiser, J. (2003). Neurofeedback treatment for attention-deficit/hyperactivity disorder in children: A comparison with methylphenidate. *Applied Psychophysiology and Biofeedback, 28*(1), 1-12.

Gad, I. (n.d.). Quotation. Retrieved from: www.jung.org/jungs%20model%20of%20the%20psyche_gad.html

Gerber, N. (1996). *The brief art therapy screening evaluation* (BATSE). Unpublished manual, Ph.D. program in Creative Arts Therapies, Drexel University, Philadelphia, PA.

Gerber, N., Templeton, E., Chilton, G., Cohen Liebman, M., Manders, E., & Shim, M. (2012). Art-based research as a pedagogical approach to studying intersubjectvity in the creative arts therapies. *Journal of Applied Arts and Health, 3*(1), 39-48, doi:10.1386/jaah.3.1.39_1

Harrington, G. S., Farias, D., & Davis, C. H. (2009). The neural basis for simulated drawing and the semantic implications. *Cortex, 45*(3), 386-393. doi: 10.1016/j.cortex.2007.10.015

Harrington, G. S., Farias, D., Davis, C. H., & Buonocore, M. H. (2007). Comparison of the neural basis for imagined writing and drawing. *Human Brain Mapping, 28*(5), 450-459.

Hass-Cohen, N. (2008). CREATE art therapy relational neuroscience principles (ATR-N). In N. Hass-Cohen & R. Carr (Eds.), *Art therapy and clinical neuroscience* (pp. 283-309). New York: Jessica Kingsley.

Hass-Cohen, N., & Clyde Findlay, J. (2009). Pain, attachment, and meaning making: Report on an Art Therapy Relational Neuroscience assessment protocol (a case study). *Arts in Psychotherapy, 36*(4), 175-184.

Hass-Cohen, N., & Clyde Findlay, J. (2015). *Art therapy & the neuroscience of relationships, creativity, and resiliency*. The Interpersonal Neurobiology Series. New York: W.W. Norton.

Hull, A. M. (2002). Neuroimaging findings in post-traumatic stress disorder: Systematic review. *The British Journal of Psychiatry, 181*(2), 102-110. doi: 10.1192/bjp.181.2.102

Jung, C. G. (1963). *Memories, dreams and reflections.* New York: Random House.

Kaplan, F. (2000). *Art, science, and art therapy: Repainting the picture*. London: Jessica Kingsley.

King, J. (2015). *Art therapy: A brain based profession*. In D. Gussak & M. Rosal (Eds.), *The Wiley Blackwell handbook of art therapy* (pp. 77-89). Oxford, England: John Wiley.

Kruk, K. A., Aravich, P. F., Deaver, S. P., & deBeus, R. (2014). Comparison of brain activity during drawing and clay sculpting: A preliminary qEEG study. *Art Therapy: Journal of the American Art Therapy Association, 31*(2), 52-60. doi:10.1080/07421656.2014.903826

Lubar, J. F., Swartwood, M. O., Swartwood, J. N., & O'Donnell, P. H. (1995). Evaluation of the effectiveness of EEG neurofeedback training for ADHD in a clinical setting as measured by changes in T.O.V.A. scores, behavioural ratings, and WISCR performance. *Biofeedback and Self-Regulation, 20*(1), 83-99. doi: 10.1007/BF01712768

Lusebrink, V. B. (1990). Imagery and visual expression in therapy. Emotions, personality, and psychotherapy. New York: Plenum Press.

Makuuchi, M., Kaminaga, T., & Sugishita, M. (2003). Both parietal lobes are involved in drawing: A functional MRI study and implications for constructional apraxia. *Cognitive Brain Research, 16*(3), 338-347. doi:10.1016/S0926-6410(02)00302-6

Malchiodi, C. (2006). Expressive therapies: History, theory, and practice. In C. A. Malchiodi (Ed.), *Expressive therapies* (pp. 1-15). New York: Guilford Press.

Malchiodi, C. (2012). *Handbook of art therapy* (2nd ed.). New York: Guilford Press.

Malchiodi, C. (in press). Trauma-informed expressive arts therapy. New York: Guilford Publications.

McNamee, C. (2004). Using both sides of the brain: Experiences that integrate art and talk through scribble drawings. *Art Therapy: Journal of the American Art Therapy Association, 21*(3), 136-142.

McNamee, C. (2006). Experiences with bilateral art: A retrospective study. *Art Therapy: Journal of the American Art Therapy Association, 23*(1), 7-13.

Moon, B. L. (2009). *Existential art therapy: The canvas mirror* (3rd ed.). Springfield, IL: Charles C Thomas.

Musha, T., Kimura, S., Kaneko, K., Nishida, K., & Sekine, K. (2000, June). Emotion spectrum analysis method (ESAM) for monitoring the effects of art therapy applied on demented patients. *Cyberpsychology & Behavior, 3*(3), 441-446.

Null, J. (2013). EEG neurofeedback: An effective treatment for ADHD. *Undergraduate Review: A Journal of Undergraduate Student Research, 9*(1), 33-35.

Potash, J. S, Chen, J. Y, Lam, C. L. K, & Chau, V. T. W. (2014). Art-making in a family medicine clerkship: How does it effect medical student empathy? *BMC Medical Education, 14*, 247.

Row, L. & Stone, J. (2011). Doctoral psychology students' access to and perception of existential-humanistic training and applicability. Poster session presented at the *American Psychological Association annual convention*, Washington, DC.

Rubin, J. A. (Ed.). (2001). *Approaches to art therapy: Theory & technique* (2nd ed.). Philadelphia, PA: Brunner Routledge.

Sagan, C. (n.d.). Quotation. http://thinkexist.com/quotation/somewheresomething_incredible_is_waiting_to_be/154069.html

Sartory, G., Cwik, J., Knuppertz, H., Schurholt, B., Lebens, M., Seitz, R. J., & Schulze, R. (2013). In search of the trauma memory: A meta-analysis of functional neuroimaging studies of symptom provocation in post-traumatic stress disorder (PTSD). *PloS one, 8*(3), e58150. doi: 10.1371/journal.pone.0058150

Siegel, D. (1999). *The Developing Mind: Toward a Neurobiology of Interpersonal Experience.* New York, NY: Guilford.

Solso, R. L. (2000, August-September). The cognitive neuroscience of art: A preliminary fMRI observation. *Journal of Consciousness Studies, 7*(8-9), 75-85.

Talwar, S. (2007). Accessing traumatic memory through art making: An art therapy trauma protocol (ATTP). *The Arts in Psychotherapy, 34*(1), 22-35. doi:10.1016/j.aip.2006.09.001

Toscani, M., Marzi, T., Righi, S., Viggianno, M. P., & Baldassi, S. (2010). Alpha waves: A neural signature of visual suppression. *Experimental Brain Research, 207*(3-4), 213-219.

doi:10.1007/s00221-010-2444-7

Tripp, T. (2007). A short term therapy approach to processing trauma: Art therapy and bilateral stimulation. *Art Therapy: Journal of the American Art Therapy Association*, *24*(4), 176-183.

Yuan, Y. & Brown, S. (2014). The neural basis of mark making: A functional MRI study of drawing. *PloS One*, *9*(10), e108628. doi:10.1371/journal.pone.0108628.

찾아보기

인명

R

S

T

V

Y

Z

내용

A

편저자 소개

줄리엣 L. 킹(Juliet L. King, 석사, 미술치료 전문가, 상담 전문가)

인디애나주 인디애나폴리스에 있는 헤론 예술 디자인 대학원 미술치료 프로그램의 책임자이자 인디애나 대학교 의과대학 신경학과 조교수

저자 소개

크리스토퍼 M. 벨코퍼(Christopher M. Belkofer, 박사, 상담 전문가, 미술치료사)

위스콘신주 밀워키의 마운트 메리 대학교 미술치료학과장, 개인 진료소 블룸(미술 통합 치료센터) 소장

데보라 엘키스-에버호프(Deborah Elkis-Abuhoff, 박사, 창의적 미술치료사, 미술치료 전문가, 전문 상담 목사)

뉴욕 헴스테드 호프스트라 대학교 보건 과학 및 사회 복지 학교의 상담 · 정신 건강 전문학과의 조교수이자 창의적 미술치료사이며 북해안/롱아일랜드 유대인 건강 시스템의 파인스타인(Feinstein) 의학 연구소 신경과학센터의 부조사관

린다 간트(Linda Gantt, 박사, 미술치료 전문가)

웨스트 버지니아 모건타운의 집중 외상 치료 주식회사의 전무이사

모건 게이도스(Morgan Gaydos, 석사, 창의적 미술치료사, 미술치료 전문가)

뉴욕 이스트 메도우 나소 대학 메디컬센터 치료레크리에이션과

노아 헤스-코헨(Noah Hass-Cohen, 심리학 박사, 미술치료 전문가)

캘리포니아 알함브라의 얼라이언트 국제 대학교 캘리포니아 전문 심리 학교 부부 및 가족 석 · 박사 프로그램 부교수

리사 D. 힌츠(Lisa D. Hinz, 박사, 미술치료사)

인디애나주 세인트 메리 오브 우즈의 세인트 메리 오브 우즈(Saint Mary-of-the-Woods) 대학교 미술치료사 및 겸임 교수

P. 거시 크롤러(P. Gussie Klorer, 박사, 미술치료 전문가, 전문 상담 목사, 전문 사회복지사, 명예 종신 회원)

일리노이주 에드워즈빌 남 일리노이 대학교 미술치료 상담 교수 및 임상가

루카스 M. 코놉카(Lukasz M. Konopka, 석사, 박사, 뇌전도 및 임상 신경과학 협회, 미국 바이오피드백 인증 연구소-뇌전도)

일리노이주 멕헨리(McHenry) 통합 신경과학 스펙트럼 및 메리우드(Marywood) LUMC 정신과 수석 전무이사

케리 크룩(Karry Kruk, 석사, 상담 전문가, 약물 중독 상담 전문가, 미술치료 전문가)

버니지아 비치 시티 사회 복지부-지속적인 품질 개선 부분의 인권 코디네이터이자 버지니아주 노포크의 동부 버지니아 의과대학 미술치료 및 상담 대학원 겸임 교수

비야 B. 루즈브링크(Vija B. Lusebrink, 박사, 미술치료사, 명예 종신 회원)

켄터키주 루이빌의 루이빌 대학교 명예 교수

에밀리 놀란(Emily Nolan, 박사, 미술치료 전문가, 상담 전문가)

위스콘신주 밀워키의 마운트 메리 대학교 미술치료 조교수로 개인 진료소 블룸(미술 통합 치료센터) 소장

탤리 트립(Tally Tripp, 석사, 사회복지 전문가, 미술치료 전문가, 외상치료 전문가)

워싱턴 DC 조지워싱턴 대학교 미술치료 조교수로 조지워싱턴 대학교 미술치료 클리닉과 미술 심리치료 개인 진료소 원장

역자 소개

이혜선

경남대학교에서 미술교육을 전공하고, 영남대학교에서 미술치료학으로 석사와 박사 학위를 취득했다. 미술치료 전문가로 미술치료사의 윤리, 역전이 관리, 기업 상담, 범죄피해자 및 피해 가족, 아동 문제 및 청소년 범죄, 위기사례, 안전, 트라우마, 뇌과학, 영재아, 장애아 등 다양한 임상경험을 통해 연구를 진행하고 있다. 거제대학교, 서울문화예술대학교, 영남대학교, 신라대학교에서 강의를 했으며, 현재 한화오션에서 근무하며 경남대학교에서 강의 중이다. 공저서로는 『회복하는 피해자학: 사건사고와 재난재해 그리고 정신건강』(가람북스, 2016)과 『행동하는 심리학』(한국심리과학센터, 2016) 등이 있으며, 공역서로는 『창조적 미술치료』(학지사, 2021)가 있다.

이수경

이화여자대학교에서 사회과교육과 심리학을 전공했으며, 동 대학원에서 상담심리 전공으로 석사, 교육상담 및 심리 전공으로 박사 학위를 취득했다. 이화여자대학교, 한동대학교에서 강의했으며, 한세대학교 대학원에서 연구교수로 근무했다. 현재는 성결대학교에서 부교수로 근무하면서 교차문화 아이들, 제3문화 아이들, 다문화 상담 등에 대한 연구를 주로 발표하고 있으며, 외상(trauma) 관련해서는 경기도 재난심리회복지원센터에서 자원활동가로 상담하며 관련 주제에도 관심을 갖고 있다. 공역서로는 『제3문화 아이들, 교차문화 아이들 그리고 국제유목민』(한울아카데미, 2022), 『현대 정신병리학』(학지사, 2022)이 있다.

미술치료, 트라우마 그리고 신경과학

이론적 · 실용적 관점

Art Therapy, Trauma, and Neuroscience:
Theoretical and Practical Perspectives

2023년 8월 5일 1판 1쇄 인쇄
2023년 8월 10일 1판 1쇄 발행

엮은이 • Juliet L. King
옮긴이 • 이혜선 · 이수경
펴낸이 • 김진환
펴낸곳 • (주) 학지사

04031 서울특별시 마포구 양화로 15길 20 마인드월드빌딩
대표전화 • 02)330-5114 팩스 • 02)324-2345

등록번호 • 제313-2006-000265호

홈페이지 • http://www.hakjisa.co.kr
인스타그램 • https://www.instagram.com/hakjisabook

ISBN 978-89-997-2936-2 93180

정가 20,000원

역자와의 협약으로 인지는 생략합니다.
파본은 구입처에서 교환해 드립니다.